应用型企业经济法教程

主　编 ◎ 王浩云

副主编 ◎◎ 林发新

撰稿人 ◎（以撰写章先后为序）

林发新　翁　臻　周素英　李　莹

王浩云　吴　菲　陈　丽　吴晶宇

刘　德　王丽燕

中国政法大学出版社

2020 · 北京

图书在版编目（CIP）数据

应用型企业经济法教程/王浩云主编. —北京:中国政法大学出版社,2020.10
ISBN 978-7-5620-9668-9

Ⅰ.①应…　Ⅱ.①王…　Ⅲ.①企业法－中国－教材　Ⅳ.①D922.291.91

中国版本图书馆CIP数据核字(2020)第179092号

出　版　者	中国政法大学出版社
地　　　址	北京市海淀区西土城路 25 号
邮寄地址	北京 100088 信箱 8034 分箱　邮编 100088
网　　　址	http://www.cuplpress.com (网络实名：中国政法大学出版社)
电　　　话	010-58908435(第一编辑部) 58908334(邮购部)
承　　　印	保定市中画美凯印刷有限公司
开　　　本	720mm×960mm　1/16
印　　　张	25.25
字　　　数	471 千字
版　　　次	2020 年 10 月第 1 版
印　　　次	2020 年 10 月第 1 次印刷
印　　　数	1～5000 册
定　　　价	69.00 元

编写说明

　　经济法是社会主义法律体系中的一个部门法，是对社会主义商品经济关系进行整体、系统、全面、综合调整的一个法律部门，也是作为工商经济管理专业的学生必修的一门课程。但是，如果简单采用法学专业的《经济法》的理论和体系给工商经济管理专业的学生授课，其理论性太深，内容过于宏观，不符合工商经济管理专业的实际，不利于该专业学生进行学习。为此，1989 年全国部分经济管理院校法律教师自发组织联合编写了一本试用教材，取名《企业经济法》，意在以企业为主体，以依法经营管理企业为内容，帮助学生确立依法经营管理的法治理念和意识，学习和掌握有关依法经营管理的法律知识。1997 年，王保树教授受国家经贸委委托，为全国工商管理培训主编了一本《经济法律》的教材，虽然仅比经济法多了一个字，却改变了经济法课程的性质和内容，其内容与企业经济法有异曲同工之妙。2002 年，为适应全国"十五"工商管理培训的需要，国家经贸委又委托北京大学蔡曙涛教授编著名为《企业经济法概论》的统编教材。此后，企业经济法得到社会的认可，成为比较适合于工商经济管理专业的教材。

　　阳光学院法学院（原法律系）十分重视这门课程的建设，曾经组织编写过《工商企业经济法简明教程》，并受到好评。2008 年，由阳光学院法学院教师主讲的企业经济法课程，被福建省教育厅评为省级精品课程，取得了较好的成绩。同时，我们在施教过程中还进行了积极探索，曾经借鉴台湾科技大学给工商经济管理专业开设《企业经营管理法律实务》课程的做法，于 2011 年出版了《企业经营管理法律实务》教材。该教材在使用过程中得到了比较好的评价，但同时也存在其名称与工商经济管理专业的经济法课程名称不太相符的问题。加之，这几年国家对许多与企业经营有关的法律进行了修订，《企业经营管理法律实务》的内容需要进行比较多的修改。2015 年，考虑到课程名称要与工商经济管理专业的课程名称相对应，也结合国家深化经济体制改革的进程，以及实施自由贸易区建设的新内容，我们对该书进行了重新编写，并取名为《新编企业经济法教程》。

2017 年 12 月 5 日，国务院办公厅颁发了《国务院办公厅关于深化产教融合的若干意见》。意见中提出："深化产教融合，促进教育链、人才链与产业链、创新链有机衔接，是当前推进人力资源供给侧结构性改革的迫切要求，对新形势下全面提高教育质量、扩大就业创业、推进经济转型升级、培育经济发展新动能具有重要意义。"为贯彻落实本意见和新时代全国高等学校本科教育工作会议精神，积极推进应用型高校课程建设，阳光学院法学院一直在进行积极探索。为适应应用型人才培养的思路，并结合专业群建设、课程建设和教学方法改革，2019 年 9 月，阳光学院法学院开始有组织、有计划地编写或修订符合教学基本要求、具有应用型人才培养特色的教材。我们对之前的《新编企业经济法教程》进行了修订，并取名为《应用型企业经济法教程》。在本次修订中，我们保留了之前的"导入案例"，引导学生对案例中涉及的法律问题进行学习前的思考。除此之外，在每一章内容之后增加了"实战训练"环节，目的是让学生通过有关的习题对本章节的内容进行自我检测。另外，将原教材中的第十三章"劳动法与劳动合同法"与第十八章"社会保险法"合并为一章"劳动法与社会保险法"，作为第十三章，并将原教材中的"社会保险法"部分取消。

此次参与修订本教材的多位老师都是兼职律师〔王浩云，福建建达（马尾）律师事务所兼职律师，福州仲裁委员会仲裁员；李莹，北京中银（福州）律师事务所兼职律师；陈丽，福建名仕律师事务所兼职律师；刘德，福建迅晟律师事务所兼职律师；王丽燕，福建闽润律师事务所兼职律师〕。这些教师均具有较强的法律实务经验，这也更好地与本教材的应用型要求相契合。

本教材的主编由阳光学院法学院的王浩云副教授担任。副主编由原阳光学院法律系的原系主任林发新教授（特聘）担任。

全书设置六编共十九章，各章具体撰稿人和修订人如下（以撰写章先后为序）：

林发新（原阳光学院法学院特聘教授）负责第一、二、三章撰稿及修订；

翁　臻（阳光学院法学院讲师）负责第四章撰稿及修订；

周素英（阳光学院法学院讲师）负责第五、六、七、九章撰稿及修订；

李　莹（阳光学院法学院讲师）负责第八、十五章撰稿及修订；

王浩云（阳光学院法学院副教授）负责第十、十一章撰稿及修订；

吴　菲（阳光学院法学院讲师）负责第十二章撰稿及修订；

陈　丽（阳光学院法学院讲师）负责第十三章撰稿及修订；

吴晶宇（阳光学院法学院讲师）负责第十四章撰稿及修订；

刘　德（阳光学院法学院讲师）负责第十六章撰稿及修订；

王丽燕（阳光学院法学院副教授）负责第十七、十八、十九章撰稿及修订；

本教材最后由主编王浩云副教授负责对全书进行统稿和审定。

在编写本教材过程中，《中华人民共和国民法典》颁布，这是中国科学立法、民主立法的一座里程碑，也是实现国家治理体系和治理能力现代化的一项重大举措，标志着中国特色社会主义法治建设进入新时期。

2020 年 1 月，我们本已完成对书稿的修订工作；6 月，中国政法大学出版社的编辑也已经完成对本教材的校对工作。但 2020 年 5 月 28 日，《中华人民共和国民法典》颁布，在出版社编辑老师的建议之下，经过与教材主编王浩云及阳光学院法学院邹雄院长沟通，我们又一次对书稿进行了二次修订，以保证该教材中的相关法律条文适用最新的《中华人民共和国民法典》中的规定，体现了出版社各位编辑老师、本教材主编及本教材民法部分撰稿（周素英老师）对工作认真、严谨的态度。

本教材从立项、写作到最后审定、出版都得到了中国政法大学出版社各位主任、编审的关怀和指导。在此表示衷心的感谢！

另外，在编写本教材过程中，阳光学院顺利通过教育部本科教学工作合格评估，"阳光学院法律系"更名为"阳光学院法学院"，在此一并表示祝贺！

编　者

2020 年 10 月于福建·福州

目 录

第六编 企业救济法

第一编 导 论

第一章 中国深化改革与企业依法经营管理

一、中国经济体制改革与企业经济立法

中国经济体制改革已经走过了 40 个年头，回顾这 40 年历程，中国经济体制的各个层面均发生了巨大变化。总体上看，中国经济体制改革与发展是极其成功的，基本上实现了由传统计划经济体制向市场经济体制转变。在计划经济体制下，企业没有自主权，完全依照国家指令安排生产活动，不存在依法经营问题。在市场经济体制下，企业享有经营自主权，企业在追求利润的前提下，必须依法经营。因此，《企业经济法》的产生与发展是与我国经济体制改革有着密切联系的。

回顾我国 40 年的经济体制改革，大体经历了计划经济体制内部引入市场机制改革、有计划的商品经济的改革、建立社会主义市场经济体制改革和完善社会主义市场经济体制改革四个阶段。企业的经营管理也是通过吸引外商投资而展开的，以便在吸引外商投资的同时，能够借鉴国外企业的经营管理经验，为企业适应市场经济发展做准备。中国经济体制改革大致经历了以下几个阶段：

（一）计划经济体制引入市场调节的改革阶段

这一阶段大约是从 1978 年至 1984 年。其特征是，在理论上首次提出"计划经济为主、市场调节为辅"的新观点。在 1978 年之前，我国实行的是计划经济体制，即国家对生产、资源分配以及产品消费事先进行计划安排的经济体制。由于几乎所有企业都依赖国家指令性计划进行生产，计划经济也被称为指令性经济。1982 年，党的十二大提出了"计划经济为主、市场调节为辅"的原则，不仅肯定了市场调节作为计划调节的补充是必需的和有益的，而且把计划调节区分为指令性计划和指导性计划，指出对许多产品和企业适宜实行指导性计划。这个提法虽然突破了完全排斥市场调节的计划经济传统观念，但在理论上并没有完全树立起市场经济的应有地位。这一时期的改革主要是在计划经济体制内部引入市场调节机制，以求弥补计划经济体制的缺陷。

这一时期处于改革开放初期，企业经济立法数量不多。主要表现在以下几方面：

1. 出台了第一部吸引外商投资的法律。国家为了扩大国际经济合作和技术交流，允许外国合营者（包括外国公司、企业和其他经济组织或个人），按照平等互利的原则，在中华人民共和国境内，同中国合营者（包括中国的公司、企业或其他经济组织），共同举办合营企业，1979 年制定了《中华人民共和国中外合资经营企业法》（1990 年、2001 年两次修订，2020 年 1 月废止，其内容并入《中华人民共和国外商投资法》，2020 年 1 月生效）。这是我国自改革开放启动以来的第一部涉及外商投资的法律，对吸引外资参与经济体制改革，以及借鉴国外先进的企业管理经验都具有重要意义。

2. 环境保护法开始试行。1979 年颁布了《中华人民共和国环境保护法（试行）》（已失效）。1989 年颁布了《中华人民共和国环境保护法》（2014 年修订）。

3. 商标管理纳入法制轨道。1982 年国家制定了《中华人民共和国商标法》（1993 年、2001 年、2013 年、2019 年修订）。

4. 民事诉讼法律开始实施。1991 年 4 月国家通过了《中华人民共和国民事诉讼法》（2007 年、2012 年、2017 年三次修订）。该法律的任务是保护当事人行使诉讼权利，保证人民法院查明事实，分清是非，正确适用法律，及时审理民事案件，确认民事权利义务关系，制裁民事违法行为，保护当事人的合法权益，教育公民自觉遵守法律，维护社会、经济秩序，保障社会主义建设事业顺利进行。

（二）发展有计划商品经济的经济体制的改革阶段

这一阶段是从 1984 年至 1992 年。1984 年 10 月，党的十二届三中全会通过了《中共中央关于经济体制改革的决定》，第一次突破了把计划经济与商品经济对立起来的传统观念，正式提出了社会主义经济是公有制基础上有计划的商品经济的思想。1987 年党的十三大在有计划的商品经济理论的基础上，对社会主义市场机制问题进行了新的概括和说明。报告指出："社会主义有计划的商品经济的体制，应该是计划与市场内在统一的体制"。同时提出了"国家调节市场，市场引导企业"的经济运行机制模式。概括地说，在这一时期，国家提出了"有计划的商品经济"的改革理论，改革的内容、范围十分广泛，涉及生产关系的许多方面和部分上层建筑，主要包括：①通过所有制方面的改革，调整了所有制结构。从过去的单一公有制经济结构逐渐改变成为以公有制为主体、多种经济成分并存的所有制结构，允许私营经济和民营经济的存在。②通过体制改革和运行机制的转变，为实行社会主义市场运行机制准备了体制基础。计划体制、投资体制、财政体制、流通体制、价格体制、分配体制和社会保障制度都进行了以引进市场机制为主要内容的改革。

这一时期，国家重点制定了吸引外商投资的法律，用以保障全民所有制经济的发展，保障城镇、乡村集体所有制企业的合法权益，还制定了有关环境保护和知识产权保护等方面的法律，具体包括以下几个方面：

1. 制定了扩大对外经济合作和技术交流的法律。为了扩大对外经济合作和技术交流，促进中国国民经济的发展，国家允许外国投资者，包括外国的企业和其他经济组织或者个人在中国境内举办外资企业，保护外资企业的合法权益，1986 年 4 月，国家制定了《中华人民共和国外资企业法》（2000 年修订，2020 年 1 月废止，其内容并入《中华人民共和国外商投资法》，2020 年 1 月生效）；同时，为了扩大对外经济合作和技术交流，促进外国合作者（包括外国的企业和其他经济组织或者个人），按照平等互利的原则，同中国合作者（包括中国的企业或者其他经济组织），在中国境内共同举办中外合作经营企业，国家制定了《中华人民共和国中外合作经营企业法》（2000 年修订，2020 年 1 月废止，其内容并入《中华人民共和国外商投资法》，2020 年 1 月生效）。

2. 制定了保障全民所有制经济发展的法律。为了保障全民所有制经济的巩固和发展，明确全民所有制工业企业的权利和义务，保障其合法权益，增强其活力，促进社会主义现代化建设，1988 年国家制定了《中华人民共和国全民所有制工业企业法》（2009 年部分修订），其中明确规定，企业依法取得法人资格，以国家授予其经营管理的财产承担民事责任。由于这部法律是在改革开放初期制定，社会主义市场经济体制还没有建立，因此该法律具有明显的计划经济体制的特征，如第 3 条规定："企业的根本任务是：根据国家计划和市场需求，发展商品生产，创造财富，增加积累，满足社会日益增长的物质和文化生活需要。"这个立法精神与国家发展以计划商品经济为主的经济体制改革的思路相吻合。

3. 制定了保障乡村和城镇集体所有制企业合法权益的法律。为了保障乡村集体所有制企业的合法权益，引导其健康发展，国务院于 1990 年 6 月发布了《乡村集体所有制企业条例》（2011 年部分修订）。为了保障城镇集体所有制经济的巩固和发展，明确城镇集体所有制企业的权利和义务，维护其合法权益，1991 年 9 月，国家发布了《城镇集体所有制企业条例》（2011 年、2016 年两次部分修订）等法律。

4. 保护环境的法律正式出台。1989 年 12 月 26 日第七届全国人民代表大会常务委员会（以下简称全国人大常委会）第十一次会议通过了《中华人民共和国环境保护法》（2014 年修订）。

5. 完善了知识产权保护的立法。1984 年 3 月全国人大常委会审议通过了《中华人民共和国专利法》（1992 年、2000 年和 2008 年三次修正）；1990 年 9 月全国人大常委会审议通过了《中华人民共和国著作权法》（2001 年和 2010 年两次修正）。同时，我国于 1984 年 11 月 14 日经第六届全国人大常委会第八次会议决定加入《保护工业产权巴黎公约》。

6. 出台了第一部行政诉讼法。1989 年 4 月 4 日，第七届全国人大常委会第二次会议通过《中华人民共和国行政诉讼法》（2014 年、2017 年两次修正）。

（三）提出建立社会主义市场经济体制的改革阶段

这一阶段是从 1992 年至 2003 年。1992 年，邓小平在南方巡视时发表谈话，明确指出："计划经济不等于社会主义，资本主义也有计划；市场经济不等于资本主义，社会主义也有市场。计划和市场都是经济手段，计划多一点还是市场多一点，不是社会主义与资本主义的本质区别。"邓小平的南方谈话结束了理论界关于姓"资"与姓"社"的区分，为国家建立社会主义市场经济体制的改革奠定了思想基础。党的十四大报告明确提出，我国经济体制改革的目标是建立社会主义市场经济体制。至此，人们对社会主义的认识就从传统的计划经济思想中彻底摆脱出来，市场经济开始与社会主义基本制度相结合，成为中国经济改革的基本目标。1993 年党的十四届三中全会通过的《中共中央关于建立社会主义市场经济体制若干问题的决定》，进一步提出了中国社会主义市场经济体制的基本框架。总之，这一时期，国家确立了"建立社会主义市场经济体制"的改革理论。

这一时期，国家的立法重点放在制定促进和保障社会主义市场经济体制建立的法律上。立法的重点包括：①以建立现代企业制度为核心的微观基础的转型。通过建立现代企业制度，使企业成为独立的商品生产者和经营者，全面参与市场竞争，成为真正的市场主体。②以配套改革为内容的宏观制度的创新。对财政、税收、外汇、金融、投资、外贸以及流通体制等综合配套体系进行改革，取得良好效果。③以市场流通和社会保障为主的宏观体制改革。通过市场流通领域改革，健全市场规则、整顿市场秩序；社会保障制度改革迈出了重要步伐，探索建立了多层次的社会保障制度。

国家立法涉及企业经济立法的内容包括：

1. 出台了规范现代企业制度的法律。①出台了规范公司的法律制度。公司法的制定和完善，对建立社会主义市场经济起到重要作用。在党的十四届三中全会《中共中央关于建立社会主义市场经济体制若干问题的决定》的推动下，全国人大加快了我国公司法的立法步伐，于 1993 年 12 月 29 日通过了《中华人民共和国公司法》（以下简称《公司法》，1999 年、2004 年、2005 年、2013 年和 2018 年五次修正），其正式确立了我国公司的法律地位，《公司法》也成为我国建立社会主义市场经济体制和建立现代企业制度的重要法律依据。与此同时，全国人大及国务院先后颁布了各种配套的法律、法规，如《公司登记管理条例》《股票发行与交易管理暂行条例》等。此外，还有大量的适应社会主义市场经济体制建立的法律应运而生。②颁布了规范合伙企业的法律。1997 年 2 月 23 日第八届全国人大常委会第二十四次会议通过和颁行了《中华人民共和国合伙企业法》（以下简称《合伙企业法》，2006 年修订），成为我国规范合伙企业的一部重要企业法律制度，也成为建立和完善我国社会主义市场经济法律体系的重要组成部分。

2. 出台了扶持乡镇企业健康发展的法律。1996 年 10 月 29 日，第八届全国人大常委会第二十二次会议通过了《中华人民共和国乡镇企业法》，该法自 1997 年 1 月 1 日起施行。其立法目的是扶持和引导乡镇企业持续健康发展，保护乡镇企业的合法权益，规范乡镇企业的行为，繁荣农村经济，促进社会主义现代化建设。

3. 出台了规范公平竞争和市场交易秩序的法律。1993 年 9 月 2 日，第八届全国人大常委会第三次会议通过了《中华人民共和国反不正当竞争法》（以下简称《反不正当竞争法》，2017 年修订、2019 年修正）。这表明，国家采取分别立法的体例，揭开了我国反不正当竞争立法和反垄断立法的序幕。1999 年 3 月 15 日，第九届全国人民代表大会第二次会议通过了《中华人民共和国合同法》（以下简称《合同法》）。其立法目的是保护合同当事人的合法权益，维护社会经济秩序，促进社会主义现代化建设。《合同法》第 2 条明确规定，合同是平等主体的自然人、法人、其他组织之间设立、变更、终止民事权利义务关系的协议。《中华人民共和国民法典》（以下简称《民法典》）第 464 条第 1 款规定，合同是民事主体之间设立、变更、终止民事法律关系的协议。

4. 制定了保护消费者权益的法律。1993 年 10 月 31 日，第八届全国人民代表大会第 4 次会议通过了《中华人民共和国消费者权益保护法》（以下简称《消费者权益保护法》），自 1994 年 1 月 1 日起施行（2009 年、2013 年两次修正）。同时，1993 年 2 月 22 日，第七届全国人大常委会第三十次会议通过《中华人民共和国产品质量法》（以下简称《产品质量法》，2000 年、2009 年、2018 年三次修订）。

5. 劳动合同制度开始形成。1994 年 7 月 5 日，全国人大常委会通过了《中华人民共和国劳动法》（以下简称《劳动法》，2009 年、2018 年修正）。这是我国第一部关于专门保障劳动者合法权益的基本法律，是我国劳动保障法制建设中一个重要的里程碑，使我国劳动立法进入一个崭新阶段。为了进一步规范劳动合同关系，2007 年 6 月 29 日，第十届全国人大常委会第二十八次会议通过了《中华人民共和国劳动合同法》（以下简称《劳动合同法》，2012 年修正），加上之前的一大批与劳动法典相配套的劳动行政法规出台，由此形成了一个独立的、系统的、完整的、具有我国社会主义特色的劳动法律体系，为建立和完善我国具有中国特色的社会主义法律体系的社会法的重要法律部门奠定了坚实的基础。

6. 建立和完善了金融法律制度。1995 年 3 月 18 日，第八届全国人民代表大会第三次会议审议并通过了《中华人民共和国中国人民银行法》（以下简称《中国人民银行法》，2003 年修正）。1995 年 5 月 10 日，第八届全国人大常委会第十三次会议通过了《中华人民共和国商业银行法》（以下简称《商业银行法》，2003、2015 年修正）。1995 年 5 月 10 日，第八届全国人大常委会第十三次会议通过了《中华人民共和国票据法》（2004 年修正）。1998 年 12 月 29 日，第九届全国人大常委会第六次会议通过了《中华人民共和国证券法》（以下简称为《证券法》，1999 年 7 月 1 日起施行，2004 年、2013 年、2014 年三次修正，2005 年、2019 年两次修订）。这些立法对于明确银行职责、规范金融监管、规范票据行为、规范企业的证券发行与交易行为，促进我国金融业的健康发展发挥了重要作用。

7. 出台了第一部仲裁法。我国现行的仲裁法是 1994 年 8 月 31 日由第八届全国人大常务委员会第九次会议通过的《中华人民共和国仲裁法》（2009、2017 年修正）。该法全面规定了我国仲裁活动的适用范围与原则、仲裁协议、仲裁组织、仲裁程序、仲裁裁决及执行等内容，成为确立我国仲裁法律制度的基本依据。

（四）**完善社会主义市场经济体制改革的新阶段**

这一阶段是从 2003 年至 2013 年。2003 年党的十六届三中全会通过了《中共中央关于完善社会主义市场经济体制若干问题的决定》（以下简称《完善体制决定》），对建立完善的市场经济体制进行了全面部署。《完善体制决定》从 12 个方面提出深化经济体制改革的重要性和紧迫性。其中，与企业经济立法有关的内容包括：①要求进一步巩固和发展公有制经济，鼓励、支持和引导非公有制经济发展。包括：其一，推行公有制的多种有效实现形式。坚持公有制的主体地位，发挥国有经济的主导作用。其二，大力发展和积极引导非公有制经济。个体、私营等非公有制经济是促进我国社会生产力发展的重要力量。其三，建立健全现代产权制度。②完善国有资产管理体制，深化国有企业改革。③完善市场体系，规范市场秩序。其中包括：其一，加快建设全国统一市场。强化市场的统一性，是建设现代市场体系的重要任务。其二，大力发展资本和其他要素市场。积极推进资本市场的改革开放和稳定发展，扩大直接融资。建立多层次资本市场体系，完善资本市场结构，丰富资本市场产品。④完善财税体制，深化金融改革。⑤深化涉外经济体制改革，全面提高对外开放水平。⑥推进就业和分配体制改革，完善社会保障体系。

《完善体制决定》指出："改革的不断深化，极大地促进了社会生产力、综合国力和人民生活水平的提高，使我国经受住了国际经济金融动荡和国内严重自然灾害、重大疫情等严峻考验。同时也存在经济结构不合理、分配关系尚未理顺、农民收入增长缓慢、就业矛盾突出、资源环境压力加大、经济整体竞争力不强等问题，其重要原因是我国处于社会主义初级阶段，经济体制还不完善，生产力发展仍面临诸多体制性障碍。为适应经济全球化和科技进步加快的国际环境，适应全面建设小康社会的新形势，必须加快推进改革，进一步解放和发展生产力，为经济发展和社会全面进步注入强大动力。"《完善体制决定》还指出，完善社会主义市场经济体制的主要任务是："建设统一开放、竞争有序的现代市场体系；完善宏观调控体系、行政管理体制和经济法律制度；健全就业、收入分配和社会保障制度；建立促进经济社会可持续发展的机制。"

值得一提的是，经过多年的不懈努力，中国特色社会主义法律体系于2010年如期形成。最初，1997年党的十五大报告在提出"依法治国，建设社会主义法治国家"这一治国基本方略的同时，提出"加强立法工作，提高立法质量，到2010年形成有中国特色社会主义法律体系"的立法目标。2002年，党的十六大报告重申，2010年形成中国特色社会主义法律体系的立法目标。2007年，党的十七大报告继续提出形成和完善中国特色社会主义法律体系的要求。在过去历届立法工作的基础上，又经过九届、十届、十一届全国人大及其常委会的努力，到2010年，中国特色社会主义法律体系如期形成。2012年，党的十八大报告，把中国特色社会主义法律体系作为中国特色社会主义制度的重要组成部分。对中国特色社会主义法律体系的如期形成，习近平总书记指出："这是我国社会主义民主法制建设史上的重要里程碑，是中国特色社会主义制度逐步走向成熟的重要标志，具有重大的现实意义和深远的历史意义。"

这一时期，涉及企业经济立法的内容包括：

1. 制定了预防和制止垄断行为的法律。为了预防和制止垄断行为，保护市场公平竞争，提高经济运行效率，维护消费者利益和社会公共利益，促进社会主义市场经济健康发展，第十届全国人大常委会第二十九次会议于2007年8月30日通过了《中华人民共和国反垄断法》（以下简称《反垄断法》）。

2. 制定了物的归属和发挥物的效用的法律。为了维护国家基本经济制度，维护社会主义市场经济秩序，明确物的归属、发挥物的效用、保护权利人的物权，中华人民共和国第十届全国人民代表大会第五次会议于 2007 年 3 月 16 日通过了《中华人民共和国物权法》（以下简称《物权法》），自 2007 年 10 月 1 日起施行。物权是指权利人依法对特定的物享有直接支配和排他的权利，包括所有权、用益物权和担保物权。

3. 出台了制裁侵害民事权益行为的法律。为保护民事主体的合法权益，明确侵权责任，预防并制裁侵权行为，促进社会和谐稳定，2009 年 12 月 26 日第十一届全国人大常委会第十二次会议通过了《中华人民共和国侵权责任法》（以下简称《侵权责任法》）。《侵权责任法》通过法律形式明确了民事权益的内容，包括生命权、健康权、姓名权、名誉权、荣誉权、肖像权、隐私权、婚姻自主权、监护权、所有权、用益物权、担保物权、著作权、专利权、商标专用权、发现权、股权、继承权等人身、财产权益。

4. 出台了第一部社会保险法。2010 年 10 月 28 日，第十一届全国人大常委会第十七次会议通过《中华人民共和国社会保险法》（以下简称《社会保险法》，2011 年 7 月 1 日起施行，2018 年修正）。它是中国特色社会主义法律体系中起支架作用的重要法律，是一部着力保障和改善民生的法律。《社会保险法》的颁布实施，是中国人力资源社会保障法制建设中的又一个里程碑，对于建立覆盖城乡居民的社会保障体系，更好地维护公民参加社会保险和享受社会保险待遇的合法权益，使公民共享发展成果，促进社会主义和谐社会建设，具有十分重要的意义。

5. 完善公司立法和合伙企业法。为了适应我国经济社会的发展需要，2005 年 10 月 27 日，全国人大对《公司法》进行了全面的修订，增加了法人人格之否认、公司的社会责任、一人有限责任公司等内容。之后，2013 年 12 月，全国人大再次对其进行修订，其内容见"深化社会主义市场经济体制的改革阶段"部分。2006 年 8 月，全国人大常委会对《合伙企业法》进行了全面修订，增加了有限合伙等内容，使合伙企业法律制度更趋于完善。

（五）深化社会主义市场经济体制的改革阶段

这一时期是从 2013 年至今。2013 年，党的十八届三中全会审议通过《中共中央关于全面深化改革若干重大问题的决定》（以下简称《深化改革决定》）。《深化改革决定》指出：全面深化改革的总目标是完善和发展中国特色社会主义制度，推进国家治理体系和治理能力现代化。必须更加注重改革的系统性、整体性、协同性，加快发展社会主义市场经济、民主政治、先进文化、和谐社会、生态文明，让一切劳动、知识、技术、管理、资本的活力竞相迸发，让一切创造社会财富的源泉充分涌流，让发展成果更多更公平惠及全体人民。决议中明确全面深化改革的五大体制，包括经济体制、政治体制、文化体制、社会体制和生态文明体制。

《深化改革决定》提出深化经济体制的要点有：①经济体制改革是全面深化改革的重点。其核心问题是如何处理好政府和市场的关系，使市场在资源配置中起决定性作用，更好地发挥政府作用。②坚持和完善基本经济制度，加快完善现代市场体系、宏观调控体系、开放型经济体系，加快转变经济发展方式，加快建设创新型国家，推动经济更有效率、更加公平、可持续地发展。③以经济建设为中心，发挥经济体制改革的牵引作用，推动生产关系同生产力、上层建筑同经济基础相适应，推动经济社会持续健康发展。

2014 年是中国全面深化改革的元年。这一判断已经成为中国社会的共识，也反映了中国社会的期待。在深化经济体制、市场体系和政府职能改革方面，国家提出了以下改革方案：

1. 深化经济体制改革。改革的核心内容是"公有制经济和非公有制经济都是社会主义市场经济的重要组成部分"，具体措施有：①完善产权保护制度，提出公有制经济财产权不可侵犯，非公有制经济财产权同样不可侵犯；②积极发展混合所有制经济，推动国有企业完善现代企业制度，支持非公有制经济健康发展。

2. 深化市场体系改革。改革的核心内容是"凡是能由市场形成价格的都交给市场，政府不进行不当干预"，具体措施有：①建立公平开放透明的市场规则，实行统一的市场准入制度；②推进石油、天然气、电力、交通、电信等领域价格改革，放开竞争性环节价格；③允许农村集体经营性建设用地出让、租赁、入股，实行与国有土地同等入市、同权同价；④允许具备条件的民间资本依法发起设立中小型银行等金融机构。

3. 深化政府职能改革。改革的核心内容是"增强政府公信力和执行力，建设法治政府和服务型政府"，具体措施有：①最大限度地减少中央政府对微观事务的管理，市场机制能有效调节经济活动，一律取消审批制度；②理顺部门间的职责关系，积极稳妥实施大部门制；③优化行政区划设置，有条件的地方探索推进省直接管理县（市）体制改革；等等。

总体上说，国家在全面深化经济体制改革过程中，建立开放型经济体制是深化改革的重要内容，其重点是"放宽投资准入，统一内外资法律法规，保持外资政策稳定、透明、可预期"，具体措施有：①在上海自由贸易区试点基础上，选择若干具备条件的地方发展自由贸易园（港）区；②支持内陆城市增开国际客货运航线，发展多式联运；③允许沿边重点口岸、边境城市、经济合作区在人员往来、加工物流、旅游等方面实行特殊方式和政策；④扩大对香港特别行政区、澳门特别行政区和台湾地区开放合作。

全面深化经济体制改革、建立自由贸易试验区是建立开放型经济体制的亮点。2013年8月，我国国务院正式批准设立中国（上海）自由贸易试验区扩展区。在上海自由贸易试验区实践1年之后，2014年12月12日，国务院决定，我国将在广东、天津、福建特定区域内再设3个自由贸易园区。

自由贸易区，通常指两个以上的国家或地区，通过签订自由贸易协定，相互取消绝大部分货物的关税和非关税壁垒，取消绝大多数服务部门的市场准入限制，开放投资，从而促进商品、服务和资本、技术、人员等生产要素的自由流动，实现优势互补，促进共同发展。它也来形容在一国国内，一个或多个消除了关税和贸易配额，并且对经济的行政干预较小的区域。自由贸易区从自由港发展而来。最初于13世纪，法国开辟马赛港为自由贸易区。1547年，意大利正式将热那亚湾的里窝那港定名为世界上第一个自由港。截至2013年6月19日，全球已有1200多个自由贸易区，其中15个发达国家设立了425个自由贸易区，占全球总量的35.4%；67个发展中国家共设立775个自由贸易区，占全球总量的64.6%。我国建立的四个自由贸易区，具有以下不同的特点：

1. 上海自由贸易区的改革试点涉及贸易、投资、金融、行政管理等几大方面。它包含贸易的自由化、投资的自由化、金融的制度创新、政府的行政管理职能转变等。其中，金融改革作为上海自由贸易区改革试点的重点。经过近两年的实践，上海自贸试验区在金融改革取得了四个方面的成效：①以负面清单管理为核心的外商投资管理制度基本建立；②以贸易便利化为重点的贸易监管制度有效运行；③以资本项目可兑换和金融服务业开放为目标的金融制度创新有序推进；④以政府职能转变为核心的事中事后监管制度初步形成。[1]

2. 天津自由贸易区的特点主要来自三个方面：①服务京津冀协同发展和

---

[1] 2015年4月22日，国务院副总理汪洋在第十二届全国人大常委会第十四次会议举行第二次全体会议上作《关于自由贸易试验区工作进展情况的报告》。

"一带一路"国家战略[1]；②发展实体经济；③壮大融资租赁业。在定位上挂钩京津冀协同发展这一国家战略，将成为天津自由贸易区的一大特色。

3. 广东自由贸易区的特点体现在三个方面：①构建粤港澳金融合作新体制；②构建粤港澳服务贸易自由化；③通过制度创新推动粤港澳交易规则的对接。

4. 福建自由贸易区包括厦门、福州、平潭 3 个片区，面积达 118.04 平方公里。福建自由贸易区突出了对接台湾自由经济区以及建设 21 世纪海上丝绸之路的两大战略。福建作为大陆与台湾距离最近的省份，对接台湾地区经济是福建自由贸易区最大的特色。

在全面深化经济体制改革过程中，国家在立法上也有新的举措，涉及企业经济立法的内容包括：

1. 进一步完善公司立法，推进公司注册资本登记制度改革。2013 年 10 月 25日，国务院召开常务会议，部署推进公司注册资本登记制度改革进程，降低创业成本，激发社会投资活力。会议提出，改革注册资本登记制度，放宽市场主体准入，创新政府监管方式，建立高效透明公正的现代公司登记制度，是新一届政府转变职能总体部署和改革方案中的又一项重要举措，目的是进一步简政放权，构建公平竞争的市场环境，调动社会资本力量，促进小微企业特别是创新型企业成长，带动就业，推动新兴生产力发展。推行注册资本登记制度改革，就是要按照便捷高效、规范统一、宽进严管的原则，创新公司登记制度，降低准入门槛，强化市场主体责任，促进形成诚信、公平、有序的市场秩序。

根据深化体制改革的需要，2013 年 12 月，全国人大常委会对《公司法》进行修订，于 2014 年 3 月 1 日起施行。本次修订主要内容包括：①将注册资本实缴登记制改为认缴登记制；②放宽注册资本登记条件。除法律、行政法规以及国务院决定对公司注册资本最低限额另有规定外，取消了有限责任公司最低注册资本 3 万元、一人有限责任公司最低注册资本 10 万元、股份有限公司最低注册资本 500 万元的限制等；③简化公司设立登记事项。有限责任公司股东认缴出资额、公司实收资本不再作为公司登记事项。2018 年，全国人大常委会对《公司法》中的股份回购制度进行修订，这将有利于股份公司对本公司的股票进行

---

[1] 京津冀协同发展，核心是京津冀三地作为一个整体协同发展，以疏解非首都核心功能、解决北京"大城市病"为基本出发点，调整优化城市布局和空间结构，构建现代化交通网络系统，扩大环境容量生态空间，推进产业升级转移，推动公共服务共建共享，加快市场一体化进程，打造现代化新型首都圈，努力形成京津冀目标同向、措施一体、优势互补、互利共赢的协同发展新格局。"一带一路"是"丝绸之路经济带"和"21 世纪海上丝绸之路"的简称，2013 年 9 月和 10 月，国家主席习近平分别提出建设"新丝绸之路经济带"和"21 世纪海上丝绸之路"的战略构想。

回购。

2. 商事登记和商事管理更加便民化。商事登记方面，国家将企业年检制度改为年度报告制度，任何单位和个人均可查询，使企业相关信息透明化。建立公平规范的抽查制度，克服检查的随意性，提高政府管理的公平性和效能。国家按照方便注册和规范有序的原则，放宽市场主体住所（经营场所）登记条件，由地方政府具体规定。推进注册资本由实缴登记制改为认缴登记制，降低开办公司成本。

3. 自由贸易区的外商投资实行负面清单管理模式。2015 年 4 月 8 日，国务院办公厅以国办发〔2015〕23 号印发《自由贸易试验区外商投资准入特别管理措施（负面清单）》，并规定此措施适用于上海、广东、天津、福建 4 个自由贸易试验区。所谓"负面清单管理"，是指针对与外商投资相关的管理措施，均以清单方式列明。简言之，现行的"正面清单管理"是规定企业"只能做什么"，而"负面清单管理"是仅限定企业"不能做什么"，并以"清单"方式进行列示，体现了"放权"的改革思路。负面清单是国际上重要的投资准入制度，目前，国际上有 70 多个国家采用"准入前国民待遇和负面清单"管理模式。具体来说，就是对于政府以清单的方式明确列出禁止和限制投资经营的行业、领域、业务，清单之外的，各类市场主体皆可依法平等进入。

4. 自由贸易试验区暂时实施相关行政审批的决定。全国人大常委会通过了《关于授权国务院在中国（广东）、中国（天津）自由贸易试验区、中国（福建）自由贸易试验区以及中国（上海）自由贸易试验区扩展区域暂时调整有关法律规定的行政审批的决定》，自 2015 年 3 月 1 日起施行。在《中华人民共和国外资企业法》《中华人民共和国中外合资经营企业法》《中华人民共和国中外合作经营企业法》《中华人民共和国台湾同胞投资保护法》等法律所规定的有关行政审批内容均附有目录，但是国家规定实施准入特别管理措施的除外。上述行政审批的调整在 3 年内试行，对实践证明可行的，修改完善有关法律；对实践证明不宜调整的，恢复施行有关法律规定。

二、完善的市场经济本质上是法治经济

党的十八届四中全会指出：社会主义市场经济本质上是法治经济。要让市场在资源配置中起决定性作用和更好发挥政府作用，必须以保护产权、维护契约、统一市场、平等交换、公平竞争、有效监管为基本导向，完善社会主义市场经济法律制度。健全以公平为核心原则的产权保护制度，加强对各种所有制经济组织和自然人财产权的保护，清理有违公平的法律法规条款。创新适应公有制多种实现形式的产权保护制度，加强对国有、集体资产所有权、经营权和各类企业法人财产权的保护。国家保护企业以法人财产权依法自主经营、自负盈亏，企业有权拒绝任何组织和个人无法律依据的要求。加强企业社会责任立法。完善激励创新的产权制度、知识产权保护制度和促进科技成果转化的体制机制。加强市场法律制度建设，编纂民法典，制定和完善发展规划、投资管理、土地管理、能源和矿产资源、农业、财政税收、金融等方面法律法规，促进商品和要素自由流动、公平交易、平等使用。依法加强和改善宏观调控、市场监管，反对垄断，促进合理竞争，维护公平竞争的市场秩序。

自 1978 年党的十一届三中全会决定全党、全民把工作重点转移到经济建设之后，我国开创了社会主义经济建设和法制建设的新局面，特别是 1992 年党的十四大报告，提出并确立了建立和完善社会主义市场经济体制的战略目标，促进我国的经济体制、政治体制改革不断地深入开展，我国社会主义法制建设步伐更加稳步地推进，迎来了崭新的局面和形势。因此，需要充分认识我国社会主义市场经济体制和社会主义法制建设的密切关系，通过提高认识，我们就能更加自觉地搞好企业法制建设，确保企业依法经营管理顺利进行。

（一）建立和完善社会主义市场经济体制，必须高度重视社会主义法制建设

党的十四大报告，不仅提出在我国建立和完善社会主义市场经济体制这一重大问题，而且要求进一步推进我国政治体制改革，促进社会主义民主和法制建设，特别强调必须高度重视社会主义法制建设。此后，国家领导人在多次讲话中反复强调和论述社会主义市场经济和社会主义法制建设的关系，指出没有完备的社会主义法制，就不可能建立完善的社会主义市场经济体制。这是因为，市场经济实质上是一种法治经济。这一论断，已经在理论上和历史实践中得到充分的证明。首先，从经济学、法理学的理论层面看，市场经济是商品经济的高度发展阶段和现代形态，是市场作为资源配置的基础性方式的一种经济体制。市场的基础性作用，使市场运行的基本规律，即价值规律、供求规律、竞争规律得以充分发挥和体现。市场经济的自由经济、大众经济、竞争经济、损益经济等本质，也充分表现在市场主体多元性、决策自主性、交易契约性、经营竞争性、后果分化性等基本特征上，这决定了市场经济必然产生两种截然不同的功能和作用：一方面，市场经济体制产生了巨大的激励作用，鼓舞和推动着千千万万的市场竞争主体为了实现自身的经济利益，努力开发市场，加强经营管理，发展新技术、新产品、新服务项目，积极参与市场竞争，从而不断地推动市场经济蓬勃发展，使市场经济充满生机和活力；另一方面，市场的消极作用也会助长一些投机者、不法者，为了谋取巨额的非法利益而不择手段，作出种种损害国家利益、社会公共利益以及其他经营者、广大消费者利益的不法行为，严重扰乱和破坏市场经济的正

常秩序，这是市场经济的消极作用的一面。因此，必须通过政府的适度干预手段，加强对市场经济的宏观调控和管理，实现对市场经济积极作用的肯定和鼓励，对消极作用的限制和制裁，确保市场经济的正常运行和发展，这也是市场经济规律的客观要求。为了实现这一宏观调控和管理的目标，建立和健全与市场经济体制相适应的法律制度，从而对其加以规范、引导、制约和保障是十分必要的。所以，市场经济总是和一定的法制建设结合在一起，二者相辅相成、相互促进、相得益彰。其次，从近现代经济史、法制史的发展实践看，现代商品经济、市场经济发展的数百年历史都有力地证明了这一点。被恩格斯誉为"商品生产者社会的第一个世界性法律"的罗马法，就是资本主义前罗马帝国简单商品经济充分发展的产物。被称为"典型的资产阶级社会的法典"的《拿破仑法典》（又名《法国民法典》），同样是资本主义商品经济充分发展的产物。通过总结历史发展的实践经验，不难发现，当今世界经济发展和法制发展的历史都能够充分地证明：商品经济发展的成熟程度总是同其法制建设的完备状况相适应的。可以这样说，当今世界上所有现代市场经济发达的国家，没有一个不是法制比较完备的国家；反之，没有一个现代市场经济不发达的国家已经发展为健全的法治国家。我国正在大力发展社会主义市场经济，这些历史经验对我们而言有重要的借鉴意义。

（二）全面推行"依法治国，建设社会主义法治国家"基本方略对社会主义法制建设的巨大影响

1997 年，党的十五大报告第一次把"依法治国"确立为党领导广大人民治理国家的基本方略，使"依法治国"从理想、口号变为具体实施的行动和社会实践，表明了我国治国的方略、手段从"人治"开始走向"法治"，这是一个重大的转变和进步，我们应当充分认识到这一转变对我国社会主义法制建设的巨大影响。1999 年 3 月，第九届全国人大第二次会议将"依法治国"写入《中华人民共和国宪法》（以下简称《宪法》），从而使"依法治国"从党的意志转化为国家意志。2012 年 10 月，党的十八大报告在十五大、十六大和十七大关于"依法治国"要求和精神的基础上，提出"全面推进依法治国""加快建设社会主义法治国家"，将"依法治国"方略提升到了一个更新的高度。2014 年 10 月，党的十八届四次会议审议通过了《中共中央关于全面推进依法治国若干重大问题的决定》，全会提出，"全面推进依法治国"的总目标是："建设中国特色社会主义法治体系，建设社会主义法治国家。"

1. 我们要充分认识到确立依法治国基本方略的历史客观必然性。我们党之所以选择和确立"依法治国"作为党领导广大人民治理国家的基本方略，是基

于我们党和国家几代领导人领导全国人民经历了数十年的不断改革、探索，才逐步认识、选择到最后确立的过程，这是社会发展客观规律的必然要求，并以一定理论认识和实践经验作为基础和依据。

从社会科学理论上看，法律是实现对国家和社会管理最权威、最有力的工具。马克思主义的法的理论认为，法律作为社会规范、社会现象，是统治阶级实现阶级统治的武器，也是统治阶级进行国家和社会管理的工具，它是掌握政权的统治阶级意志的集中体现，又是由统治阶级赖以生存的物质生活条件所决定的，使法律具有突出的阶级性、社会性、普遍性、规范性、强制性及权威性等特征，并起着特殊的社会政治作用、一般社会公共作用及普遍社会规范作用。法律这种特殊作用决定了法律规范明显不同于政策、道德、伦理、纪律等其他社会规范，它是由国家机关制定或认可的，是国家意志的体现，并以国家强制力保证其实施的行为规范。众所周知，道德规范具有感召力，纪律规范具有约束力，政策规范具有规范力，只有法律规范才具有震撼力和强制力，具有要求全社会成员一体遵行的效力。因此，法律形式、法律手段无一例外地成为现代国家治国的最普遍、最有效的措施。当然，治理国家是一项十分复杂的管理活动，涉及政治、经济、军事、文化、教育、外交等方面的内容，在此过程中不可能只使用一种方法，人们通过政策的引导、道德的教化、纪律的约束等方法，仍然对社会的调控和管理起着十分重要的作用，说明了实行法治并不排除其他治理国家的方法，它们之间是一种相辅相成的关系。

从历史社会实践上看，法治是古今中外统治阶级普遍选择的治国方略。搞法治，资产阶级国家是老手，也是我们最好的老师。认真学习、借鉴其他国家法制建设经验，可以使我们尽量少走弯路。因为我们所说的法治，是相对于民主制而言，它是民主政治的规范化、制度化、法律化，并使其得到全面的实施。所以，资本主义国家是最早实行法治的国家，这并不是资产阶级统治的高明手段，而是社会发展规律的客观要求。建立在私有制基础上的资本主义商品经济在向现代市场经济过渡时，为协调各个生产者、经营者之间的关系，实现对市场秩序的有效管理和维护，他们选择了法治这个最简单、最权威的方法；特别是资本主义市场经济在向国际化方向发展的时候，为协调国家间的关系，解决国际争端，为在更大范围内进行国际经济技术交流，同样需要法律予以规范。资本主义就是其在实现现代市场经济发展的过程中，不断地发展和健全与其相适应的法制，从而逐步走上法治社会。

历史是一面最好的镜子，我国几千年的历史经验也充分证明："奉法者强则国强，奉法者弱则国弱"，法制同样总是与国家、社会的繁荣昌盛紧密联结在一起，总是成为促进"盛世"的一个重要条件和保证。如周朝的"成康之治"、汉初的"文景之治"、唐朝的"贞观之治"以及清朝的"康乾之治"，上述我国古代历史"四大盛世"，无一不同那些朝代的统治阶级重视法制、厉行吏治相关联。我国的历史经验也告诉我们：我国一旦重视法制建设，那么不仅社会得以稳定，而且会使经济发展步伐加快、秩序良好；而一旦忽视法制建设，或者重人治、轻法治，或者肆意让法制遭受践踏，那么我国的社会经济发展就会受到不同程度的影响和破坏。所以，邓小平同志强调："还是搞法制靠得住些。"这是对十年"文革"惨痛历史教训的总结，也是对我国几十年国家治理的经验教训的总结。从邓小平同志"一手抓建设，一手抓法制""两手抓，两手都要硬"到江泽民同志提出"依法治国"的基本方略，这是历史的必然、时代的选择，也是社会进步、国家富强的有力推手。我们了解法制的历史发展过程，就会更加自觉地按照邓小平理论指引的方向坚定不移地走法制建设道路。

2. 我们要深刻认识到全面推行依法治国对我国社会主义法制建设的巨大影响。从党的十五大报告明确提出"依法治国、建设社会主义法治国家"基本方略以来，"法治"成为推进政治体制改革的核心关键词。在党的十八大报告中重视法治的精神贯穿始终，"法治思维"等新提法引发法学界和社会公众广泛关注。党的十八届四次会议审议通过的《中共中央关于全面推进依法治国若干重大问题的决定》（以下简称《法治重大问题决定》），不仅提出全面推进依法治国的总目标，而且还筹划了全面推进依法治国的"五个体系"，明确了全面推进依法治国的"六大任务"。[1]

"依法治国，就是广大人民群众在党的领导下，依照宪法和法律规定，通过各种途径和形式管理国家事务，管理经济文化事业，管理社会事务，保证国家各项工作都依法进行，逐步实现社会主义民主的制度化、法律化，使这个制度和法律不因领导人的改变而改变，不因领导人看法和注意力的改变而改变。"十五大报告对依法治国的表述，高度概括了我们党领导人民治理国家的基本方略，指明了改革和完善政治体制的基本方向，明确了"法治"在国家政治、经济和社会生活中的地位和作用；同时，还具体阐明了依法治国的基本内涵和基本原则问题：

---

〔1〕"法治五个体系"即指坚持中国特色社会主义制度，贯彻中国特色社会主义法治理论，形成完备的法律规范体系、高效的法治实施体系、严密的法治监督体系、有力的法治保障体系，形成完备的党内法规体系。全国推进依法治国的"六大重要任务"，即指完善以宪法为核心的中国特色社会主义法律体系，加强宪法实施；深入推进依法行政，加快建设法治政府；保证公正司法，提高司法公信力；增强全民法治观念，推进法治社会建设；加强法治工作队伍建设；加强和改进党对全面推进依法治国的领导。

（1）明确了依法治国的主体。党的十五大报告明确指明依法治国的主体是广大人民群众。人民群众是国家真正的主人，我国《宪法》第2条规定："中华人民共和国的一切权力属于人民。人民行使国家权力的机关是全国人民代表大会和地方各级人民代表大会。人民依照法律规定，通过各种途径和形式，管理国家事务，管理经济和文化事业，管理社会事务。"这一规定确定了"主权在民"的原则，明确了只有人民群众才是实现依法治国的真正主体，而具体行使管理职能的国家机关和公务人员，只是人民管理国家事务的执行者，他们根据人民的授权，代表人民行使管理国家的职权，对人民负责，并接受人民的监督，国家法律切实保障广大人民群众依法参与管理国家和社会事务的权利。这就必须加大法制建设力度，加强行政法制、经济法制、司法法制的建设，以适应依法治国的要求。

（2）确立了依法治国的目标。党的十五大报告明确指出，依法治国，就是保证国家各项工作都依法进行，逐步实现社会主义民主的制度化、法律化，使这个制度和法律不因领导人、领导人的看法和注意力的改变而改变，最后实现建设社会主义法治国家的政治目标。建设社会主义法治国家同依法治国是一种完整的、密切的、不可分割的关系，依法治国是方略、方针、方法，建设社会主义法治国家是目标，也是结果，它要求立法机关按照严格的法定程序制定能够集中体现和反映广大人民群众利益和意志的法律，并形成完备的法律制度体系；政府机关和公职人员必须严格依法行使职权，依法办事，依法管理国家事务和社会事务；司法机关必须严格执法，公正司法，坚决维护法律的严肃性和权威性，确保法律在全国范围内的统一实施，做到有法可依、有法必依、执法必严、违法必究；全体公民具有良好的法律意识和法律素质，学法、懂法成为整个社会的良好风尚，自觉守法成为广大公民的良好习惯，广大公民能够自觉运用法律武器来规范自身的行为，维护自身的合法权益，调整社会成员相互之间的关系，同各种违法犯罪行为作斗争。

（3）明确了依法治国的依据。党的十五大报告明确指出依法治国的方法，就是广大人民群众在党的领导下，依据宪法和法律规定，通过各种途径和形式管理国家事务、管理经济文化事业、管理社会事务。报告明确确立依法治国的依据是宪法和法律规定，其方法是通过各种途径和形式，其内容是管理各项国家和社会事务，保证国家各项工作都依法进行，都纳入社会主义法制、法治轨道。因此，确立"宪法至上""法律至上"原则，处理好法律与政策关系是至关重要的。

（4）明确了依法治国的保证。实行依法治国，既要处理好广大人民群众和国家机关、公职人员的关系，也要处理好党的领导和依法办事的关系。党的十五大报告强调指出："党领导人民制定宪法和法律，并在宪法和法律范围内活动。依法治国把坚持党的领导、发扬人民民主和严格依法办事统一起来，从制度和法律上保证党的基本路线和基本方针的贯彻实施，保证党始终发挥总揽全局，协调各方的领导核心作用。"党的十八届四中全会《法治重大问题决定》指出，党的领导是全面推进依法治国、加快建设社会主义法治国家最根本的保证。必须加强和改进党对法治工作的领导，把党的领导贯彻到全面推进依法治国全过程。

（三）贯彻全面推进依法治国的总体部署

党的十八大提出，法治是治国理政的基本方式，要加快建设社会主义法治国家，全面推进依法治国。其总体目标是，到2020年，依法治国基本方略全面落实，法治政府基本建成，司法公信力不断提高，人权得到切实尊重和保障。党的十八届三中全会进一步提出，建设法治中国，必须坚持依法治国、依法执政、依法行政共同推进，坚持法治国家、法治政府、法治社会一体建设。全面贯彻落实这些部署和要求，关系加快建设社会主义法治国家，关系落实全面深化改革顶层设计，关系中国特色社会主义事业长远发展。为了贯彻党的十八大会议精神，党的十八届四次会议审议通过了《法治重大问题决定》，对全面推进依法治国作出了战略部署，其包括七个方面的内容：坚持走中国特色社会主义法治道路，建设中国特色社会主义法治体系；完善以宪法为核心的中国特色社会主义法律体系，加强宪法实施；深入推进依法行政，加快建设法治政府；保证公正司法，提高司法公信力；增强全民法治观念，推进法治社会建设；加强法治工作队伍建设；加强和改进党对全面推进依法治国的领导。其主要内容包括[1]：

1. 坚持走中国特色社会主义法治道路，建设中国特色社会主义法治体系。依法治国，是坚持和发展中国特色社会主义的本质要求和重要保障，是实现国家治理体系和治理能力现代化的必然要求，事关我们党执政兴国，事关人民幸福安康，事关党和国家长治久安。全面建成小康社会、实现中华民族伟大复兴的中国梦，全面深化改革、完善和发展中国特色社会主义制度，提高党的执政能力和执政水平，必须全面推进依法治国。目前，中国特色社会主义法律体系已经形成，法治政府建设稳步推进，司法体制不断完善，全社会法治观念明显增强。全面推进依法治国，总目标是建设中国特色社会主义法治体系，建设社会主义法治国家。

《法治重大问题决定》首次提出了建设中国特色社会主义法治体系的目标：在中国共产党的领导下，坚持中国特色社会主义制度，贯彻中国特色社会主义法

---

[1]　以下内容摘录自《法治重大问题决定》。

治理论，形成完备的法律规范体系、高效的法治实施体系、严密的法治监督体系、有力的法治保障体系，形成完善的党内法规体系，坚持依法治国、依法执政、依法行政共同推进，坚持法治国家、法治政府、法治社会一体建设，实现科学立法、严格执法、公正司法、全民守法，促进国家治理体系和治理能力现代化。

《法治重大问题决定》指出，实现这个总目标，必须坚持以下几项原则：坚持中国共产党的领导、坚持人民主体地位、坚持法律面前人人平等、坚持依法治国和以德治国相结合和坚持从中国实际出发。

2. 完善以宪法为核心的中国特色社会主义法律体系，加强宪法实施。法律是治国之重器，良法是善治之前提。建设中国特色社会主义法治体系，必须坚持立法先行，发挥立法的引领和推动作用，抓住提高立法质量这个关键。要恪守以民为本、立法为民理念，贯彻社会主义核心价值观，使每一项立法都符合宪法精神、反映人民意志、得到人民拥护。要把公正、公平、公开原则贯穿立法全过程，完善立法体制机制，坚持立改废释并举，增强法律法规的及时性、系统性、针对性、有效性。其主要任务如下：

（1）健全宪法实施和监督制度。宪法是党和人民意志的集中体现，是通过科学民主程序形成的根本法。坚持依法治国首先要坚持依宪治国，坚持依法执政首先要坚持依宪执政。全国各族人民、一切国家机关和武装力量、各政党和各社会团体、各企业事业组织，都必须以宪法为根本的活动准则，并且负有维护宪法尊严、保证宪法实施的职责。一切违反宪法的行为都必须予以追究和纠正。完善全国人大及其常委会宪法监督制度，健全宪法解释程序机制。加强备案审查制度和能力建设，把所有规范性文件纳入备案审查范围，依法撤销和纠正违宪违法的规范性文件，禁止地方制发带有立法性质的文件。

（2）完善立法体制。党中央向全国人大提出宪法修改建议，依照宪法规定的程序进行宪法修改。法律制定和修改的重大问题由全国人大常委会党组向党中央报告。健全有立法权的人大主导立法工作的体制机制，发挥人大及其常委会在立法工作中的主导作用。依法建立健全专门委员会、工作委员会的立法专家顾问制度。加强和改进政府立法制度建设，完善行政法规、规章制定程序，完善公众参与政府立法机制。重要行政管理法律法规由政府法制机构组织起草。明确立法权力边界，从体制机制和工作程序上有效防止部门利益和地方保护主义法律化。对部门间争议较大的重要立法事项，由决策机关引入第三方评估，充分听取各方意见，协调决定，不能久拖不决。加强法律解释工作，及时明确法律规定含义和适用法律依据。明确地方立法权限和范围，依法赋予设区的市地方立法权。

（3）深入推进科学立法、民主立法。加强人大对立法工作的组织协调，健全立法起草、论证、协调、审议机制，健全向下级人大征询立法意见机制，建立基层立法联系点制度，推进立法精细化。健全法律、法规、规章起草征求人大代表意见制度，增加人大代表列席人大常委会会议人数，更多发挥人大代表参与起草和修改法律的作用。完善立法项目征集和论证制度。健全立法机关主导、社会各方有序参与立法的途径和方式。探索委托第三方起草法律法规草案。

（4）加强重点领域立法。依法保障公民权利，加快完善体现权利公平、机会公平、规则公平的法律制度，保障公民人身权、财产权、基本政治权利等各项权利不受侵犯，保障公民经济、文化、社会等各方面权利得到落实，实现公民权利保障法治化。增强全社会尊重和保障人权意识，健全公民权利救济渠道和方式。

3. 深入推进依法行政，加快建设法治政府。法律的生命力在于实施，法律的权威也在于实施。各级政府必须坚持在党的领导下、在法治轨道上开展工作，创新执法体制，完善执法程序，推进综合执法，严格执法责任，建立权责统一、权威高效的依法行政体制，加快建设职能科学、权责法定、执法严明、公开公正、廉洁高效、守法诚信的法治政府。其具体要求包括以下几点：

（1）依法全面履行政府职能。完善行政组织和行政程序法律制度，推进机构、职能、权限、程序、责任法定化。行政机关要坚持法定职责必须为、法无授权不可为，勇于负责、敢于担当。行政机关不得法外设定权力，没有法律法规依据不得作出减损公民、法人和其他组织合法权益或者增加其义务的决定。推行政府权力清单制度，坚决消除权力设租寻租空间。

（2）健全依法决策机制。把公众参与、专家论证、风险评估、合法性审查、集体讨论决定确定为重大行政决策法定程序，确保决策制度科学、程序正当、过程公开、责任明确。建立行政机关内部重大决策合法性审查机制，未经合法性审查或经审查不合法的，不得提交讨论。

（3）深化行政执法体制改革。根据不同层级政府的事权和职能，按照减少层次、整合队伍、提高效率的原则，合理配置执法力量。

（4）坚持严格规范、公正文明执法。依法惩处各类违法行为，加大关系群众切身利益的重点领域执法力度。完善执法程序，建立执法全过程记录制度。明确具体操作流程，重点规范行政许可、行政处罚、行政强制、行政征收、行政收费、行政检查等执法行为。严格执行重大执法决定法制审核制度。

（5）强化对行政权力的制约和监督。加强党内监督、人大监督、民主监督、行政监督、司法监督、审计监督、社会监督、舆论监督制度建设，努力形成科学有效的权力运行制约和监督体系，增强监督合力和实效。

（6）全面推进政务公开。坚持以公开为常态、不公开为例外原则，推进决策公开、执行公开、管理公开、服务公开、结果公开。各级政府及其工作部门依据权力清单，向社会全面公开政府职能、法律依据、实施主体、职责权限、管理流程、监督方式等事项。重点推进财政预算、公共资源配置、重大建设项目批准和实施、社会公益事业建设等领域的政府信息公开。涉及公民、法人或其他组织权利和义务的规范性文件，按照政府信息公开要求和程序予以公布。推行行政执法公示制度。推进政务公开信息化，加强互联网政务信息数据服务平台和便民服务平台建设。

4. 保证公正司法，提高司法公信力。公正是法治的生命线。司法公正对社会公正具有重要引领作用，司法不公对社会公正具有致命的破坏作用。必须完善司法管理体制和司法权力运行机制，规范司法行为，加强对司法活动的监督，努力让人民群众在每一个司法案件中感受到公平正义。其具体要求包括以下几点：

（1）完善确保依法独立公正行使审判权和检察权的制度。各级党政机关和领导干部要支持法院、检察院依法独立公正行使职权。建立领导干部干预司法活动、插手具体案件处理的记录、通报和责任追究机制。任何党政机关和领导干部都不得让司法机关做违反法定职责、有碍司法公正的事情，任何司法机关都不得执行党政机关和领导干部违法干预司法活动的要求。对干预司法机关办案的，给予党纪政纪处分；造成冤假错案或者其他严重后果的，依法追究刑事责任。

（2）优化司法职权配置。健全公安机关、检察机关、审判机关、司法行政机关各司其职，侦查权、检察权、审判权、执行权相互配合、相互制约的体制机制。完善司法体制，推动实行审判权和执行权相分离的体制改革试点。完善刑罚执行制度，统一刑罚执行体制。改革司法机关人财物管理体制，探索实行法院、检察院司法行政事务管理权和审判权、检察权相分离。

（3）推进严格司法。坚持以事实为根据、以法律为准绳，健全事实认定符合客观真相、办案结果符合实体公正、办案过程符合程序公正的法律制度。加强和规范司法解释和案例指导，统一法律适用标准。

（4）保障人民群众参与司法。坚持人民司法为人民，依靠人民推进公正司法，通过公正司法维护人民权益。在司法调解、司法听证、涉诉信访等司法活动中保障人民群众参与。完善人民陪审员制度，保障公民陪审权利，扩大参审范围，完善随机抽选方式，提高人民陪审制度公信度。逐步实行人民陪审员不再审理法律适用问题，只参与审理事实认定问题。

（5）加强人权司法保障。强化诉讼过程中当事人和其他诉讼参与人的知情权、陈述权、辩护辩论权、申请权、申诉权的制度保障。健全落实罪刑法定、疑罪从无、非法证据排除等法律原则的法律制度。完善对限制人身自由司法措施和侦查手段的司法监督，加强对刑讯逼供和非法取证的源头预防，健全冤假错案有效防范、及时纠正机制。

（6）加强对司法活动的监督。完善检察机关行使监督权的法律制度，加强对刑事诉讼、民事诉讼、行政诉讼的法律监督。完善人民监督员制度，重点监督检察机关查办职务犯罪的立案、羁押、扣押冻结财物、起诉等环节的执法活动。司法机关要及时回应社会关切。规范媒体对案件的报道，防止舆论影响司法公正。

5. 增强全民法治观念，推进法治社会建设。法律的权威源自人民的内心拥护和真诚信仰。人民权益要靠法律保障，法律权威要靠人民维护。必须弘扬社会主义法治精神，建设社会主义法治文化，增强全社会厉行法治的积极性和主动性，形成守法光荣、违法可耻的社会氛围，使全体人民都成为社会主义法治的忠实崇尚者、自觉遵守者、坚定捍卫者。其具体要求包括以下几点：

（1）推动全社会树立法治意识。坚持把全民普法和守法作为依法治国的长期基础性工作，深入开展法治宣传教育，引导全民自觉守法、遇事找法、解决问题靠法。坚持把领导干部带头学法、模范守法作为树立法治意识的关键，完善国家工作人员学法用法制度，把宪法、法律列入党委（党组）中心组学习内容，列为党校、行政学院、干部学院、社会主义学院必修课。把法治教育纳入国民教育体系，从青少年抓起，在中小学设立法治知识课程。

（2）推进多层次、多领域依法治理。坚持系统治理、依法治理、综合治理、源头治理，提高社会治理法治化水平。深入开展多层次、多形式法治创建活动，深化基层组织和部门、行业依法治理，支持各类社会主体自我约束、自我管理。发挥市民公约、乡规民约、行业规章、团体章程等社会规范在社会治理中的积极作用。

（3）建设完备的法律服务体系。推进覆盖城乡居民的公共法律服务体系建设，加强民生领域法律服务。完善法律援助制度，扩大援助范围，健全司法救助体系，保证人民群众在遇到法律问题或者权利受到侵害时获得及时有效的法律帮助。发展律师、公证等法律服务业，统筹城乡、区域法律服务资源，发展涉外法律服务业。健全统一司法鉴定管理体制。

（4）健全依法维权和化解纠纷机制。强化法律在维护群众权益、化解社会矛盾中的权威地位，引导和支持人们理性表达诉求、依法维护权益，解决好群众最关心、最直接、最现实的利益问题。构建对维护群众利益具有重大作用的制度体系，建立健全社会矛盾预警机制、利益表达机制、协商沟通机制、救济救助机制，畅通群众利益协调、权益保障法律渠道。把信访纳入法治化轨道，保障合理合法诉求依照法律规定和程序就能得到合理合法的结果。健全社会矛盾纠纷预防化解机制，完善调解、仲裁、行政裁决、行政复议、诉讼等有机衔接、相互协调的多元化纠纷解决机制。加强行业性、专业性人民调解组织建设，完善人民调解、行政调解、司法调解联动工作体系。完善仲裁制度，提高仲裁公信力。健全行政裁决制度，强化行政机关解决同行政管理活动密切相关的民事纠纷功能。

6. 加强法治工作队伍建设。全面推进依法治国，必须大力提高法治工作队伍思想政治素质、业务工作能力、职业道德水准，着力建设一支忠于党、忠于国家、忠于人民、忠于法律的社会主义法治工作队伍，为加快建设社会主义法治国家提供强有力的组织和人才保障。其具体要求包括以下几点：

（1）建设高素质法治专门队伍。把思想政治建设摆在首位，加强理想信念教育，深入开展社会主义核心价值观和社会主义法治理念教育，坚持党的事业、人民利益、宪法法律至上，加强立法队伍、行政执法队伍、司法队伍建设。抓住立法、执法、司法机关各级领导班子建设这个关键，突出政治标准，把善于运用法治思维和法治方式推动工作的人选拔到领导岗位上来。畅通立法、执法、司法部门干部和人才相互之间以及与其他部门具备条件的干部和人才交流渠道。

（2）加强法律服务队伍建设。加强律师队伍思想政治建设，把拥护中国共产党领导、拥护社会主义法治作为律师从业的基本要求，增强广大律师走中国特色社会主义法治道路的自觉性和坚定性。构建社会律师、公职律师、公司律师等优势互补、结构合理的律师队伍。提高律师队伍业务素质，完善执业保障机制。加强律师事务所管理，发挥律师协会自律作用，规范律师执业行为，监督律师严格遵守职业道德和职业操守，强化准入、退出管理，严格执行违法违规执业惩戒制度。加强律师行业党的建设，扩大党的工作覆盖面，切实发挥律师事务所党组织的政治核心作用。

（3）创新法治人才培养机制。坚持用马克思主义法学思想和中国特色社会主义法治理论全方位占领高校、科研机构法学教育和法学研究阵地，加强法学基础理论研究，形成完善的中国特色社会主义法学理论体系、学科体系、课程体系，组织编写和全面采用国家统一的法律类专业核心教材，纳入司法考试必考范围。坚持立德树人、德育为先导向，推动中国特色社会主义法治理论进教材、进课堂、进头脑，培养造就熟悉和坚持中国特色社会主义法治体系的法治人才及后备力量。建设通晓国际法律规则、善于处理涉外法律事务的涉外法治人才队伍。

7. 加强和改进党对全面推进依法治国的领导。党的领导是全面推进依法治国、加快建设社会主义法治国家最根本的保证。必须加强和改进党对法治工作的领导，把党的领导贯彻到全面推进依法治国全过程。其具体要求包括以下几点：

（1）坚持依法执政。依法执政是依法治国的关键。各级党组织和领导干部要深刻认识到，维护宪法法律权威就是维护党和人民共同意志的权威，捍卫宪法法律尊严就是捍卫党和人民共同意志的尊严，保证宪法法律实施就是保证党和人民共同意志的实现。

（2）加强党内法规制度建设。党内法规既是管党治党的重要依据，也是建设社会主义法治国家的有力保障。党章是最根本的党内法规，全党必须严格遵行。完善党内法规制定体制机制，加大党内法规备案审查和解释力度，形成配套完备的党内法规制度体系。

（3）提高党员干部法治思维和依法办事能力。党员干部是全面推进依法治国的重要组织者、推动者、实践者，要自觉提高运用法治思维和法治方式深化改革、推动发展、化解矛盾、维护稳定能力，高级干部尤其要以身作则、以上率下。

（4）推进基层治理法治化。全面推进依法治国，基础在基层，工作重点在基层。发挥基层党组织在全面推进依法治国中的战斗堡垒作用，增强基层干部法治观念、法治为民的意识，提高依法办事能力。加强基层法治机构建设，强化基层法治队伍，建立重心下移、力量下沉的法治工作机制，改善基层基础设施和装备条件，推进法治干部下基层活动。

（5）深入推进依法治军、从严治军。党对军队绝对领导是依法治军的核心和根本要求。紧紧围绕党在新形势下的强军目标，着眼全面加强军队革命化、现代化、正规化建设，创新发展依法治军理论和实践，构建完善的中国特色军事法治体系，提高国防和军队建设法治化水平。

（6）依法保障"一国两制"实践和推进祖国统一。坚持宪法的最高法律地位和最高法律效力，全面准确贯彻"一国两制""港人治港""澳人治澳""高度自治"的方针，严格依照宪法和基本法办事，完善与基本法实施相关的制度和机制，依法行使中央权力，依法保障高度自治，支持特别行政区行政长官和政府依法施政，保障内地与香港、澳门经贸关系发展和各领域交流合作，防范和反对外部势力干预港澳事务，保持香港、澳门长期繁荣稳定。

（7）加强涉外法律工作。适应对外开放不断深化，完善涉外法律法规体系，促进构建开放型经济新体制。积极参与国际规则制定，推动依法处理涉外经济、社会事务，增强我国在国际法律事务中的话语权和影响力，运用法律手段维护我国主权、安全、发展利益。

三、现代企业面临着经营管理风险挑战

（一）新时期，企业面临着新的经营管理风险

现代企业，作为市场经济最重要的市场经营主体，其经营管理的状况如何，既关系着企业自身的生存和发展，也直接影响到市场经济的运行秩序。企业的经营管理，既包括企业的一般经营管理，即企业在市场经济体制下依照市场运行规律进行科学、合理、有效的经营管理；也包括企业经营风险管理，这是现代企业面临的必须认真研究和应对的问题，也是现代社会经济发展出现的新课题，已引起了企业界及全社会各方面的密切关注和高度重视。

1. 提高对风险的基本认识。企业经营风险管理，20 世纪 30 年代起源于美国，目前在欧美经济发达国家都已把企业风险管理看作企业经营管理中的一项重要内容和专门职能。要弄清楚企业风险管理，首先要搞懂什么是风险。所谓风险，本是经济学、保险学、社会学等众多学科研究的对象，近年来已成为国际学术界研究的热点问题。但对于风险的概念，学术界和实务界尚无一致意见。有学者综述并列举出各种具有代表性的风险概念：①早在 19 世纪，西方古典经济学家就提出了风险的概念，认为风险是经营活动的副产品，经营者的收入是其在经营活动承担风险的报酬。②1901 年美国学者威雷特认为：风险是关于不愿发生的事件发生的不确定的客观体现。③1964 年美国教授小威廉和汉斯把主观因素引入风险分析，认为虽然风险是客观的，对任何人都一样程度地存在；但不确定性则是风险分析者主观的判断，不同的人对同一风险可能存在不同看法。④20世纪 80 年代初，日本学者武井勋在吸收前人研究成果基础上，认为风险是特定环境中和特定期间内自然存在的导致经济损失的变化。[1] 也有学者把以上各种主张归纳为风险客观说、风险主观说以及风险因素综合说三大类，而且在各学说中又分为不同学派。并最后给风险定义为：风险是指客观存在的，在特定情况下、特定期间内，由某一事件导致的最终损失的不确定性。[2] 因此，他们认为：风险包含潜在损失、损失的大小、损失的不确定性的三项因素；风险具有自然、社会、经济三大属性；风险的特征表现为风险存在的客观性、普遍性、某一具体风险（事故）发生的偶然性、大量风险发生的必然性以及风险的可变性五大特征。在全面分析的基础上，学者们进一步划分了风险的各种类型：①根据损失产生的原因，可分为自然风险、人为风险、行为风险、经济风险、政治风险、技术风险等；②根据风险的性质，可分为纯粹风险和投机风险；③根据风险发生的环

---

〔1〕 李中斌：《风险管理解读》，石油工业出版社 2000 年版，第 2 页。

〔2〕 刘新立：《风险管理》，北京大学出版社 2006 年版，第 7—10 页。

境，可分为静态风险和动态风险；④根据风险的对象，可分为财产风险、人身风险及责任风险；⑤根据人的承受能力，可分为可接受的风险和不可接受的风险；⑥根据风险形成的原因，可分为主观风险和客观风险；⑦根据风险发生的范围，可分为局部风险和全局风险；⑧根据风险控制的程度，可分为可控风险和不可控风险；⑨根据风险的程度，可分为轻度风险、中度风险及高度风险；⑩根据风险存在的方式，可分为潜在风险、延缓风险及突发风险；根据风险责任的承担者，可分为国家风险、企业风险及个人风险；根据风险的来源可分为特殊风险和基本风险。[1] 基于对风险原理的基本认识，就为人们更好地研究风险、识别风险、评估风险，更加有效地进行风险管理打下了坚实基础。

2. 明确企业风险管理的基本内容。所谓企业风险管理，是指企业通过对风险的识别和衡量，采取合理的经济、技术措施和法律手段对风险加以处理，以最小的成本获得最大的安全保障。通过风险管理，可以对威胁到企业资产和盈利能力的风险进行识别、分析，并选择最经济的办法加以控制，从而能够在一方面把不固定的风险变为固定的风险费用支出，以保证企业的稳定运营；另一方面尽可能减少风险发生的可能性，缩减风险费用开支。

但风险管理中所指的企业经营管理的风险都包括哪些内容和范围，学术界和企业界对此多有不同的理解和主张。第一种主张认为，从目前市场环境来看，企业经营管理大致面临有七种风险，即投资风险、经济合同风险、产品市场风险、存货风险、债务风险、担保风险、汇率风险等。第二种主张认为，近年来全球政治局势动荡，经济发展面临着更多障碍，而全球化使得这些风险的潜在危害被放大，因此，风险管理的国际化正成为当今社会发展趋势。国内企业遭遇到诸如国际化风险、外资进入风险、国企改制风险以及在外贸、海外扩张中经常遭遇政策保护、政治敌视等政治风险。所以主张该观点的学者们认为，现代企业风险管理有八大关注点，即 COSO 风险管理整合框架、[2] 央企全面风险管理、金融期货交易风险管理、税务风险管理、法律风险管理、审计风险管理、外汇风险管理以及危机公关风险管理，等等。第三种主张认为，企业面临的风险主要有危害性风

---

〔1〕 李中斌：《风险管理解读》，石油工业出版社 2000 年版，第 4—14 页。

〔2〕 COSO 是全国反虚假财务报告委员会下属的发起人委员会（The Committee of Sponsoring Organizations of the Treadway Commission）的英文缩写。1985 年，由美国注册会计师协会、美国会计协会、财务经理人协会、内部审计师协会、管理会计师协会联合创建了反虚假财务报告委员会，旨在探讨财务报告中的舞弊产生的原因，并寻找解决之道。两年后，基于该委员会的建议，其赞助机构成立 COSO 委员会，专门研究内部控制问题。1992 年 9 月，COSO 委员会发布《内部控制整合框架》，简称 COSO 报告，1994 年进行了增补。

险和金融风险两大类。危害性风险是指对安全和健康有危害的风险，即所谓纯粹风险，是传统意义上"企业风险管理"的类型，包括财产损毁风险、法律责任风险、员工损害风险及员工福利风险等内容；金融风险是企业面对的更加重要的风险，是任何一个企业都会面临的商品价格、利率、汇率、法律、信用、经营或流动性等方面的风险，都可能给企业带来损失或收益。[1]第四种主张认为，企业面临的风险主要有自然风险、商业风险和法律风险三大类，其中自然风险、商业风险分别是以不可抗力和市场因素为特征的，而法律风险则是以势必承担法律责任为特征的。法律风险造成损失和损害的原因通常包括企业违反相关法律法规、侵犯第三方合法权益、未履行或不当履行合同义务、未采取有效措施以获得、保护或行使其合法权益等。由此往往带来相当严重的后果，有时甚至是颠覆性灾难。[2]对于以上四种主张，前两种系采取"列举式表述法"，即具体列出企业经营风险和风险管理的内容及范围，在运用时不好确定该类方法是否能够做到一网打尽，这难免会有遗漏之处，而且随着社会经济发展和变化还会有新的经营管理风险的发生和出现；而后两种系采取"概括式表述法"，虽然只列出风险内容中的两大类或三大类，但只要大门类是正确的，具体内容可以由人们自己去研究、概括、表述和理解，虽这种方法也有过于抽象、笼统之嫌，但这一表述有可取之处，其可以避免挂一漏万的可能，是值得我们借鉴的。

（二）几种特别值得关注的经营风险管理

1. 企业风险管理——整合框架（即COSO风险管理）。这是由美国COSO组织委员会发起、国际公认的制定内部控制标准的权威机构，也称为全面风险管理（ero）框架，其1992制定、并于1994年作出局部修正的《内部控制——整合框架》已成为世界通行的内部控制权威文献和普遍认可的标准，被国际和各国审计准则制定机构、银行监管机构和其他方面所采用。2004年9月，COSO正式的最终文本发布之后，其对内部控制标准进行了延伸，提出了《企业风险管埋——整合框架》，并迅速得到了推广。这一风险管理，其核心理念是将企业的风险管理融入企业的战略、组织结构、经营管理流程等各个环节，并将风险管理第一责任人锁定为从事经营活动的第一行为人，从而将风险管理渗透到企业经营、管理的方方面面。[3]

---

〔1〕　刘新立：《风险管理》，北京大学出版社2006年版，第27页。

〔2〕　姚钟炎、高立贵："论公司法律风险防范体系的构建"，载《浙江能源》2006年第1期。

〔3〕　［美］COSO制定发布：《企业风险管理——整合框架》，方红星、王宏译，东北财经大学出版社2005年版，第144-148页。

2. 央企全面风险管理。近年来，中央企业在海外扩张、金融衍生品投资、财务审计等方面屡屡出现问题，造成国有资产的流失，引起了国家对央企风险管理的关注。为此，国资委借鉴发达国家有关企业风险管理的法律法规以及国外企业在风险管理方面的通行做法，于 2006 年出台了《中央企业全面风险管理指引》，包括中央企业开展全面风险管理工作的总体原则、基本流程、实现目标等内容。该规章要求确保内外部，尤其企业与股东之间实现真实、可靠的信息沟通；确保企业遵守有关法律法规；确保企业有关规章制度和为实现经营目标而采取重大措施的全面执行、保障经营管理的有效性；确保企业建立针对各项重大风险发生后的危机处理计划，保护企业不因灾害性风险或人为失误而遭受重大损失。该规章还规定，具备条件的企业的董事会下可设风险管理委员会，具体负责对风险管理各重大事项的决策、处理。其他央企可先选择发展战略、投资收购、财务报告、内部审计、衍生产品交易、法律事务、安全生产和应收账款管理中的一项或多项业务来开展风险管理工作，逐步建立健全全面风险管理体系。虽然这一规定只适用于央企，却开启了我国企业风险管理的先河，必将对我国企业全面开展风险管理产生积极而深远的影响。

3. 企业法律风险管理。所谓企业法律风险，是指由于企业外部的法律环境发生变化，或由于包括企业自身在内的主体未按照法律规定或合同约定有效行使权利、履行义务，而对企业造成负面法律后果的可能性。法律风险存在于企业设立、经营、发展的各个环节，如不加以重视防范和及时规避，一旦风险出现，其后果往往是企业难以控制的，会给企业带来极大的损失甚至是颠覆性的灾难。正如美国通用电气公司（GE）原总裁杰克·韦尔奇在回答别人问他最担心的问题时说："其实并不是 GE 的业务使我担心，而是有什么人做了从法律上看非常愚蠢的事而给公司的声誉带来污点，并使公司毁于一旦。""公司法律风险是一种商业风险，商业管理人员有责任像管理企业商业经营的其他风险一样管理法律风险。"所以，建立健全公司法律风险防范体系，是公司商业风险管理最基本要求，也是公司可持续健康发展的重要保障。特别是在我国建立和完善社会主义市场经济体系、全面推行依法治国基本方略、我国加入世贸组织后对我国市场化、法制化进程的进一步要求的环境下，这一切的变化，既给企业增加了许多商机，也必然会给企业带来更多的风险，特别是法律风险。如在企业设立过程中，是否做好市场需求的充分调查论证？是否认真审查合作者的资信、财力等真实情况？是否为企业设立做好各项准备工作？在企业经营的各个环节中，选择项目是否正确？营销举措是否适当？合同订立的整个过程是否适法？代理人的选择、委托授权是否规范？合同履行过程是否得到有效控制？经营过程中的资金筹措、使用是否合法？在企业管理内外关系上，外部管理是否发生违背国家宏观调控、管理有关法律政策？内部管理的各项规章制度是否符合国家政策法律规定要求？管理的举措和手段是否违反国家法律强制性的规定？在企业出现了法律风险之后，企业如何应对？是否有预警、预防计划和措施？是否有补救、规避的对策？上述都是企业面临的法律风险的重点内容，企业只有做到事前有准备、事中有对策、事后有补救，才能做到规避风险，以减轻风险可能造成的损失。

4. 危机公关风险管理。所谓危机公关风险管理，是指企业遭遇危机时采取的一系列自救行动，包括消除影响、恢复形象等。例如，在宝洁化妆品、博士伦隐形眼镜、肯德基食品被查出含有对人体有害的微量元素之后，这些企业既没有惊慌失措，也没有听之任之，而是及时地采取了危机公关风险管理措施，把问题消灭在刚刚发生阶段，最终化解了危机，转危为安，避免了可能受到的更大损失。可见，危机公关风险管理是何等重要，具有何等威力。而反观国内的一些企业，如阳澄湖大闸蟹在台湾市场、山东多宝鱼在上海市场出现问题后，由于缺乏危机公关风险管理这方面的意识和处理能力，没有能够及时有效地消除危机而使企业蒙受很大损失。

（三）依法经营管理是实现企业风险管理的锐利武器

在当今市场经济体制下，不仅要求企业善于借助科学管理知识和科技的开发、进步，实现"管理兴企""科技兴企"目标，使企业在市场经济中具有很强的综合竞争能力，始终立于主动不败的地位；而且还要求企业不断加强依法经营管理，使企业在市场环境下，既可以有效地保护自身的合法权益，又可以及时地与来自外部各种侵权行为进行有效的斗争，据此，企业风险管理既是企业科学管理的重要内容，又是企业科学管理的有力保障。特别在新的历史时期、经济发展的新形势下，企业要在适应建立和完善社会主义市场经济体制的要求和全面推行依法治国基本方略后，面临法治建设新环境以及我国加入世贸组织后对加快市场化、法制化进程的客观需要，更要重视依靠科学经营管理和依法经营管理，使自己的经营管理行为得到法律全面的确认和保障。因此，科学经营管理和依法经营管理就成为现代企业全面实现新一轮创业和可持续发展的两大重要的目标和举措。

科学经营管理是现代企业制度的基本特征。现代企业在经营管理中，要摸清市场的大脉搏，按照市场运行的客观规律进行经营管理，这是企业以科学管理取胜、规避经营管理市场风险的基础；同时，在不断实现企业经营管理科学化、规范化的进程中，国家立法机关也努力使企业经营管理向着制度化、法律化的方向发展，并先后制定了一大批有关企业经营管理的法律法规，借以给现代企业经营管理增加新的形式、新的手段，并赋予国家最高的权威。因此，现代企业在实现科学管理的过程中，除了要极其注意社会风险、市场风险管理外，还要密切关注依法经营管理，加强法律风险管理，把其列入科学管理范畴并成为科学管理的重要内容，将其置于非常重要的位置上。因此，为了防范企业经营管理中可能发生的各种法律风险，强调企业依法经营管理是必要的，这不仅是现代企业实行科学管理的重要内容和必然选择，而且也是企业为全面实现"依法治国，建设社会主义法治国家"基本方略的一项重要任务和社会责任。江泽民同志曾在党中央第十次企业法制讲座上对企业法制建设发表了重要讲话，强调："国有企业能否依法经营管理，关键在企业领导班子。要采取切实有效的措施，加强对履行企业经营者的法律培训，增加他们的法律知识和依法经营管理能力。""特别要注意培养懂法律、善经营的企业管理人才，进一步健全企业法律顾问制度，以利提高企业依法经营管理的水平。"这一论断和指示，已被今天许多正反面事实所证明。尤其是在今天，由于全球政治动荡，经济发展面临着更多的风险和障碍，特别在我国加入世贸组织后，面对着更加激烈的市场竞争，企业经营管理风险也面临着更加严峻的考验，企业领导防范风险意识如不加强，其稍有疏忽就可能蒙受市场风险和法律风险的惩罚。例如，中航油新加坡公司涉足原油期货交易不慎，给国家带来巨大损失，也破坏了国企的海外形象，并且折射出国际化中的海外公司监管问题，还集中反映了作为中航油前总裁陈久霖由于企业经营管理风险意识存在"大赌才能大赢"的心态，其以石油衍生品期货作为赌注，不顾客观上存在的企业经营风险和法律风险，导致企业巨亏破产。[1] 又如 2011 年 2 月，武汉市中级人民法院依法作出裁定，终结东星航空有限公司破产清算程序。至此，国内首例航空公司破产案宣告终结。国外企业类似案例也很多。例如，雷曼兄弟公司自1850 年创立以来，已在全球范围内建立起了创造新颖产品、探索最新融资方式、提供最佳优质服务的良好声誉。2008 年 9 月 15 日，由于公司经营不善，公司出现巨额亏损，申请破产保护。这是美国破产申请史上最大的一家公司，也是引发2008 年美国经济衰退的重要起因。雷曼兄弟公司的影响力遍及全球，所以其破

---

〔1〕 从 2003 年起，陈久霖掌控的中国航油经董事会批准后，开始从事石油衍生品期权交易，初期小有斩获。但由于美国攻打伊拉克等国际突发事件的发生，国际石油期货价格走势出现变化。在 2004 年末石油期货价格迅速攀升之时，交易员纪瑞德作出错误判断，出售大量看涨期权（即所谓多头），最终导致5.5 亿美元的巨额亏损。面对巨亏，中国航油及其母公司——中国航油集团曾竭力试图力挽狂澜。2004 年10 月，中国航油集团决定把所持 75% 上市公司股份的 15% 折价配售给机构投资者，将筹得的 1.11 亿美金暗中用于补仓。这后来被外界普遍指责为母公司明知上市公司巨亏却隐瞒公众投资者并完成"内幕交易"，也是导致陈久霖后来入狱的主要原因。

产程序比较复杂，80家小型子公司均因此关闭。以上事例警醒我们，面对新形势下企业各种经营风险、法律风险，企业领导人绝不能对此熟视无睹，而是应该增强风险管理意识，采取积极的态度和应对措施，努力做到事前防范、事中控制、事后救济，把企业经营风险、法律风险降低到最低的程度，以追求和实现企业经营的最佳目标。这是当前各类企业务必应重点关注并应积极面对的问题。

企业依法经营管理，是指在企业日常经营管理活动中，除了积极关注市场风险、经营风险外，还要重点注意按照现行法律规定进行各项经营管理活动，把自己的经营管理全面纳入法制轨道。这就要求所有企业经营管理活动，既要受到法律严格的规范，也应得到法律全面的保障。因此，依法经营管理不仅是市场经济对现代企业搞好经营管理的客观要求，同时也是现代企业确保自身的生存、发展的必然选择和必由之路。所有企业经营管理者务必充分认识到这一点，并从观念上重视依法经营管理、从制度上确立依法经营管理、从人员配置上确保依法经营管理、从经营后果上体现依法经营管理，使依法经营管理成为企业真正的科学经营管理行为，成为企业的有力的保护神。

（四）建立和完善企业法律风险防范体系

1. 企业法律风险的概念。企业法律风险是指基于法律规定或合同约定，由于企业外部法律环境发生变化或法律主体的作为及不作为，而对企业产生法律责任或其他负面后果的可能性。或者说，在法律实施过程中，由于行为人做出的具体法律行为不规范而导致的、与企业所期望达到的目标相违背的法律不利后果发生的可能性。法律风险不等于违法风险，但所有导致法律风险的行为都具有不规范性。法律风险的成因包括违法行为、自愿冒险行为、法律的不确定性、法律环境的不完善性以及法律监控活动的不规范性等。可见，构成企业法律风险应当具有三个基本要素：①风险存在的前提条件，它是指法律或者合同对其有相关行为的规定或者约定；②引发风险的直接原因，即企业外部法律环境发生变化，包括企业本身或其他主体的作为或不作为；③引发的法律责任，风险发生后会给企业带来法律责任。一个风险只要同时具备了这三个要素，就可以被认定为企业法律风险。

2. 企业法律风险的分类。根据法律风险所产生的结果是否具有单一性，可以分为纯粹法律风险和投机法律风险。所谓"纯粹法律风险"，是指从法律意义上只能产生不利后果的法律风险。所谓"投机法律风险"，是指从法律意义上可能产生有利结果和不利结果的法律风险。投机法律风险是一种机会性风险，其从一定意义上鼓励人们的冒险行为。根据引发法律风险的因素来源，可以分为外部环境法律风险和企业内部法律风险。所谓"外部环境法律风险"，是指由于企业以外的社会环境、法律环境、政策环境等因素引发的法律风险。由于引发因素不是企业所能够控制的，因而不能从根本上杜绝外部环境法律风险的发生。所谓"企业内部法律风险"，是指企业内部管理、经营行为、经营决策等因素引发的法律风险。由于引发因素是企业自身能够掌控的，所以企业内部法律风险是防范的重点。

3. 企业法律风险的表现。企业法律风险主要是由不规范行为引起的，其多数表现在以下几种行为，即企业设立、合同签订、企业并购或分立、知识产权运用、人力资源调动、税收等。

（1）企业设立的法律风险。在设立企业的过程中，企业的发起人是否对拟设立的企业可行性进行充分的调研论证，是否对法律风险进行分析，是否对企业设立过程将遇到的风险具备充分的认识，是否完全履行了设立企业的义务，以及发起人本人是否具有相应的法律资格，这些都直接关系到拟设立企业能否具有一个合法、规范、良好的设立过程。

（2）签订合同的法律风险。它是指合同当事人在合同订立、生效、履行、变更和转让、终止及违约责任的确定过程中，一方或双方当事人的利益损害或损失的可能性。合同作为一种实现合同当事人利益的契约，具有自愿性和强制性，双方当事人通过合同确定的权利实现和义务履行，最终需要确定某种财产关系或者与财产关系有关的权利与义务的变化。而在签订合同或履行合同的过程中，可能受各种因素影响而导致合同关系不能成立或不能得到履行，最终，当合同利益的取得或者实现出现障碍，一种根源于合同利益的损失风险就展现出来。

（3）企业并购或分立的法律风险：并购是兼并与收购的总称。从法律风险的角度看，企业收购并没有改变原企业的资产状态，对收购方而言，法律风险并没有变化。因此，企业并购的法律风险主要表现在企业兼并中。企业兼并涉及公司法、竞争法、税收法、知识产权法等法律法规，且操作复杂，对社会影响较大，潜在的法律风险较高。企业分立是指一个企业依照有关法律、法规的规定，分立为两个或两个以上的企业的法律行为。其中，企业分立分为新设分立和派生分立。新设分立，又称解散分立，它指一个公司将其全部财产分割，解散原公司，并分别归入两个或两个以上新公司中的行为。派生分立，又称存续分立，它是指一个公司将一部分财产或营业依法分出，成立两个或两个以上公司的行为。在存续分立中，原公司继续存在，原公司的债权债务可由原公司与新公司分别承担，也可按协议由原公司独立承担。新公司取得法人资格，原公司也继续保留法人资格。企业在分立过程中，应当遵守相关的法律规定的程序。例如，公司分立应当自作出分立决议之日起 10 日内通知债权人，并于 30 日内在报纸上公告。再如，公司清算应当编制资产负债表及财产清单，清算组应当自成立之日起 10 日内通知债权人，并于 60 日内在报纸上公告。债权人应当自接到通知书之日起 30 日内，或未接到通知书的，自公告之日起 45 日内，向清算组申报其债权等。

（4）知识产权运用的法律风险。知识产权是指民事主体对智力劳动成果依法享有的专有权利，或者指"权利人对其所创作的智力劳动成果所享有的财产权利"。各种智力创造，比如发明、文学和艺术作品，以及商业中使用的标志、名称、图像和外观设计，都可被认为是某一个人或组织所拥有的知识产权。知识产权是蕴涵创造力和智慧结晶的成果，其客体是一种非物质形态的特殊财产，要求相关法律对其进行特别规定。多数企业没有意识到或没有关注知识产权的法律保护问题，从法律风险的解决成本看，避免他人制造侵权产品比事后索赔更具经济性。

（5）企业人力资源管理的法律风险。企业人力资源管理是指企业通过招聘、甄选、培训、报酬等管理形式，对企业内外相关人力资源进行有效运用，满足企业当前及未来发展的需要，保证企业目标实现与成员发展的最大化的一系列活动的总称。它是通过预测企业人力资源需求，以此作出人力需求计划、招聘选择人员，进行有效组织、考核绩效来支付报酬，并进行有效激励、结合企业与个人的需要进行有效开发，以便实现最优组织绩效的全过程。我国的企业经济法与人力资源关联的法律，主要是《劳动法》、《劳动合同法》以及国务院制定的相关行政法规及部门规章。在企业人力资源管理过程的各个环节中，从招聘开始，面试、录用、使用、签订劳动合同、员工的待遇问题直至员工离职这一系列流程中，都有相关的劳动法律、法规的约束，企业的任何不遵守法律、法规的行为都有可能给企业带来劳动纠纷，并造成不良影响。

（6）企业税收的法律风险。企业税收是指以国家为主体，为实现国家职能，凭借政治权力，按照法律规定，向企业无偿取得一定货币或实物的特定分配形式。税收作为一种特定的分配形式，是具有经济和法律的两重属性。税收法律风险指企业的涉税行为因未能正确有效遵守税收法规而导致企业未来利益的可能损失或不利的法律后果，企业涉税行为是影响纳税准确性的不确定因素，具体表现为，企业多交了税，或少交了税，或逃避税收行为而需要承担补缴纳税义务，或需要承担的相应的法律责任。

依照建立社会主义市场经济体制的要求，且在依法治国背景下，现代企业建立企业法律风险防范体系是十分重要的，也是非常必要的，这应成为现代企业依法经营管理的重要内容。因为，建立企业法律风险防范体系，首先是企业参与市场竞争的客观需要；其次也是企业自身发展壮大的重要保障；同时还是构建和谐社会的重要组成部分和企业的应尽责任。因此，企业领导层及所有管理人员和全体员工都要高度重视企业法律风险防范工作，共同把这项工作落到实处。

4. 企业法律风险防范机制的主要工作：

（1）强化法律风险意识。强化法律风险意识是识别和化解风险的前提，也是建立健全企业法律风险防范机制的思想基础。增强企业法律风险防范意识，尤其是企业高管人员的法律风险意识，更是决定和影响着整个企业法律风险防范体系的建立和完善以及整个功能作用的发挥。

（2）建立专门法务机构，配备专职企业法律顾问。企业有很多法律事务，诸如合同管理、涉及法律的经营决策问题、企业规章制度的规范化及合法化问题、企业改制投资、企业登记、商标专利和商业秘密的使用保护，以及经营纠纷处理、劳资纠纷处理、保险索赔等事务，无一不需要专业法律人员协助处理，由专人负责管理企业法律风险防范机制，即使发生纠纷、诉至法庭，法律顾问在维护企业权益上也是一把好手。

（3）建立和完善企业规章制度。这是有效防范企业法律风险的重要内容和有力举措。企业应当根据自身参与市场竞争的内外部环境，对涉及法律风险的重要事项，都要以企业规章制度的形式依法对事前预防、事中控制和事后补救作出明确的规定。同时还要根据企业的发展、市场环境的变化，适时作出修改和调整，确保企业规章制度合法化和适应性。

（4）完善企业人力资源管理体系。企业经营、运转要依靠企业的管理人员和员工的素质和工作态度，由此决定了企业人力资源管理的重要性和风险性。加强企业人力资源管理的系统化、人性化及科学化，注意从法律风险预防的角度，加强对企业中高级管理人员的培训、规范和考察，并对其管理行为的法律后果予以评价。

（5）企业应及时、优化、全面地处理法律纠纷。企业作为市场主体，在经营过程中，纠纷是难以避免的；在企业管理过程中亦会有客观存在的矛盾。问题是在企业发生潜在的法律纠纷时，应该及时研究对策、化解纠纷、减少损失；对已发生的企业纠纷，要支持法务人员全力应对，全面地维护企业的合法权益；在企业纠纷处理完毕后，应认真总结经验教训，举一反三，用最有说服力的事实教育企业管理人员和员工，并认真检查、评价企业法律风险防范机制建设的问题，不断提高企业法律风险防范机制的建设水平。

四、企业依法经营管理的法律规制

（一）中国特色社会主义法律体系与企业经济立法

1. 中国特色社会主义法律体系的形成。法律体系是指由一国现行的全部法律规范按照不同的法律部门分类组合而形成的一个体系化的有机联系的统一整体。中国特色社会主义法律体系是指一个立足中国国情和实际、适应改革开放和社会主义现代化建设需要、体现中国特色，以宪法为统帅，以宪法相关法、民法、商法等多个法律部门的法律为主干，由法律、行政法规、地方性法规与自治条例、单行条例等三个层次的法律规范构成的一个体系化的有机联系的统一整体。

建立中国特色社会主义法律体系是中国人民多年的愿望。1997 年 9 月，党的十五大明确提出，到 2010 年形成有中国特色社会主义法律体系的立法工作目标。这一立法目标已经如期实现。2011 年 3 月 10 日，全国人大常委会委员长吴邦国在十一届全国人民代表大会四次会议作全国人大常委会工作报告时庄严宣布，一个立足中国国情和实际、适应改革开放和社会主义现代化建设需要、集中体现党和人民意志的，以宪法为统帅，以宪法相关法、民法、商法等多个法律部门的法律为主干，由法律、行政法规、地方性法规与自治条例、单行条例等三个层次的法律规范构成的中国特色社会主义法律体系已经形成。这表明中国已在根本上实现从无法可依到有法可依的历史性转变，各项事业发展步入法制化轨道。

2. 中国法律体系与企业经济法。中国特色社会主义法律体系是中国特色社会主义永葆本色的法制根基，是中国特色社会主义创新实践的法制体现，是中国特色社会主义兴旺发达的保障，是企业开展经营活动过程中享有权利的依据，也是企业开展经营活动所要遵守的行为规范。中国的法律体系大体由在宪法统领下的宪法及宪法相关法、民商法、行政法、经济法、社会法、刑法、诉讼与非诉讼程序法等七个法律部门所构成。如果按照法律的表现形式进行划分，中国特色社会主义法律体系包括法律、行政法规、地方性法规三个层次。其中，中国法律体系与企业经济法联系密切的法律是民商法、经济法、行政法、社会法、诉讼与非诉讼程序法等五个法律部门。例如，民商法包括《民法典》《知识产权法》《公司法》《证券法》《票据法》《破产法》《个人合伙企业法》《外商投资企业法》等法律。经济法包括《反不正当竞争法》《反垄断法》《产品质量法》《价格法》《税收管理法》《消费者权益保护法》等法律。

（二）企业依法经营管理与法律规制

1. 深化经济体制改革对企业经营管理者的新要求。企业要实现依法经营管理，除了企业领导要统筹经营管理观念的转变、法律意识的培养、依法经营管理制度的设计以及相关人才的配备等工作外，还必须全面了解企业依法经营管理都涉及哪些法律规范，对于企业经营管理者必须掌握哪些法律知识。因此，加强对企业在任领导者的法律知识培训，培养既懂得科学管理知识，又懂得法律知识的各类管理专业人才就成为非常重要的工作。回顾改革开放以来，国家十分重视通过立法的形式为企业经营管理先后制定了相关法律法规，中国特色社会主义法律体系已经形成，企业经营管理完全有法可依。

党的十八届三中全会的《深化改革决定》提出，经济体制改革是全面深化改革的重点，核心问题是处理好政府和市场的关系，使市场在资源配置中起决定性作用和更好发挥政府作用。在深化经济体制改革的历史背景下，企业经营管理者应当认真领会决定精神，在深化经济体制改革中有所作为。2014年5月18日，福建省30位企业家致信习近平总书记，信中建言倡议：十八届三中全会提出的"市场在资源配置中起决定性作用和更好发挥政府作用"这一新的战略决策，为企业改革发展指明了前进方向。同年7月8日，习近平总书记给福建省企业家回信，希望企业家继续发扬"敢为天下先，爱拼才会赢"的闯劲，为国家经济社会持续健康发展发挥更大作用。习总书记在回信中希望广大企业家深刻领会、深入贯彻党的十八届三中全会精神，为国家经济社会发展发挥更大作用。同时，习总书记在一系列讲话中，在讲到政府和市场的关系、多种所有制经济发展时强调：要处理好政府和市场的关系，要切实发挥市场在资源配置中的决定性作用；坚持和完善公有制为主体、多种所有制共同发展的基本经济制度，毫不动摇地巩固和发展公有制经济，毫不动摇地鼓励、支持、引导非公有制经济发展，积极发展混合所有制经济，促进各种所有制资本取长补短、相互促进、共同发展；发挥好政府和市场"两只手"的作用，统筹把握、优势互补、有机结合、协同发力，切实把市场和政府的优势都充分发挥出来。

可见，在新的历史时期，在国家提出深化经济体制改革的历史潮流中，企业经营管理者不仅应当学习相关的经济学知识，更应当学习相关的法律知识，学会如何运用法律法规，规范企业经营活动。特别是要认真学习和领会《深化改革决定》的精神，不论是在完善产权保护制度方面，还是在积极发展混合所有制经济方面，以及不论是在推动国有企业完善现代企业制度方面，还是在发展非公有制经济方面，都应当熟悉国家的法律、法规和政策的规定，在企业生产经营第一线，努力推动我国经济体制的进一步完善。作为经济体制改革排头兵的企业经营管理者，应当在加快完善现代市场体系方面有所作为，应当熟悉规范现代市场体系方面的法律、法规。根据《深化改革决定》的要求，建设统一开放、竞争有序的市场体系，是使市场在资源配置中起决定性作用的基础。必须加快形成企业自主经营、公平竞争，消费者自由选择、自主消费，商品和要素自由流动、平等交换的现代市场体系，着力清除市场壁垒，提高资源配置效率和公平性。例如，国家建立公平、开放、透明的市场规则，要求实行统一的市场准入制度，在制定负面清单基础上，各类市场主体可依法平等进入负面清单之外领域。探索对外商投资实行准入前国民待遇加负面清单的管理模式。推进工商注册制度便利化，削减资质认定项目，将先证后照改为先照后证，把注册资本实缴登记制逐步改为认缴登记制。推进国内贸易流通体制改革，建设法治化营商环境。以上的新制度和新要求，国家都是通过制定规范性文件或修订法律来加以实施的。作为企业经营管理者，必须知道什么是统一的市场准入制度，什么是负面清单，什么是外商投资实行准入前国民待遇加负面清单的管理模式，负面清单有哪些规定，等等。再如，《深化改革决定》提出完善金融市场体系，具体要求包括：扩大金融业对内对外开放，在加强监管的前提下，允许具备条件的民间资本依法发起设立中小型银行等金融机构；推进政策性金融机构改革；健全多层次资本市场体系，推进股票发行注册制改革，多渠道推动股权融资，发展并规范债券市场，提高直接融资比重；完善保险经济补偿机制，建立巨灾保险制度；发展普惠金融；鼓励金融创新，丰富金融市场层次和产品。作为企业经营管理者，不仅要熟悉金融市场体系运行规律，更要熟悉规范金融市场体系运行的法律、法规。只有这样，企业才能在激烈的市场竞争立于不败之地。

企业经营管理者认真学习法律，也符合党的十八届四中全会关于"推进多层次、多领域依法治理"的精神实质。十八届四中全会的《法治重大问题决定》指出，推进多层次、多领域依法治理。坚持系统治理、依法治理、综合治理、源头治理，提高社会治理法治化水平。深入开展多层次、多形式法治创建活动，深化基层组织和部门、行业依法治理，支持各类社会主体自我约束、自我管理。发挥市民公约、乡规民约、行业规章、团体章程等社会规范在社会治理中的积极作用。

2. 企业经济法的教材改革。要培养既懂得企业经营管理，又懂得法律知识的专业人才，在专业课程设计和教材选择上则是大有讲究的。早期的企业经济法教材，选用王家福教授主编的《经济法》和杨紫烜教授主编的《经济法学》等教材，后来也曾选用王保树教授主编的《市场经济法》《经济法律》等教材，但在使用过程中总觉得教材内容权威有余，而缺乏实用性，其与企业依法经营管理的需求和现实仍有所差距。为此，如何设计一个与企业法制建设相适应的法律课程和选择一本与其适用的法律教材，成为管理院校中的法律教师们所殷切追求的目标。所以在1989年，全国有25所经济管理院校法律教师自发地走到一起，他们联合共同研讨，一起合编出版了一本《企业经济法教程》，作为全国管理院校试用法律教材。经过多年的使用，取得了很好的教学效果。后几经修订，先后作为福州大学管理学院、原福州大学阳光学院、福建经济管理干部学院各个经营管理专业使用的教材和福建省企业工商管理培训首选的法律教材。2008 年 6 月，该课程经原福州大学阳光学院推荐，被福建省教育厅评为省级精品课程。之后，在2009 年 5 月，曾经担任福州大学阳光学院法律系主任的陈训敬教授考察台湾中国科技大学时，受到中国科技大学启发，他们给各管理专业开设了一门《企业经营管理法律实务》课程。为此，现以原福州大学阳光学院法律系教师为主，联合相关院校法律专业的教师共同编写了《企业经营管理法律实务》。该教材在使用过程中受到比较好的评价，同时也存在其名称与工商经济管理专业的经济法课程名称不太相符的问题。加之，这几年国家对许多与企业经营有关的法律进行了修订，《企业经营管理法律实务》的内容需要进行比较多的修改。2015 年重新修订《企业经济法教程》时，考虑到课程名称，也结合国家实施自由贸易区建设的新内容，因此取名为《新编企业经济法教程》。而 2020 年的本次修订，是为了贯彻《国务院办公厅关于深化产教融合的若干意见》和新时代全国高等学校本科教育工作会议精神，积极推进应用型高校课程建设。此次修订，使之更适合应用型人才培养的需要。

（三）企业法律体系及内容

企业法律体系，即企业经济法体系，是指作为国家规范企业的组织、行为的重要法律，其内容必然涉及企业根据在市场经济活动中所发生的组织、经营、管理、保障、诉讼等各个环节的社会关系，使其法律涵盖企业组织法、企业交易与产权保护法、企业经营法、企业管理法、企业救济法等诸多法律规范，因而成为庞大的企业经济法律体系。本教材的企业经济法主要包括以下内容：

1. 企业组织法。这是规范企业组织，明确企业权利和义务，确立企业法律地位的重要法律制度，包括公司法、合伙企业法、个人独资企业法和其他特殊企业法（包括外商投资企业法、全民所有制企业法、集体企业法等），以及公司、企业登记管理法，企业破产法等内容。

2. 企业交易与产权保护法。这是规范企业作为民商事主体开展生产经营过程中所产生的民事权利与义务，以及物权、知识产权保护和侵权责任追究的法律规范总称。这部分内容涉及的法律制度包括民法典、民法总则、合同法、担保法、物权法、知识产权法、侵权责任法等。

3. 企业经营法。这是规范企业在各项经营活动中所应当遵守市场秩序的义务性规范的法律规范总称，主要包括遵守公平交易义务、保证产品质量义务和不得侵犯消费者权益的义务。这部分内容涉及的法律制度包括反不正当竞争法、反垄断法、产品质量法和消费者权益保护法。

4. 企业管理法。这是规范国家对企业的宏观调控和管理以及企业内部各项管理的重要法律制度，包括劳动法、劳动合同法、税收管理法、金融法、银行法、票据法、证券法、会计法、审计法、环境资源法、安全生产法、清洁生产法、社会保险法等内容。

5. 企业救济法，也称为企业争讼法。这是规范企业在市场经济活动中处理和解决各种经济纠纷、行政纠纷，进行法律救济，维护自身合法权益的重要法律制度，包括有仲裁法、民事诉讼法、行政复议法、行政诉讼法及国家赔偿法等内容。

第二编　企业组织法

第二章　公司法

【导入案例】公司法人与自然人设立公司引发纠纷案

2015 年 5 月，兴平家装有限公司（以下简称兴平公司）与甲、乙、丙、丁四个自然人，共同出资设立大昌建材加工有限公司（以下简称大昌公司）。在大昌公司筹建阶段，兴平公司董事长马玮被指定为设立负责人，全面负责设立事务，马玮又委托甲协助处理公司设立事务。

2015 年 5 月 25 日，甲以设立中公司的名义与戊签订房屋租赁合同，以戊的房屋作为大昌公司将来的登记住所。

2015 年 6 月 5 日，大昌公司登记成立，马玮为公司董事长，甲任公司总经理。公司注册资本 1000 万元，其中，兴平公司以一栋厂房出资；甲的出资是一套设备（未经评估验资，甲申报其价值为 150 万元）与现金 100 万元。

2016 年 2 月，在马玮知情的情况下，甲伪造丙、丁的签名，将丙、丁的全部股权转让至乙的名下，并办理了登记变更手续。乙随后于 2016 年 5 月，在马玮、甲均无异议的情况下，将登记在其名下的全部股权作价 300 万元，转让给不知情的吴耕，也办理了登记变更等手续。

现查明：①兴平公司所出资的厂房，其所有权原属于马玮父亲；2014 年 5 月，马玮在其父去世后，以伪造遗嘱的方式取得所有权，并于同年 8 月，以该厂房投资设立兴平公司，马玮占股 80%。而马父遗产的真正继承人，是马玮的弟弟马祎。②甲的 100 万元现金出资，系由其朋友满钱代垫，且在 2015 年 6 月 10 日，甲将该 100 万元自公司账户转到自己账户，随即按约还给满钱。③甲出资的设备，在 2015 年 6 月初，时值 130 万元；在 2016 年 1 月，时值 80 万元。

【问题思考】

1. 甲以设立中公司的名义与戊签订的房屋租赁合同，其效力如何？为什么？

2. 在 2016 年 1 月，丙、丁能否主张甲以设备出资的实际出资额仅为 80 万元，进而要求甲承担相应的补足出资责任？为什么？

3. 在甲不能补足其 100 万元现金出资时，满钺是否要承担相应的责任？为什么？

4. 马祎能否要求大昌公司返还厂房？为什么？

5. 乙能否取得丙、丁的股权？为什么？

6. 吴耕能否取得乙转让的全部股权？为什么？

一、公司法概述

（一）公司的概念、特征

公司是指依照公司法规定而设立的，以营利为目的的企业法人。公司作为现代企业制度的基本组织形态，不同于我国在计划体制下的企业形态，也有别于合伙、独资企业，其具有独特的法律特征：

1. 公司是营利性的经济组织。公司作为一种现代企业，其设立宗旨是通过各种生产经营或其他服务性活动，以满足社会各种需求并获取营利。因此，以营利为目的是公司的基本特征，并以此区别于公益法人、机关事业法人以及一些行政性公司。公司的营利性特征集中表现在：获取超出投资的收益并将其分配给投资者是设立公司的宗旨。

2. 公司是典型的企业法人。企业法人是法人的一种，是指能以自己名义享有民事权利、承担民事义务的企业组织。企业是否属于法人，学界对此历来就有争论：有观点认为企业"对外是一个经济法人"，也有观点认为"企业不一定都是法人"。根据我国现行《企业法》的规定，企业不一定都是法人，例如，合伙企业就不是法人。但是对于公司，各国公司法均规定为社团法人或营利法人、企业法人。这是公司最重要的法律特征，是公司法通过法律形式确立其法律地位，使之成为具有独立的商事主体资格和能够独立地承担民事责任的企业法人主体和合格的市场竞争主体。我国《公司法》第 3 条明确规定，公司是企业法人。

3. 公司是典型的社团法人。社团法人是指以社员的结合为其成立基础，因社员的结合而取得独立权利主体的资格。这里的社员是指人，即股东。除法律特许"一人公司"外，一般要求公司须由法定数量的股东组成。公司是社团法人，具有"人合"属性，表明公司是股东的集合，具有集合性特征。

4. 公司是依法设立的市场经营主体。尽管各国对公司的设立采取了不同的原则和做法，但大多法律都明文规定，必须依照公司法或商法典规定的条件和程序成立公司，否则，均不得组织、登记和成立公司。这表明了各国立法不仅对公司的设立规定了实质条件，而且还规定了形式条件和程序要求，以保证公司成为合法的市场经营主体。同时，公司法对公司的类型及设立条件和程序等内容，均作出明文规定，这也成为公司设立的法定条件，决定了公司具有标准性的特征。

5. 公司具有集合性、标准性、自由性的"三性"特征。公司作为商品经济组织形式，其必然享有择业、营业和竞业的自由，虽然近代各国法律对公司的自由性有加以约束的趋势，但并未完全改变自由性的特征。因此，公司的集合性、标准性和自由性的"三性"特征使之成为真正的市场竞争主体。

（二）公司的基本分类

公司可以从不同角度、按不同标准进行分类：

1. 按公司的信用基础作为划分标准，公司可分为人合公司、资合公司以及人合兼资合公司。人合公司是以股东个人的信用、地位和声望为基础而结合的公司，如无限公司；资合公司是以资本的结合为基础的公司，如股份有限公司；而人合兼资合公司则是一种兼具以股东的信用和资本结合的双重属性的公司，如有限责任公司、两合公司、股份两合公司等。

2. 按公司股东承担责任方式作为划分标准，公司可以分为无限公司、有限责任公司、两合公司、股份有限公司和股份两合公司等。无限公司是指由两个以上的股东组成，所有股东对公司的债务承担连带无限清偿责任的公司；有限责任公司是指由法定数额的股东组成的，股东仅以出资额为限对公司承担责任，公司以其全部资产对公司债务承担责任的公司；两合公司是指由一个以上的有限责任股东和一个以上的无限责任股东组成的，有限责任股东承担有限责任，无限责任股东承担无限责任的公司；股份有限公司是指由法定数量以上的发起人发起的，将公司的全部资本分为等额的股份，每一个股东仅以其持有的股份为限对公司承担责任，公司以其全部资产对公司债务承担责任的公司；股份两合公司是指由一个以上无限责任股东和一个以上股份有限股东共同组成的，股份有限股东以其所认购的股份对公司债务承担有限责任，无限责任股东对公司债务承担连带无限清偿责任的公司。此外，近几年来，英美国家还出现保证有限责任公司等形式。

3. 按公司的管辖关系或控股关系作为划分标准，公司可分为总公司与分公司、母公司和子公司。总公司，也称为本公司，是指在组织上可以管辖若干个分公司的公司；分公司是指归属于总公司管辖或控制的公司，其成为总公司不可分割的构成部分，并不具有独立的法人资格，不能独立承担民事责任；母公司，也称为控股公司，是指拥有另一个公司大部分股份的公司；子公司，亦称为被控股公司，是指虽然在母公司控制下，但自己并不是作为母公司的组成部分或分支机构，而是具有独立的法人资格，能独立承担民事责任的公司。

4. 按公司的国籍归属作为划分标准，公司可分为本国公司与外国公司。本国公司是指按照所在国的公司法设立的，其国籍属于所在国的公司；外国公司是指经所在国确认而按外国的公司法所设立的、国籍属于外国的公司。

5. 按公司的开放性程度作为划分标准，公司可分为开放性公司和封闭性公司。开放性公司是指股票可以公开发行、上市和转让的公司；而封闭性公司是指不公开发行股票的公司。

此外，在学理上，还可以从公司所有制的角度，将公司分为国有公司、集体公司、私营公司、合营公司、联营公司；从股东关系的角度，将公司可分为家族公司和团体公司；从股东责任的角度，又可将公司分为单元组织公司和复元组织公司等。

（三）公司法性质及立法意义

公司法是指调整公司在设立、组织、经营、解散、清算及其对内对外所发生各种经济关系的法律规范的总称。从这一概念看，我们可以清楚地看出公司法的特有性质：

1. 公司法是公司组织法。公司作为现代经济的基本细胞和现代企业的重要形态，是独立的企业法人和合格的市场经营主体，能够自主地参与市场经济各种活动，为自己获得权利并承担义务。因此，国家通过制定公司法，确立公司的法律地位和市场经营的主体资格，具体规定了公司的设立、变更和终止，公司的章程、权利能力和行为能力，组织机构的设置以及股东的权利义务等内容，使公司法成为规范公司组织地位的行为准则。

2. 公司法是公司行为法。公司作为企业法人，其设立的目的就是要直接参与社会商品流通，从事商品生产经营活动，发生各种对外经济关系。其表现主要有两种：①与公司组织直接相关的行为，如公司股票、债券的发行、交易和转让等；②公司对外发生各种交易和服务行为，如订立商品买卖合同、技术转让合同、借款合同、货物运输合同等。后者是由民法、合同法等法律具体调整的，而前者则是由公司法直接加以规范，使公司法也成为规范公司行为的行为规则。

3. 公司法是公司管理法。公司作为现代企业的主要组织形式，在社会经济生活中占据越来越重要的地位。公司的组织状况及经营状况如何，不仅直接关系着公司自身的生存和发展，而且还直接影响着市场经济运行状况和秩序，对整个国民经济的发展起着举足轻重的作用。因此，国家应把管理公司事务看作是整个国家经济管理工作的有机组成部分，予以高度的重视，并通过制定公司法，实现对公司制企业的有效管理，把社会各类公司的组织和行为都纳入法律管理范围，促使公司的各项经营管理活动规范化、制度化、法制化，从而保证我国社会主义市场经济顺利、健康地发展。

4. 公司法是一种制定法。无论是大陆法系国家还是英美法系国家，公司法的存在形式都以制定法的形态出现，表现了组织法和行为法统一、实体法和程序法并进、任意法与强制法结合的形式要求。通过认真研究公司法的历史沿革和发展过程，可以发现，商品经济比较发达的国家，不仅十分重视通过立法制定完备的公司法，而且能够根据本国以及世界的商品经济发展的形势要求，不断适时地修订公司法，更好地发挥制定法的规范、引导、制约和保障作用。

从我国公司立法情况看，由于我国商品经济发展迟缓，使得我国公司立法的指定进程比较缓慢。最早制定公司法的时间是在清光绪二十九年，即 1904 年由清政府起草《公司律》，该律共 131 条，但没有正式颁行。我国第一部正式颁行的公司法是于 1929 年 12 月 30 日由国民党政府制定的《中华民国公司法》，该法共设 9 章 449 条的内容。

新中国成立后，公司作为我国企业的一种组织形式，在实践中是客观存在的，但由于经济体制原因，我国长期以来实行单一的企业形式，从未确立公司的法律地位。而随着我国经济体制改革的深入发展，公司作为发展市场经济的主要的企业形式，越来越受到人们的重视，至 1993 年底，全国注册登记各类公司已超过 100 万。在这种形势下，国家体改委于 1992 年 5 月印发了《有限责任公司规范意见》和《股份有限公司规范意见》，但仅仅依靠这两部层次不高的规章去规范市场经济重要主体公司的组织行为，力度显然是不够的。因此，在党的十四届三中全会《中共中央关于建立社会主义市场经济体制若干问题的决定》的推动下，全国人大加快了公司法的立法步伐，于 1993 年 12 月 29 日通过了《公司法》，正式确立了我国公司的法律地位，使之成为我国建立现代企业制度的重要法律依据。与此同时，全国人大及国务院先后颁布了各种配套的法律、法规，如《关于惩治违反公司法的犯罪的决定》《公司登记管理条例》《股票发行与交易管理暂行条例》《企业债券管理条例》等。为了适应我国经济的发展需要，2005 年 10 月 27 日，全国人大常委会对《公司法》进行了全面修订，增加了法人人格之否认、公司的社会责任、一人有限责任公司等内容。2013 年 12 月 28 日，第十二届全国人大常委会第六次会议对《公司法》再次进行修正，于 2014 年 3 月 1 日起施行。此次修订主要涉及三方面内容：①将注册资本实缴登记制改为认缴登记制。除法律、行政法规以及国务院决定对公司注册资本实缴另有规定的外，取消了关于公司股东（发起人）应当自公司成立之日起 2 年内缴足出资，投资公司在 5 年内缴足出资的规定；取消了一人有限责任公司股东应当一次足额缴纳出资的规定。②放宽注册资本登记条件。除法律、行政法规以及国务院决定对公司注册资本最低限额另有规定的外，取消了有限责任公司最低注册资本 3 万元、一人有限责任公司最低注册资本 10 万元、股份有限公司最低注册资本 500 万元的限制；不再限制公司设立时股东（发起人）的首次出资比例；不再限制股东（发起人）的货币出资比例。③简化公司设立登记事项。有限责任公司股东认缴出资额、公司实收资本不再作为公司登记事项。公司登记时，不需要提交验资报告。2018 年 10 月 26 日，全国人民代表大会常务委员会通过《关于修改〈中华人民共和国公司法〉的决定》，自公布之日起施行。此次修订《公司法》的主要内容是关于公司收购本公司股份的规定。

总之，《公司法》作为建立社会主义市场经济体制的一部重要法律，其制定和公布充分体现了党和国家的改革决策与立法决策紧密结合，用法律引导、推进和保障改革顺利进行的精神，它对于我国建立适应现代企业制度的需要，规范公司的组织和行为，保护公司、股东和债权人的合法权益，维护社会经济秩序，促进社会主义市场经济的完善和发展，都产生极为重要的意义。特别是 2013 年 12 月 28 日，第十二届全国人大常委会第六次会议对《公司法》再次进行修订，放宽了设立公司的条件，简化设立公司程序，不仅适应了深化经济体制改革的需要，也激发了投资主体的创业热情。

二、有关公司设立的主要规定

（一）有限责任公司的设立

1. 有限责任公司设立的条件和程序。有限责任公司，作为我国公司制度最典型的组织形式，《公司法》对其设立规定了一般条件和程序，使之成为组建有限责任公司的基本法律依据。2005 年全国人大常委会在修订《公司法》时，增加了一人有限责任公司的类型。

（1）有限责任公司设立条件。《公司法》第 23 条规定，有限责任公司设立必须具备五个条件：①股东符合法定人数，即由 50 人以下的股东组成。②股东出资达到公司章程规定的全体股东认缴的出资额。这是 2014 年实施的新《公司法》的一项重大修改，即取消了法定最低注册资本，改由公司章程自行规定出资额。之前《公司法》中关于有限公司最低 3 万元注册资本和一人公司最低 10 万元的注册资本的规定不再适用，也就使得所谓的"一元公司"成为可能。在 2014 年《公司法》实施后，北京已经成功设立两家注册资本为一元的公司，分别是"琴岛科技（北京）有限公司"和"北京瑞风商贸有限公司"。此外，根据 2014 年《公司法》第 25 条的规定，有限责任公司股东的出资缴纳期限，由股东通过公司的章程自由约定。有限责任公司股东的出资不再有"2 年内缴足、投资公司 5 年内缴足"的限制，也取消了关于首次出资的法定要求，即不再要求"公司全体股东的首次出资额不得低于注册资本的 20%，也不得低于法定的注册资本最低限额"。此外,对于一人有限公司,立法上也放宽了准入门槛,废除之前"一人有限责任公司的注册资本最低限额为人民币 10 万元,股东应当一次足额缴纳公司章程规定的出资额"的规定,一人有限公司的注册资本、出资期限也是由公司章程规定,法律不再作强制性规定。当然,此次修改只针对《公司法》的规定。有关其他法律对公司注册资本有法定最低要求或者对缴纳期限有要求的,应当从其规定。这里主要指的是金融类公司,比如,《证券法》要求证券公司最低注册资本为 5000 万元至 5 亿元,且为实缴资本;《保险法》要求保险公司最低注册资本为 2 亿元,且为实缴资本;《商业银行法》要求商业银行最低注册资本为 5000 万元至 10 亿元,且为实缴资本。此外,股东可以用货币出资,也可以用实物、知识产权、土地使用权等可以用货币估价并可以依法转让的非货币财产作价出资;但是,法律、行政法规规定不得作为出资的财产除外。原《公司法》规定,"全体股东的货币出资金额不得低于有限责任公司注册资本的 30%",也就是非货币出资最多不得超过注册资本的 70%。2014 年的《公司法》废止了上述条款,也就是对股东货币出资比例不再有法律强制规定,而交由公司章程自行约定。③股东共同制定的公司章程。要求公司章程按照《公司法》第 25 条规定的有关事项制定,并经全体股东一致同意,由股东在公司章程上签名盖章方为有效,以此作为公司申请登记注册的基本文件。④有公司名称,建立符合有限责任公司要求的组织机构。公司名称是公司区别于其他公司的标志或符号,也是公司成为企业法人的基本条件,因此,《公司法》要求有限责任公司必须有自己的名称,并在公司名称上标明"有限责任公司"字样,记载于公司章程上,经登记机关登记在册取得公司名称权。同时,《公司法》还规定公司要建立符合有限责任公司的组织机构,包括股东会、董事会、经理和监事会,并依照《公司法》规定或公司章程规定各自行使其职权,以保证公司的正常运行。⑤有公司的住所。公司的住所是公司的主要经营场所,即有固定的生产经营场所和必要的生产经营条件。这同样是组建有限责任公司的必备条件,要求设立有限责任公司时必须具备该项条件后方可登记注册。

(2)设立登记法定程序。公司设立登记是有限责任公司取得企业法人资格的法定程序。为了保证公司设立规范,《公司法》规定了有限责任公司设立的具体程序:①须提出公司设立登记的申请。《公司法》规定了设立有限责任公司的股东应按照公司章程规定缴足全部认购的应缴出资额,由股东会作出设立公司的决议,并由指定的代表或共同委托的代理人向公司登记机关提出申请登记。申请时,应提交公司登记申请书、公司章程等文件;如法律、行政法规规定需要经有关部门审批,应于申请时提交批准文件。②须经公司登记机关审核批准。规定公司登记机关依照法定程序受理公司设立登记申请，并根据《公司法》规定的条件对有关申请文件进行审核，对符合法定条件的予以登记，发给有限责任公司的营业执照，公司即告成立；对不符合法定条件的，公司登记机关应明确表示不予登记。此次2014年的《公司法》修改删除了之前《公司法》第29条"股东缴纳出资后，必须经依法设立的验资机构验资并出具证明"的规定。这是实缴制改为认缴制的必然要求，由此产生的连锁反应包括：取消验资环节，申请登记时也无需提供验资证明，工商管理部门颁发的营业执照中，也不再载明公司的实收资本。

2. 一人有限责任公司的特别规定。一人有限责任公司，是指只有一个自然人股东或者一个法人股东的有限责任公司。

一个自然人只能投资设立一个一人有限责任公司。该一人有限责任公司不能投资设立新的一人有限责任公司。一人有限责任公司应当在公司登记中注明自然人独资或者法人独资，并在公司营业执照中载明。

一人有限责任公司章程由股东制定。一人有限责任公司不设股东会。股东依照《公司法》第37条第1款规定作出所列决定时，应当采用书面形式，并由股东签名后置备于公司。一人有限责任公司的股东不能证明公司财产独立于股东自己的财产的，应当对公司债务承担连带责任。

3. 国有独资公司设立的法律要求。国有独资公司，是指国家单独出资、由国务院或者地方人民政府授权本级人民政府的国有资产监督管理机构履行出资人职责的有限责任公司。由于国有独资公司的资产单一，并统归国家所有，由此决定它的性质属于一人公司。但这一形式仅适用于特定的范围，即国务院规定的生产特殊产品的公司或者属于特定行业的公司组建或改制时可采取的特定形式，而一般的国有企业不能组建或改制为国有独资公司。据此，《公司法》还对其设立及组织机构设置作了某些特别的规定：

（1）国有独资公司章程由国有资产监督管理机构制定，或者由董事会制定报国有资产监督管理机构批准。

（2）国有独资公司不设股东会，由国有资产监督管理机构行使股东会职权。国有资产监督管理机构可以授权公司董事会行使股东会的部分职权，决定公司的重大事项，但公司的合并、分立、解散、增加或者减少注册资本和发行公司债券，必须由国有资产监督管理机构决定；其中，重要的国有独资公司合并、分立、解散、申请破产的，应当由国有资产监督管理机构审核后，报本级人民政府批准。

（3）国有独资公司设立董事会，其成员为3~13名，其中应当有公司职工代表。董事会成员由国有资产监督管理机构委派；但是，董事会成员中的职工代表由公司职工代表大会选举产生。董事会设董事长 1 人，可以设副董事长。董事长、副董事长由国有资产监督管理机构从董事会成员中指定。

（4）国有独资公司设经理，由董事会聘任或解聘，经国有资产监督管理机构同意，董事会成员可兼任经理。

（5）国有独资公司监事会主要由国有资产监督管理机构委派；但是，监事会成员中的职工代表由公司职工代表大会选举产生。监事会主席由国有资产监督管理机构从监事会成员中指定。国有独资公司监事会成员不得少于 5 名，其中职工代表的比例不得低于 1/3，具体比例由公司章程规定。监事会行使《公司法》第 53 条第 1~3 项规定的职权和国务院规定的其他职权。

（二）股份有限公司的设立

1. 股份有限公司设立的条件、方式及程序。股份有限公司，作为我国公司制度的最重要的组织形式，以其完备的组织结构和雄厚的资本实力在社会经济生活中占有重要地位。为此，《公司法》对其设立规定了更加严格的条件、方式和程序。

（1）股份有限公司的设立条件。《公司法》第 76 条规定，设立股份有限公司有六个条件：①发起人符合法定人数。设立股份有限公司应当有 2 人以上 200 人以下的发起人，其中还必须有半数以上的在中国境内有住所。②有符合公司章程规定的全体发起人认购的股本总额或者募集的实收股本总额。取消了之前股份公司注册资本不得低于最低限额 500 万元人民币的要求。法律、行政法律对最低注册资本另有规定的，从其规定。③股份发行、筹办事项符合法律规定。对此，《公司法》第五章对股份发行的条件、形式及程序作出了具体规定，要求发起人严格按照法律要求进行股份发行工作。④发起人制定公司章程，采用募集方式设立的经创立大会通过。发起人应按照《公司法》规定的事项制定公司章程草案，并提交创立大会经出席会议的认股人所持表决权的半数以上通过。⑤有公司的名称，建立符合股份有限公司要求的组织机构。公司的名称应标明"股份有限公司"的字样，公司的组织机构应设置比较健全的股东大会、董事会、经理及监事会，以适应公司的组织经营活动的需要。⑥有公司的住所。即有固定的生产场所和必要的经营条件。

（2）股份有限公司的设立方式和程序。《公司法》规定，股份有限公司的设立可选择发起设立和募集设立的两种方式，并分别采取不同的程序要求：①发起设立。发起人以书面认足公司章程规定发行的股份后，应当按照公司章程规定的期限缴纳股款。采取发起设立方式设立的，注册资本为在公司登记机关登记的全体发起人认购的股本总额。新《公司法》同样取消了股份公司最低注册资本即500万和需在2年内缴足，以及投资公司5年内缴足的法定要求，也不再有首次出资不得低于注册资本20%的要求。但是，为保障社会公众利益，仍保留了在缴足股款前，不得向他人募集股份的规定。股东可以用货币出资，也可以用实物、知识产权、土地使用权等可以用货币估价并可以依法转让的非货币财产作价出资；但是，法律、行政法规规定不得作为出资的财产除外。股东以货币出资的，应当将货币出资足额存入有限责任公司在银行开设的账户；以非货币财产出资的，应当依法办理其财产权的转移手续。发起人交付全部出资后，应当选举董事会和监事会。由董事会向公司登记机关申请办理公司登记手续。②募集设立。以募集方式设立股份有限公司的，须按照以下程序办理：其一，发起人认购的股份不少于公司股份总额的35%，但是，法律、行政法规另有规定的，从其规定。其二，其余的股份应当向社会募集，公开募集的股份须申报国务院证券管理部门审查批准。其三，制作公告招股说明书和认股证，通过招股形式向社会公开募集股份。其四，发行股份的股款缴足后，发起人须在30天内召开创立大会，对是否设立公司作出决议；董事会根据创立大会关于设立公司的决议，于会后30天内向公司登记机关申请设立登记。符合上述条件的，公司登记机关予以登记，发给营业执照，公司即告成立。

2. 上市公司的条件及管理。所谓上市公司，是指其股票在证券交易所上市交易的股份有限公司。上市公司是股份有限公司中少数的出色的公司，其股票面向社会公众公开发行和募集；股份转让采取在法定证券交易所内进行公开交易转让。

（1）股票上市的条件。股票上市条件原来由《公司法》予以规定，经过修订后，现由《证券法》作出规定。依《证券法》第47条规定，申请证券上市交易，应当符合证券交易所上市规则规定的上市条件。证券交易所上市规则规定的上市条件，应当对发行人的经营年限、财务状况、最低公开发行比例和公司治理、诚信记录等提出要求。相对而言，现规定的公司上市条件更为宽松，其立法意义是鼓励公司股票上市。

（2）股票上市的审批。股份有限公司申请其股票上市交易的，必须报经证券交易所核准，并依照《证券法》第46条的规定，申请证券上市交易，应当向证券交易所提出申请，由证券交易所依法审核同意，并由双方签订上市协议；须按法律规定报送有关文件；经批准后，须公告其股票上市报告，并将其中的申请文件存放在指定的地点供公众查阅。

（3）股票上市的管理。经核准批准上市公司的股份，依照《证券法》规定上市交易；并按照规定定期公开上市公司的财务状况和经营状况，在每会计年度内，每半年公布一次财务会计报告。根据新修订的《证券法》规定，其取消了对上市交易的股票实行暂停交易的规定，而是实行直接终止交易的规定。《证券法》第48条规定，上市交易的证券，有证券交易所规定的终止上市情形的，由证券交易所按照业务规则终止其上市交易。证券交易所决定终止证券上市交易的，应当及时公告，并报国务院证券监督管理机构备案。

（4）股票回购的管理。股票回购是公司法人购买本公司的股票。根据公司法原理，一般情况下，公司法人不能持有本公司的股票，但是为了生产经营的需要，在特殊情况下公司法人可以持有本公司的股票。《公司法》第142条第1款规定："公司不得收购本公司股份。但是，有下列情形之一的除外：①减少公司注册资本；②与持有本公司股份的其他公司合并；③将股份用于员工持股计划或者股权激励；④股东因对股东大会作出的公司合并、分立决议持异议，要求公司收购其股份；⑤将股份用于转换上市公司发行的可转换为股票的公司债券；⑥上市公司为维护公司价值及股东权益所必需。"第2款规定："公司因前款第①项、第②项规定的情形收购本公司股份的，应当经股东大会决议；公司因前款第③项、第⑤项、第⑥项规定的情形收购本公司股份的，可以依照公司章程的规定或者股东大会的授权，经2/3以上董事出席的董事会会议决议。"第3款规定："公司依照本条第1款规定收购本公司股份后，属于第①项情形的，应当自收购之日起10日内注销；属于第②项、第④项情形的，应当在6个月内转让或者注销；属于第③项、第⑤项、第⑥项情形的，公司合计持有的本公司股份数不得超过本公司已发行股份总额的10%，并应当在3年内转让或者注销。"

（三）外国公司分支机构的设立及其法律要求

所谓外国公司，是指依照外国法律在中国境外登记成立的公司。外国公司是外国法人，它是以公司法人的国籍不同而区别于中国法人的。外国公司是否可以在我国设立分支机构，从事各种生产经营活动，这是公司立法必须解决的问题。

我国《公司法》第191条规定："本法所称外国公司是指依照外国法律在中国境外设立的公司。"第193条规定，"外国公司在中国境内设立分支机构，必须在中国境内指定负责该分支机构的代表人或者代理人，并向该分支机构拨付与其所从事的经营活动相适应的资金"。同时，《公司法》还规定了外国公司分支机构的设立、经营以及撤销、清算的法律要求。

1. 外国公司的分支机构的设立须符合我国《公司法》规定的条件和程序。在设立条件方面，要求须在中国境内指定负责该分支机构的代表人或代理人，并向该分支机构拨付与其所从事的经营活动相适应的资金。对外国公司分支机构的经营资金需要规定最低限额的，由国务院另行规定。外国公司的名称应标明该公司的国籍及其责任形式，并应当在本机构中设置该外国公司的章程。在设立程序上，必须由外国公司向中国主管机关提出申请，并提交其公司章程、所属国的公司登记证书等有关文件，经批准后，由其向公司登记机关依法办理登记，领取营业执照。外国公司分支机构的审批办法由国务院另行规定。

2. 外国公司分支机构的经营权利和义务。经批准设立的外国公司分支机构，在中国境内从事业务活动，必须遵守中国的法律，不得损害中国的社会公共利益，其合法利益受中国法律保护。外国公司的分支机构应当在本机构中置备该外国公司章程。外国公司在中国境内设立的分支机构不具有中国法人资格，外国公司对其分支机构在中国境内进行经营活动承担民事责任。

3. 外国公司分支机构的撤销和清算。外国公司可以因某种法定事由的出现而终结其分支机构业务和撤销其主体资格。但必须严格按照《公司法》规定的方式进行：①清算人的选任、了结业务、清查财产、清理债权债务等全部过程，都应由外国公司负责主持，不得推卸责任；②分支机构经营活动的全部后果和民事责任应由外国公司承担，如在我国境内尚有清算未了的债务，仍应由外国公司继续清偿；③分支机构在我国境内所有的财产，在未清偿债务之前，均不得将财产转移至中国境外，以保证清算工作正常进行；④外国公司所指定分支机构的负责人，对分支机构的债务同外国公司一起负有连带责任。

三、有关公司组织机构的主要规定

无论是有限责任公司还是股份有限公司，作为现代企业制度的基本组织形式，均以建立一套科学的、合理的公司法人治理结构为特征。尽管我国《公司法》对上述两类公司组织机构分别作出规定，但对其主要形式、结构及职能等的规定在基本上是相同的，即上述两类公司由股东会或股东大会的权力机构、董事会决策机构和监事会的监督机构组成，并形成相互之间各司其职、权责明确、互相制衡的新型公司治理结构或领导体制。

（一）公司组织机构的设置及其职权

1. 公司的权力机构——股东会或股东大会。有限责任公司的股东会和股份有限公司的股东大会，是由全体股东组成的、代表股东利益的、必要的、非常设的形成公司意志的最高权力机构。它作为公司的最高意思表示机关，决定着公司的各项重大事务。《公司法》对其类别、职权及其行使方式作了具体规定。

（1）股东会或股东大会的类别。股东会或股东大会，按其召集的不同情况可将其分为股东年会与股东临时会两种：前者也称股东常会，是股东按规定每年召开一次全体会议，多在年终决算时召开；后者是股东、董事会或监事认为必要时，按照规定召集的临时会议，以解决公司面临的紧急问题。

（2）股东会或股东大会的职权。《公司法》规定有限责任公司的股东会和股份有限公司的股东大会职权是相同的，共同职权内容有 11 项，归纳起来主要包括人事决定权、重大事项的审议批准权、作出各项决议权以及公司章程修改权等四个方面内容。

（3）股东会或股东大会行使职权的方式。股东会的职权行使主要是通过会议表决方式来进行的。其会议由董事长按照公司章程规定的程序和要求召集和主持。董事长因特殊原因不能履行职务时，由其指定副董事长或其他董事主持。股东会对于一般事项的决议，必须由出席会议的股东所持表决权的半数以上通过，但对于公司合并、分立或解散以及修改公司章程的事项作出决议时，须经出席会议的股东所持表决权的 2/3 以上通过，始生效力。

2. 公司的决策机构——董事会。这是由公司的股东会或股东大会推选的一定数额的董事组成的，代表全体股东利益和执行公司业务的必要常设机构。《公司法》规定了董事会的组成、职权及议事规则等内容。

（1）公司董事会的设置及职权。①董事会的组成。《公司法》针对不同公司，规定了董事会的不同组成数额：有限责任公司为 3~13 人，包括国有独资公司同样是 3~13 人。但是，股东较少或规模较小的可不设董事会，而设 1 名执行董事；股份有限公司为 5~19 人。董事会设董事长 1 人；可以设副董事长 1~2 人，其产生办法由《公司法》或公司章程具体规定。董事长为公司的法定代表人；不设董事会的，执行董事为公司的法定代表人。②董事会的职权。董事会作为公司的决策机构，对股东会负责，执行股东会决议，对外代表公司行使法定代表权，对内决定公司重大事项。《公司法》对两类公司董事会的职权都规定为 11 项，其内容基本上是相同的。例如：负责召集股东会，并向股东会报告工作；执行股东会的决议；决定公司的经营计划和投资方案；制订公司的年度财务预算方案、决算方案；制订公司的利润分配方案和弥补亏损方案；制订公司增加或者减少注册资本的方案（股份公司包括发行公司债券的方案）；制订公司合并、分立、变更公司形式、解散的方案；决定公司内部管理机构的设置；决定聘任或者解聘公司经理（总经理），根据经理提名，聘任或者解聘副经理、财务负责人，决定其报酬事项；制定公司的基本管理制度。③董事会议事规则。董事会会议由董事长召集和主持；董事长不能履行职务或者不履行职务的，由副董事长召集和主持；副董事长不能履行职务或者不履行职务的，由半数以上董事共同推举一名董事召集和主持。《公司法》对股份有限公司的议事规则规定得更加具体，主要内容有如下方面：董事会分为常会与临时会两种。在必要时，代表 1/10 以上表决权的股东、1/3 以上的董事或监事会可以提议召开董事会会议；董事会的议事方式和表决程序除《公司法》已有规定外，由公司章程规定；召开董事会会议，应当于会议召开 10 日前通知全体董事；董事会应当对所议事项作成会议记录，出席会议的董事应当在会议记录上签名。规定董事会每年度至少召开两次会议，每次会议于会议召开 10 日以前通知全体董事；召开临时会的，可另定通知方式和时限。董事会会议应由 1/2 以上的董事出席方可举行。董事会作出决议，必须由全体董事本人出席；董事因故不能出席，可以书面委托其他董事代为出席，委托书中应载明授权范围。董事会应对会议所议事项的决定作成会议记录，出席会议的董事和记录员在会议记录上签名。董事会的决议如违反法律、行政法规或者公司章程，致使公司遭受严重损失的，参与决议的董事对公司负赔偿责任。但经证明在表决时曾表明异议并记载于会议记录的，该董事可免除责任。

（2）经理的设置及职权。公司经理是由董事会聘任的，对董事会负责，从事公司日常经营管理活动的自然人。经理是公司行政管理的总负责人，受董事会委托，秉承董事会意志，负责管理公司的业务工作和行政工作，处理日常生产经营活动。经理在其执行职务的范围内为公司负责人。《公司法》规定，经理行使的职权主要有：主持公司的经营管理工作，组织实施董事会决议；组织实施公司年度经营计划和投资方案；拟订公司内部管理机构设置方案和基本管理制度；制定公司的具体规章；提请聘任或者解聘公司副经理、财务负责人；决定聘任或者解聘应由董事会聘任或者解聘以外的负责管理人员；列席董事会会议；以及公司章程和董事会授予的其他职权。

3. 公司的监督机构——监事会。这是指由股东会或股东大会推选的一定数额的股东代表组成，负责对公司财务及生产经营活动进行监督的、必要的、常设的公司监督机构。《公司法》对其组成、职权及议事方式等内容作了规定。

（1）监事会组成。股份有限公司和规模较大的有限责任公司设立监事会，其成员不少于 3 人，由两方面人员组成：①股东代表；②由职工民主选举产生的职工代表，其比例由公司章程规定。如有限责任公司的股东人数较少或经营规模较小的，可以设 1~2 名监事，但董事、经理及财务负责人不得兼任。监事任期每届为 3 年，任期届满，连选可以连任。监事会应在其组成人员中推选 1 名召集人。

（2）监事会职权。监事会对股东会或股东大会负责，并报告工作。其行使的职权主要有：检查公司的财务；对董事、高级管理人员执行公司职务时违反法律、法规或者公司章程的行为进行监督；当董事、高级管理人员的行为损害公司的利益，要求董事和高级管理人员予以纠正；提议召开临时股东大会；以及公司章程规定的其他职权。而且监事可以列席董事会会议，要求监事应当依照法律、行政法规、公司章程的规定，忠实履行监督职责。

（3）监事会议事方式和表决的程序规定由公司章程具体确定。

（二）董事、监事、高级管理人员的任职资格及法定义务

我国《公司法》不仅对公司组织机构的设置、职权作了全面规定，而且还对各类公司机构人员任职资格的具体条件和义务作出明确的规定。这些规定，有利于保证公司各类任职人员的基本素质，以确保公司正常运行和发展。其中高级管理人员是指公司的经理、副经理、财务负责人，上市公司董事会秘书和公司章程规定的其他人员。

1. 有关公司机构人员任职资格的规定。《公司法》对公司的董事、监事、高级管理人员的任职资格通过规定消极条件的形式予以限制。一方面，《公司法》原则性地规定国家公务员不得兼任公司的董事、监事和高级管理人员，以保证政企分开，防止行政权力进入公司；另一方面，还通过采取列举式的方法具体地规定了禁止五类人员担任公司的董事、监事和高级管理人员。这五类人员是：①无民事行为能力人或者限制民事行为能力人；②因犯有贪污、贿赂、侵占财产、挪用财产罪或者破坏社会经济秩序罪，被判处刑罚，执行期满未逾5年或者因犯罪被剥夺政治权利，执行期满未逾5年；③担任破产清算的公司、企业的董事或者厂长、经理，并对该公司、企业的破产负有个人责任的，自该公司、企业破产清算完结之日起未逾3年；④担任因违法被吊销营业执照的公司、企业的法定代表人，并负有个人责任的，自该公司、企业被吊销营业执照之日起未逾3年；⑤个人所负数额较大的债务到期未清偿。公司违反以上规定选举、委派董事、监事或者聘任高级管理人员的，其选举、委派或聘任无效。

2. 有关公司任职人员法定义务的规定。《公司法》对公司的董事、监事、高级管理人员在履行职责中应承担的义务，以禁止性规范的形式作了具体规定，其主要包括以下几项内容：

（1）董事、监事、高级管理人员应当共同遵守的规范：①董事、监事、高级管理人员应当遵守法律、行政法规和公司章程，对公司负有忠实义务和勤勉义务，不得利用职权收受贿赂或者其他非法收入，不得侵占公司的财产；②董事、监事、高级管理人员在执行公司职务时违反法律、行政法规或者公司章程的规定，给公司造成损失的，应当承担赔偿责任。

（2）董事、高级管理人员应当共同遵守的规范。董事、高级管理人员不得有下列行为：①挪用公司资金；②将公司资金以其个人名义或者以其他个人名义开立账户存储；③违反公司章程的规定，未经股东会、股东大会或者董事会同

意，将公司资金借贷给他人或者以公司财产为他人提供担保；④违反公司章程的规定或者未经股东会、股东大会同意，与本公司订立合同或者进行交易；⑤未经股东会或者股东大会同意，利用职务便利为自己或者他人谋取属于公司的商业机会，自营或者为他人经营与所任职公司同类的业务；⑥接受他人与公司交易的佣金归为己有；⑦擅自披露公司秘密；⑧违反对公司忠实义务的其他行为。董事、高级管理人员违反上述规定所得的收入应当归公司所有。

四、有关公司股份和债券的主要规定

公司的股份和债券的发行及转让是公司的重要融资行为，直接涉及公司各方当事人的权益和社会经济秩序的稳定。对此，我国《公司法》设有专门的两章规定，把股份有限公司的股份发行和转让以及公司债券的发行和转让纳入法制轨道。

（一）股份有限公司的股份发行和转让

股份是由股份有限公司发行的，用以计算公司资本的最小等额单位。它是股份有限公司的构成要素，是公司资本的一部分，体现着股东的权利义务关系，并通常是通过发行股票形式来实现的。股份按股东所享有权利之不同可分为普通股与优先股，按是否记载股东姓名可分为记名股份与无记名股份，按股份发行的先后可分为原有股与新股，按投资主体不同可分为国家股、法人股、个人股与外资股，按股份发行的对象可分为 A 股、B 股与 H 股。股份的发行和转让是一种公司行为，其涉及股东、债权人及公司的权益问题，为此，《公司法》对股份发行与转让的原则、条件及程序都作有具体规定，要求股份有限公司严格遵行。

1. 股份发行的原则。股份的发行，坚持实行"二公四同"原则，即实行公平、公正原则，做到同股同权、同股同利的要求。根据《公司法》的规定，股份的发行，实行公平、公正的原则，同种类的每一股份应当具有同等权利。同次发行的同种类股票，每股的发行条件和价格应当相同；任何单位或者个人所认购的股份，每股应当支付相同价额。

2. 股份发行的条件。按照新《证券法》的规定，股份发行分为公开发行和非公开发行。这里介绍的股份发行是指股份公开发行。《证券法》第 11 条第 1 款规定，设立股份有限公司公开发行股票，应当符合《公司法》规定的条件和经国务院批准的国务院证券监督管理机构规定的其他条件。因此，股票公开发行主要是指以募集方式设立股份有限责任公司来发行股份和股份有限公司以增资形式发行新股份的行为。

（1）募集设立股份有限公司公开发行股份的条件。募集设立股份有限公司的条件包括《公司法》规定的条件和证券监督管理机构规定的其他条件：

①《公司法》规定的条件，主要包括以下方面：发起人应当为 2 人以上 200 人以下，须有半数的发起人在我国境内有住所；除法律、行政法规另有规定外，发起人认购的股份不得少于股份公司股份总数的 35%；还要制定公司章程、有公司名称、建立符合股份有限公司的组织机构、有公司住所、公告招股说明书、制作认股书等。②国务院证券监督管理机构规定的其他条件。除了《公司法》外，国务院证券监督管理机构也可以就股票发行作出具体规定。目前，这方面的主要内容规定在《股票发行与交易管理暂行条例》中，其中第 8 条对股票发行作出了具体规定。

（2）股份公司公开发行新股的条件。股份公司公开发行新股是指股份公司根据生产经营的需要，扩充公司资本的行为。《证券法》第 12 条规定，公司首次公开发行新股，应当符合下列条件：①具备健全且运行良好的组织机构；②具有持续经营能力；③最近 3 年财务会计报告被出具无保留意见审计报告；④发行人及其控股股东、实际控制人最近 3 年不存在贪污、贿赂、侵占财产、挪用财产或者破坏社会主义市场经济秩序的刑事犯罪；⑤经国务院批准的国务院证券监督管理机构规定的其他条件。

3. 股份发行的价格。可以按票面金额等价发行，也可以超过票面金额溢价发行，但不得低于票面金额发行。以超过票面金额为股票发行价格的，须经国务院证券监督管理机构批准，发行所得溢价款列入公司资本公积金。

4. 股份发行的形式。可采取纸面形式或国务院证券监督管理机构规定的其他形式。

5. 股份的转让问题。股份转让属于股东权让渡的一种法律行为，必须在依法设立的证券交易场所进行，并允许对不同种类股份采取不同的转让方式：①记名股票，由股东以背书方式或法律、行政法规规定的其他方式进行；②无记名股票，规定了股东可在法定证券场所内进行交割。为了维护公司、股东及债权人合法权益，《公司法》对股份转让作了某些限制性规定，如限制发起人自公司成立之日起 1 年内不得转让；董事、监事、高级管理人员所持的股份，应向公司申报，并在任期内每年转让的股份不得超过其所持有本公司股份总数的 25%。此外，《公司法》还对公司回收本公司股票作有限制性规定。

（二）公司债券的发行

公司债券，是指由公司依照法定程序发行的，约定在一定期限内还本付息的一种有价证券。它是公司筹集短期资金的重要方式，因涉及公司、股东及债权人各方权益问题，因此，《公司法》规定了有关公司债券发行和转让的各项法律要求：

1. 公司债券发行的主体。《证券法》对公司债券发行的主体作出较大的修改。2019 年《证券法》规定，股份有限公司和有限责任公司都可以发行公司债券。而 2004 年《公司法》规定只有股份有限公司、国有独资公司和两个以上的国有企业或者其他两个以上的国有公司才可以发行债券。《公司法》经过修订后，也规定了股份有限公司和有限责任公司都可以发行公司债券。投资主体通过投资设立的有限责任公司，为筹集生产经营资金，可以发行公司债券，其他公司不得发行债券。

2. 公司债券发行的条件。《证券法》第 15 规定，公开发行公司债券必须具备下列各项条件：①具备健全且运行良好的组织机构；②最近 3 年平均可分配利润足以支付公司债券 1 年的利息；③国务院规定的其他条件。还规定，公开发行公司债券筹集的资金，必须按照公司债券募集办法所列资金用途使用；改变资金用途，必须经债券持有人会议作出决议。公开发行公司债券筹集的资金，不得用于弥补亏损和非生产性支出。同时，第 17 条还规定有下列情形之一的，不得再次发行公司债券：①对已公开发行的公司债券或者其他债务有违约或者延迟支付本息的事实，仍处于继续状态；②违反本法规定，改变公开发行公司债券所募资金的用途。《证券法》从正、反两方面对公司债券发行的条件加以规定，有利于保证公司债券的发行工作更加完备和周全。

3. 公司债券发行的程序。①规定股份有限公司、有限责任公司发行公司债券，由董事会制订方案，股东会作出决议。②公司向国务院授权的部门申请批准发行公司债券，应提交公司营业执照、公司章程、公司债券募集办法、资产评估报告和验资报告等文件，以及国务院授权的部门或者国务院证券监督管理机构规定的其他文件。国务院授权的部门对符合规定申请条件的予以批准。③发行公司债券的申请经批准后，应当按照法律规定的事项，向社会公告公司债券募集办法和制作公司债券，并确定公司债券的性质，如为记名债券或无记名债券或可转换股票的公司债券等。④对于已作出批准发行的公司债券，如发现不符合《公司法》规定条件的，由国务院授权的部门或国务院证券监督管理机构予以撤销；尚未发行公司债券的，应停止发行；已经发行公司债券的，发行的公司应当向认购人退还所缴款项并加算银行同期存款利息。

五、有关公司财务会计的主要规定

《公司法》规定，公司应当依照法律规定建立本公司的财务会计制度，以保证公司正常生产经营活动的需要，这不仅是反映建立现代企业制度的客观要求，而且对于健全公司经济核算制，有效地筹集和运用公司的资金，维护公司各方当事人的合法权益，及时总结和反映公司的财务状况和经营成果，发挥公司资金的作用，保障公司决策科学化和资产、交易安全，促使公司资产不断增值及事业不断发展，都具有极为重要的意义。为了实现这一目标，《公司法》对公司财务会计制度的各项具体要求作了明确的规定，成为公司财务会计管理的重要法律依据。

（一）公司的财务会计制度的基本要求

公司应当依照法律、行政法规和国务院财政部门的规定建立本公司的财务、会计制度。财务会计报告应当依照法律、行政法规和国务院财政部门的规定制作。公司应当在每一会计年度终了时编制财务会计报告，并依法经会计师事务所审计。

公司的财务会计报告是反映公司财务状况和经营成果的书面文件，它不仅是公司进行各种生产经营决策和活动的依据，而且也是公司相关当事人及社会公众对公司经营状况进行了解和掌握的依据，以维护公司各方的合法权益。所以，我国《公司法》就公司的财务会计报告的使用作出明确的规定，要求有限责任公司应当按照公司章程规定的期限将财务会计报告送交各股东；股份有限公司的财务会计报告应当在召开股东大会年会的 20 日以前备置于本公司，供股东查阅；公开发行股票的股份有限公司还必须向社会公众公告其财务会计报告。

（二）公司的公积金提取

在公司的财务会计制度管理中，公司公积金的提留成为非常重要的内容，要求公司在分配当年税后利润时，按照法律规定的标准提留公积金，以满足公司不断地扩大再生产、弥补公司的经营性亏损、转增公司资本及不断提高和改善公司职工的福利待遇水平的需要。

公积金是指公司在决算时，从公司所获利润中提存一部分盈余，以备将来用于弥补公司亏损及其他特定用途的资金。

1. 公积金的种类。公积金以其提取的依据可分为法定公积金和意定公积金两种。法定公积金，是指依照法律规定强制公司提取的公积金。法定公积金又分为盈余公积金和资本公积金：前者是指从公司决算盈余中提取的公积金，通常是在公司决算时，纳税后有盈余，按一定比例提取；后者是指从公司盈余之外的财源中提取的公积金，如超票额发行股票所得的溢价、处分财产所得的溢价收入等，均可提留资本公积金。意定公积金，是指依照公司章程或股东会的决议，在法定盈余公积金之外特别提取的盈余公积金。因为这种公积金的提留与否、提留多少是完全按照股东会的意志确定的，所以也有称为任意公积金。

2. 公司公积金的提留和使用。①公司公积金的提留。公司在分配当年税后利润时，应当提取利润的 10% 列入公司法定公积金。公司法定公积金的累计额为公司注册资本的50%以上的，可以不再提取。公司的法定公积金不足以弥补前年度亏损的，在依照上述规定提取法定公积金之前，应当先用当年利润弥补亏损。公司从税后利润中提取法定公积金后，经股东会或者股东大会决议，还可以从税后利润中提取任意公积金。股份有限公司以超过股票票面金额的发行价格发行股份所得的溢价款以及国务院财政部门规定列入资本公积金的其他收入，应当列为公司资本公积金。②公司公积金的使用。公司的公积金用于弥补公司的亏损、扩大公司生产经营或者转为增加公司资本。但是，资本公积金不得用于弥补公司的亏损。法定公积金转为资本时，所留存的该项公积金不得少于转增前公司注册资本的25%。

（三）公司的利润分配

公司的利润分配，是公司财务会计工作中一项极为重要的内容，它是公司在进行年度决算后，对于公司所获取的利润，按照公司法规定进行分配的一种行为。公司利润分配是一项政策性、法律性很强的工作，而且直接涉及公司、股东以及国家、公司债权人各方的权益，要求必须严格按照公司法的规定进行。我国《公司法》对于公司的利润分配作了原则性规定，归纳各有关条款，主要有以下几方面要点：

1. 公司在每年度分配税后利润时，应当按照《公司法》的规定提留公积金。

2. 公司如有亏损，应先用法定公积金进行弥补，如公司的法定公积金不足以弥补上一年度公司亏损的，在依照《公司法》规定提取法定公积金之前，应当先用当年利润弥补亏损。

3. 公司在弥补亏损和提取法定公积金后所余利润，有限责任公司按照股东的实缴出资比例分配红利，但是，全体股东约定不按照出资比例分取红利或者不按照出资比例优先认缴出资的除外。股份有限公司按照股东持有的股份份额分配。由此确定了公司利润分配的法定顺序：①缴纳所得税；②弥补上一年度公司的亏损；③提取法定公积金；④按不同公司特点向股东分配股息及红利。要求所有公司都要严格地按照《公司法》规定的这一原则和顺序进行利润分配，不得违反。如股东会、股东大会或者董事会违反这一规定，在公司弥补亏损和提取法定公积金之前向股东分配利润的，股东必须将违反规定分配的利润退还公司。公司持有本公司股份的，不得参与利润分配。

此外，为了保证公司财务会计管理规范化，保证公司资金正常流转和使用，禁止和杜绝各种借财务会计工作之名进行的违法活动，《公司法》还对公司的财务会计账册的设立和账户开立作了专门规定，要求公司除法定的会计账册外，不得另立会计账册；对公司资产，不得以任何个人名义开立账户存储。同时，《公司法》还规定，公司聘用、解聘承办公司审计业务的会计师事务所，依照公司章程的规定，由股东会、股东大会或者董事会决定。公司向聘用的会计师事务所提供真实、完整的会计凭证、会计账簿、财务会计报告及其他会计资料，不得拒绝、隐匿、谎报。

六、有关公司变更、终止及清算的主要规定

（一）公司变更

公司变更，是指公司在不违反公司法的规定和社会经济秩序的情况下，根据公司的生产经营活动需要，经股东会的决议而进行公司的合并、分立及资产变动等情况。公司变更是各类公司适应社会经济形势发展变化需要而作出调整自身法律关系某些要求的行为，它涉及公司各个方面的权益以及社会经济秩序的稳定，要求公司必须严格依照公司法规定进行。我国《公司法》第九章对公司的合并、分立及资产增减作了具体规定，为公司各种变更活动提供了法律依据。

1. 公司的合并。这是指两个以上公司依照法律规定，通过订立合并协议而组成一个公司的民事法律行为。其形式主要有吸收合并和新设合并两种。吸收合并是一个公司吸收其他公司而发生的合并，其结果是吸收方公司存续，被吸收公司解散；新设合并是由两个以上公司基于合并协议而合并设立一个新的公司，其结果是合并的各方公司解散，合并的新公司设立。在进行公司合并时，应注意以下几个问题：①公司合并的提出，须由公司的权力机构即股东会或股东大会作出特别决议。②公司的合并须由合并的各方公司遵循平等自愿、公平诚信、等价互利的原则，就公司合并的有关事项达成一致协议，以此作为公司合并的法律依据。③做好合并的各项准备工作，如清产核资、编制合并各方资产负债表，并在各方作出合并决议之日起10日内通知债权人，并于30日内在报纸上公告，债权人有权在法定期限内要求公司清偿债务或提供相应的担保。④公司合并后，其合并各方的债权债务应由合并后存续或新设的公司承担，并按规定分别向工商行政管理部门进行变更、终止或设立登记。

2. 公司的分立。这是指一个公司依照法律的规定分设为两个以上公司的民事法律行为。其分立形式，主要有解散分立和存续分立两种：前者是原公司解散而分设两个以上新公司；后者是原公司不变，而将其部分财产分出并设立一个以上新公司。公司的分立是以共同法律行为作为依据，而无须签订协议，使之明显区别于公司的合并，但公司分立的程序及后果基本上与公司合并的法律要求相同或相近，可参照执行。

（二）公司的终止

公司的终止，是指已成立的公司，因公司章程规定或法定事由发生而解散，

停止公司生产经营活动，依法定程序处理未了事务，并消灭公司法人资格的一种法律行为。公司的终止，主要事由有公司破产和公司解散两类，但无论是哪一种原因引起的公司终止，都必然产生严重的法律后果，并且直接涉及债权人的权益保障及社会经济秩序稳定等重要问题，因此，法律要求必须严格依法进行公司的终止行为。《公司法》第十章对公司的解散和清算作了专门的规定，为公司的终止和清算提供了法律依据。

公司的解散，是指公司因出现某种法定事由而发生终止公司法人资格的行为。引起公司解散的原因是多种多样的，例如：因公司章程规定的营业期限届满或者因公司章程规定的其他解散事由出现而解散，因股东会或股东大会决议而解散，因合并、分立而解散，因违法经营被撤销或被吊销执照而解散，因经营不善或经营效果不佳被主管机关者吊销营业执照、责令关闭或者被撤销而解散等。前三种情况属依自愿程序解散，后两种皆为依强制程序解散。但不管哪一种解散，其解散程序较之破产程序要简单得多，除强制程序解散由主管机关组织清算工作外，其余均由公司自行安排和组织清算。但是，因公司章程规定的营业期限届满或者因公司章程规定的其他解散事由出现面临解散的，可以通过修改公司章程而存续。

（三）公司的清算

公司的清算，是指公司因法定事由解散时，按照法律规定的程序，对公司的财产、债权债务以及应了结的事务，选派清算人进行处理分配的行为。公司的清算，都要按照法律规定的程序，选派清算组负责对公司的财产、债权债务进行清理并作出处理分配。但根据我国《公司法》的规定，公司解散清算，应在解散事由出现之日起15日内成立清算组，并开始清算。有限责任公司的清算组由股东组成，股份有限公司的清算组由董事或者股东大会确定的人员组成。逾期不成立清算组进行清算的，债权人可以申请人民法院指定有关人员组成清算组进行清算。人民法院应当受理该申请，并及时组织清算组进行清算。清算程序为：①通知债权人并进行债权登记。清算组应当自成立之日起10日内通知债权人，并于60日内在报纸上公告。债权人应当自接到通知书之日起30日内，未接到通知书的自公告之日起45日内，向清算组申报其债权。债权人申报债权，应当说明债权的有关事项，并提供证明材料。清算组应当对债权进行登记。在申报债权期间，清算组不得对债权人进行清偿。②组织清理资产和清偿债务。清算组首先应对公司财产进行清理，并分别编制资产负债表和财产清单，然后制定清算方案，并报股东会、股东大会或者人民法院确认；清算组在清理公司财产、编制资产负债表和财产清单后，应当制定清算方案，并报股东会、股东大会或者人民法院确认。公司财产在分别支付清算费用、职工的工资、社会保险费用和法定补偿金，缴纳所欠税款，清偿公司债务后的剩余财产，有限责任公司按照股东的出资比例分配，股份有限公司按照股东持有的股份比例分配。清算期间，公司存续，但不得开展与清算无关的经营活动。公司财产在未依照前款规定清偿前，不得分配给股东。公司清算结束后，清算组应当制作清算报告，报股东会、股东大会或者人民法院确认，并报送公司登记机关，申请注销公司登记，公告公司终止。

（四）公司破产的申请

清算组在清理公司财产、编制资产负债表和财产清单后，发现公司财产不足以清偿债务的，应当依法向人民法院申请宣告破产。公司经人民法院裁定宣告破产后，清算组应当将清算事务移交给人民法院。公司破产程序适用《中华人民共和国破产法》。

七、有关违反公司法法律责任的主要规定

为了保障公司的债权人权益和社会公众利益，防止公司负责人和国家有关机关或社会中介组织滥用权利，监督公司依法经营管理，维护社会主义市场经济秩序，《公司法》对违反《公司法》的行为规定了严格的法律责任，其条款规定之多、责任形式之全、立法体例之新、惩罚制度之严、规范范围之广、可操作性之强，都是在过去制订的各种法律法规中所未曾见过的，由此构成了我国《公司法》立法的新特色。

（一）违反《公司法》民事责任

在《公司法》各有关章节里，对公司各类主体不履行《公司法》规定的义务时，规定了应承担的各种民事责任。其主要内容有：

1. 股东的违约责任。股东应当按期足额缴纳公司章程中规定的各自所认缴的出资额。股东以货币出资的，应当将货币出资足额存入有限责任公司在银行开设的账户；以非货币财产出资的，应当依法办理其财产权的转移手续。股东不按照上述规定缴纳出资的，除应当向公司足额缴纳外，还应当向已按期足额缴纳出资的股东承担违约责任。有限责任公司成立后，发现作为设立公司出资的非货币财产的实际价额显著低于公司章程所定价额的，应当由交付该出资的股东补足其差额；公司设立时的其他股东承担连带责任。

2. 发起人的返还和赔偿责任。股份有限公司发起人对于募股行为被依法撤销，或按法定期限未募足股份，或股款募足后未能按规定召开创立大会的，均应承担返还所募股款及利息的责任；如公司不能成立，对其设立行为所生债务和费用负连带责任，并对因其过失致公司利益所受的损害承担赔偿责任。

3. 董事、监事、高级管理人员的损害赔偿责任。公司的董事、监事、高级管理人员在执行职务时违反法律、行政法规或公司章程的规定，给公司造成损害的，应承担赔偿责任；董事对董事会的决议承担责任，董事会的决议违反法律、行政法规或公司章程致使公司遭受严重损失的，参与决议的董事对公司负赔偿责任，但经证明在表决时曾表明异议并记载于会议记录的，该董事可以免责。另外，董事会、股东会、股东大会的决议违反法律、行政法规，侵犯股东合法权益的，应承担停止侵害的民事责任。

4. 清算组的损害赔偿责任。清算组成员在清算过程中不能忠于职守、依法履行义务，因故意或重大过失给公司或债权人造成损失的，应当承担赔偿责任。

（二）违反《公司法》行政责任和刑事责任

利用公司进行违法犯罪活动，是当前公司组织管理中的突出问题。为了维护社会经济秩序，惩治违反《公司法》的违法犯罪行为，《公司法》对违反《公司法》的行政责任和刑事责任作了专章规定，《刑法》对公司犯罪设有专节，共12条规定。其主要内容有：

1. 公司违反组织行为规定的责任。公司在设立登记中以虚报注册资本、提交虚假证明文件或采取其他欺诈手段隐匿重要事实的；或公司采取虚假手段或未经法定主管部门批准而擅自发行股票或债券的；或公司搞账外账、以个人名义存储公司资产，或向股东和社会公众提供虚假的财务会计报告的；或不按规定提留法定公积金的；或在公司合并、分立、增资、清算时，不按规定通知或公告债权人的；或未依法登记而冒用有限责任公司或股份有限公司名义的；或公司成立后无正当理由超过6个月未开业或开业后自行停业已超过6个月的；或将国有资产低价拆股、出售或无偿分给个人的；或在进行清算时隐匿财产、虚假记载或未清偿债务前就分配公司财产等行为，应依据《公司法》的规定分别处以罚款、责令改正、撤销登记、没收非法所得、对主要责任者给予行政处分等行政责任。如情节严重构成犯罪的，则分别处以3年或5年以下的有期徒刑或拘役，可以并处法定比例或数额的罚金等刑事责任。

2. 公司负责人违反履行职责规定的责任。公司的发起人、股东未按规定交付财产或未转移财产权，虚假出资，欺骗债权人和社会公众的；或董事、监事、高级管理人员利用职权接受贿赂、其他非法财产，或侵占公司财产的；或董事、高级管理人员挪用公司资金或将公司资金借贷给他人，以公司资产为本公司股东或其他个人提供担保的；或违反《公司法》的规定，自营或为他人经营与其所任职公司同类的营业等行为，应依据《公司法》的规定分别处以没收违法所得、责令退还财产或资金、取消担保、将其所得收入收归公司、给予行政处分等行政责任；构成犯罪的，根据其违法数额较大或巨大的不同情况，分别处以拘役，或

3 年以上 5 年以下有期徒刑，可以并处没收财产等刑事责任。

3. 国家机关违反行政管理职能规定的责任。国务院授权的有关主管部门，对不符合法定条件设立公司的申请予以批准，或对不符合法定条件的股份发行的申请予以批准，情节严重的；或国务院授权的部门、国务院证券监督管理机构，对不符合法定条件的募集股份、股票上市和债券发行的申请予以批准，情节严重的；或公司登记机关对不符合法定条件的登记申请予以登记，情节严重的；或公司登记机关的上级部门强令公司登记机关对不符合法定条件的登记申请予以登记的，或对违法登记进行包庇等行为，应按照《公司法》的规定，分别对直接负责的主管人员和其他直接责任人员，依法给予行政处分，构成犯罪的，按照《刑法》有关贪污、贿赂、渎职的规定追究相应的刑事责任。此外，依照《公司法》的规定履行审批职责的有关部门，对符合法定条件的申请不予批准的，或登记机关对符合法定条件的申请不予登记的，当事人可以依法申请行政复议或提起行政诉讼。

4. 公司清算组和社会中介机构违反监督规定的责任。清算组不按规定向公司登记机关报送清算报告，或报送清算报告隐瞒重要事实或有重大遗漏的，或其成员利用职权徇私舞弊、谋取非法收入或侵占公司财产的，或承担资产评估、验资的机构提供虚假证明文件的，或因过失提供有重大遗漏的报告的，应按照《公司法》的规定分别给予退还财产、罚款、没收违法所得、责令停业、吊销资格证照等行政处罚；构成犯罪的，对于有关人员、直接负责的主管人员和其他直接责任人员处以 5 年以下有期徒刑或拘役，可以并处法定数额的罚金。

【实战训练】

不定项选择题

1. 昌隆公司由甲、乙、丙 3 个股东组成，其中丙以一项自己的店面出资。丙以店面出资后，由于公司在建造厂房，没有使用店面。店面由丙自己仍继续使用。下列哪一选项是正确的？（　　）

A. 乙认为既然丙可以继续使用，则自己和甲也可以使用

B. 甲认为丙如果继续使用该店面则需向昌隆公司支付费用

C. 丙认为自己可在原使用范围内继续使用该店面，因为公司没有使用

D. 丙认为甲和乙使用该店面的话，应当与自己签订租赁合同

2. 住所地在长春的四海公司在北京设立了一家分公司。该分公司以自己的名义与北京实达公司签订了一份房屋租赁合同，内容为租赁实达公司的楼房一层，年租金为 30 万元。现分公司因拖欠租金而与实达公司发生纠纷。下列哪一个判断是正确的？（　　）

A. 房屋租赁合同有效，法律责任由合同的当事人独立承担

B. 该分公司不具有民事主体资格，又无四海公司的授权，租赁合同无效

C. 合同有效，依该合同产生的法律责任由四海公司承担

D. 合同有效，依该合同产生的法律责任由四海公司及其分公司承担连带责任

3. 2014 年 5 月，甲、乙、丙、丁四人拟设立一家有限责任公司。关于该公司的注册资本与出资，下列哪些表述是正确的？（　　）

A. 公司注册资本可以登记为 1 元人民币

B. 公司章程应载明其注册资本

C. 公司营业执照不必载明其注册资本

D. 公司章程可以要求股东出资须经验资机构验资

4. 方圆公司与富春机械厂均为国有企业，二者共同合资设立富圆公司，出资比例分别为 30% 与 70%。关于富圆公司董事会的组成，下列哪些说法是正确的？（　　）

A. 董事会成员中应当有公司职工代表

B. 董事张某在任期内辞职，在新选出董事就任前，张某仍应履行董事职责

C. 富圆公司董事长可由小股东方圆公司派人担任

D. 方圆公司和富春机械厂可通过公司章程约定不按出资比例分红

5. 张某、李某为甲公司的股东，分别持股 65% 与 35%，张某为公司董事长。为谋求更大的市场空间，张某提出吸收合并乙公司的发展战略。关于甲公司的合并行为，下列哪些表述是正确的？（　　）

A. 只有取得李某的同意，甲公司内部的合并决议才能有效

B. 在合并决议作出之日起 15 日内，甲公司须通知其债权人

C. 债权人自接到通知之日起 30 日内，有权对甲公司的合并行为提出异议

D. 合并乙公司后，甲公司须对原乙公司的债权人负责

第三章 合伙企业法

【导入案例】新入伙人对原合伙企业债务是否应当承担法律责任?

王某、姚某、崔某经营一家加工棉纺织品的合伙企业。2017 年初,棉纺织业的形势一路上扬。3 月,翟某向 3 人表示希望能够加入该合伙企业。王某、姚某、崔某 3 人均表示同意,将企业的经营状况、资产、负债及面临的形势向翟某作了介绍,并与翟某签订了入伙协议。协议约定:翟某以现金 50 万元加入合伙企业,入伙后参与企业的经营管理,但对入伙前合伙企业的债务不承担责任。之后,由于各种原因,该合伙企业资不抵债,4 个合伙人被债权人要求对所负债务承担无限连带责任。在诉讼中,翟某以入伙协议中明确约定自己对入伙前合伙企业的债务不承担责任为由提出抗辩。

本案在审理中有两种不同的意见:第一种意见认为,翟某入伙时与原合伙人签订的入伙协议中明确约定对原来合伙企业的债务不承担责任,这一约定是当事人意思自治的表现,应当予以尊重。第二种意见认为,翟某应对入伙前该合伙企业的债务承担连带责任。

【问题思考】

1. 合伙协议对于合伙关系的确立具有哪些意义?

2. 根据《合伙企业法》的规定,新合伙人应如何承担原合伙人的债务?

3. 你认为上述两种意见哪种正确,为什么?

一、合伙企业法概述

（一）合伙的概念和特征

对于合伙概念,在立法上、学理上多有不同的主张,因而具有不同的法律特征。

1. 强调合伙的契约形式。即认为合伙首先是一种契约联结。例如台湾地区"民法"规定:"称合伙者,谓二人互约出资以经营共同事业之契约。"法、德、日民法典也有同样规定。其特征表现为:①合伙是基于合伙协议,并依法经核准登记后成立的。②合伙是基于信任性而成立的。合伙人之间存在一种受托信任关系。③合伙具有共同性。合伙人的财产关系是合伙人按份集合的共有关系，形成利益、风险、责任的共同体。④合伙具有连带性。合伙人之间的财产责任负有连带无限责任。⑤合伙具有非法人性。合伙不具有法人资格。

2. 强调合伙的组织性。即认为合伙是两个以上的人联合起来从事一种共同事业，其必然结合成为一种团体和组织，如《合伙企业法》第2条的规定。合伙的组织性，其特征具有以下几点：①合伙具有独立性。合伙能以注册登记后的商号名义从事经营和诉讼活动，并承认合伙为独立的行为主体但非独立的责任主体。②合伙具有授权性。合伙可以授权他人经营。③合伙的有限性。有些国家承认合伙中存在承担有限责任的合伙人。我国2006年修订的《合伙企业法》也规定了有限合伙人。④合伙具有延续性。合伙虽具有强烈的人合性，但是如果进行合伙清退后，原合伙人的继承人或剩余合伙人表示继续经营的，可以维持合伙关系。

（二）合伙企业的概念和特征

我国《合伙企业法》规定，合伙企业是指自然人、法人和其他组织依法在中国境内设立的普通合伙企业和有限合伙企业。

普通合伙企业，是指由普通合伙人组成，合伙人对合伙企业债务承担无限连带责任的企业。《合伙企业法》对普通合伙人承担责任的形式有特别规定的，从其规定。

有限合伙企业，是指由普通合伙人和有限合伙人组成，普通合伙人对合伙企业债务承担无限连带责任，有限合伙人以其认缴的出资额为限对合伙企业债务承担责任的企业。

合伙企业是介于独资企业与公司制企业之间的一类独立的企业形态。作为企业，具有如下突出的法律特征：

1. 合伙企业的性质属于一种商事合伙。依其性质，合伙可分为商事合伙和民事合伙两类。所谓商事合伙，也称为商业合伙，是指以营利为目的从事商事活动的一种合伙。商业合伙的主要特征是以营利为目的，从事商品生产经营活动，并经过商事登记注册而设立，有其商号和较多资金；而民事合伙则是不以营利为目的，合伙人为实现某种共同利益而进行的一种合伙活动。例如，医生、律师、会计事务所等合伙，皆不从事商事活动。我国《合伙企业法》规定的合伙企业是一种营利性组织，因此，其性质应属商业合伙范畴。

2. 合伙企业的设立是基于合伙人的合伙契约。合伙是一种契约关系，这是合伙的基本特征。合伙企业是由合伙人根据《合伙企业法》的规定订立合伙协议而设立，这种合伙协议属于共同契约（法律）行为，与买卖、租赁等合同的双方契约行为明显不同，主要表现在合伙人订立合伙契约，不但其目的相同，而且合伙人所享有的权利和承担的义务也是相同的。这些共同的契约行为成为设立合伙企业的前提条件。

3. 合伙企业关系是全体合伙人的共同关系。合伙企业关系是基于合伙人订立的合伙协议而发生的一种共同关系，在共同的合伙关系中，合伙人须遵循共同出资、共同经营（即合伙经营）、共享收益、共担风险的"四共"原则，由此确立了合伙人之间的权利义务关系。合伙企业的合伙人共同出资、合伙经营的特征，使之也明显区别于隐名人只出资而不参加经营的隐名合伙关系。

4. 合伙企业责任实行的是无限连带的财产责任。在合伙企业的财产关系中，内部实行按股份或者按比例出资，并按出资比例分享收益和分担亏损责任。但由于合伙企业的财产关系是一种按份集合起来的共有关系，合伙人的出资财产不能随意抽走，因而决定了在合伙企业的外部，每一合伙人对合伙企业的债务都负有连带责任和无限责任。但是，有限合伙人以其认缴的出资额为限对合伙企业债务承担责任。

（三）合伙企业的法律地位

合伙企业是十分古老的企业形态，是与商品经济同步发展和存在的，至今仍具有很强的生命力，是民商法确立的重要法律内容。对于合伙企业的法律地位，有以下不同观点：

1. 合伙企业是一种契约关系，其不能成为法律上的独立主体。这是最初的学理主张。大陆法系将合伙企业作为契约形式编入民法债编；英美法系虽有合伙法，但对合伙关系没有直接约束力，合伙人的协议仍优先于合伙法适用。

2. 合伙企业具有法人资格。这是近年各国立法上的做法。例如，1978 年修订后的法国《民法典》规定，合伙自登记之日起具有法人资格。美国《统一合伙法》和各州法规定，合伙可以像法人一样以商号名义拥有动产和不动产。甚至有学者认为，合伙与公司都是法人，二者最大的区别不过是层次不同。

3. 我国学界对合伙企业的法律地位亦有三种不同主张：①认为合伙不能作为民商事主体，民商事主体只有自然人和法人；②认为合伙应成为第二主体，与自然人、法人并列；③认为合伙可以成为民事主体，但简易合伙不能成为主体，有组织和字号的合伙应成为主体。

根据我国的民商事立法，我国的合伙企业是民商事主体，但是不具有法人资格。

（四）合伙企业的分类

按照不同的标准加以划分，合伙企业可以有不同的种类。学理上对合伙企业的划分主要有以下几种类型：

1. 个人合伙与法人合伙。这是以合伙主体为标准来加以划分的。自然人组成的合伙企业是个人合伙；法人组成的合伙企业是法人合伙。

2. 普通合伙与有限合伙。这是以合伙人承担责任方式不同为标准来加以划分的。普通合伙是指由普通合伙人组成，合伙人对合伙企业债务承担无限连带责任的合伙方式。有限合伙是指由普通合伙人和有限合伙人组成，普通合伙人对合伙企业债务承担无限连带责任，有限合伙人以其认缴的出资额为限对合伙企业债务承担责任的合伙方式。

3. 显名合伙与隐名合伙。这是以合伙人是否在商事登记簿上显示其姓名和出资为标准来加以划分的。显名合伙是指合伙人在商事登记簿上显示其姓名和出资的合伙。隐名合伙是指合伙人在商事登记簿上不显示其姓名和出资的合伙。普通合伙与有限合伙都属于显名合伙。

（五）合伙企业立法

合伙企业法是指国家制定调整和规范合伙企业的组织行为的法律规范总称。合伙企业，作为商品经济社会的一种社会组织和法律形式，既古老又有生命力。各国都通过一定法律制度，对合伙企业组织加以确认和规范，例如，英美等国制定专门的统一合伙法，而法、德、日等国则由其民法典、商法典对合伙加以规定。在我国，随着经济体制改革的不断深化，社会经济生活中许多合伙经济关系的出现，迫切要求在法律上对这些经济关系予以确认和规范。我国对于合伙经济组织的立法，最早是《民法通则》对于合伙这一民事主体分别以"个人合伙"和"联营"作了两节规定，确立了公民个人合伙和企业之间或企业与事业单位之间的企业联营合伙的法律地位和适用原则，使合伙成为我国社会主义市场经济体制下新的社会关系和新的企业组织形式，也为其他合伙立法打下了基础。

随着我国市场经济体制的建立和完善，按照市场经济运行规律要求，1997年2月23日第八届全国人大第二十四次常委会通过和颁行了《合伙企业法》，共设置9章78条，对合伙企业的地位及各种问题作了具体规定，成为我国规范合伙企业的一部重要企业法律制度，也成为建立和完善我国社会主义市场经济法律体系的重要组成部分。2006年8月，全国人大常委会第二十三次会议对《合伙企业法》进行了全面修订，增加了有限合伙等内容，共设置6章109条，使合伙企业法律制度更趋于完善。另外，2020年5月出台的《民法典》，在第三编合同编中设专章（第27章，共计12条）对合伙合同进行了规定。

二、合伙企业的设立

（一）设立合伙企业的基本条件

《合伙企业法》第14条规定，设立合伙企业，应当具备下列条件：①有两个以上合伙人，合伙人为自然人的，应当具有完全民事行为能力；②有书面合伙协议；③有合伙人认缴或者实际缴付的出资；④有合伙企业的名称和生产经营场所；⑤法律、行政法规规定的其他条件。

（二）设立合伙企业的主要规定

1. 设立合伙企业的一般性规定。一般性规定，指适用于普通合伙企业和有限合伙企业的设立，但是法律对有限合伙企业的设立另有规定的除外。

（1）合伙企业设立的条件。要求须具备三个条件：

第一，合伙主体必须合格。合伙人应当为具有完全民事行为能力人，即包括承担责任能力和具有缔约能力；法律、行政法规禁止从事营业性活动的人，如国家公务员等，不得为合伙企业的合伙人。《合伙企业法》第3条规定："国有独资公司、国有企业、上市公司以及公益性的事业单位、社会团体不得成为普通合伙人。"依此规定，上述单位不能成为普通合伙企业的合伙人，但是，法律并没有限制其成为有限合伙企业的合伙人。

第二，合伙企业的设立应当具备法定条件：①有两个以上的合伙人，并且普通合伙企业的合伙人都是依法承担无限责任的，但是有限合伙企业中的有限合伙人除外；②有书面合伙协议；③有各合伙人实际缴付的出资，即合伙人按照合伙协议约定的出资方式、数额和缴付出资的期限履行出资义务而缴付的出资；④有合伙企业的名称，但规定普通合伙企业在其名称中标明"普通合伙"字样；⑤有经营场所和从事合伙经营的必要条件。

第三，合伙人的出资须符合法律规定。合伙人可以用货币、实物、土地使用权、知识产权或者其他财产权利出资，但以上出资应当是合伙人的合法财产及财产权利。对于货币以外的出资需要评估作价的，可以由全体合伙人协商确定，也可以由全体合伙人委托法定评估机构行评估。经全体合伙人协商一致，合伙人也可以用劳务出资，其评估办法由全体合伙人协商确定。

（2）订立有合伙协议。这是指应当依法由全体合伙人协商一致，就共同出资、合伙经营、共享收益、共担风险而签订的书面协议。合伙协议是设立合伙企业的前提条件，为此，《合伙企业法》规定其订立应当遵循自愿、平等、公平、诚实信用的原则。合伙协议应当以书面形式订立，并明确、具体载明以下事项：①合伙企业的名称和主要经营场所的地点；②合伙目的和合伙企业的经营范围；③合伙人的姓名及其住所；④合伙人出资的方式、数额和缴付出资的期限；⑤利润分配和亏损分担办法；⑥合伙企业事务的执行；⑦入伙与退伙；⑧争议解决办法；⑨合伙企业的解散与清算；⑩违约责任。此外，还可以载明合伙企业的经营期限和合伙人争议的解决方式。法律规定合伙协议经全体合伙人签名、盖章后产生法律效力，合伙人依照合伙协议享有权利，承担义务。经全体合伙人协商一致，可以修改或者补充合伙协议。

（3）合伙企业的设立登记与成立。合伙企业申请设立登记，应当向企业登记机关提交登记申请书、合伙协议书、合伙人身份证明等文件。合伙企业的经营范围中有属于法律、行政法规规定在登记前须经批准的项目的，该项经营业务应当依法经过批准，并在登记时提交批准文件。

申请人提交的登记申请材料齐全、符合法定形式，企业登记机关能够当场登记的，应予当场登记，发给营业执照。除上述规定情形外，企业登记机关应当自受理申请之日起 20 日内，作出是否登记的决定。企业登记机关予以登记的，发给营业执照；不予登记的，应当给予书面答复，并说明理由。合伙企业设立分支机构，应当向分支机构所在地的企业登记机关申请登记，领取营业执照。

合伙企业经企业登记机关审核登记后，签发营业执照的日期，即为合伙企业成立的日期，合伙企业始可以在核准登记营业范围内以合伙企业名义从事经营活动。

2. 设立特殊的普通合伙企业。《合伙企业法》规定，以专业知识和专门技能为客户提供有偿服务的专业服务机构，可以设立为特殊的普通合伙企业。特殊的普通合伙企业是指合伙人依照《合伙企业法》第 57 条的规定承担责任的普通合伙企业。特殊的普通合伙企业名称中应当标明"特殊普通合伙"字样。

3. 设立有限合伙企业的特殊规定。有限合伙企业是指由 2 个以上 50 个以下合伙人设立的符合合伙企业条件的合伙企业。除法律另有规定外，有限合伙企业至少应当有一个普通合伙人。我国《合伙企业法》关于有限合伙企业的设立有特殊规定。

（1）有限合伙人的限制。国有独资公司、国有企业、上市公司以及公益性的事业单位、社会团体不得成为普通合伙人。

（2）有限合伙企业的协议。合伙协议除符合普通合伙协议的规定外，还应当载明下列事项：①普通合伙人和有限合伙人的姓名或者名称、住所；②执行事务合伙人应具备的条件和选择程序；③执行事务合伙人的权限与违约处理办法；④执行事务合伙人的除名条件和更换程序；⑤有限合伙人入伙、退伙的条件、程序以及相关责任；⑥有限合伙人和普通合伙人相互转变程序。

（3）有限合伙人的出资。有限合伙人可以用货币、实物、知识产权、土地使用权或者其他财产权利作价出资。有限合伙人不得以劳务出资。有限合伙人应当按照合伙协议的约定，按期足额缴纳出资；未按期足额缴纳的，应当承担补缴义务，并对其他合伙人承担违约责任。

三、合伙企业的内部关系

（一）普通合伙企业的内部关系

1. 普通合伙企业的财产关系。

（1）合伙企业财产的性质。合伙企业存续期间，合伙人的出资和所有以合伙企业名义取得的收益均为合伙企业的财产。合伙企业财产是全体合伙人按份集合而组成的共有财产，应由全体合伙人依法共同管理和使用。在合伙企业进行清算前，除《合伙企业法》另有规定外，合伙人不得请求分割合伙企业的财产；合伙人在合伙企业清算前私自转移或者处分合伙企业财产的，合伙企业不得以此对抗不知情的善意第三人。

（2）合伙企业财产的转让。合伙企业存续期间，除合伙协议另有约定外，合伙人向合伙人以外的人转让其在合伙企业中的全部或者部分财产份额时，须经其他合伙人一致同意；经全体合伙人同意，合伙人以外的人依法受让合伙企业财产份额的，经修改合伙协议即成为合伙企业的合伙人，并依照修改后的合伙协议享有权利，履行义务。合伙人之间转让在合伙企业中的全部或者部分财产份额时，应当通知其他合伙人；合伙人向合伙企业以外的合伙人转让其在合伙企业中的财产份额的，在同等条件下，其他合伙人享有优先受让的权利。

（3）合伙企业财产的出质。合伙人以其在合伙企业中的财产份额出质的，须经其他合伙人一致同意；未经其他合伙人一致同意，合伙人以其在合伙企业中的财产份额出质的，其行为无效，或者作为退伙处理，由此给善意第三人造成损失的，由行为人依法承担赔偿责任。

2. 合伙企业的事务执行。在合伙企业中，合伙企业事务由全体合伙人决定执行，全体合伙人可以决定把合伙企业事务委托执行人执行，其他合伙人有权监督执行人，由此形成合伙企业内部的权利义务关系。主要表现为：

（1）合伙人的权利义务。各合伙人对执行合伙企业事务享有同等的权利。全体合伙人有权决定执行合伙企业的各项事务。合伙企业的下列事务，除合伙企业协议另有约定外，必须经全体合伙人同意：①改变合伙企业名称；②改变合伙企业的经营范围、主要经营场所的地点；③处分合伙企业的不动产；④转让或者处分合伙企业的知识产权和其他财产权利；⑤向企业登记机关申请办理变更登记手续；⑥以合伙企业名义为他人提供担保；⑦聘任合伙人以外的人担任合伙企业的经营管理人员；⑧依照合伙协议约定的有关事项。这是合伙人的基本权利。同时，合伙人为了解合伙企业的经营状况和财务状况，有权查阅账簿，有权委托执行人，有权对其他合伙人执行事务进行监督和提出异议，有权对委托执行人不按照合伙协议或者全体合伙人的决定执行事务的决定撤销其委托。此外，合伙人负有不得自营或者同他人合作经营与本合伙企业相竞争的业务；除协议另有约定或者经全体合伙人同意外，不得同本合伙企业进行交易；不得从事损害本合伙企业利益的活动等义务，以保证合伙企业经营活动正常进行和合伙人的合法权益得到维护。

（2）合伙企业事务的执行人和监督人。合伙企业事务可以由全体合伙人共同执行，也可以由合伙协议或者全体合伙人决定，委托一人或者数人执行，合伙企业执行人对内向全体合伙人负责，对外代表合伙企业。合伙企业执行人应当依照约定向其他不参加执行事务的合伙人报告事务执行情况及合伙企业的经营状况和财务状况，其执行合伙企业事务所产生的收益归全体合伙人，所产生的亏损或者民事责任，由全体合伙人承担；不参加执行事务的合伙人有权监督执行事务合伙人，检查其执行合伙企业事务的情况。

（3）合伙企业的财会制度与分配。合伙企业应当依照法律、行政法规的规定建立企业财务会计制度，依法履行纳税义务。合伙企业年度的或者一定时期的利润分配或者亏损分担的具体方案，由全体合伙人协商决定或者按照合伙协议约定的办法决定；合伙企业的利润和亏损，由合伙人依照合伙协议约定的比例分配、分担。合伙协议未约定或者约定不明确的，由合伙人协商决定；协商不成的，由合伙人按照实缴出资比例分配、分担；无法确定出资比例的，由合伙人平均分配、分担。但合伙协议不得约定将全部利润分配给部分合伙人或者由部分合伙人承担全部亏损。

3. 合伙企业的继承。合伙人死亡或者被依法宣告死亡的，对该合伙人在合伙企业中的财产份额享有合法继承权的继承人，按照合伙协议的约定或者经全体合伙人一致同意，从继承开始之日起，取得该合伙企业的合伙人资格。有下列情形之一的，合伙企业应当向合伙人的继承人退还被继承合伙人的财产份额：①继承人不愿意成为合伙人；②法律规定或者合伙协议约定合伙人必须具有相关资格，而该继承人未取得该资格；③合伙协议约定不能成为合伙人的其他情形。

合伙人的继承人为无民事行为能力人或者限制民事行为能力人的，经全体合伙人一致同意，可以依法成为有限合伙人，普通合伙企业依法转为有限合伙企业。全体合伙人未能一致同意的，合伙企业应当将被继承合伙人的财产份额退还该继承人。

作为有限合伙人的自然人死亡、被依法宣告死亡或者作为有限合伙人的法人及其他组织终止时，其继承人或者权利承受人可以依法取得该有限合伙人在有限合伙企业中的资格。

（二）有限合伙企业的内部关系

1. 关于有限合伙企业财产关系的特殊规定。有限合伙企业的财产关系适用普通合伙企业的财产关系。但是，以下属于有限合伙企业财产关系的特殊规定：

（1）有限合伙人的自有财产不足清偿其与合伙企业无关的债务的，该合伙人可以以其从有限合伙企业中分取的收益用于清偿；债权人也可以依法请求人民法院强制执行该合伙人在有限合伙企业中的财产份额用于清偿。人民法院在强制执行有限合伙人的财产份额时，应当通知全体合伙人。在同等条件下，其他合伙人有优先购买权。

（2）有限合伙人可以同本有限合伙企业进行交易，可以自营或者同他人合作经营与本有限合伙企业相竞争的业务，可以将其在有限合伙企业中的财产份额出质，但是，合伙协议另有约定的除外。

2. 有限合伙企业的事务执行。有限合伙企业由普通合伙人执行合伙事务。执行事务合伙人可以要求在合伙协议中确定执行事务的报酬及报酬提取方式。有限合伙人不执行合伙事务，不得对外代表有限合伙企业。

3. 有限合伙人的下列行为，不视为执行合伙事务：①参与决定普通合伙人入伙、退伙；②对企业的经营管理提出建议；③参与选择承办有限合伙企业审计业务的会计师事务所；④获取经审计的有限合伙企业财务会计报告；⑤对涉及自身利益的情况，查阅有限合伙企业财务会计账簿等财务资料；⑥在有限合伙企业中的利益受到侵害时，向有责任的合伙人主张权利或者提起诉讼；⑦在执行事务合伙人怠于行使权利时，督促其行使权利或者为了本企业的利益以自己的名义提起诉讼；⑧依法为本企业提供担保。有限合伙企业不得将全部利润分配给部分合伙人；但是，合伙协议另有约定的除外。

四、合伙企业与第三人关系

（一）普通合伙企业与第三人关系

合伙企业在其经营活动中，经常同第三人发生经济关系。处理好合伙企业与第三人的关系，既需要注意维护合伙人的合法权益，也不得损害善意的第三人的合法权益，《合伙企业法》对此作了专章规定。

1. 处理合伙企业与第三人关系的原则。合伙企业对合伙人执行合伙企业事务以及对外代表合伙企业权利的限制，不得对抗不知情的善意第三人。这一规定是处理合伙企业与第三人关系的准则。

2. 合伙企业的债务清偿。合伙企业对其债务，应先以其全部财产进行清偿。

合伙企业财产不足清偿到期债务的，各合伙人应当承担无限连带清偿责任。以合伙企业财产清偿合伙企业债务时，其不足的部分，由各合伙人按照合伙协议约定的比例分担；合伙协议未约定亏损分担比例的，按照各合伙人平均分担的原则，用其在合伙企业出资以外的财产承担清偿责任。合伙人由于承担连带责任，所清偿数额超过其应当承担的数额时，有权向其他合伙人追偿。

合伙人的个人财产不足清偿其个人所负债务的，该合伙人只能以其从合伙企业中分取的收益用于清偿；债权人也可以依法请求人民法院强制执行该合伙人在合伙企业中的财产份额用于清偿。而对于该合伙人的财产份额，其他合伙人有优先受让的权利。但是，合伙人发生与合伙企业无关的债务，相关债权人不得以其债权抵销其对合伙企业的债务，也不得代位行使合伙人在合伙企业中的权利。

3. 强制执行合伙人财产。人民法院强制执行合伙人的财产份额时，应当通知全体合伙人，其他合伙人有优先购买权；其他合伙人未购买，又不同意将该财产份额转让给他人的，依照《合伙企业法》第 51 条的规定，为该合伙人办理退伙结算，或者办理削减该合伙人相应财产份额的结算。

（二）有限合伙企业与第三人关系

1. 对外转让财产。有限合伙人可以按照合伙协议的约定向合伙人以外的人转让其在有限合伙企业中的财产份额，但应当提前 30 日通知其他合伙人。

2. 对外责任承担。第三人有理由相信有限合伙人为普通合伙人并与其交易的，该有限合伙人对该笔交易承担与普通合伙人同样的责任。

有限合伙人未经授权以有限合伙企业名义与他人进行交易，给有限合伙企业或者其他合伙人造成损失的，该有限合伙人应当承担赔偿责任。

五、合伙企业的入伙与退伙

（一）合伙企业的入伙

1. 合伙企业入伙的一般规定。这是指申请加入既存合伙企业的人，经全体合伙人同意，达成入伙协议，与原全体合伙人产生合伙法律关系，取得该合伙企业的合伙人身份的法律事实。为此，《合伙企业法》规定了合伙企业入伙的程序和效力。《合伙企业法》要求新合伙人入伙时，应当经全体合伙人同意，并依法订立书面入伙协议；订立入伙协议时，原合伙人应当向新合伙人告知原合伙企业的经营状况和财务状况。

新合伙人入伙后，应重新核定合伙企业的资产和出资比例，由合伙协议修改引起的变更需要重新登记的，应当于作出变更决定或者发生变更事由之日起 15 日内，向企业登记机关办理有关登记手续。入伙协议成立并经企业登记机关办理登记手续，合伙企业入伙即发生法律效力。入伙的新合伙人与原合伙人享有同等权利，承担同等责任，入伙协议另有约定的，从其约定；入伙的新合伙人对入伙前合伙企业的债务承担连带责任。

2. 有限合伙企业入伙的特殊规定。新入伙的有限合伙人对入伙前有限合伙企业的债务，以其认缴的出资额为限承担责任。

（二）合伙企业的退伙

合伙企业的退伙是指合伙人结束其合伙企业法律关系，消灭其合伙人身份的法律事实。《合伙企业法》对退伙各种情形和结算问题作了明确规定：

1. 合伙企业退伙的类型。退伙类型包括：约定有经营期限的退伙、未约定经营期限的退伙、当然退伙和决议退伙四种，并对每一类都具体规定了退伙的法律要求。

2. 对合伙人财产的继承。合伙人死亡，或被依法宣告死亡的，对其在合伙企业中的财产可依照《继承法》规定，由其合法继承人继承。但因继承人不同的表示或情况，可发生以下情形：①合法继承人表示愿意成为该合伙企业的合伙人，依照合伙协议约定或者经全体合伙人同意，从继承开始之日起，即取得该合伙企业的合伙人资格。②合法继承人不愿意成为该合伙企业的合伙人的，合伙企业应退还其依法继承的财产份额。③合伙人被依法认定为无民事行为能力人或者限制民事行为能力人的，经其他合伙人一致同意，可以依法转为有限合伙人，普通合伙企业依法转为有限合伙企业；其他合伙人未能一致同意的，该无民事行为能力或者限制民事行为能力的合伙人退伙。

3. 合伙人的退伙结算。合伙人退伙，其他合伙人应当与该退伙人按照退伙时合伙企业的财产状况进行结算，退还退伙人的财产份额。若退伙时有未了结的合伙企业事务的，待了结后进行结算。退还办法由合伙协议约定或者由全体合伙人决定，可以退还货币，也可以退还实物。若在其退伙前已发生有合伙企业的债务，退伙人与其他合伙人承担连带责任。若在其退伙时合伙企业财产少于合伙企业债务的，退伙人可按照合伙协议约定的比例分担；未约定分担比例的，由合伙人协商；协商不成的，由退伙人和其他合伙人平均分担。因退伙而发生变更的，变更后的合伙企业应履行变更登记手续。

4. 有限合伙的退伙及变更。有限合伙人有《合伙企业法》第48条第1款第1项、第3～5项所列情形之一的，当然退伙。作为有限合伙人的自然人在有限合伙企业存续期间丧失民事行为能力的，其他合伙人不得因此要求其退伙。作为有限合伙人的自然人死亡、被依法宣告死亡或者作为有限合伙人的法人及其他组织终止时，其继承人或者权利承受人可以依法取得该有限合伙人在有限合伙企业中的资格。有限合伙人退伙后，对基于其退伙前的原因发生的有限合伙企业债务，以其退伙时从有限合伙企业中取回的财产为限承担责任。

除合伙协议另有约定外，普通合伙人转变为有限合伙人，或者有限合伙人转变为普通合伙人，应当经全体合伙人一致同意。有限合伙企业仅剩普通合伙人的，转为普通合伙企业。有限合伙人转变为普通合伙人的，对其作为有限合伙人期间内有限合伙企业所发生的债务承担无限连带责任。普通合伙人转变为有限合伙人的，对其作为普通合伙人期间内合伙企业所发生的债务承担无限连带责任。

六、合伙企业的解散与清算

（一）合伙企业的解散

合伙企业解散，是指基于法定原因而产生终止合伙营业及消灭合伙关系的法律事实。《合伙企业法》规定合伙企业解散的法定原因有：①合伙期限届满，合伙人决定不再经营；②合伙协议约定的解散事由出现；③全体合伙人决定解散；④合伙人已不具备法定人数满 30 天；⑤合伙协议约定的合伙目的已经实现或者无法实现；⑥被依法吊销营业执照、责令关闭或被撤销；⑦出现法律、行政法规规定的合伙企业解散的其他原因。有限合伙企业仅剩有限合伙人的，应当解散。

（二）合伙企业的清算

合伙企业的解散应当依照法律规定进行清算，其清算程序如下：

1. 清算人进行清算。合伙企业解散，应当由清算人进行清算。清算人由全体合伙人担任；经全体合伙人过半数同意，可以自合伙企业解散事由出现后 15 日内指定一个或者数个合伙人，或者委托第三人，担任清算人。自合伙企业解散事由出现之日起 15 日内未确定清算人的，合伙人或者其他利害关系人可以申请人民法院指定清算人。

2. 清算人的职权。清算人在清算期间执行下列事务：①清理合伙企业财产，分别编制资产负债表和财产清单；②处理与清算有关的合伙企业的未了结事务；③清缴所欠税款；④清理债权、债务；⑤处理合伙企业清偿债务后的剩余财产；⑥代表合伙企业参加诉讼或者仲裁活动。清算期间，合伙企业存续，但不得开展与清算无关的经营活动。

3. 通知和公告债权人。清算人自被确定之日起 10 日内，将合伙企业解散事项通知债权人，并于 60 日内在报纸上公告。债权人应当自接到通知书之日起 30 日内，未接到通知书的自公告之日起 45 日内，向清算人申报债权。债权人申报债权，应当说明债权的有关事项，并提供证明材料。清算人应当对债权进行登记。

4. 清算顺序及财产分配。合伙企业财产在支付清算费用和职工工资、社会保险费用、法定补偿金以及缴纳所欠税款、清偿债务后的剩余财产，依照《合伙企业法》第 33 条第 1 款的规定进行分配，即合伙企业的利润分配、亏损分担，按照合伙协议的约定办理；合伙协议未约定或者约定不明确的，由合伙人协商决定；协商不成的，由合伙人按照实缴出资比例分配、分担；无法确定出资比例的，由合伙人平均分配、分担。

5. 合伙企业的破产宣告。合伙企业不能清偿到期债务的，债权人可以依法向人民法院提出破产清算申请，也可以要求普通合伙人清偿。合伙企业依法被宣告破产的，普通合伙人对合伙企业债务仍应承担无限连带责任。

6. 注销登记。清算结束，清算人应当编制清算报告，经全体合伙人签名、盖章后，在 15 日内向企业登记机关报送清算报告，申请办理合伙企业注销登记，该合伙企业即告终止。合伙企业注销后，原普通合伙人对合伙企业存续期间的债务仍应承担无限连带责任。

（三）合伙企业的责任承担

1. 合伙企业的民事责任：①合伙企业对外以其全部财产承担债务，其财产不足清偿债务时，由合伙人承担无限连带责任；但是有限合伙人以其认缴的出资额为限承担责任。②合伙企业对合伙人的执行事务行为及合伙经营人员的职务行为承担民事责任。

2. 合伙人的民事责任：①合伙人的对外责任。合伙人对合伙企业的合伙债务承担无限连带责任；有限合伙人以其认缴的出资额为限承担责任。②合伙人之间的内部责任。主要包括出资违约责任、拒绝承担无限责任的违约责任、擅自以合伙财产份额出质的赔偿责任、擅自退伙的赔偿责任、违反竞业禁止义务和与本合伙企业进行交易的赔偿责任、擅自处理合伙事务的赔偿责任、擅自执行合伙事务的赔偿责任。

3. 合伙关系中的其他责任：①合伙企业的经营管理人员超越授权范围从事经营活动，因过错给合伙企业造成重大损失的，应承担相应的赔偿责任。②合伙企业的职工非法占有合伙财产或挪用合伙资金的，应依法承担民事责任。③清算人利用职权、损害合伙人权益的，或未依法履行合伙债务清算程序、损害债权人利益的，均应依法承担损害赔偿责任。

4. 特殊的普通合伙企业的责任：依照《合伙企业法》第 57 条规定："一个合伙人或者数个合伙人在执业活动中因故意或者重大过失造成合伙企业债务的，应当承担无限责任或者无限连带责任，其他合伙人以其在合伙企业中的财产份额为限承担责任。合伙人在执业活动中非因故意或者重大过失造成的合伙企业债务以及合伙企业的其他债务，由全体合伙人承担无限连带责任。"合伙人在执业活动中因故意或者重大过失造成的合伙企业债务，以合伙企业财产对外承担责任后，该合伙人应当按照合伙协议的约定对给合伙企业造成的损失承担赔偿责任。

【实战训练】

不定项选择题

1. 甲、乙、丙、丁打算设立一家普通合伙企业。对此，下列哪一表述是正确的？（　　）

A. 各合伙人不得以劳务作为出资

B. 如乙仅以其房屋使用权作为出资，则不必办理房屋产权过户登记

C. 该合伙企业名称中不得以任何一个合伙人的名字作为商号或字号

D. 合伙协议经全体合伙人签名、盖章并经登记后生效

2. 关于合伙企业的利润分配，如合伙协议未作约定且合伙人协商不成，下列哪一选项是正确的？（　　）

A. 应当由全体合伙人平均分配

B. 应当由全体合伙人按实缴出资比例分配

C. 应当由全体合伙人按合伙协议约定的出资比例分配

D. 应当按合伙人的贡献决定如何分配

3. 2013 年 5 月，贾某以一套房屋作为投资，与几位朋友设立一家普通合伙企业，从事软件开发。2017 年 6 月，贾某举家移民海外，故打算自合伙企业中退出。对此，下列哪一选项是正确的？（　　）

A. 在合伙协议未约定合伙期限时，贾某向其他合伙人发出退伙通知后，即发生退伙效力

B. 因贾某的退伙，合伙企业须进行清算

C. 退伙后贾某可向合伙企业要求返还该房屋

D. 贾某对退伙前合伙企业的债务仍须承担无限连带责任

4. 根据《合伙企业法》的规定，关于合伙人，下列哪些选项是错误的？（　　）

A. 有限责任公司不能成为普通合伙人

B. 个人丧失偿债能力的，不能成为普通合伙人

C. 无民事行为能力人或者限制民事行为能力人，可以成为有限合伙人

D. 夫妻不能在同一个合伙企业中同时作为普通合伙人

5. 国有企业甲、合伙企业乙、自然人丙协商，拟共同投资设立一家合伙企业从事贸易业务。根据我国《合伙企业法》的规定，下列哪些选项是错误的？（　　）

A. 拟设立的合伙企业可以是普通合伙企业，亦可以是有限合伙企业

B. 乙不能以劳务作为出资方式

C. 三方可以约定，丙按固定数额分配红利而不承担亏损

D. 三方可以约定不经合伙人一致同意而吸收新的合伙人

第四章　特殊企业组织法

【导入案例】中外合资企业在 2020 年 1 月 1 日之后会有什么变化?

2017 年 3 月，日本甲公司与中国乙公司达成合作生产电子游戏机的意向书。甲公司提供零部件及游戏机软件，乙公司提供场地，双方合作生产。双方合作期 7 年，利润按日方 60%、中方 40% 的比例分成。在意向书签订后，中国香港的丙公司也想参与双方的合作。三方又约定丙公司投入 30% 的资金，三方利润分成改为甲 50%、丙 15%、乙 35%，但无论如何，只要有盈利，先保证丙公司 15% 的利润，直到其投资得到全部收回为止，合作期间不得抽回资金。在上述约定的基础上，三方签订了合作协议。同年 11 月，甲、乙、丙三方以公司的形式在上海设立了一家中外合资企业，并领取了营业执照，开始生产经营活动。

【问题思考】

1. 该中外合资企业是否是中国国籍的企业法人?

2. 2020 年 1 月 1 日《外商投资法》实施后，设立此类型的企业将产生怎样的变化?

一、特殊企业组织法概述

（一）特殊企业组织法的含义

本章所称的特殊企业组织法，是指除了《公司法》和《合伙企业法》之外的其他企业相关法律规范总称。

（二）相关立法

在我国企业法的立法中，最初是按照不同所有制企业制定不同所有制企业法，如《全民所有制工业企业法》《城镇集体所有制企业条例》《乡村集体所有制企业条例》《私营企业暂行条例》等企业法律制度。改革开放以来，随着我国经济体制改革的不断深化发展，我国企业体制改革也有了进一步的发展，除了国有企业实现了自身机制转换外，乡镇集体企业、私营企业、外资企业等企业形式也有很大发展，形成了以公有制为主体的多种经济成分共同发展的新态势，并迫切要求通过法律形式对其予以确认。据此，全国人大及其常委会和国务院先后制定颁布了多部企业法及其配套的法规和实施细则，从法律上确立各类企业的法律地位，有利于规范其组织行为，维护其合法权益，不仅有利于巩固经济体制改革成果，而且有效地推动了我国经济体制改革的全面发展。

为了引进外资，我国先后制定了《中外合资经营企业法》《中外合作经营企业法》《外资企业法》等企业法律规范。在建立社会主义市场经济制度后，立法机关根据市场经济发展的需要，先后制定了《公司法》《合伙企业法》《个人独资企业法》等企业法律规范。另外，为了促进、规范和保护乡镇企业、中小企业的发展，国家先后制定《乡镇企业法》《中小企业促进法》等法律规范，由此形成了各类企业法律制度并存的复杂局面。

随着中国经济体制改革的深入发展，我国推行自由贸易试验区的建设，截止到 2019 年 8 月，我国的自贸区数量为 18 个，自贸区的建设加大了对外开放的力度，国家对设立在自由贸易区内的外商投资企业，设置了更为宽松的规定。如 2014 年 12 月，第十二届全国人大常委会第十二次会议通过了《关于授权国务院在中国（广东）自由贸易试验区、中国（天津）自由贸易试验区、中国（福建）自由贸易试验区以及中国（上海）自由贸易试验区扩展区域暂时调整有关法律规定的行政审批的决定》（已失效），自 2015 年 3 月 1 日起施行。其主要内容包括《外资企业法》《中外合资经营企业法》《中外合作经营企业法》三部法律，这三部法律在外商投资企业的设立、合同变更、经营期限延长等方面设置了更为便利的规定，即对相关的行政审批事项给予暂时停止实施，改为备案方式进行监督。近年来，自贸区所实施的负面清单与管理制度的特殊政策，为我国的外商投资相关制度建设累积了良好的模式与经验。

2019 年 3 月 15 日，十三届全国人大二次会议审议通过了《外商投资法》，该法将于 2020 年 1 月 1 日起实施。《外商投资法》正式实施后将取代"外资三法"（《中外合资企业法》《中外合作企业法》《外资企业法》），成为外国投资者在中国境内投资统一适用的法律。《外商投资法》共 6 章 42 条，包括总则、投资促进、投资保护、投资管理、法律责任、附则。全国人大常委会副委员长王晨表示该部法律的定位是"新形势下国家关于外商投资活动全面的、基本的法律规范"，是"外商投资领域起龙头作用、具有统领性质的法律"，是"确立外商投资准入、促进、保护、管理等方面的基本制度框架和规则"。商务部外资司副司长叶威 2019 年 11 月 18 日表示，"关于《外商投资法》实施的问题，正在按照中央的部署开展三方面的工作，一是制定配套条例，司法部会同商务部、发展改革委等部门已就外商投资法的实施条例草案上网公开征求意见，同时《外商投资法》的司法解释也在抓紧制定，以确保《外商投资法》实施后，能妥善解决外国投资者和外商投资企业的关注。二是清理相关规定，目前清理工作已经取得阶段性进展，商务部已经对其制定或牵头制定的相关规章和规范性文件进行了全面梳理，初步考虑将废止或者修订几十个法律文件，相关的程序也已启动。三是做好培训与解读工作。"为保障《外商投资法》的顺利实施，至笔者截稿之日，已通过了《中华人民共和国外商投资法实施条例》，自 2020 年 1 月 1 日起施行。本章将着重介绍个人独资企业和外商投资企业的相关法律制度。

二、《个人独资企业法》的主要规定

（一）个人独资企业与个人独资企业法

个人独资企业，简称独资企业，是指在中国境内依法设立的，由一个自然人投资，财产为投资人个人所有，投资人以其个人财产对企业承担无限责任的经济组织。而规定个人独资企业组织行为的法律规范，就是个人独资企业法。《个人独资企业法》于 1999 年 8 月 30 日由第九届全国人大常委会第十一次会议通过并公布，自 2000 年 1 月 1 日起施行。该法共 6 章 48 条。个人独资企业是一种很古老的企业形式，至今仍广泛运用于商业经营中，其典型特征是个人出资、个人经营、个人自负盈亏和自担风险。

（二）个人独资企业的法律特征

1. 投资主体的限定性。个人独资企业仅由一个自然人投资设立。这是独资企业在投资主体上与合伙企业和公司的根本区别所在。我国《合伙企业法》规定的普通合伙企业的投资人尽管也是自然人，但人数为两人以上；公司的股东通常为两人以上，而且投资人不仅包括自然人，还包括法人和非法人组织。虽然一人有限责任公司的出资人也只有一人，但是该一人包括了法人，而个人独资企业的一人只限于自然人。

2. 企业财产性质的私人性。个人独资企业的全部财产为投资人个人所有，投资人是企业财产的唯一所有者，对企业的经营与管理事务享有绝对的控制与支配权，不受任何其他人的干预。个人独资企业财产的性质属于私人财产。

3. 责任承担方式的无限性。个人独资企业的投资人以其个人财产对企业债务承担无限责任。这是独资企业在责任形态方面与公司的本质区别。投资人以其个人财产对企业债务承担无限责任，包括以下内容：①企业的债务全部由投资人承担；②投资人承担企业债务的责任范围不限于出资，其责任财产包括独资企业中的全部财产和其他个人财产；③投资人对企业的债权人直接负责。即对经营中所产生的债务如不能以企业财产清偿，则投资人须以其个人所有的其他财产清偿。

4. 企业人格方面的非法人性。个人独资企业不具有法人资格，其理由包括：①独资企业本身不是财产所有权的主体，不享有独立的财产权利；②独资企业不承担独立责任，而是由投资人承担无限责任。这一特点与合伙企业有相同之处而根本区别于公司。独资企业不具有法人资格，但属于独立的法律主体，其性质属于非法人组织，享有相应的权利能力和行为能力，能够以自己的名义进行法律行为。

（三）个人独资企业的设立

1. 个人独资企业的设立条件。根据《个人独资企业法》第 8 条的规定，设立个人独资企业应具备以下五个方面的条件：

（1）投资人为一个自然人。个人独资企业的投资人必须是一个人，而且只能是一个自然人。此处所称的自然人只能是具有中华人民共和国国籍的自然人，不包括外国的自然人，所以外商独资企业不适用独资企业法，而适用外资企业法。

（2）有合法的企业名称。独资企业享有名称权和商号权。独资企业的名称应当与其责任形式及所从事的营业相符合。独资企业的名称中不得使用"有限""有限责任"字样。

（3）有投资人申报的出资。由于独资企业的出资人承担的是无限责任，而并不是仅以出资额为限承担责任，所以独资企业法不要求个人独资企业有最低注册资本金，仅要求投资人有自己申报的出资即可。这一规定便于独资企业的设立，有利于独资企业的发展。

（4）有固定的生产经营场所和必要的生产经营条件。

（5）有必要的从业人员。个人独资企业应有必要的从业人员，应该包括个人独资企业投资人本人。同时，个人独资企业可以依法招用职工。

2. 个人独资企业的设立登记程序。申请设立个人独资企业的，应当由投资人或者其委托的代理人向个人独资企业所在地的登记机关提交设立申请书、投资人的身份证明、生产经营场所使用证明等文件。登记机关应当在收到设立申请文件之日起 15 日内，作出是否登记的决定。对符合规定条件的，予以登记，发给营业执照；对不符合规定条件的，不予登记，并应当给予书面答复，说明理由。

（四）个人独资企业的投资人

1. 个人独资企业的投资人。个人独资企业的投资人为自然人，该自然人必须是具有完全民事行为能力的人。同时，法律、行政法规禁止从事营利性活动的人，不得作为投资人申请设立个人独资企业。我国现行法律、行政法规所禁止从事营利性活动的人包括：①法官，即凡取得法官任职资格、依法行使国家审判权的审判人员；②检察官，即凡取得检察官任职资格、依法行使国家检察权的检察人员；③人民警察；④国家公务员。

2. 个人独资企业投资人的权利。①个人独资企业的投资人对企业财产享有所有权。独资企业在成立时的出资和在经营过程中积累的财产都归独资企业的投资人所有。企业的财产主要是指企业的有形财产，如房屋、机器、设备、原材料等。②个人独资企业的投资人的有关权利可以依法进行转让或继承。由于独资企业投资人的人格与企业的人格密不可分，企业财产所有权均归投资人，所以投资人对企业财产享有充分和完整的支配与处置权，其可以将企业财产的某一部分转让给他人，也可以将整个企业转让给他人。同时，当投资人死亡或被宣告死亡时，其继承人可以依《继承法》的规定对独资企业行使继承权。

3. 个人独资企业投资人的责任。个人独资企业投资人对企业债务承担无限责任。依照《个人独资企业法》第18条的规定，个人独资企业投资人在申请企业设立登记时明确以其家庭共有财产作为个人出资的，应当依法以家庭共有财产对企业债务承担无限责任。即以投资人个人财产出资设立的，由投资人的个人财产承担无限责任；以投资人的家庭财产出资设立的，由投资人的家庭财产承担无限责任。但由于我国目前尚无完善的财产登记制度，个人财产与家庭财产往往难以区分，实践中主要根据独资企业设立登记时在工商行政管理机关的投资登记来确定投资人是以其个人财产还是家庭财产来对企业债务承担责任。

（五）个人独资企业的事务管理

1. 个人独资企业的事务管理方式。个人独资企业投资人可以自行管理企业事务，也可以委托或者聘用其他具有民事行为能力的人负责企业事务管理。①自行管理。即指由个人独资企业的投资人本人对本企业的经营事务直接进行管理。②委托管理。即指由个人独资企业的投资人委托其他具有民事行为能力的人负责企业的事务管理。③聘用管理。即指个人独资企业的投资人聘用其他具有民事行为能力的人负责企业的事务管理。

投资人委托或聘用他人管理个人独资企业事务，应当与受托人或被聘用的人签订合同，明确委托的具体内容和授予的权利范围。但投资人对受托人或被聘用的人员的限制，不得对抗善意第三人。受托人或被聘用的人员应当履行诚信、勤勉义务，按照与投资人签订的合同负责个人独资企业的事务管理，不得实施违反诚信勤勉义务、损害企业利益的行为。

2. 受托人或者被聘用的管理人的义务。受托人或者被聘用的人应当履行诚信、勤勉义务，按照与投资人签订的合同负责个人独资企业的事务管理。根据《个人独资企业法》第20条的规定，投资人委托或者聘用的管理个人独资企业事务的人员不得有下列行为：①利用职务上的便利，索取或者收受贿赂；②利用职务或者工作上的便利侵占企业财产；③挪用企业的资金归个人使用或者借贷给他人；④擅自将企业资金以个人名义或者以他人名义开立账户储存；⑤擅自以企业财产提供担保；⑥未经投资人同意，从事与本企业相竞争的业务；⑦未经投资人同意，同本企业订立合同或者进行交易；⑧未经投资人同意，擅自将企业商标或者其他知识产权转让给他人使用；⑨泄露本企业的商业秘密；⑩法律、行政法规禁止的其他行为。投资人委托或者聘用的人员违反上述规定，侵犯个人独资企业财产权益的，责令其退还侵占的财产；给企业造成损失的，依法承担赔偿责任；有违法所得的，没收违法所得；构成犯罪的，依法追究刑事责任。

（六）个人独资企业的解散、清算与注销

1. 个人独资企业的解散。个人独资企业的解散是指独资企业因出现某些法律事由而导致其民事主体资格消灭的行为。解散仅仅是个人独资企业消灭的原因，企业并非因解散的事实发生而立即消灭。根据《个人独资企业法》第 26 条的规定，个人独资企业有下列情形之一时，应当解散：

（1）投资人决定解散。这是个人独资企业解散的任意原因。只要不违反法律规定，投资人有权决定在任何时候解散独资企业。

（2）投资人死亡或者被宣告死亡，无继承人或者继承人决定放弃继承。在投资人死亡或被宣告死亡的情况下，如果其继承人继承了独资企业，则企业可继续存在，此时只需办理投资人的变更登记。但若出现无继承人或全部继承人均决定放弃继承的情形，独资企业失去继续经营的必备条件，则应当解散。

（3）被依法吊销营业执照。这是独资企业解散的强制原因。被处以吊销营业执照的处罚原因包括独资企业提交虚假文件，以欺骗手段取得登记，情节严重的行为，或涂改、出租、转让营业执照等情节严重的行为，或企业成立后无正当理由超过 6 个月未开业或开业后自行停业连续 6 个月以上的行为等。

（4）法律、行政法规规定的其他情形。

2. 个人独资企业的清算及注销。独资企业的清算，是指处理解散企业未了结的法律关系的程序。清算结束，还需进行注销登记，独资企业才最后消灭。清算程序如下：

（1）清算人的产生。清算人是指清算企业中执行清算事务及对外代表者。清算企业因解散而丧失经营活动的能力，不能继续进行经营活动，而只存在清算事务。因此，企业的管理人应代之为清算人。《个人独资企业法》第 27 条规定，个人独资企业解散，由投资人自行清算或者由债权人申请人民法院指定清算人进行清算。因此，个人独资企业的清算原则上以投资人为其清算人。但经债权人申请，人民法院得指定投资人以外的人为清算人。

（2）通知与公告程序。投资人自行清算的，应当在清算前15日内书面通知债权人，无法通知的，应当予以公告。债权人应当在接到通知之日起30日内，未接到通知的应当在公告之日起60日内，向投资人申报其债权。

（3）清产偿债程序。清算人应在债权人申报债权后清理企业的债权、债务。在清算期间，个人独资企业不得开展与清算目的无关的经营活动。在清偿债务前，投资人不得转移、隐匿财产。个人独资企业及其投资人在清算前或清算期间隐匿或转移财产、逃避债务的，应依法追回其财产，并按照有关规定予以处罚；构成犯罪的，追究其刑事责任。

（4）财产清偿顺序。个人独资企业解散的，企业财产应当按照下列顺序予以清偿：所欠职工工资和社会保险费用；所欠税款；其他债务。个人独资企业财产不足以清偿债务的，投资人应当以其个人的其他财产予以清偿。

（5）责任消灭制度。个人独资企业解散后，原投资人对个人独资企业存续期间的债务仍应承担偿还责任，但债权人自独资企业解散后5年内未向债务人提出偿还请求的，该责任消灭。

（6）注销登记程序。根据《个人独资企业法》第32条的规定，个人独资企业清算结束后，投资人或者人民法院指定的清算人应当编制清算报告，并于15日内到登记机关办理注销登记。注销登记一旦完成，个人独资企业即告消灭。

三、外商投资企业的相关法律制度

（一）外商投资企业

1. 外商投资企业的概念与特征。《外商投资法》规定的外商投资企业，是指全部或者部分由外国投资者投资，依照中国法律在中国境内经登记注册设立的企业。外国投资者可单独或者与其他投资者共同在中国境内设立外商投资企业。

截至2018年底，中国累计设立外商投资企业约96万家，累计实际使用外资超过2.1万亿美元，外商投资企业已成为推动中国经济社会发展的重要力量。外商投资企业具有以下基本法律特征：

（1）主体具有特殊性。外国投资者可单独或者与其他投资者共同在中国境内设外商投资企业，因而其主体至少一方是外国投资者。外国投资者是指外国企业、其他组织或个人，包括具有外国国籍的法人和自然人。根据《外商投资法实施条例》，香港特别行政区、澳门特别行政区投资者在内地投资，参照《外商投资法》及该条例执行，法律、行政法规或者国务院另有规定的除外；台湾地区投资者在大陆投资，适用《台湾同胞投资保护法》及其实施细则的规定，未规定的事项参照《外商投资法》及该条例执行。

（2）设立具有法定性。外商投资企业是依照中国法律在中国境内经登记注册设立的企业。

（3）投资方式具有私人性。外商投资企业是外国人以私人直接投资的方式而设立的企业。私人直接投资方式是国际投资方式中的一种，是指由各国公司、企业、个人从事的国际投资活动。这不同于政府投资，即政府间的贷款，或由各国政府共同设立的国际经济组织，如世界银行等从事的间接投资活动。

（二）《外商投资法》对外商投资企业的影响

1. 明确对外商投资企业实行准入前国民待遇加负面清单的管理制度。根据《外商投资法》第4条的规定："国家对外商投资实行准入前国民待遇加负面清单管理制度。前款所称准入前国民待遇，是指在投资准入阶段给予外国投资者及其投资不低于本国投资者及其投资的待遇；所称负面清单，是指国家规定在特定领域对外商投资实施的准入特别管理措施。国家对负面清单之外的外商投资，给予国民待遇。负面清单由国务院发布或者批准发布。中华人民共和国缔结或者参加的国际条约、协定对外国投资者准入待遇有更优惠规定的，可以按照相关规定执行。"这一制度即将实现我国对于禁止和限制外国投资者投资的领域，将以清单方式明确列出，清单之外的领域进行充分开放，中外投资将享有同等待遇。

2019年6月30日，国家发展改革委、商务部发布《外商投资准入特别管理措施（负面清单）》（2019年版）和《自由贸易试验区外商投资准入特别管理措施（负面清单）》（2019年版）。随着这两个"清单"7月30日起正式施行，全国外资准入负面清单条目缩减至40项，自由贸易试验区负面清单条目缩减至37项。2019年版负面清单在交通运输、增值电信、基础设施等领域，以及制造业、采矿业、农业领域均推出了新的开放措施，在更多领域允许外资控股或独资经营。

2. 坚持内外资一致原则。《外商投资法》规定了外商投资企业依法平等适用国家支持企业发展的各项政策，外商投资准入负面清单以外的领域，均按照内外资一致的原则实施管理。外国投资者在依法需要取得许可的行业、领域进行投资的，应当依法办理相关许可手续。有关主管部门应当按照与内资一致的条件和程序，审核外国投资者的许可申请，法律、行政法规另有规定的除外。外商投资企业的组织形式、组织机构及其活动准则，适用《公司法》《合伙企业法》等法律的规定。

3. 加强投资促进服务，保障外商投资企业权益。《外商投资法》为加强投资促进和保护，设立了专门的章节以规范投资促进和投资保护制度，为外国投资者和外商投资企业维护自身合法权益提供更加坚实的法律保障。针对外商投资企业普遍关心的征收和补偿、利润汇出、知识产权保护、不得强制技术转让、地方政府守约践诺等问题，法律以专章形式作出了规定。

（1）征收和补偿。明确了国家对外国投资者的投资原则上不实行征收，在特殊情况下，国家为了公共利益的需要，可以依照法律规定对外国投资者的投资实行征收或者征用。征收、征用应当依照法定程序进行，并及时给予公平、合理的补偿。

（2）外国投资者在中国境内的出资、利润、资本收益、资产处置所得、知识产权许可使用费、依法获得的补偿或者赔偿、清算所得等，可以依法以人民币或者外汇自由汇入、汇出。

（3）国家保护外商投资企业的知识产权，保护知识产权权利人和相关权利人的合法权益；对知识产权侵权行为，严格依法追究法律责任。国家鼓励在外商投资过程中基于自愿原则和商业规则开展技术合作。技术合作的条件由投资各方遵循公平原则平等协商确定。行政机关及其工作人员不得利用行政手段强制转让技术。

（4）各级人民政府及其有关部门制定涉及外商投资的规范性文件，应当符合法律法规的规定；没有法律、行政法规依据的，不得减损外商投资企业的合法权益或者增加其义务，不得设置市场准入和退出条件，不得干预外商投资企业的正常生产经营活动。

（5）地方各级人民政府及其有关部门应当履行向外国投资者、外商投资企业依法作出的政策承诺以及依法订立的各类合同。因国家利益、社会公共利益需要改变政策承诺、合同约定的，应当依照法定权限和程序进行，并依法对外国投资者、外商投资企业因此受到的损失予以补偿。

（6）国家建立外商投资企业投诉工作机制，及时处理外商投资企业或者其投资者反映的问题，协调完善相关政策措施。外商投资企业或者其投资者认为行政机关及其工作人员的行政行为侵犯其合法权益的，可以通过外商投资企业投诉工作机制申请协调解决。

（7）外商投资企业或者其投资者认为行政机关及其工作人员的行政行为侵犯其合法权益的，除依照规定向外商投资企业投诉工作机制申请协调解决外，还可以依法申请行政复议、提起行政诉讼。

（8）外商投资企业可以依法成立和自愿参加商会、协会。商会、协会依照法律法规和章程的规定开展相关活动，维护会员的合法权益。

4. 建立外商投资信息报告制度。国家建立外商投资信息报告制度。外商投资企业应当通过企业登记系统以及企业信用信息公示系统向商务主管部门报送投资信息。

5. 原"外资三法"退出历史舞台。《外商投资法》自 2020 年 1 月 1 日起施行。《中外合资经营企业法》《外资企业法》《中外合作经营企业法》同时废止。其施行前依照《中外合资经营企业法》《外资企业法》《中外合作经营企业法》设立的外商投资企业，为确保其正常运作，在该法施行后 5 年内可以继续保留原企业组织形式。

笔者截稿时，外商投资企业的相关配套制度仍在制定与完善中，但从已发布的相关制度来看，均体现我国进一步扩大对外开放、积极促进外商投资、保护外商投资合法权益、规范外商投资管理、促进社会主义市场经济健康发展的重大决心，这些变化表明改革开放至今，中国的外商投资企业法律迈入了一个更加崭新的时代。

【实战训练】

不定项选择题

1. "李家私房菜"是李甲投资开设的个人独资企业。根据个人独资企业法律制度的规定，有关该企业遇到的法律问题，下列说法正确的是（　　）。

A. 如李甲在申请企业设立登记时，明确表示以其家庭共有财产作为出资，则该企业是以家庭成员为全体合伙人的普通合伙企业

B. 如李甲一直让其子李乙负责企业的事务管理，则应认定为以家庭共有财产作为企业的出资

C. 如李甲决定解散企业，则在解散后 5 年内，李甲对企业存续期间的债务，仍应承担偿还责任

D. 如李甲死亡，则该个人独资企业必须解散

2. 关于合伙企业与个人独资企业的表述，下列哪一选项是正确的？（　　）

A. 二者的投资人都只能是自然人

B. 二者的投资人都一律承担无限责任

C. 个人独资企业可申请变更登记为普通合伙企业

D. 合伙企业不能申请变更登记为个人独资企业

第三编　企业交易与产权保护法

第五章　民法总则

【导入案例】沙石厂在他人承包经营的情况下是否需要承担法律责任?

某县沙石厂与张某签订承包经营合同,合同约定由张某承包全厂的沙石销售业务,有权使用本厂的账号、介绍信,独立进行经营活动;年底若不完成销售额则不发放奖金,还要扣发 5 个月工资,若完成销售额则奖励 50000 元。某年 10 月 25 日,张某以沙石厂名义与某大学签订了沙石买卖合同,合同约定,由张某派车分多次送货上门。一天,张某在随车送货途中,因发生车祸,沙石全部滚入江中,张某和司机也因此死亡。在张某死后,某大学见沙石厂未按合同约定送货,即要求沙石厂继续履行合同,并赔偿因沙石厂不按期履行合同给校方造成的停工损失,而沙石厂以"我厂已实行承包,不知晓张某与你方签订合同,不应承担任何责任"为由,把责任推给张某。于是某大学即向法院起诉,要求沙石厂承担违约责任并赔偿损失。

【问题思考】

1. 在法人内部承包后,承包人以法人名义实施的民事法律行为,法人是否应当承担民事责任?

2. 承包人以法人名义对外签订的买卖合同是否有效? 为什么?

3. 如果张某病重,私下持盖有沙石厂公章的空白合同交给李某,李某以沙石厂的名义对外进行经营活动,给他人造成一定损失,该损失应由谁承担? 为什么?

一、民法概述

(一) 企业经营与民法

企业,作为市场经营主体,是重要的民事主体之一,不管其表现形态如何,其设立、存在的目的和价值,就是要通过各种生产经营活动,获取更多的经济利益，使企业得到不断的成长和发展。因此，经营对于任何一个现代企业都是至关重要的，它是企业获取经济利益的重要途径，也是企业对外进行经济活动的重要形式。

在现代企业管理理论中，所谓经营，是指在商品生产中，一定的经济组织参与商品流通过程，根据自己的经营目标和内部条件，对社会环境、市场环境等客观情况的变化，作出相应的决策，以期保证获得尽可能大的经济效益的一系列活动的总称。从这个意义上说，狭义经营论者主张，即使经营成为企业的重要经济活动，经营就是企业的生产、销售等活动。而从企业的整个活动来看，企业不仅需要经营，而且也需要管理。围绕着企业的经济活动，企业的经营和管理是密切联系在一起并共存于企业组织体之中，在企业的经营活动中有管理活动，企业管理又脱离不开经营，经营活动构成管理活动的对象，管理活动又是为经营服务的。没有有效的管理，经济组织的经营目标就无法很好地实现，经营决策也达不到应有的效果。没有明确的经营目标，管理就失去方向。在经营方针决定之后，管理工作就为实现这个方针服务，其两者是相辅相成的，而且都要以相应的法律、法规作为依据，使经营活动和管理活动都得到充分的规范、引导和保障，从而使企业的经营管理得到法律保护而立于不败之地。

规范企业经营活动的法律主要是民商法。这是因为，我们所指的企业经营，一般是指企业的生产、销售等活动，即企业参与市场交易活动，包括企业为实现其经营目标而进行市场调查和预测、产品开发、重大经营决策以及产后销售和服务等经济活动全过程。企业这些经营活动所发生的各种经济关系基本上都是平等主体之间的横向的经济关系或财产关系，具体表现为商品交换和商品流转关系。而在商品经济、市场经济条件下，调整平等主体间横向的经济关系的法律规范，主要是民事法律规范和商事法律规范，因此形成企业经营活动与民商法律制度之间的密切关系。本书之所以把民法作为企业经营管理的基本法，其立论根据就在于此。

（二）民法的基本特征

所谓民法，是指调整平等民事主体的自然人、法人、非法人组织之间的人身关系和财产关系的法律规范总称。2020 年 5 月 28 日第十三届全国人民代表大会第三次会议通过《民法典》，民法典包含 7 编 1 附则，依次为总则编、物权编、合同编、人格权编、婚姻家庭编、继承编、侵权责任编、附则，共 84 章，1260条。按照我国现行民商事法律的立法精神，民法作为规范商品经济、市场经济的基本法，区别于经济法、行政法等法律，具有鲜明的法律特征：

1. 民法调整的主体是平等的民事主体。民法作为商品经济的基本法，规范的都是商品经济关系，而参与商品经济关系的商品生产者、销售者和消费者，在商品交换时都必须遵循商品交换的客观规律原则，平等地、自主地进行各种交换，因而要求这些主体，不管是自然人、法人还是非法人组织，其在法律地位上都应该是平等的。民法就是为实现商品交换的正常、有序的进行，通过法律形式确立各类民事主体的平等法律地位，从而使之成为商品经济、市场经济的真正竞争主体。民法所调整的平等主体关系与行政法、经济法调整的具有行政隶属关系、不平等的主体关系是明显不同的。

2. 民法调整的对象是平等的民事关系。它包括平等的经济或财产关系和平等的人身关系。前者是平等民事主体在商品交换活动中所发生的各种财产关系或经济关系，如物权关系、债权关系、知识产权关系等；后者是平等民事主体在商品经济活动中所发生的各种人身关系，如自然人、法人的人格权关系和身份权关系等。这也确定了民法所调整的商品经济、市场经济的基本范围，上述对象都是民事主体参加商品活动的基本条件，由民法作出明确的规定，有利于建立和维护良好的商品经济、市场经济秩序。这一特征使之与行政法调整的行政关系，经济法调整的纵向经济管理关系即政府宏观管理关系、宏观调控关系相区别。

3. 民法的调整方法是平等的民事方法。不同的法律部门由于其所调整的社会关系不同，因而采取了不同的调整方法和制裁手段。刑法在调整其社会关系时采取的是刑事强制方法，追究犯罪分子一定程度上的刑事责任，根据不同罪名实施不同刑事制裁手段；行政法、经济法在调整其行政管理关系和经济管理关系时，采取的是行政强制方法，追究有关主体相应的行政责任、经济责任，施以一定的行政制裁手段；而民法在调整平等的民事关系的，由其主体法律地位的平等性质所决定，当事人在发生民事关系时，应遵循自愿、公平、等价有偿、诚实信用的原则，同时法律还允许当事人在法律规定的范围内自由地处分自己的权利，体现了商品生产经营者的意思自治原则。概括而言，民法在调整民事关系时，采取了平等自愿、等价互利、自由处分的独特民事方法，若违反了民事法律规定，应采取民事制裁手段以追究当事人相应的民事责任。民事责任方式包括停止侵害，排除妨碍，消除危险，返还财产，恢复原状，修理、重作、更换，赔偿损失，支付违约金，消除影响、恢复名誉，赔礼道歉十类，其性质应属于补偿与救济的民事方法。

（三）民法的体系及内容

在国外，如法国、德国、日本等大陆法系国家，民法体系包括总则、物权、债权、亲属权、继承权五方面内容。我国法学理论则主张民法应包括民事主体制度、民事法律关系制度、民事法律行为制度、代理制度、时效制度、物权制度、债权制度、知识产权制度、人身权制度、继承权制度、民事责任制度等内容。但不管怎样规定，民法作为商品经济、现代市场经济的一个基本法律制度，其许多法律规定都和现代企业的经营行为、管理行为有着密切的关系，企业若要使自己的经营管理活动得到社会认可和法律保障，就必须严格按照民法规定的各项民事法律制度去规范自己的经营行为，调整各种民事关系，从而使自己各项经营管理活动，受到民事法律的有效保障。

二、有关民事主体的主要规定

企业的经营，不仅涉及自身的主体资格问题，而且也涉及对方的主体资格问题。为保证经营交易之安全，维护正常市场经济秩序，企业在经营中应特别注意民法中有关民事主体制度的规定。

（一）自然人

自然人是基于自然规律而出生和存在的生命体。自然人是最大量、最基本的民事主体。但自然人要成为民事主体，参加民事活动，其必须依法具有民事权利能力和民事行为能力。

1. 自然人的民事权利能力。这是指由法律直接规定和确认的自然人享有民事权利、承担民事义务的能力或资格。民事权利能力是民事主体法律上的人格或主体资格。自然人只有具备了民事权利能力，才能参与民事活动。首先，自然人的民事权利能力一律平等，平等性是自然人民事权利能力的首要特征；其次，其具有不可转让性，民事权利能力与自然人不可分离，故不得转让、抛弃。自然人的民事权利能力从出生时起产生，至死亡时终止。自然人被依法宣告死亡，同样产生民事权利能力终止的法律后果。

2. 自然人的民事行为能力。这是指民事主体能够独立地行使民事权利、承担民事义务的能力或资格。具有民事权利能力，是自然人获得参与民事活动的资格，但能不能运用这一资格，还要受到自然人的理智、认识能力等主观条件的制约。换言之，理智不健全而具有权利能力的自然人，若任其独立参与民事活动，可能会损害自己的利益，也可能会损害他人的合法权益。所以，有民事权利能力的自然人，不一定就有民事行为能力，两者确认的标准不同。民事行为能力的有无与自然人的意思能力有关。自然人的民事行为能力受自然人的年龄、智力状况和精神、健康情况影响，可分为三类：①完全民事行为能力人。这是指年满18周岁、智力健全能独立参与民事活动、承担民事责任的人。对于16周岁以上不满18周岁，能以自己的劳动收入为主要生活来源的，视为完全民事行为能力人，依照规定其可以独立进行民事法律行为。②限制民事行为能力人。8周岁以上的未成年人和不能完全辨认自己行为的精神病人，可以进行与其年龄、智力和精神、健康状况相适应的民事法律行为，而其他民事法律行为由其法定代理人代理进行或征得法定代理人同意、追认后进行。③无民事行为能力人。不满8周岁的未成年人或完全不能辨认自己行为的精神病人，其民事法律行为应由法定代理人代理进行。为了保护无民事行为能力人和限制民事行为能力人的合法权益，维护正常的经济秩序，《民法典》还规定了监护制度，使之成为维护无行为能力人和限制行为能力人合法权益的一项重要的民事法律制度。

从以上民法有关自然人的主要规定来看，企业在经营活动中应当注意民事主体的民事权利能力和民事行为能力状况，从而有力保证民事主体资格的合格性和各种民事法律关系的合法性、有效性。

3. 自然人的特殊形式。①个体工商户。根据《民法典》第54条规定，自然人从事工商业经营，经依法登记，为个体工商户。个体工商户可以起字号。个体工商户构成个体经济，成为我国社会主义市场经济的重要组成部分，我国法律保护个体经济的合法权益。对于个体工商户的债务，个人经营的，以个人财产承担；家庭经营的，以家庭财产承担；无法区分的，以家庭财产承担。②农村承包经营户。农村承包经营户是指在农村集体经济组织中，依照承包合同约定，在法律允许的范围内从事商品经营的农村集体经济组织成员。农村承包经营户是农村集体经济组织在新时期出现的新的组织经营形式。农村承包经营户的债务，以从事农村土地承包经营的农户财产承担；事实上由农户部分成员经营的，以该部分成员的财产承担。

（二）法人

1. 法人是指具有民事权利能力和民事行为能力，依法独立享有民事权利和承担民事义务的组织。"人"在民法中意为民事主体，自然人是依自然规律产生的民事主体，而法人是与自然人对称的，是由法律创造的"人"。法人制度为大陆法系民法特有的制度。我国《民法典》规定的法人，既可以作为民事主体享受权利、负担义务，又可以以独立财产承担责任，即出资人负担有限责任，这一制度与大陆法系基本"接轨"。《民法典》规定法人应当依法成立，法人应当有自己的名称、组织机构、住所、财产或经费，法人以其全部财产独立承担民事责任。根据上述规定，形成了法人具有独立的组织、独立的财产、独立的责任之三大基本特征，由此使法人成为重要的民事主体。

2. 法人的民事能力。法人作为规范的民事主体，必须依法具有民事权利能力和民事行为能力。法人的民事权利能力和民事行为能力，从法人成立时产生，到法人终止时消灭。法人的能力是一种特殊的民事权利能力和民事行为能力，它是由法律直接规定或由设立法人的组织章程和宗旨或由依法核准的经营范围来具体确定的，而且法人的民事权利能力和民事行为能力的范围和起止相同，使之明显区别于自然人的民事权利能力和民事行为能力。同时，法律还要求法人必须依照法律规定或核准经营范围从事民事活动。

3. 法人的分类。对于法人，法律是采取分类管理的，因此，要对法人按一定标准进行分类。我国《民法典》按法人的功能、目的的不同，把法人分为三类，即营利法人、非营利法人和特别法人。①营利法人是指以取得利润并分配给其股东等出资人为目的成立的法人。营利法人包括有限责任公司、股份有限公司和其他企业法人等。②非营利法人是以公益为目的或者其他非营利目的成立，不向其出资人、设立人或者会员分配所取得利润的法人。非营利法人包括事业单位、社会团体、基金会、社会服务机构等。③考虑到各种机关法人，其设立目的在于执行公法上的职权，而参与民事生活、实施民事法律行为并非是其设立目的，将其规定为非营利法人不妥当。此外，根据中国国情，各种农村集体经济组织、合作经济组织、基层群众性自治组织亦有对其赋予法人资格之必要，但难以将上述组织归入营利法人或者非营利法人的范畴。因此，《民法典》将机关法人、农村集体经济组织法人、合作经济组织法人、基层群众自治组织法人归为一类，列为"特别法人"。

4. 法人承担民事责任的要件。法人承担民事责任须具备三项要件：①须有加害他人的侵权行为，即具备《民法典》第 1165、1166 条关于侵权行为的构成要件。如果属于一般侵权行为，则依第 1165 条规定，应以有过错为成立要件。因法人系以法定代表人的行为为自己的行为，因此过错的有无，应依法人的法定代表人主观上有无过错为标准加以判断。如果属于特殊侵权行为，则依第 1166 条的规定，不以过错为构成要件。而其他要件，如损害、因果关系等，则与自然人的侵权行为并无不同。②须因法人的法定代表人或其他工作人员的行为所发生。法定代表人在代表权范围内的行为，即为法人自身的行为，因此法定代表人在代表权范围内的侵权行为，即为法人的侵权行为，应由法人承担民事责任。而法人从事经营活动，除经由法定代表人外，还须经由其他工作人员如经理人。因此，法人对其他工作人员所为的加害行为，亦应承担侵权责任。我国《民法典》第 62 条第 1 款规定："法定代表人因执行职务造成他人损害的，由法人承担民事责任。"至于不具有法定代表人身份的经理、职员和雇员，因执行职务加害于他人，应依《民法典》第 1191 条的规定，用人单位的工作人员因执行职务造成他人损害，由用人单位承担侵权责任。③须因执行职务的行为所发生。法人承担民事责任除上述两要件外，还须是法人的法定代表人和其他工作人员执行职务的行为所发生的损害。法人的法定代表人在执行职务时所为，才属于法人自身的行为，其与执行法人职务无关的行为，仍旧属于该法定代表人自己的行为，与法人无关。如该法定代表人在休假期间驾车发生事故致他人受伤，应由该法定代表人自己承担责任。同理，其他工作人员的与执行职务无关的行为造成他人损害的，亦不应由法人承担责任。

5. 营利法人的社会责任。《民法典》第 86 条规定："营利法人从事经营活动，应当遵守商业道德，维护交易安全，接受政府和社会的监督，承担社会责任。"《公司法》第 5 条第 1 款规定："公司从事经营活动，必须遵守法律、行政法规，遵守社会公德、商业道德，诚实守信，接受政府和社会公众的监督，承担社会责任。"此处所说的营利法人的社会责任是指营利法人对消费者、社区和环境的责任。参照国际上相关规定和判例，营利法人的社会责任主要包括：①支持并尊重对国际社会作出的维护人权的宣言。②不袒护侵犯人权的行为、劳动。③有效保证组建工会的自由与团体交涉的权利。④消除任何形式的强制劳动。⑤切实有效地废除童工。⑥杜绝在用工与职业方面的差别歧视。⑦主动承担环境保护责任。⑧推进环保技术的开发与普及。⑨积极采取措施反对强取和贿赂等任何形式的腐败行为等。

（三）非法人组织

非法人组织在法理上也被称为其他组织，是指在自然人、法人以外，虽不具有法人资格，但法律上予以确认，并能够以自己的名义从事民事活动的社会组织。非法人组织包括个人独资企业、合伙企业、不具有法人资格的专业服务机构等。在民事权利能力和民事行为能力方面，非法人组织与法人并无实质差别。非法人组织与法人的实质区别在于，非法人组织不具有独立的民事责任能力。也就是说，非法人组织不能独立承担民事责任，当非法人组织不能清偿其债务时，应当由其设立人或成员承担责任。《民法典》第 104 条规定，非法人组织的财产不足以清偿债务的，其出资人或者设立人承担无限责任。法律另有规定的，依照其规定。

三、有关代理制度的主要规定

企业经营是企业重要行为，通常是通过企业法人机关或法定代表人的行为能力来实现的，但在现代市场经济条件下，企业的经营活动范围越来越广泛，经营内容也更加丰富多样，其需要通过委托众多的代理人来实施经营活动，因此，建立完善的代理制度就成为企业经营的重要手段。这涉及企业权益及社会经济秩序等重要问题，应引起企业特别重视。

（一）代理的概念

代理是指代理人在代理权限内，以被代理人的名义实施民事法律行为，由此产生的法律后果由被代理人承担的一种民事法律制度。代理涉及三方当事人：①在设定、变更或者终止民事权利义务关系时需要得到别人帮助的人，即被代理人或称本人；②能够给予被代理人帮助，代替其实施意思表示或者受领意思表示的人，即代理人；③代理关系之第三人，也称为相对人。自然人和法人均可充当代理人，但对于法律有特别规定的商事代理，非经商业登记，不得从事该项代理。例如证券买卖代理，非有证券业务资格的商事特别法人，不得从事该业务。

代理有狭义、广义之分。狭义代理仅指代理人以本人的名义进行的代理，即直接代理，也称显名代理；广义的代理，还包括间接代理，即代理人以自己名义实施民事法律行为，尔后将该行为效果间接归于本人的代理，也称隐名代理。我国《民法典》第162条规定的是直接代理，在合同编"委托合同"一章中，又规定了间接委托，实质上承认了间接代理。

代理的特征主要表现为：①代理人是以被代理人的名义在代理权限范围内进行民事活动；②代理实施的行为必须是有法律效果的行为；③代理人进行代理活动时独立地进行意思表示；④代理行为所产生的法律效果直接由被代理人承担。在现代社会经济生活中，代理的适用范围十分广泛，但民事法律行为中的身份行为，因其有专属性，不得代理。例如，结婚、离婚、收养等身份行为，不得代理。随着社会经济的发展，代理的适用范围越来越广泛，并向着代理专业化的方向发展。因此，建立完善的代理法律制度十分重要。

（二）代理的种类

代理依其发生根据不同分为法定代理、指定代理和委托代理三种。法定代理是指直接根据法律规定而产生的代理；指定代理是指根据有关机关的指定行为所产生的代理；委托代理是指根据被代理人的委托授权行为而产生的代理。法定代理主要是为民事行为能力欠缺者设计的，法律根据自然人之间的亲属关系，如父母子女、夫妻等而直接规定的代理权。如果有法定监护资格的人之间对担任监护人有争议时，则需要由指定机关指定法定代理人，故指定代理在本质上还是法定代理。企业经营中所涉及的主要是委托代理。企业代理是企业法定代表人通过委托授权或签订委托合同而发生的。因此，委托授权书必须明确、具体载明代理人的姓名或名称、代理事项、权限和期间，并由委托人签名或盖章。如因委托授权不明确，被代理人应向相对人承担民事责任，代理人同时应负连带责任。在委托代理中，因委托授权情况不同，代理又分为全权代理与部分代理、总代理与分代理、单独代理与共同代理、直接代理与间接代理、本代理与复代理等。按照《民法典》第169条的规定，委托代理人为被代理人的利益需要转托他人代理的，应当事先取得被代理人的同意。事先没有取得被代理人同意的，应当在事后及时告诉被代理人，如果被代理人不同意，由代理人对自己所转托的人的行为负民事责任，但在紧急情况下，为了保护被代理人的利益而转托他人的代理除外。上述内容确立了转代理的法律要求。

（三）代理权的行使

代理作为重要的民事法律行为，其所产生的法律后果对于被代理人和相对人而言都是重要的。在代理关系中，代理权最为重要，不仅直接决定着代理人的地位，而且还决定了代理人代理民事法律行为的范围。因此，法律上要求代理人的代理权行使须合法、正当，要求代理人尽到合法、勤勉、亲自、善意代理之义务，如果代理人不履行职责而给被代理人造成损害的，应当承担民事责任。如果代理人滥用代理权或行为人进行无权代理，同样应承担相应的民事责任。

1. 滥用代理权。所谓滥用代理权，是指代理人利用行使代理权之便，做出损害被代理人利益的行为。其表现主要有自己代理、双方代理和恶意串通三种。我国《民法典》第 164 条第 2 款规定，代理人和相对人串通、损害被代理人利益的，代理人和相对人应当承担连带责任。

2. 无权代理。所谓无权代理，是指非基于代理权而以本人名义实施的旨在将效果归属于本人的代理。委托代理以本人授予代理权为要件，无权代理与有权代理的区别就是欠缺代理权。我国《民法典》规定，没有代理权、超越代理权或者代理权终止后的行为，只有经过被代理人的追认，被代理人才承担民事责任；未经追认的行为，由行为人承担民事责任；本人知道他人以本人名义实施民事行为而不作否认表示的，视为同意，由本人承担责任；相对人知道行为人无代理权仍与其实施民事行为给他人造成损害的，由相对人与行为人负连带责任。但是，有一种无权代理可构成表见代理，即在无权代理中，相对人有理由相信行为人有代理权的，该代理行为有效。这是因为，无权代理有效与否，法律不仅要考虑本人的利益，还要考虑善意相对人的利益。所以，法律对无权代理进行了区别对待：对于表见代理，趋向于保护相对人，定为有效代理；对表见代理以外的狭义无权代理，赋予本人追认权和相对人撤销权。因为狭义无权代理是行为人既没有代理权，也没有使相对人相信其有代理权的表征，而以本人的名义所为的代理，因此可以说，狭义无权代理属于效力待定的民事法律行为。

四、有关诉讼时效制度的主要规定

（一）诉讼时效的概念

时效，是指一定的事实状态持续地达到一定期间而发生一定财产法律效果的法律事实。时效是一种法定期限，与一般期限由当事人约定不同。依其适用的权利和法律效果为区分标准，时效可分为取得时效和消灭时效。取得时效，也称占有时效,是适用于物权的时效,我国法律对此没有规定。消灭时效,即诉讼时效,是债权人怠于行使权利持续到法定期间,其公力救济权归于消灭的时效。我国《民法典》等民事法律规范规定的时效,就属于诉讼时效,是指权利人在法定期间内不行使权利就丧失请求人民法院保护其民事权利的权利的一项重要法律制度。

诉讼时效制度与其他民事制度相比较,其特征表现为:①诉讼时效是权利人向法院提起诉讼的法定有效期限;②诉讼时效届满即发生权利人丧失胜诉权的法律效果,但权利人的民事权利并不因诉讼时效届满而消灭。因此,建立健全的诉讼时效制度,对于稳定社会正常经济关系,督促权利人及时行使其权利,人民法院及时、正确处理民事纠纷,维护权利人的合法权益都有着积极的意义。

(二)诉讼时效的分类

1. 一般诉讼时效。这是由民法规定的适用于一般的民事权利的诉讼时效。《民法典》第188条规定一般诉讼时效期间为3年,诉讼时效期间自权利人知道或者应当知道权利受到损害以及义务人之日起计算。

2. 特殊诉讼时效。这是指其他法律特别规定适用于特殊民事权利的诉讼时效。例如,《民法典》第594条将国际货物买卖合同和技术进出口合同诉讼时效规定为4年。《环境保护法》规定了因环境污染损害赔偿提起诉讼的时效期间为3年,从当事人知道或者应当知道受到污染损害时起计算。《海商法》规定了有关船舶发生油污损害的请求权,时效期间为3年,自损害发生之日起计算;但是,在任何情况下时效期间不得超过从造成损害的事故发生之日起6年。

4. 最长诉讼时效。我国《民法典》规定,诉讼时效期间从知道或者应当知道其权利受到损害以及义务人之日起计算。但是,自权利受到损害之日起超过20年的,人民法院不予保护,由此确立了我国最长诉讼时效期间为20年。

(三)诉讼时效的中止、中断和延长

在一般情况下,权利人可以通过运用一般诉讼时效制度对其权利实现诉讼保护,但在特殊情况下,权利人无法在诉讼时效期间内行使诉权,为了有效地维护权利人的合法权益,我国《民法典》规定了诉讼时效中止、中断及延长制度。

1. 诉讼时效期间中止。这是规定在诉讼时效期间的最后6个月内,因法定的客观事由阻碍权利人行使请求权的,诉讼时效期间暂停计算,待阻碍事由消除后,诉讼时效期间继续进行的制度。根据《民法典》第194条的规定,法定的客观事由主要是指:①不可抗力;②无民事行为能力人或者限制民事行为能力人没有法定代理人,或者法定代理人死亡、丧失民事行为能力、丧失代理权;③继承开始后未确定继承人或者遗产管理人;④权利人被义务人或者其他人控制;⑤其他导致权利人不能行使请求权的障碍。自中止时效的原因消除之日起满 6 个月，诉讼时效期间届满。

2. 诉讼时效期间中断。这是规定在诉讼时效进行中，因出现权利人向义务人提出履行要求，或义务人同意履行义务，或权利人提起诉讼或申请仲裁等法定事由而中断，从中断时起，诉讼时效期间重新计算，原来经过的时效期间统归无效。关于当事人请求，除权利人向义务人请求外，最高人民法院提出，还应包括权利人向保证人、债务的代理人或者财产代管人，以及向人民调解委员会或者有关单位提出保护民事权利的请求，都可产生诉讼时效中断的效果。

3. 诉讼时效期间延长。这是规定人民法院对已经届满的诉讼时效给予适当延长的制度。我国民法规定，有特殊情况的，人民法院可以延长诉讼时效。这一特殊情况依照最高人民法院的解释，是指权利人由于客观的障碍在法定诉讼时效期间不能行使请求权的，由法院决定予以延长。企业在维护自己各项民事权利的过程中，一定要特别注意诉讼时效的各项规定，千万不要发生类似"权利不用，过期作废"的现象而使企业蒙受损失。

（四）诉讼时效完成的效力

诉讼时效期间届满的，义务人可以提出不履行义务的抗辩。诉讼时效期间届满后，义务人同意履行的，不得以诉讼时效期间届满为由抗辩；义务人已自愿履行的，不得请求返还。

【实战训练】

不定项选择题

1. 根据法律规定，下列哪一种社会关系应由民法调整？（　　）

A. 甲请求税务机关退还其多缴的个人所得税

B. 乙手机丢失后发布寻物启事称："拾得者送还手机，本人当面酬谢"

C. 丙对女友书面承诺："如我在上海找到工作，则陪你去欧洲旅游"

D. 丁作为青年志愿者，定期去福利院做帮工

2. 黄某，现年 19 周岁，就读于北京某大学，精神正常，但生活自理能力极差，完全依赖父母的汇款为其生活来源，则黄某是（　　）

A. 完全民事行为能力人

B. 限制民事行为能力人

C. 无民事行为能力人

D. 可视为完全民事行为能力人

3. 李某为国家公务员，其妻苏某下岗后利用自己婚前的个人积蓄开了家食品店，所获得的利润用于供其儿子上学，现苏某经营不善，欠下债务，则应以

（　　）偿还。

  A. 家庭共同财产

  B. 夫妻共同财产

  C. 苏某的个人财产

  D. 其儿子的财产

4. 下列哪些情形属于代理？（　　）

  A. 甲请乙从国外代购1套名牌饮具，乙自己要买2套，故乙共买3套一并结账

  B. 甲请乙代购茶叶，乙将甲写好茶叶名称的纸条交给销售员，告知其是为自己朋友买茶叶

  C. 甲律师接受法院指定担任被告人乙的辩护人

  D. 甲介绍歌星乙参加某演唱会，并与主办方签订了三方协议

案例分析题

甲乙系同事，2015年10月，甲因办出国手续向乙借款12万元，写有借条，约定在出国前返还借款。后甲出国，并在国外生活了近3年。其间，甲虽与乙一直有联系，但对借钱一事却只字未提。2018年12月30日，甲回国，甲当即表示尽快还钱，并在原借条上写下"2019年1月10日前还清"。2019年1月15日，乙再找到甲时，甲称债务早已过诉讼时效，不用返还。现问：

（1）甲对乙债务的诉讼时效实际上是否已经届满？

（2）甲于2018年12月30日在借条上写下的"2019年1月10日前还清"的行为有何效力？

（3）乙能否通过诉讼要回甲所欠的钱？

第六章　合同法

【导入案例】合同履行过程中发生违约如何承担责任?

A市甲公司从B市乙公司购买电脑100台；由乙公司于20日后送货上门。甲公司欠同市丙公司债款，久欠不还。当此批电脑运至A市时，被丙公司所派人员以欺骗手段截留以抵债款。甲公司因未收到电脑，请求乙公司继续履行，并赔偿相应损失。而乙公司则认为已依约履行完毕，双方发生争议。经查，乙公司的司机在未认真核实收货人身份的前提下即予交货。

【问题思考】

请根据合同法原理和相关规定评析本案，并阐明理由。

一、合同法概述

（一）合同和合同法

合同法是调整平等主体之间合同关系的法律规范的总称，合同法是民法的重要组成部分，是最典型的私法。

合同是指在平等主体的自然人、法人、其他组织之间设立、变更、终止民事权利义务关系的协议。其具有以下法律特征：①合同是当事人之间在自愿基础上达成的协议，是双方或多方的民事法律行为；②合同当事人的法律地位平等；③合同所确立的是民事法律关系。

合同的概念非常广泛，合同法所称的"合同"是民事合同，不包括行政合同、劳动合同等其他法律部门所规定的合同。同时，民事合同又分为财产关系和身份关系的两大类合同，这里合同法所称的"合同"是指有关财产的协议，对于婚姻、收养、监护等有关身份关系的协议，则适用其他法律的规定，不适用合同法。

《民法典》第三编是关于合同的规定，其法律结构是：第一分编"通则"包括8章，第二分编"典型合同"包括19章，第三分编"准合同"包括2章；共29章。

（二）合同法的基本原则

合同法的基本原则贯穿于整个合同法律制度和规范中，是合同法的根本准则，也是制定、解释和执行合同法的总的指导思想。

1. 平等原则。合同当事人的法律地位平等，一方不得将自己的意志强加给另一方。平等原则要求合同双方当事人，无论是自然人还是法人，无论其所有制的性质和经济实力的强弱，他们在法律上的地位一律平等，任何一方不得把自己的意志强加给对方。法律对双方提供平等的法律保护。

2. 自愿原则。当事人依法享有自愿订立合同的权利，任何单位和个人不得非法干预。自愿原则亦称合同自由原则，是指当事人依法享有是否缔约、选择缔约伙伴、决定合同的内容和方式等方面的自由。合同的本质是当事人自由意志的结合，这种合同不仅在当事人之间有相当于法律的效力，而且法院应当充分尊重当事人的意志，不得变更合同的内容或强制执行合同。因此，只要不违反法律、道德和公共秩序，当事人都享有合同自由。

3. 公平原则。当事人应当遵循公平原则，确定各方的权利和义务。公平原则是当事人缔结合同关系，尤其是确定合同内容时所应遵循的基本原则。它要求由当事人一方或第三方确定合同内容时，只有在该内容符合公平原则时，始得对他方当事人发生效力。

4. 诚实信用原则。当事人行使权利、履行义务应当遵循诚实信用原则。诚实信用要求人们在市场活动中讲究信用，恪守诺言，诚实无欺，在不损害他人利益和社会利益的前提下追求自己的利益。诚实信用是市场经济活动的道德准则，是道德准则的法律化。

5. 守法与公序良俗原则。当事人订立、履行合同，不得违反法律，不得违背公序良俗。此项原则一方面要求合同当事人应当遵守法律规定，不得违背公序良俗，另一方面由于它属于一般条款，不可能作出具体的禁止性规定，因此针对具体案件进行价值补充，以求获得公正裁判。建立和维护公共秩序是法律的最终目标。

（三）合同的分类

合同可以根据它们的不同特点，从不同角度按照不同标准进行分类。

1. 双务合同与单务合同。这是根据当事人所享权利及承担义务的关联性来划分的。双务合同是指双方均享有权利和承担义务的合同，如买卖合同、租赁合同、运输合同等。单务合同是指一方享有权利，另一方承担义务的合同，如赠与合同、借用合同等。

2. 有偿合同与无偿合同。这是根据当事人是否可从合同中获取某种利益来划分的。有偿合同是指双方当事人各自享有一定权利而偿付相应代价的合同。绝大多数记载交易关系的合同都是有偿的。无偿合同是指由一方给付对方某种利益，对方在取得该利益时并不支付任何报酬的合同，如赠与合同等。

3. 诺成合同与实践合同。这是根据合同成立的时间和方式的不同来划分的。诺成合同是指双方当事人达成协议后即能发生法律效果的合同，即"一诺即成"的合同，如租赁合同、委托合同等。实践合同是指双方当事人协商一致后，尚需交付标的物才能成立的合同，故又称要物合同，如保管合同、定金合同等。

4. 要式合同与不要式合同。这是根据合同是否应以一定的形式为要件来划分的。要式合同是指必须依据法律规定的方式而成立的合同，如建设工程合同应当采用书面形式。不要式合同是指当事人订立的合同依法不需采取特定形式，当事人可以采取口头形式、书面形式或其他形式成立。

5. 典型合同与非典型合同。这是根据法律上是否规定了一定合同的名称来划分的。典型合同也称为有名合同，是指法律上已经确定了一定的名称及规则的合同，《民法典》之合同编所规定的 19 种合同都是典型合同。这些规定是为了进一步规范合同关系，促进当事人正确订约。非典型合同也称为无名合同，是指法律上尚未确定一定的名称与规则的合同。由于交易关系与当事人合意内容的复杂性，出现无名合同是在所难免的。根据"合同自由"原则，只要不违背法律和社会公共利益，当事人可自由订立无名合同。

二、民法典之合同编通则规定的一般规则

（一）合同订立规则

1. 合同订立的条件。合同订立，是指缔约人为意思表示并达成合意的过程。合同的订立应具备下列条件：①合同主体合格。法律规定订立合同的当事人，应当具有相应的民事行为能力。当事人依法可与委托代理人订立合同。②合同形式适法。当事人订立合同，可以采取书面形式、口头形式和其他形式。法律、行政法规规定采用书面形式的，应当采用书面形式。当事人约定采用书面形式的，应当采用书面形式。③合同内容合法。合同的内容由当事人约定，一般包括以下条款：当事人的名称或者姓名和住所、标的、数量、质量、价款或者报酬、履行期限、地点和方式、违约责任、解决争议的方法等。上述内容均应符合法律要求。④合同方式规范。合同订立应当采取要约和承诺的方式，符合合同订立的规则。

2. 要约。

（1）要约的条件。要约是希望和他人订立合同的意思表示。要约应当具备下列条件：①要约必须是特定的合同当事人所为的意思表示。要约可以由合同当事人任何一方提出，但是发出要约的人必须是特定的合同当事人。②要约必须具有缔结合同的主观目的，即要约人主动要求与被要约人订立合同。这是要约与要约邀请的主要区别。要约邀请是希望他人向自己发出要约的意思表示，如价目表、拍卖公告、招股说明书、商业广告等。③要约必须表明经受要约人承诺，要约人即受该意思表示约束。④要约内容应具体确定。要约人可以在要约中列明比较详细的合同条款，也可以比较简明地规定合同的主要条件。⑤要约必须向要约人希望与之缔结合同的相对人发出。要约相对人包括特定的和不特定的人。

（2）要约的拘束力。要约的拘束力即法律效力，具体表现在两个方面：①对要约人的约束力。这是指要约一经生效，要约人即受到了受要约人的拘束，不得擅自撤回、撤销或对要约加以限制、变更和扩张，其目的在于保护受要约人的利益，维护正常交易安全。②对受要约人的拘束力。这是指受要约人于要约发生效力时，取得依其承诺而成立合同的法律地位。要约到达受要约人时生效。采用数据电文形式订立合同，收件人指定特定系统接收数据电文的，该数据电文进入该特定系统的时间，视为到达时间；未指定特定系统的，该数据电文进入收件人的任何系统的首次时间，视为到达时间。

（3）要约的撤回、撤销和失效。要约的撤回，其撤回通知必须在要约送达受要约人之前或者同时送达受要约人，才能发生撤回要约的效力。要约一旦送达受要约人，即发生法律效力，不能撤回。要约的撤销，是指要约在发生法律效力后，要约人欲使其丧失法律效力的意思表示。撤销要约的通知应在受要约人发出承诺通知之前到达受要约人。但有下列情形之一的，要约不得撤销：①要约人确定了承诺期限或者以其他形式明示要约不可撤销；②受要约人有理由认为要约是不可撤销的，并已经为履行合同作了准备工作。要约的失效是指要约丧失其法律效力。《民法典》第478条规定有下列情形之一的，要约失效：①拒绝要约的通知到达受要约人；②要约人依法撤销要约；③承诺期限届满，受要约人未作出承诺；④受要约人对要约的内容作出实质性变更。

3. 承诺。

（1）承诺的条件。承诺是受要约人同意要约的意思表示。承诺应当符合下列条件：①承诺须由受要约人作出。根据要约拘束力的原则，唯有受要约人才能获得承诺的权利。②承诺须向要约人作出。承诺是对要约的同意，必须向要约人作出，才能达到缔约的目的。③承诺的内容须与要约的内容一致。承诺是受要约人愿意按照要约的全部内容与要约人订立合同的意思表示。如果受要约人对要约的内容加以扩张、限制或变更，便不构成承诺，而是对原要约的拒绝，这是一种新的要约，或称反要约。在实践中，一项合同的成立，往往要经过要约、反要约、再反要约直到承诺的讨价还价过程。④承诺应在要约有效期内作出。定有承诺期限的要约，承诺须于期限内作出方为有效。未定承诺期限的要约，如以对话方式作出的，应当即时作出承诺；如以非对话方式作出的，承诺应当在合理期限内到达。承诺应当以通知的方式作出，但根据交易习惯或者要约表明可以通过行为作出承诺的除外。

（2）承诺的生效。承诺的生效是指承诺生效的时间，即承诺什么时候产生法律效力。由于要约因承诺而使合同成立，因此承诺生效时即合同成立。《民法典》之合同编对承诺效力作了具体规定：①承诺生效方式。承诺通知到达要约人时生效。承诺不需要通知的，根据交易习惯或者对要约的要求作出承诺的行为时生效。②承诺的撤回。由于承诺一经到达要约人即生效，合同也随之成立，所以撤回承诺的通知必须先于承诺到达要约人，否则不得撤回其承诺。③承诺的迟到。受要约人超过承诺期限发出承诺，除要约人及时通知受要约人该承诺有效的以外，为新要约。④承诺迟延。受要约人在承诺期限内发出承诺，按照通常情形能够及时到达要约人。但因其他原因承诺到达要约人时超过承诺期限的，除要约人及时通知受要约人因承诺超过期限不接受该承诺的以外，该承诺有效。

4. 合同的成立。

（1）合同成立的意义。合同成立是指合同订立过程或要约承诺阶段的完成，即当事人经过平等协商对合同内容达成一致意思。合同成立与合同生效往往密切联系在一起，只有使合同生效，才能实现订约的目的。但是合同成立与合同生效毕竟是两个不同的概念，两者存在着区别：①合同成立只说明合同的存在，合同生效则是合同发生效力的制度；②合同成立制度主要表现的是当事人的意志，体现了合同自由原则，而合同生效制度则体现了国家对合同关系的肯定或否定的评价；③一般情况下，合法合同从成立起具有法律效力，但有特殊情况除外。正确认识它们之间的关系，对司法实践具有重要意义。

（2）书面合同的成立。①当事人采用书面合同形式订立合同的，合同上有双方当事人签字或者盖章时，合同成立。但在某些情况下，如附延缓条件和附始期的合同，合同的成立和生效时间不一致。②当事人采用信件、数据电文等形式订立合同的，可以在合同成立之前要求签订确认书，于签订确认书时合同成立。确认书实际上是与承诺联系在一起的。双方达成书面协议后，一方要求以其最后的确认为准，这样他所发出的确认书实际上是其对要约作出的最终的、明确的、肯定的承诺。③采用书面合同形式订立合同，在签字或者盖章之前，当事人一方已经履行主要义务的，对方接受的，该合同成立。④当事人采用书面合同形式订立合同的，双方当事人签字或者盖章的地点为合同成立的地点。

（3）非书面合同成立。①依《民法典》第490条第2款的规定，法律、行政法规规定或者当事人约定采用书面形式订立合同，当事人一方未采用书面形式但一方已经履行主要义务，对方接受的，该合同有效。②不要式合同以承诺生效的地点为合同成立的地点。采用数据电文形式订立合同的，收件人的主营业地为合同成立的地点；没有主营业地的，其经常居住地为合同成立的地点。当事人另有约定的，按照其约定。

5. 格式条款。这是当事人为了重复使用而由一方预先拟定，并在订立合同时未与对方协商的条款，如车船票、保险单等。《民法典》允许使用格式条款，但规定了严格规范的要求：①采用格式条款订立合同的，提供格式条款的一方应当遵循公平原则来确定当事人之间的权利和义务，并采取合理的方式提请对方注意免除或者限制其责任的条款，按照对方的要求，对条款予以说明。②格式条款具有合同法规定的合同无效和免责条款之无效情形的，或者提供格式条款一方免除其责任、加重对方责任、排除对方主要权利的，该条款无效。③对格式条款的理解发生争议的，应当按照通常理解予以解释。对格式条款有两种以上解释的，应当作出不利于提供格式条款一方的解释。格式条款和非格式条款不一致的，应当采用非格式条款。

6. 缔约责任。这是指在缔约过程中，一方因违背其依据诚实信用原则所应负的义务，而造成另一方的信赖利益的损失，并应对此承担的民事责任。它不同于违约责任。《民法典》第500、501条规定的构成缔约责任主要有以下两种情况：①当事人在订立合同过程中有下列情形之一，给对方造成损失的，应当承担损害赔偿责任：一是假借订立合同，恶意进行磋商；二是故意隐瞒与订立合同有关的重要事实或者提供虚假情况；三是有其他违背诚实信用原则的行为。②当事人在订立合同过程中知悉的商业秘密，无论合同是否成立，不得泄露或者不正当地使用，泄露或者不正当地使用该商业秘密给对方造成损失的，应当承担损害赔偿责任。

（二）合同效力规则

1. 合同的有效。一般情况下，合同的有效必须具备以下条件：①合同主体合格，即行为人具有相应的民事行为能力；②意思表示真实；③合同内容合法，即合同的权利义务和标的不违反法律或者社会公共利益。依法成立的合同，自成立时生效。法律、行政法规规定应当办理批准、登记等手续生效的，按照其规定。

2. 附条件、附期限的合同。当事人对合同的效力可以约定附条件。附生效条件的合同，自条件成就时生效。附解除条件的合同，自条件成就时失效。当事人对合同的效力可以约定附期限。附生效期限的合同，自期限届至时生效。附终止期限的合同，自期限届满时失效。

3. 效力待定的合同。①限制民事行为能力人订立的合同，其效力处于不确定状态，经法定代理人追认后，该合同有效，但纯获利益的合同或者与其年龄、智力、精神健康状况适应而订立的合同，不必经法定代理人追认。②无权代理人代订的合同，在被代理人追认后，该合同生效。被代理人拒绝追认，该合同无效。③免责式债务承担协议，在债权人同意之后，该合同生效。

4. 合同的无效。这是指合同虽然已经成立，但因违反法律、行政法规或公共利益，或严重欠缺合同有效条件，因此应被确认为无效。①合同无效具有违法性、不得履行性、自始无效性和当然无效性等特征。②合同无效主要包括以下几种情况：合同当事人虚假表示行为；恶意串通，损害国家、集体或者第三人利益；以合法形式掩盖非法目的；损害社会公共利益；违反法律、行政法规的强制性规定及违背公序良俗。③免责条款，是指当事人以协议排除或限制其未来责任的合同条款。免责条款被订入合同中并不表明它一定有效。合同中的下列免责条款无效：一是造成对方人身伤害的；二是因故意或者重大过失造成对方财产损失的。

5. 合同的撤销。这是指因意思表示不真实，通过撤销权人行使撤销权，使已经生效的合同归于消灭。①合同撤销的条件。一般情况下，因重大误解订立的合同，显失公平订立的合同，以及一方以欺诈、胁迫的手段，使对方在违背真实意思的情况下订立的合同，受损害方有权请求人民法院或者仲裁机构予以撤销。②撤销权的期限。根据《民法典》第152条的规定，当事人自知道或者应当知道撤销事由之日起1年内、重大误解的当事人知道或者应当知道撤销事由之日起90日内没有行使撤销权的；或者当事人受胁迫，自胁迫行为终止之日起1年内没有行使撤销权的；或者具有撤销权的当事人知道撤销事由后明确表示或者以自己的行为放弃撤销权的，撤销权消灭。当事人自撤销事由发生之日起5年内没有行使撤销权的，撤销权消灭。③撤销的效力。无效的合同或者被撤销的合同自始不具有法律拘束力。合同部分无效，不影响其他部分效力的，其他部分仍然有效。

6. 合同无效或被撤销后的法律责任。①合同无效或者被撤销后，因该合同取得的财产，应当予以返还；不能返还或者没有必要返还的，应当折价补偿。②有过错的一方应当赔偿对方因此所受到的损失；双方都有过错的，应当各自承担相应的责任。

（三）合同的履行规则

1. 合同履行原则。合同履行，是指债务人全面地、适当地完成其合同义务，债权人的合同债权得到完全实现。合同履行的原则，除适用合同法的基本原则外，还有专属合同履行的原则。

（1）全面履行原则。这是指当事人按照合同规定的本义务及附随义务全面地履行了自己应尽的义务的原则。本义务是指当事人在合同条款中明确约定的义务。附随义务，是指合同中虽未明确规定，但依照合同的性质、目的或者交易习惯，当事人应当遵循诚实信用的原则，履行包括通知、协助、保密等义务。

（2）适当履行原则。这是当事人在订立合同时，某些条款要求没有约定或约定不明确，当事人在合同履行中不能达成补充协议的，或按照合同有关条款或者交易习惯仍不能确定的，当事人应当依照有关法律规定或社会普遍认可的方式适当履行，也称为正确履行原则。其具体规定：①质量要求不明确的，按照国家标准、行业标准履行；没有国家标准、行业标准的，按照通常标准或者符合合同目的的特定标准履行。②价款或者报酬不明确的，按照订立合同时履行地的市场价格履行；依法应当执行政府定价或者政府指导价的，按照规定履行。③履行地点不明确的，给付货币的，在接受货币一方所在地履行；交付不动产的，在不动产所在地履行；其他标的，在履行义务的一方所在地履行。④履行期限不明确的，债务人可以随时履行，债权人也可以随时要求履行，但应当给对方必要的准备时间。⑤履行方式不明确的，按照有利于实现合同目的的方式履行。⑥履行费用的负担不明确的，由履行义务一方负担。

（3）情势变更原则。这是指在合同有效成立之后，合同的基础条件发生了当事人在订立合同时无法预见的、不属于商业风险的重大变化，继续履行合同对于当事人一方明显不公平，受不利影响的当事人可以与对方重新协商；在合理期限内协商不成的，当事人可以请求人民法院或者仲裁机构变更或者解除合同。

2. 合同履行规则。这是指在合同履行中针对某种特定的情形规定的可适用的具体原则。

（1）价格变动履行规则。执行政府定价或者政府指导价的，在合同约定的交付期限内国家价格调整时，按照交付时的价格计价。逾期交付标的物的，遇价格上涨时，按照原价格执行；价格下降时，按照新价格执行。逾期提取标的物或者逾期付款的，遇价格上涨时，按照新价格执行；价格下降时，按照原价格执行。其立法规则是：保护守约方，制裁违约方。

（2）代位受领以及履行规则。①代位受领规则。当事人约定由债务人向第三人履行债务的，债务人未向第三人履行债务或者履行债务不符合约定，应当向债权人承担违约责任。②代位履行规则。当事人约定由第三人向债权人履行债务的，第三人不履行债务或者履行债务不符合约定，债务人应当向债权人承担违约责任。其立法规则是：无论是代位受领还是代位履行，只要发生违约行为，都不能免除债务人的违约责任。

（3）合同履行中提前履行和部分履行规则。债权人可以拒绝债务人提前履行债务，但提前履行不损害债权人利益的除外。债务人提前履行债务给债权人增加的费用，由债务人负担；债权人可以拒绝债务人部分履行债务，但部分履行不损害债权人利益的除外。债务人部分履行债务给债权人增加的费用，由债务人负担。可见，提前履行和部分履行规则是以是否损害债权人利益为原则。其立法规则是：都以债权人利益和意思为标准。

3. 合同履行中的抗辩权制度。抗辩权，是指在符合法定条件时，当事人一方对抗对方当事人的履行请求权，暂时拒绝履行其债务的权利。《民法典》之合同编规定了同时履行抗辩权、后履行抗辩权和不安抗辩权三种。

（1）同时履行抗辩权。这是指双务合同的当事人一方在对方未为对待给付以前，可以拒绝履行自己的债务之权利。《民法典》第525条规定当事人互负债务，没有先后履行顺序的，应当同时履行。一方在对方未履行之前有权拒绝其履行请求。一方在对方履行债务不符合约定时，有权拒绝其相应的履行请求。

（2）先履行抗辩权。《民法典》第526条规定当事人互负债务，约定有先后履行顺序的，先履行一方未履行的，后履行一方有权拒绝其履行请求，先履行一方履行债务不符合约定的，后履行一方有权拒绝其相应的履行请求。

（3）不安抗辩权。这是指因双务合同互负债务并相对于他方先为给付者，如他方的财产于订约后显著减少，有难为对待给付之可能时，在他方未为对待给付或提出担保之前，可以拒绝自己给付的权利。《民法典》第527条规定，应当先履行债务的当事人，有确切证据证明对方有下列情形之一的，可以中止履行：①经营状况严重恶化；②转移财产、抽逃资金、逃避债务；③丧失商业信誉；④有丧失或者可能丧失履行债务能力的其他情形。当事人没有确切证据中止履行的，应当承担违约责任。适用不安抗辩权中止履行时，应当及时通知对方；对方提供适当担保时，应当恢复履行。中止履行后，对方在合理期限内未恢复履行能力并且未提供适当担保的，视为以自己的行为表明不履行主要债务，中止履行的一方可以解除合同并可以请求对方承担违约责任。

4. 合同履行中的保全制度。

（1）债权人的代位权。这是指债务人怠于行使其到期债权，对债权人造成损害时，债权人可以以自己的名义代位行使债务人的权利。债权人代位权的行使方式是裁判方式，即债权人只可以请求人民法院以自己的名义代位行使债务人的债权。债权人行使代位权的范围，应以债务人的债权为限，不包括债务人自身的权利（如人格权、抚养权等）。债权人行使代位权的必要费用，由债务人负担。

（2）债权人的撤销权。这是指当债务人放弃其债权、放弃债权担保、无偿转让财产等方式无偿处分财产权益，或者恶意延长其到期债权的履行期限，债务人以明显不合理的低价转让财产、以明显不合理的高价受让他人财产或者为他人的债务提供担保，影响债权人的债权实现，债务人的相对人知道或者应当知道该情形时，债权人可以依法请求法院撤销债务人所实施的行为。撤销权的行使范围以债务人的债权为限。债权人行使撤销权的必要费用，由债务人负担。撤销权自债权人知道或应当知道撤销事由之日起 1 年内行使，自债务人的行为发生之日起 5 年内没有行使撤销权的，该撤销权消灭。

（四）合同的变更和转让规则

1. 合同的变更。合同的变更有广狭两义。广义的合同变更，是指合同的内容、标的和主体发生变动。主体的变更使新主体取代原主体，但合同的内容并没有发生变化。债权人变更的情形被称为债权转移，债务人变更的情形被称为债务转移，故合同主体的变更也称为合同转让。这里所讲的是狭义的合同变更，即合同内容的变更，是指合同成立以后，尚未履行合同或尚未完全履行前，当事人就合同的内容达成修改和补充的协议，包括对标的数量的增减，改变交货地点、时间、价款或结算方式等局部变更。如果合同内容全部发生变化，就不是合同变更，而是原合同消灭、新合同产生。当事人对合同变更的内容约定不明确的，推定为未变更。法律、行政法规规定变更合同应当办理批准、登记手续的，依照其规定。

2. 合同的转让。这是指合同主体的变更，实际上是合同权利义务的转让，包括合同权利的转让、合同义务的转让、合同权利义务一并转让三种。

（1）合同转让的条件。合同转让须具备下列条件：①转让的合同须为合法的合同关系；②合同的主体发生变动；③合同的转让须依当事人协议或依法律直接规定或依法院裁决；④按照法律要求的方式进行转让。

（2）合同权利的转让。这是指合同债权人通过协议将其债权的全部或部分转让给第三人的行为。在权利全部转让时，受让人取代转让人成为合同当事人，原合同关系消灭，产生新的合同关系。在权利部分转让时，受让人参加原合同关系，与原债权人共同享有债权，合同之债成为多数人之债。合同转让本质上是一种交易行为，应当予以鼓励，但对转让的范围有一定的限制：①根据合同性质不得转让。主要有四种不得转让的合同：一是根据个人信任关系而发生的债权（如委托债权人）；二是以选定的债权人为基础发生的合同权利（如以特定演员为演出的合同）；三是内容中有针对特定当事人不作为义务的合同（如禁止某人使用某项财产）；四是从权利不得与主权利相分离而单独转让的合同。②按照当事人约定不得转让。当事人可以在订立合同时或订立合同后约定禁止任何一方转让合同权利，任何一方违反此种约定而转让合同权利，将构成违约行为。③依照法律规定不得转让。例如，依照法律规定应由国家批准的合同，权利的转让必须经原批准机关批准，若未得到批准，则权利的转让无效。债权人转让权利的，应通知债务人。未经通知债务人的，该转让对债务人不发生效力。债务人接到债权转让通知后，债务人对让与人的抗辩，可以向受让人主张。

（3）合同义务的转让。这是债务人将合同的义务全部或部分转移给第三人的行为。合同义务的全部转让，是债权人或者债务人与第三人之间达成协议后，由第三人取代原债务人承担全部债务。此种债务的转让有两种方法：通过债权人与第三人之间的协议，或债务人与第三人之间的协议。对后一种方法发生的债务转让，应当经债权人同意。债务转让发生效力后，第三人代替债务人的地位而成为当事人，第三人可以主张原债务人的抗辩权，对债权人进行抗辩，并承担与主债务有关的从债务。合同义务的部分转让，是第三人加入合同关系，与债务人共同向同一债权人承担债务。此种转让经过合同当事人的协商，可能发生两种形式，即按份债务或连带债务。

（4）合同权利和义务一并转让。这是由原合同当事人一方将其债权、债务一并转让给第三人，由第三人继受债权、债务。它可以依据当事人之间订立的合同发生，也可以因法律的规定而产生。具体如下：①依据当事人之间订立的合同而发生的一并转让，只能是双务合同。由于第三人已完全取代了原合同当事人一方的地位，因此原合同关系已经消灭，并由此产生了新的合同关系。在合同当事人一方与第三人达成协议的，必须经另一方当事人同意后方可生效。②当事人订立合同后合并的，由合并后的法人或者其他组织行使合同权利，履行合同义务。当事人订立合同后分立的，除债权人和债务人另有约定的以外，由分立的法人或者其他组织对合同的权利和义务享有连带债权，承担连带债务。

（五）合同终止规则

1. 合同终止的意义。合同终止，是指根据法律规定，在合同订立后，因某种法律事实的出现而导致合同双方当事人的权利义务归于消灭。合同的终止，应注意以下两个问题：

（1）合同终止的原因。合同的产生和终止，均基于一定的法律事实。能够引起合同终止的法律事实，即合同终止的原因有：①债务已经按照约定履行；②合同解除；③债务相互抵销；④债务人依法将标的物提存；⑤债权人免除债务；⑥债权债务同归一个人；⑦法律规定或者当事人约定终止的其他情形。

（2）合同终止的效力。①最常见、最主要的合同终止形式是债务已经按照约定履行。合同规定的双方当事人之权利义务已经履行完毕，合同即告终止，同时使合同的担保及其他权利，如抵押权、质押权、留置权等权利也归于消灭。②在合同的权利义务终止后，当事人在必要时仍应承担因原合同关系而产生的保密、协助、通知等附随义务。当事人违反这些义务的，也应承担损害赔偿责任。③合同的权利义务终止，不影响合同中结算和清算条款的效力。

2. 解除和抵销。

（1）解除。这是指合同法律效力提前消灭的情形。当事人可在合同中约定或事后协商一致解除合同，也可以由当事人一方在出现不可抗力或对方当事人违约的情形下依法解除合同。①约定解除。当事人可以约定一方解除合同的条件，解除合同的条件成就时，解除权人可以解除合同。②协商解除，经当事人协商一致，可以解除合同。③法定解除。合同解除的法定条件是：因不可抗力致使不能实现合同目的；在履行期限届满之前，当事人一方明确表示或者以自己的行为表明不履行主要债务；当事人迟延履行主要债务，经催告后在合理期限内仍未履行；当事人一方迟延履行债务或者有其他违约行为致使不能实现合同目的；法律规定的其他情形。④解除权的行使。约定解除和法定解除是指通过行使解除权解除合同，法律规定或当事人约定解除权的行使期限的，期限届满当事人不行使的，该权利消灭。在协商解除中，不存在一方行使解除权的情形，而是由双方协商一致解除合同。⑤解除的程序。在约定解除和法定解除中，当事人一方主张解除合同的，应当通知对方。协商解除通过达成合意解除合同。根据法律规定解除合同应当办理批准、登记手续的，依照其规定。⑥解除的后果。合同解除后，尚未履行的，终止履行；已经履行的，根据履行情况和合同性质，当事人可以请求恢复原状，采取其他补救措施，并有权要求赔偿损失。

（2）抵销。这是指双方互负债务时，各以其债权充当债务清偿，使双方债务在对等额内相互消灭。它可分为合意抵销与法定抵销两种。合意抵销不受法定抵销条件限制，只要当事人双方就抵销达成合意即可发生效力。法定抵销，由抵销权当事人根据法律规定的抵销构成要件，单方意思表示即可发生效力。抵销的法定条件主要有：①当事人互负债务、互享债权；②当事人互负债务均已届满清偿期；③当事人互负债务标的物种类、品质相同。但按照合同的性质（如与人身不可分离的债务：抚恤金、退休金等）或者依照法律规定（如经法院采取民事强制措施的财物等）不得抵销时，则双方债务不能抵销。

3. 提存、免除、混同。

（1）提存。这是指由于债权人的原因而无法向其交付债的标的物时，债务人将该物提交给提存机关而使债务消灭的制度。①提存条件。提存的前提条件是债务已届清偿期，债权人迟缓受领，或下落不明，或死亡而未定继承人等原因，使债务人难以履行义务。②提存程序。提存通常由债务人提出申请，经主管机关批准后，将标的物交给提存机关。提存的标的，为债务人依债务的规定应当给付的标的物，并以适宜提存的种类为限。③提存效力。标的物提存后，毁损、灭失的风险由债权人承担。提存期间，标的物的孳息归债权人所有。提存费用由债权人负担。债权人有权依法领取提存物。

（2）免除。这是指债权人放弃自己的债权，免去债务人的全部或部分债务的单方法律行为。债权人与债务人也可通过订约免除债务人的债务。免除必须由债权人向债务人作出免除的意思表示。免除使债权人与债务人之间的合同关系依免除的范围全部或部分消灭。免除不能撤回。

（3）混同。这是指合同的债权人和债务人因某种原因合为一人的一种法律事实。它主要有两种情况：①概括承受，如合同双方由于合并而成为一个新的法人；②特定承受，即债务人受让债权人债权或债权人承受债务人的债务时，合同的债权债务同归一人。合同因混同而消灭。但混同涉及第三人（如质权人）的债务，合同仍然具有效力。

（六）违约责任规则

1. 违约责任的含义。依《民法典》的规定包括实际违约责任和预期违约责任两类。

（1）实际违约责任。这是指在履行期到来以后，因一方不履行或不适当履行而构成违约。其特点表现为：①违约责任的前提是履行期限届满后，当事人一方不履行合同义务或者履行合同义务不符合约定；②违约责任仅相对于本合同的特定当事人之间；③违约责任可由当事人在法律规定的范围内约定；④违约责任是民事责任的一种形式，并兼具有惩罚性和补偿性。

（2）预期违约责任。这是指当事人一方明确表示或者以自己的行为表明不履行合同义务的，对方可以在履行期限届满之前请求其承担违约责任。其特点表现为：①违约行为发生在合同依法成立之后，履行期限届满之前，其违约是一种不能履约的危险，而不是实际违约；②预期违约所侵害的客体是对方的期待利益，而不是现存利益；③预期违约须以有效合同为前提，无效合同不存在预期违约问题；④一方主张对方预期违约，请求追究违约责任的时间是在合同履行期届满之前，并由其承担举证责任；⑤预期违约是一种客观标准，必须是一方明确表示或以自己的行为明确表明。

2. 违约责任的方式。违约责任的方式主要有继续履行、违约金责任、违约损害赔偿、定金责任等。定金责任作为一种合同担保的方式将在合同担保的规定中再进行介绍。

（1）继续履行。这是指合同一方当事人不履行义务时，对方当事人可以要求继续履行，而不能以金钱赔偿来代替。债务人不继续履行的，债权人可以请求人民法院强制继续履行。

（2）违约金。这是指合同当事人一方违反合同，依法律规定或合同约定向对方当事人支付一定数额金钱的违约责任。当事人一方违约的，应根据违约情况向对方支付一定数额的违约金，也可以约定因违约产生的损失赔偿额的计算方法。约定的违约金低于或高于违约所造成的损失的，当事人可以请求法院或仲裁机构予以增加或减少。

（3）违约损害赔偿。这是指债务人违反合同义务而给对方造成损失，依据合同规定应承担损害赔偿责任。损失赔偿额应当相当于因违约造成的损失，包括合同履行后可以获得的利益，但不得超过违反合同一方在订立合同时预见到或者应当预见到的因违反合同可能造成的损失。法律有特别规定按特别规定处理，如经营者对消费者提供商品或者服务有欺诈行为的，依照《消费者权益保护法》的规定承担损害赔偿责任。

3. 免责条件。这是指在合同履行中，因出现法定和约定的免责条件而导致合同不能履行，此时债务人将被免除履行义务。因不可抗力不能履行合同的，根据不可抗力的影响，部分或者全部免除债务人的责任，但法律另有规定的除外。当事人迟缓履行后发生不可抗力的，不能免除责任。当事人一方因不可抗力不能履行合同的，应当及时通知对方，以减轻可能给对方造成的损失，并且应当在合理期限内提供证明。

三、民法典之合同编典型合同的类型

（一）转移财产类合同

所谓转移财产合同，也称转移财产所有权合同，是指当事人一方把一定财产的占有、使用、收益和处分的权利完全转移给另一方当事人，另一方当事人予以承受的合同。在转移财产合同中，出让方必须对被转让的财产依法享有充分的支配权利和完全处分权利，可以依照转让合同将其财产权利完全转移给合同的另一方当事人，受让方依合同取得该项财产所有权。同时，转让方还须保证该项转让财产不被第三人追索。

转移财产合同，在我国主要包括买卖合同、供用电、水、气、热力合同、赠与合同、借款合同等，其共同特征表现为：

1. 转移财产的目的是满足人们对转让财产的直接占有、使用的经济需求。在转让财产合同中，出让方要把合同指定的财产完全转移给受让方长期占有、使用，以满足受让方的某种生产、生活需要。这一特征使之与提供劳务类合同存在明显区别，虽然在提供劳务合同中也发生某些财产的转移，但这种转移是为了让占有财产一方为提高该项财产的价值而进行劳务性劳动，而不是出于让他们使用的目的。

2. 转移财产的后果是出让人和受让人之间财产支配权的彻底转让。从表面上看，转移财产合同仅是财产的转移，而在实质上，出让人在财产转让合同中出让的是财产支配权、完全所有权，该项财产依合同一经转移，出让人就不再享有对该项财产的任何权利，受让人依照合同取得对该项财产的全部权利。这一特征使之与租赁、借用等财产用益类合同存在根本区别，在财产用益类合同中，虽然也发生财产的占有、使用权利的转移效果，但原财产所有权人、经营权人对转移的财产并不丧失其所有权。

（二）财产用益类合同

所谓财产用益合同，是指民事主体之间，一方将自己所有或经营管理的财产交给另一方使用收益的合同。这一类合同也是调整财产流转关系的一种重要法律形式。财产用益合同主要有租赁合同、融资租赁合同两种。

财产用益合同与转移财产合同有着许多相同之处：都发生了财产从一方交付另一方的事实；既可以是有偿合同，也可以是无偿合同。但财产用益合同又具有区别于转移财产合同的某些法律特征：

1. 财产用益合同仅转移财产用益权，而不发生财产所有权的转移。在转移财产合同中，会发生财产所有权从一方当事人转移给另一方当事人的结果。而在财产用益合同中，只发生财产使用权从一方当事人转移至另一方当事人的后果，转移财产一方仅仅让渡其财产占有权、使用权、收益权，并不改变其所享有的对该项财产的处分权，不会因此失去其财产所有权；而使用财产一方当事人对转移的财产只享有占有、使用、收益的权利，而无处分之权利，并且还要依照合同之约定返还所转移的财产归转移方所有。

2. 财产用益合同所转移的财产为现实存在的可转移物。在转移财产合同中，作为合同的标的物可以是现实存在之物，也可以是尚未生产出来的物，只要是法律许可其流通的物即可。而在财产用益合同中，其标的物不仅要求是法律允许流通的物，而且只能是现实存在的物，现实不存在或正在生产的物是不可能发生用益转移的。同时，该用益之物还必须具有可转移的性质。

（三）提供行为类合同

完成工作成果类合同，或提供劳务类合同，统称为提供行为类合同，这是指民事主体之间就一方当事人为另一方当事人完成一定工作，或提供一定劳务或服务，另一方当事人接受工作成果或接受劳务服务并支付约定的报酬的合同。完成工作成果类合同主要包括承揽合同、建设工程合同；提供劳务类合同主要包括运输合同、保管合同、仓储合同、委托合同、行纪合同和中介合同。

提供行为类合同明显不同于转让财产合同和财产用益合同，具有以下突出的法律特征：

1. 主体具有限定性。在提供行为合同中，作为合同的委托方（如承揽合同的定作人、建设工程合同的发包人、运输合同的托运人、保管合同寄托人等）是没有任何限制的，凡对劳务服务有需求的自然人、法人及其他组织都可以充当。但对合同的受托人、劳务的承担人，则有一定的限制，不可能是所有的自然人、法人或其他组织都能作为受托方，而必须是具备能够完成一定工作成果和提供一定劳务服务的能力、资格或信用的"人"。因而，提供行为合同具有一定的人身性和信用性，使之同买卖合同的卖主不同，一般要求承担者亲自履行义务，未经同意不得将未完成的工作或承担劳务转包给其他人。

2. 标的具有特定性。买卖合同的标的，可以是特定物，但更多为种类物；而在提供劳务的合同中，合同的标的不是种类物，不是大批生产的成品，也不可能通过市场加以购买，只能通过完成特定的行为、提供特定的劳务或服务来实现。因此，其标的是一种特定行为，它可以是完成一定工作成果的行为，也可以是提供一般劳务的行为，还可以是提供特殊劳务服务的行为。

3. 履行具有协作性。一般合同，合同的履行完全是当事人分别独立的活动，而提供劳务合同则不同。为保证合同的全面履行，提供劳务合同要求合同双方当事人密切协作和相互支持，由此构成了合同协作性的突出特征。例如，《民法典》之合同编规定在承揽合同中，承揽人对定作人提供的材料应当及时检验，发现不符合约定时，应当及时通知定作人更换；承揽人发现定作人提供的图纸或者技术要求不合理的，应当及时通知定作人；同时，承揽人在工作期间，应当接受定作人的必要的监督检查；承揽工作需要定作人协助的，定作人负有协助义务。

（四）智力成果类合同

所谓智力成果合同，也称为知识产权合同，是指平等主体之间依法订立的以作品、商标、专利、非专利技术等智力成果作为标的的合同，包括技术合同、作品出版合同、商标转让及许可使用合同、专利转让及许可使用合同等。

智力成果合同作为一种新型合同，除具有一般合同的诺成、双务等特征外，其自身还具有某些突出的法律特征：

1. 主体特定性。在智力成果合同中，作为合同承受方、使用方的当事人，可以是自然人、法人、其他组织，只要对该项智力成果有需求，法律许可其能够以此成为合同一方当事人，并不受限制，使其适用范围十分广泛。但作为合同转让方的当事人，应是该项智力成果的权利人，即智力成果权人，也称知识产权人，它包括发明人、发现人、专利权人、商标权人、作品的作者、其他科技成果权人，以及依法继受这些权利的继受人。上述权利人都有权依法将自己所拥有的智力成果在法定期限内转让给他人，或者许可他人使用，除以上提及的这些特定人以外，其他任何组织或个人均无权成为智力成果权人。

2. 标的特殊性。智力成果合同的标的是一种无形的智力成果，这一成果是人类智慧的结晶，是一种无形财产。从表面上看，智力成果本身不直接以具有经济利益或财产权益为表征，但这种智力成果一旦被转让或使用就会产生相应的经济利益，而且这种成果的开发创造过程比较艰难，但对其予以学习利用却比较容易，其成果极容易受到侵害，保护任务十分艰巨。标的特殊性使之与一般物权存在明显区别。

3. 类型多样性。智力成果合同的范畴和类型多种多样，不仅包括著作权许可使用合同，图书、报刊出版合同；表演演出合同，录音录像许可使用合同；广播电台、电视台节目播放许可合同；专利权、商标权转让合同，专利、商标许可使用合同；技术开发合同、技术转让合同、技术咨询合同、技术服务合同等；而且还包括国家主管机关为落实科研项目，推广科技成果与有关科研机构、企业、高等院校签订的研究、试制、转化科技成果合同以及科研机构、企业、大学内部实行的科研项目承包合同等。

（五）民法典之合同编新增典型合同

民法典吸收现有单行法的规定，在合同编分分系统规定保证合同、保理合同、物业服务合同和合伙合同四种典型合同。保证合同是为保障债权的实现，由保证人和债权人约定，当债务人不履行到期债务或者发生当事人约定的情形时，保证人履行债务或者承担责任的合同。保理合同是应收账款债权人将现有的或者将有的应收账款转让给保理人，保理人提供资金融通、应收账款管理或者催收、应收账款债务人付款担保等服务的合同。物业服务合同是物业服务人在物业服务区域内，为业主提供建筑物及其附属设施的维修养护、环境卫生和相关秩序的管理维护等物业服务，业主支付物业费的合同。物业服务合同为提供工作类合同。合伙合同是二个以上合伙人为了共同的事业目的，订立的共享利益、共担风险的协议。

四、有关合同担保的主要规定

（一）合同的担保

担保，也称合同担保、债的担保，是指按照法律规定或者当事人约定，合同的双方当事人为了督促债务人履行债务，保障债权的实现而采取的担保债务履行的一种方式。合同担保，是民法上的一项重要民事法律制度，它是为保障债权而设立的，随着债的制度的产生而产生。

合同担保，作为重要的民事制度，既具有普通民事制度的一般特征，又具有不同于其他民事制度特殊的法律特征：

1. 合同担保具有从属性。担保之债是从债，与被担保之债之间是一种主从关系，是对主债效力的补充和加强，受主债效力的制约。

2. 合同担保具有自愿性。合同担保，除法定担保外，多数皆为约定担保。约定担保，是当事人通过自愿订立担保合同而设立的，采取担保的形式及担保范围均由当事人商定，法律一般不加干涉。

3. 合同担保具有目的性。不论设定何种担保，当事人设定担保的目的都十分明确，都是为了确保债权人的债权能够得到实现。

《民法典》全面而具体地规定了五种合同担保制度：保证、定金、抵押权、质权和留置权。《民法典》之物权编从担保物权角度规定了抵押权、质权和留置权3类物权担保。物权担保在将在"物权法"一章作介绍。《民法典》之合同编还规定了定金担保和保证担保，这里仅就定金担保和保证担保以作介绍。

（二）担保合同

担保合同，是指债权人与债务人或者第三人约定，以民法规定的担保方式，担保其债权实现的合同。它包括保证合同、抵押合同、质押合同、定金合同等，留置权属于法定担保方式，其无须订立合同。担保合同是主合同的从合同，它以主合同的存在为前提和根据。因而，它随着主合同的履行而消灭，随着主合同无效而无效。但有两个例外情形：

1. 主合同有效而担保合同无效。这是当事人虽然订立了，但法律上不承认其效力的担保合同。构成担保合同无效的原因有二：①因主合同无效而发生担保合同无效。②因担保合同自身原因引起无效，其情况主要有：一是合同当事人无适法资格；二是合同行为违法；三是合同标的物违法；四是所有权、使用权不明或者有争议的财产；五是依法被查封、扣押、监管的财产；六是依法不得抵押的其他财产。担保合同被确认无效后，根据民法的规定，债务人、担保人、债权人有过错的，应当根据其过错各自承担相应的民事责任。具体责任形式，适用《民法典》中有关无效民事法律行为的规定。

2. 主合同无效，担保合同仍依约定有效。担保合同是从合同，但在某种情况下也可具有一定的独立性，当事人可以约定当主合同无效时，担保合同继续有效。例如，在票据法中，票据保证不因所保证的债务无效而无效，除非被保证的债务是因汇票记载事项欠缺而无效外,其他事由均不会影响票据保证的保证效力。

(三)有关保证担保的主要规定

1. 保证的含义。保证是保证人和债权人约定,当债务人不履行债务时,保证人按照约定履行债务或者承担责任的担保。保证作为一种从债,具有以下法律特征:

(1)保证具有从属性。这是指保证债务与所担保的主债务具有主从关系。

(2)保证具有补充性。按照《民法典》第 686 条的规定,保证分为一般保证和连带责任保证。在一般保证中,当债务人未履行其债务时,保证人才向债权人履行债务或者承担责任。但当债务人有履约能力时,债权人应先向债务人提出履行请求,当债权人未向债务人请求其履行债务而直接向保证人请求代为履行债务时,保证人享有先诉抗辩权。这种权利性质体现的是保证的补充性。在连带责任保证中,虽不存在上述履行的前后限制,但也只有在债务人不履行的债务时,债权人才既可以请求债务人履行债务,也可以请求保证人在其保证范围内承担保证责任。

(3)保证具有伴随性。在保证期间,债权人依法将主债权转让给第三人的,保证人在原保证担保的范围内继续承担保证责任。但是,如果是主债务发生移转的,除非经保证人同意,保证人的保证责任并不当然随主债务的移转而移转。因而,法律要求在债权人许可债务人转让债务时,应当取得保证人的书面同意,保证人对未经同意转让的债务,不再承担保证责任。

2. 保证的分类。

(1)根据保证方式,可分为一般责任保证和连带责任保证。前者是指当事人在保证合同中约定,债务人不能履行债务时,由保证人承担保证责任的保证。后者是指当事人在保证合同中约定保证人与债务人对债务承担连带责任的保证。如果当事人对保证方式没有约定或者约定不明确,按照一般保证承担保证责任。这两者的主要区别是一般保证的保证人享有先诉抗辩权,但这一权利也不是绝对的,如法律明确规定某种情况出现一般保证的保证人不得行使先诉抗辩权。

(2)根据保证所担保的范围,可分为全部保证和部分保证。前者是指担保全部债务的保证,后者只对部分的债务承担担保履行的保证。关于保证的债务范围,保证合同应作出明确规定,合同对保证范围未作明确规定的,应推定为保证全部债务。但对未经保证人同意担保的新增加的债务,保证人不承担保证责任。

(3)有两个以上保证人的保证,按其承担保证责任的方式,可分为按份共同保证和连带共同保证。前者是保证人之间按照合同约定的份额承担保证责任的。后者是指由合同约定保证人之间承担连带责任的，或者没有约定保证份额的，由保证人之间承担连带责任。

（4）根据保证人与主债务人的关系，可分为独立的保证和从属的保证。前者是指保证债务的内容和形式与主债务相独立的保证。后者是指保证的产生以主债务的存在为前提的保证。我国民法典所规定的保证为从属的保证，但在担保合同中约定保证合同不因主合同无效而无效的，保证人的保证为独立的保证。

（5）根据保证所担保的债务是否具有持续性，可分为持续的保证和一时的保证。前者是指保证人为持续性债权关系中的债务人所作的保证。后者是对一次性给付的债权关系所作的保证。民法典所规定的保证人与债权人就单个主合同订立保证合同，为一时的保证。

3. 保证人的资格和权利。

（1）保证人的资格限制。保证人的主要任务是代为履行债务或承担责任，因此，充当保证人必须具有清偿债务的能力。只要具有代为清偿债务能力的法人、其他组织或者自然人都可以作保证人。根据《民法典》第683条规定的规定，机关法人不得为保证人，但经国务院批准为使用外国政府或者国际经济组织贷款进行转贷的除外。以公益为目的的非营利法人、非法人组织不得为保证人。

（2）保证人的权利。保证人的主要责任是在债务人不履行债务时，代为履行债务或者承担责任。保证人在承担保证责任时，可行使下列权利：

第一，抗辩权。这是在债权人行使债权时，债务人根据法定理由，对抗债权人行使请求权的权利。保证人履行保证之债时，由于其是代债务人履行债务，所以对于债务人享有的抗辩权，保证人亦同样享有以对抗债权人的请求权。债务人放弃对债务的抗辩权时，不影响保证人，保证人仍享有权抗辩。

第二，先诉抗辩权。一般保证的保证人在主合同纠纷未经审判或者仲裁，并就债务人财产强制执行仍不能履行债务前，对债权人可以拒绝承担保证责任。但是在下列情形下，保证人丧失先诉抗辩权：①债务人下落不明，且无财产可供执行；②人民法院已经受理债务人破产案件；③债权人有证据证明债务人的财产不足以履行全部债务或者丧失履行债务能力；④保证人书面表示放弃本款规定的权利。连带保证的保证人不享有先诉抗辩权。

第三，追偿权。保证人在承担保证责任后，有权向债务人追偿。保证人的追偿权通常是在其向债权人代为履行债务或承担责任后才能向债务人行使。但是，法律规定人民法院受理债务人破产案件后，债权人未申报债权的，保证人可以参加破产财产分配，预先行使追偿权。

（3）保证人的免责。保证人在下列情况下，不承担保证责任：①保证人对未经其同意转让的债务，不再承担保证责任；②债权人与债务人未经保证人书面同意而协议变更主合同的，保证人不再承担保证责任；③一般保证的保证人因债权人在保证期间未对债务人提起诉讼或者申请仲裁而免责；④连带责任保证的保证人因债权人未要求其承担保证责任而免责；⑤对持续的保证，保证人可随时书面通知债权人不再承担保证责任；⑥同一债权人既有保证又有物的担保的，债权人放弃物的担保时，保证人在债权人放弃权利的范围内免除保证责任。除上述六种情况外，保证人在下列情形中不但无须承担保证责任，而且不承担相应的民事责任：一是主合同当事人双方串通，骗取保证人提供保证的；二是主合同债权人采取欺诈、胁迫等手段，使保证人在违背真实意思的情况下提供保证的。

4. 保证合同的内容。保证合同是保证人与债权人订立的关于债权人在债务人不履行债务时，保证人按照约定履行债务或者承担责任的书面协议。《民法典》第684、685条规定，保证合同的内容一般包括被保证的主债权的种类、数额，债务人履行债务的期限，保证的方式、范围和期间等条款。保证合同可以是单独订立的书面合同，也可以是主债权债务合同中的保证条款。第三人单方以书面形式向债权人作出保证，债权人接收且未提出异议的，保证合同成立。

（四）有关定金担保的主要规定

1. 定金的含义。定金是合同当事人的一方以确保合同的履行为目的，提前交付给他方的一定数额金钱的合同担保方式。定金作为一种担保之债，具有担保债的履行的作用，同其他担保方法相比有如下法律特征：

（1）定金的客体为金钱。它不同于其他担保，是以一定数额的金钱来担保合同的履行。

（2）定金合同属于要物合同。当事人应当以书面形式订立定金合同，并在定金合同中约定交付定金的期限。定金合同自实际交付定金之日起生效。

（3）定金的性质为违约定金。定金种类包括有证约定金、履约定金、定约定金、解约定金、违约定金等种类。依照我国《民法典》的规定，我国定金制度除证约定金的属性外，更具有制裁违约功能的违约定金性质。

2. 定金的效力。我国《民法典》第587条明确规定，债务人履行债务后，定金应当抵作价款或者收回。给付定金的一方不履行债务或者履行债务不符合约定，致使不能实现合同目的的，无权请求返还定金，收受定金的一方不履行债务或者履行债务不符合约定，致使不能实现合同目的的，应当双倍返还定金。

在定金担保适用实践中，有以下的问题应予以注意：

（1）定金与预付款等相似概念要加以区别。定金具有制裁违约的作用，而预付款没有制裁违约作用。在社会活动中，有的合同使用"订金""风险担保金"

"担保金"等概念，这些概念不具有定金功能，因此当事人必须在合同中明确写明"定金"字样，否则不产生定金担保作用。

（2）定金的数额的限制。定金数额的约定应当适当且合法、有制约作用。实践中以占合同总价款 10% ~ 20% 为适宜。《民法典》第 586 条第 2 款明确规定，定金的数额由当事人约定；但是，不得超过主合同标的额的 20%，超过部分不产生定金的效力。实际交付的定金数额多于或者少于约定数额的，视为变更约定的定金数额。

（3）定金如果与违约金同时规定在同一合同之中，一方违约时，当事人可依照《民法典》第 588 条的规定，选择适用违约金或者定金条款。定金不足以弥补一方违约造成的损失的，对方可以请求赔偿超过定金数额的损失。

【实战训练】

不定项选择题

1. 某县政府与某建筑公司就县政府家属楼建设签订一份建设工程合同，合同标的额为 300 万元，在工程进行到一半时，县政府告知建筑公司：工程总量不变，但价款减少 50 万元，并且不容建筑公司提出异议。这一做法违背了（　　）原则。

A. 平等　　　　　　　　B. 诚信

C. 自愿　　　　　　　　D. 公平

2. 北京甲公司与上海乙公司签订一份书面合同，甲公司签字、盖章后邮寄给乙公司签字、盖章。该合同成立的时间是（　　）

A. 甲公司与乙公司口头协商一致时

B. 乙公司签字、盖章时

C. 甲公司将签字、盖章的合同交付邮寄时

D. 乙公司签字、盖章并送达甲公司时

3. 某校长甲欲将一套住房以 50 万元出售。某报记者乙找到甲，出价 40 万元，甲拒绝。乙对甲说："我有你贪污的材料，不答应我就举报你。"甲信以为真，以 40 万元将该房卖与乙。乙实际并无甲贪污的材料。关于该房屋买卖合同的效力，下列哪一说法是正确的？（　　）

A. 存在欺诈行为，属可撤销合同

B. 存在胁迫行为，属可撤销合同

C. 存在乘人之危的行为，属可撤销合同

D. 存在重大误解，属可撤销合同

4. 甲、乙订立一份价款为 10 万元的图书买卖合同，约定甲先支付书款，乙

2 个月后交付图书。甲由于资金周转困难只交付 5 万元，答应余款尽快支付，但乙不同意。2 个月后甲要求乙交付图书，遭乙拒绝。对此，下列哪一表述是正确的？（　　）

A. 乙对甲享有同时履行抗辩权

B. 乙对甲享有不安抗辩权

C. 乙有权拒绝交付全部图书

D. 乙有权拒绝交付与五万元书款价值相当的部分图书

5. 甲与乙订立一买卖合同。甲又与丙订立一保证合同，约定丙对乙履行债务承担连带保证责任。下列表述正确的是（　　）

A. 在买卖合同纠纷未经审判或仲裁，并就乙的财产依法强制执行无效果时，丙对甲可拒绝承担保证责任

B. 买卖合同履行期限届满，乙不履行债务，则甲即可以请求丙承担保证责任

C. 此保证合同属于共同保证

D. 此保证属于对将来债务的保证

6. 甲公司与乙公司签订一份买卖合同，约定甲公司向乙公司支付价款，而乙公司则直接把货物交付给丙公司，但乙公司按期交付后，丙公司发现质量不符合约定标准，则（　　）

A. 甲公司向乙公司追究违约责任

B. 丙公司向乙公司追究违约责任

C. 乙公司向甲公司承担违约责任

D. 乙公司向丙公司承担违约责任

7. 甲方购买一批货物，约定于 6 月 15 日提货，但其因没有安排好汽车而未能提货。当天傍晚，出卖人的仓库遭雷击起火，货物被烧。你认为应如何确定损失的承担？（　　）

A. 出卖人，因为货物是在其控制之下

B. 出卖人，因为货物所有权没有转移

C. 买受人，因为他未能按时提货

D. 双方分担，因为谁都没有过错

案例分析题

大兴公司与全宇公司签订委托合同，由大兴公司委托全宇公司采购 500 台彩电，并预先支付购买彩电的费用 50 万元。全宇公司经考察发现甲市 W 区的天鹅公司有一批质优价廉的名牌彩电，遂以自己的名义与天鹅公司签订了一份彩电购

买合同，双方约定：全宇公司从天鹅公司购进 500 台彩电，总价款 130 万元，全宇公司先行支付 30 万元定金，天鹅公司采取送货方式，将全部彩电运至乙市 S 区，货到验收后一周内全宇公司付清全部款项。天鹅公司在发货时，工作人员误发成 505 台。在运输途中，由于被一车追尾，20 台彩电遭到不同程度的损坏。全宇公司在 S 区合同约定地点接收了 505 台彩电，当即对发生损坏的 20 台彩电提出了质量异议，并将全部彩电交付大兴公司。由于彩电滞销，大兴公司一直拒付货款，致使全宇公司一直无法向天鹅公司支付货款。交货 2 个星期后，全宇公司向天鹅公司披露了是受大兴公司委托代为购买彩电的情况。现问：

1. 天鹅公司事先并不知晓全宇公司系受大兴公司委托购买彩电，知悉这一情况后，天鹅公司能否要求大兴公司支付货款？为什么？

2. 全宇公司与天鹅公司订立的合同中的定金条款效力如何？为什么？

3. 大兴公司多收的 5 台彩电应如何处理？为什么？

4. 如追尾的肇事车辆逃逸，20 台受损彩电的损失应由谁承担？为什么？

5. 如天鹅公司以全宇公司为被告提起诉讼后，在诉讼过程中，天鹅公司认为要求大兴公司支付货款更为有利，能否改为主张由大兴公司履行合同义务？为什么？

第七章　物权法

【导入案例】应如何处理"一房两卖"引发的纠纷？

刘涛、张直为同一居民楼的邻居，刘涛住在楼上，张直住楼下，现因刘涛希望卖出其房，张直找刘涛协商，并签订书面合同，张直以80万元价钱购买刘涛的房产。次日，刘涛的姐姐刘琳来看望刘涛，并提出愿出资90万元买刘涛的房产，刘涛又与刘琳订立书面合同，并于当天到房管部门办理过户登记。

【问题思考】

1. 刘涛与张直之间的合同是否成立？张直是否取得房屋所有权？

2. 刘涛与刘琳之间的合同是否成立？刘琳是否取得房屋所有权？

3. 如果刘琳明知刘涛与张直有合同在先，仍订立合同并出资购买刘涛的房产，刘琳是否取得房屋所有权？

4. 如果刘琳住入该房后，张直拒绝刘琳从楼梯上下，并拿出其产权证，产权证的确将楼梯的产权确认给张直，张直这种行为是否合法？

一、物权法概述

物权法是民法的重要组成内容，是调整平等主体的自然人、法人及非法人组织之间对物直接占有支配而产生的物的占有支配关系的法律规范的总称。因此，对物的直接占有关系、支配关系即物权关系就成为物权法的调整对象。

物权法作为重要的财产法律制度，历有广义、狭义之说。广义的物权法，也称实质意义上的物权法，是泛指调整所有物权关系的法律规范的总和，它不仅包括对一般物权作出规定的民法典的物权编，而且还包括对特别物权作有规定的其他法律、法规，如我国的土地管理法、房地产管理法、农业法、渔业法、森林法、矿产资源法、水法、文物保护法、国有资产管理法及担保法、海商法中有关物权的规定，均属于广义的物权法范畴。而狭义的物权法，也称为形式上的物权法，系专指民法典上专门规定物权制度的物权编。我国很长一段时间未在法律上正式使用物权概念，但1986年颁行的《民法通则》第5章第1节规定了"财产所有权和与财产所有权有关的财产权"制度，实质上已对我国物权制度作出了原则性的规定。2007 年颁行的《物权法》就是全面的、典型的、狭义的物权法律制度。2020 年通过的《民法典》第二编物权全面系统规定物权法律制度，分为 5 分编，共 20 章。

物权法的调整对象是物权关系，即对物的占有关系、支配关系，可以看出，物权关系首先是物的归属关系，由此构成自物权的所有权。而对物的利用关系，由物在商品社会里的商品属性所决定，物按其经济价值具有使用价值和交换价值二重性，因此对物的利用关系即产生他物权。其中，以物的使用价值为内容而产生了用益物权，以物的交换价值为内容而产生了担保物权。此外，对于作为对物的事实状态的占有关系，确立了占有制度，这也成为物权法不可或缺的内容。上述内容共同形成了近代民法有关所有权、用益物权、担保物权及占有的物权法律体系，成为各国物权法律的基本结构。我国《民法典》第 114 条第 2 款规定：物权是权利人依法对特定的物享有直接支配和排他的权利，包括所有权、用益物权和担保物权。《民法典》第 205 条明确规定物权调整因物的归属和利用产生的民事关系。

二、有关所有权制度的主要规定

（一）所有权的概念

所有权作为一项重要的民事权利，依照《民法典》第 114 条的规定，民事主体依法享有物权。物权是权利人依法对特定的物享有直接支配和排他的权利，包括所有权、用益物权和担保物权。《民法典》第 240 条规定，所有权人对自己的不动产或者动产，依法享有占有、使用、收益和处分的权利。《民法典》第 241 条还规定，所有权人有权在自己的不动产或者动产上设立用益物权和担保物权。用益物权人、担保物权人行使权利，不得损害所有权人的权益。因此，在社会经济生活中，所有权是一项最重要的基本民事权利，是人们进行正常生产、生活的基础条件。所有人享有所有物的所有权，所以人们可以进行买卖、借贷、赠与、继承等民事活动，或在其所有物上设定各种定限物权。同时，所有权又是某些债权发生的前提条件，而某些债权的实现，往往又是债权人取得财产所有权的手段，可见，所有权与债权、他物权、继承权等其他民事权利有着极为密切的关系。

所有权作为一种重要民事法律制度，是国家制定和认可的、确立和保护财产所有关系的民事法律规范的总和。国家通过确立所有权法律制度，具体地反映一定社会的所有制关系，特别是反映占统治地位阶级的所有制要求，并通过国家强制力手段保障其实现，以更好地为维护统治阶级实现其阶级统治、巩固和发展其赖以生存的经济基础服务。

（二）所有权的基本类型

在我国《民法典》之物权编的立法中，更多地考虑到我国现阶段坚持公有制为主体、多种所有制经济共同发展的基本经济制度的特点，确立与之相适应的我国财产所有权制度和类型。为此，《民法典》之物权编在第二分编"所有权"中第 5 章规定了国家所有权和集体所有权、私人所有权等所有权的基本类型，更集中反映和体现了我国现阶段社会主义所有制形式和内容的基本要求。

1. 国家所有权。所谓国家所有权，是指法律确认和保护国家对全民所有制财产依法享有的占有、使用、收益和处分的权利，即国家对国家所有的财产行使全面支配的权利。

国家所有权的主体。国家所有权的主体是国家，这是由国家职能所决定，它是随着国家的产生而产生，只是在不同历史形态的国家中，其性质、内容有所不同而已。我国社会主义国家的国家所有权的主体是社会主义国家，虽然，在性质上与其他国家所有权有着根本的区别，但其国家所有权的法律形式却十分相似。这是因为，我国国家所有权是全民所有制在法律上的表现，国家作为社会的管理中心，代表全体人民行使全民所有制财产的所有权，因此，从实质上讲，国家作为全民财产的国家所有权主体，是全体人民的根本利益和意志的集中体现。

国家所有权的客体。国家所有权的客体是全民所有制财产，其特征具有广泛性和无限性，即无论是什么财产，都可以成为国家所有权的客体，而且有些财产，依照法律规定只能属于国家所有，其他民事主体不能取得该财产所有权。我国《民法典》之物权编规定有四种不同的国家所有权客体形态：

（1）绝对属于国家所有的客体形态。矿藏、水流、海域、国防资产、无线电频谱资源以及城市土地等资源，依照法律规定只能由国家所有。

（2）基本属于国家所有的客体形态。森林、山岭、草原、荒地、滩涂等自然资源，属于国家所有，但法律规定属于集体所有的除外。

（3）依法律规定属国家所有的客体形态。农村和城市郊区的土地、铁路、公路、电力设施、通信设施和油气管道等基础设施以及文物，野生动植物资源，依照法律规定为国家所有的，属于国家所有。

（4）国家拥有的其他不动产和动产。国家对国家机关、国家举办的事业单位、国家出资的企业拥有的不动产或者动产，享有所有权，均属于国家所有权的客体。

从以上国家所有权客体的类型可以看出，国家所有权的客体不仅是十分广泛的，包括各种不动产和动产，而且具有无限性。只要国家和社会公共利益需要，法律作出规定，任何财产都可以成为国家所有权的客体，并没有范围上的限制。这是国家所有权区别于集体所有权和私人所有权的显著特征。

2. 集体所有权。所谓集体所有权，是指劳动群众集体组织对其所有的财产依法享有占有、使用、收益和处分的权利，又称为劳动群众集体财产所有权。集体所有权是劳动群众集体所有制在法律上的表现，同时它对巩固和发展我国集体所有制经济制度起到了积极的保障和促进作用。

（1）集体所有权的主体。集体所有权主体以其多元性特征而区别于唯一性的国家所有权主体。集体所有权主体是集体组织成员或集体法人组织。在我国不同历史时期，存在有不同形式、不同类型的集体所有权主体。

（2）集体所有权的客体。集体所有制是社会主义公有制的重要组成部分，决定了集体所有权的客体虽不如国家所有权的客体具有无限广泛性，但其客体范围仍比较具有广泛性。依据《宪法》《民法典》规定的精神，《民法典》之物权编第 260 条具体规定了对集体所有权的客体，为集体所有的不动产或者动产，包括：①法律规定属于集体所有的土地和森林、山岭、草原、荒地、滩涂；②集体所有的建筑物、生产设施、农田水利设施；③集体所有的教育、科学、文化、卫生、体育等设施；④集体所有的其他不动产和动产。

3. 私人所有权。所谓私人所有权，是指公民个人对其所有的财产依法享有占有、使用、收益和处分的权利。《民法典》之物权编第 267 条特别规定：私人的合法财产受法律保护，禁止任何组织或者个人侵占、哄抢、破坏。私人所有权是公民个人所有制在法律上的反映和表现，法律通过私人所有权形式更加有效地实现对公民个人所有财产的规范和保护。

（1）私人所有权的主体。依照《民法典》的规定，私人所有权的主体是私人。私人首先应当是自然人，但又不局限于自然人，还应当包括个体经济、私营经济等非公有制经济主体。这是因为，公民个人所有制包括公民生活资料所有制和公民生产资料所有制两类。公民生活资料所有制的主体应是自然人（公民），而公民生产资料所有制的主体应该包括城镇个体工商经营户和农村承包经营户。因此，私人所有权的主体，包括自然人以及个体经济、私营经济等非公有制经济主体中法人以外的主体。

（2）私人所有权的客体。私人所有权的客体具有多样性，包括自然人以及个体经济、私营经济等非公有制经济的主体依法所有的不动产或者动产等私人的合法财产，只要法律所不禁止，都可以成为私人所有权的客体。《民法典》之物权编对私人所有权保护的范围包括合法的收入、房屋、生活用品、生产工具、原材料等不动产和动产，这些都是私有权的客体。

4. 法人财产权。所谓法人财产权，是指营利法人依照法律、行政法规以及章程的规定，对其不动产和动产享有占有、使用、收益和处分的权利。营利法人以外的法人，对其不动产和动产的权利，适用有关法律、行政法规以及章程的规定。法人财产权不是所有权的基本类型，

它是基于投资者设立营利法人，或者依法设立机关、事业法人而取得法人资格的主体所享有的财产权。从营利法人的角度来看，法人财产权产生的特点是出资人享有股权，营利法人享有财产所有权。有的理论认为，出资人实质上享有法人财产的最终所有权，法人解散后，法人财产最终归属于出资人，所以是一级所有权；而营利法人享有的财产所有权是基于法人的存在才享有的权利，并可以依法对法人财产开展经营活动，依法独立行使经营管理权，故学界也有人称之为二级所有权。对此，《民法典》之物权编第268、269条明确规定法人财产权的地位，不仅集中体现了所有权和经营管理权的两权分离原则，而且对厘清社会生活中各类产权关系，保证交易安全，保障各类市场主体的合法权益，维护正常市场经济秩序都具有积极意义。

（三）所有权的特殊形态

所有权的一般形态，从其自然属性看，包括不动产所有权和动产所有权；从其社会属性（即所有制）看，包括国有所有权、集体所有权、私人所有权三种。而基于不动产所有权和动产所有权的共有和行使，可以派生出所有权的各种特殊形态，如共有权、相邻权、建筑物区分所有权等，这些都是从所有权衍生出来的所有权之特殊形态。《民法典》之物权编对共有、相邻关系和业主的建筑物区分所有权分3章规定，因其属性相关和相通，此处对三者一起加以介绍。

1. 共有关系。所谓共有，也称共有关系，是指两个以上的自然人、法人或非法人组织对同一项财产共同享有所有权的法律状态。共有是一项重要的所有权制度。所有权可以从质和量上加以分割，从质上的分割发生他物权，而从量上的分割则发生共有权。共有权也是一种民事法律关系，其与其他民事法律关系有所不同，具有以下的法律特征：

（1）共有的主体具有多元性。共有关系须有两个或两个以上的权利主体对同一项财产享有所有权，因此，它既不同于单独所有也不同于分别所有。

（2）共有的客体具有同一性。共有关系的客体是共有物，它可以是独立物，也可以集合物，但它们都是特定的物，在共有关系存续期间不能分割，不能由各共有人分别对某一部分共有物行使所有权。各个共有人的权利及于整个共有财产，由此表现出共有关系客体的同一性特征。

（3）共有的内容具有特定性。共有人可以依约定对共有物按照各自份额享

有权利和承担义务，也可以按照法律规定平等地享有权利和承担义务，由此产生了按份共有和共同共有。但不论是哪一种共有，共有人的权利义务关系都是按约定份额或平等的不分份额地享有或承担，体现了其权利义务关系的特定性特征。

（4）共有的性质具有联合性。从性质上看，共有权不是所有权的一种类型，而是两个以上所有人联合地对同一项共有物享有所有权，因此，它是一种所有权的联合，使之成为所有权的一种特殊形态。

（5）共有的发生具有多样性。共有是社会生活中常见的所有权关系，但基于不同的发生原因会产生不同的共有形式。共同共有关系多基于夫妻关系或家庭共同关系的存续而发生；按份共有则多见于股份制企业中，依法律规定或当事人法律行为而发生。合伙关系虽然是依法律行为而发生，但是其性质应属按份共有还是共同共有，目前尚有争议。但对其进行认真考究，合伙关系发生连带债务责任，因而其共有应属按份集合的共同共有的性质。

此外，《民法典》之物权编第310条还规定：两个以上组织、个人共同享有用益物权、担保物权的，参照物权编第8章规定。

2. 相邻关系。所谓相邻关系，是指不动产的相邻各方在行使不动产的所有权或使用权时而涉及相互权益关系的一种民事法律制度。法理上亦将其称为"不动产的相邻权"。相邻关系作为因不动产所有权而产生的特殊形态的物权或民事法律关系，具有显著的法律特征：

（1）相邻关系的主体是基于不动产而发生于相互的毗邻的两个以上所有权人或使用权人之间，即不动产的相邻各方，其范围十分广泛，可以是自然人，也可以是法人或其他组织；可以是财产所有人，也可以是非所有人，包括土地使用权人、承租人等各种不动产的合法使用人。

（2）相邻关系的客体是因行使不动产权利所涉及的相互权益。相邻各方在行使权利时，既要实现自己权利，又要为邻人提供方便，尊重他人的合法权益。因此，相邻关系的客体是相邻各方行使不动产所有权或使用权时所涉及的财产权益和其他利益。

（3）相邻关系的内容是对一方权利行使的扩张，而对另一方权利行使的限制。在相邻关系中，相邻一方有权要求相邻他方提供必要的便利，他方应当给予必要的方便，这在实际上是对一方权利的扩大，对另一方权利的限制。但当事人不得滥用权利，在行使权利时应当符合经济合理的原则，尽量避免和减少给对方造成损失。

（4）相邻关系的产生是基于不动产相邻或相近关系而发生。相邻关系只能发生在相互毗邻的不动产各方，而动产的相邻方不发生相邻法律关系。同时，其发生多与自然环境密切相关，因此，在大气、水流等环境相邻关系中，相近关系也是发生相邻关系的条件。

相邻关系在社会生活中到处可见，而且复杂多样。及时妥善地处理相邻关系，对于保护相邻各方的合法权益，维护社会正常稳定的经济生活秩序，保护生态环境，增进人们之间的和睦团结，建设和谐社会都具有特别重要的意义。

3. 业主的建筑物区分所有权。随着多层、高层建筑物的大量出现，业主的建筑物区分所有权作为不动产物权的重要形式已经为世界各国和各地区民事立法所重视，尽管各国和各地区叫法不同，如法国称为"住宅分层所有权"，德国、奥地利称为"住宅所有权"，美国称为"单位所有权"，日本称为"建筑区分所有权"（我国台湾地区亦采此称谓）。我国《民法典》第 271 条规定：业主对建筑物内的住宅、经营性用房等专有部分享有所有权，对专有部分以外的共有部分享有共有和共同管理的权利。建筑物区分所有权作为复合形态的所有权之新形式，兼具有共有关系和相邻关系的某些特征，与一般所有权相比较具有以下特征：

（1）权利主体身份具有多重性。业主既是建筑物的专有部分的所有权人，又是共有部分的共有权人，还是共同设施维护的共同管理人，其集三种身份为一体，可谓其身份的多重性。

（2）权利客体具有多样性。业主的专有所有权和共有所有权的客体都是该建筑物内的住宅、经营性用房部分和共有部分，而共同管理权的客体则是对共有设施的维护管理。其客体包括物和行为的多样性特征有别于一般所有权以物作为客体的单一性。

（3）权利内容具有复合性。建筑物区分所有权是由专有权、共有权和成员权（共同管理权）三种要素构成的特别所有权，从而形成复杂的三维权利义务关系。

（4）专有权的主导性和效力的统一性。在业主的建筑物区分所有权的三要素中，专有所有权是具有决定作用的主导权，业主取得专有权即同时取得共有权和成员权，专有权的权限大小决定其共有权、成员权的权限范围。区分权的三要素结成一体，不可分离，专有权转让、抵押、继承时其效力及于区分所有权的其他权利。

三、有关用益物权制度的主要规定

（一）用益物权的概念

所谓用益物权，是指权利人对他人所有物享有以使用收益为内容的一种定限物权。用益物权制度最初是作为所有权制度的一种补充，其从最初的从属地位发展成为现代民法上的一项重要的独立的物权制度，其产生是所有权质的分解的结果。用益物权既能充分发挥所有物的使用价值作用，也可以极大地满足社会各种财产利益的需求，使用益物权与所有权、担保物权共同构成物权法律制度的三大基石。我国《民法典》第 114 条第 2 款明确规定：物权是权利人依法对特定的物享有直接支配和排他的权利，包括所有权、用益物权和担保物权。《民法典》之物权编第 323 条规定：用益物权人对他人所有的不动产或者动产，依法享有占有、使用和收益的权利。

（二）有关用益物权的一般规定

《民法典》之物权编第十章首先规定了自然资源和特许物权等用益物权的总的法律原则。其主要内容有：

1. 确立自然资源用益物权制度。《民法典》第 324 条规定，国家所有或者国家所有由集体使用以及法律规定属于集体所有的自然资源，组织、个人依法可以占有、使用和收益。这表明了我国从基本法层面建立了自然资源用益物权的基本法律制度。

2. 确立自然资源有偿使用制度。《民法典》第 325 条规定，国家实行自然资源有偿使用制度，但法律另有规定的除外。这原则性地确立了我国自然资源有偿使用制度，为适应社会主义市场经济发展，更好地利用、开发和保护自然资源提供了法律依据。

3. 原则性地确立了特许用益物权制度。《民法典》第 328、329 条规定，依法取得的海域使用权受法律保护。依法取得的探矿权、采矿权、取水权和使用水域、滩涂从事养殖、捕捞的权利受法律保护。这说明我国明确《民法典》之物权编作为特许用益物权的基本法，对特许用益物权仅作原则性规定，其他法律作出具体规定，有优先适用其规定，如没有规定的，可适用《民法典》之物权编的有关规定。

4. 用益权人的主要权利和义务。《民法典》第 326、327 条规定，用益权人行使权利，应当遵守法律有关保护和合理开发利用资源、保护生态环境的规定。所有权人不得干涉用益权人行使权利。因不动产或者动产被征收、征用致使用益物权消灭或者影响用益物权行使的，用益权人有权依照《民法典》第 243 条、第 245 条的规定获得相应补偿。这原则性地规定了用益权人的基本用益权利和义务。

（三）有关用益物权的具体规定

1. 土地承包经营权。所谓土地承包经营权，是指个人或单位依照承包合同对于集体所有的土地或国有土地依法从事种植业、林业、畜牧业、渔业生产并获得收益的权利。《民法典》第330条明确规定，农民集体经济组织实行家庭承包经营为基础、统分结合的双层经营体制。农民集体所有和国家所有由农民集体使用的耕地、林地、草地以及其他用于农业的土地，依法实行土地承包经营制度。第331条还规定，土地承包经营权人依法对其承包经营的耕地、林地、草地等享有占有、使用和收益的权利，有权从事种植业、林业、畜牧业等农业生产。

2. 建设用地使用权。所谓建设用地使用权，是指建设用地使用权人为在土地上建造并经营建筑物、构筑物以及其他附着物，依法对国家所有或者集体所有的土地行使占有、使用和收益的权利。《民法典》第344条明确规定，建设用地使用权人依法对国家所有的土地享有占有、使用和收益的权利，有权利用该土地建造建筑物、构筑物及其附属设施。第346条还规定，设立建设用地使用权，应当符合节约资源、保护生态环境要求，遵守法律、行政法规关于土地用途的规定，不得损害已经设立的用益物权。这表明我国从法律上确立了建设用地使用权制度。它作为独立的用益物权制度，有利于对建设用地关系的规范和加强管理。

3. 宅基地使用权。所谓宅基地使用权，是指自然人在依法取得的集体的宅基地上所享有的建造房屋并居住使用的权利。《民法典》第362条规定，宅基地使用权人依法对集体所有的土地享有占有、使用的权利，有权依法利用该土地建造住宅及其附属设施。对于宅基地使用权，《民法典》仅设4条作原则性规定，具体内容由《土地管理法》等其他法律予以规定。

4. 居住权。所谓居住权，是指对他人所有的住房及其附属设施占有、使用的权利。《民法典》第366条规定，居住权人有权按照合同约定，对他人的住宅享有占有、使用的用益物权，以满足生活居住的需要。我国首次从法律上确立了居住权制度，明确了居住权合同的内容，居住权的设立，居住权不得转让、继承，设立居住权的住宅不得出租，居住权的消灭，以遗嘱方式设立居住权等内容。

5. 地役权。所谓地役权，也称为邻地利用权，是指权利人为使用其土地的方便和利益而利用他人的土地的权利。《民法典》第372条规定，地役权人有权按照合同约定，利用他人的不动产，以提高自己不动产的效益。前款所称他人的不动产为供役地，自己的不动产为需役地。地役权是一项独立的土地用益物权。

四、有关担保物权制度的主要规定

（一）担保物权的概念

所谓担保物权，是指以确保债务履行为目的，在债务人或第三人的特定财产上设定的具有变价权和优先受偿权的一种定限物权。《民法典》第386条规定，担保物权人在债务人不履行到期债务或者发生当事人约定的实现担保物权的情形，依法享有就担保财产优先受偿的权利，但法律另有规定的除外。担保物权作为一项重要民事权利，具有物权性、价值性、担保性、从属性、不可分性、特定性、公示性、物上代位性及优先受偿性等特征，使之与其他物权等民事权利相区别。

（二）担保物权的具体规定

1. 抵押权。抵押权又称为抵押，是指债权人为保证债权实现，在债务人或第三人提供的财产上设定的担保物权，在债务人不履行债务时，有权以抵押财产折价或变价优先受偿的权利。《民法典》第 394 条规定：为担保债务的履行，债务人或第三人不转移财产的占有，将该财产抵押给债权人的，债务人不履行到期债务或者发生当事人约定的实现抵押权的情形，债权人有权就该财产优先受偿。前款规定的债务人或第三人为抵押人，债权人为抵押权人，提供担保的财产为抵押财产。抵押权是最重要、最有效力的担保物权，这是因为，债务人或第三人以其抵押物的交换价值作为担保，既最有力地保障债权人的债权实现，又能满足债务人筹集资金的需要，增强债务清偿能力，充分发挥财产的使用价值。抵押权亦因此被誉称为"担保之王"。抵押权除具有一般担保物权的法律特征外，还具有自身的某些特征：

（1）抵押权多以不动产为客体，故称不动产抵押权，但依照法律规定，某些重要的动产和土地使用权也可以设定抵押权，成为抵押权的客体。我国《民法典》明确规定 7 类财产可以抵押，6 类财产不得抵押。

（2）抵押物占有具有不转移性。债务人或第三人不转移抵押物的占有，但依法律明确规定，不动产或某些重要动产在设定抵押时应以登记为其效力要件。

（3）抵押权的效力具有不可分性和顺序性。抵押权的效力是不可分的，其担保着债权全部，效力就及于抵押物的全部，并在抵押权实现中，以抵押合同的登记或签约的先后顺序优先受偿。

2. 质权。质权又称为质押权或质押，是指债务人或第三人将其动产或特定权利移转给债权人占有，作为债权实现的担保，在债务人不履行债务时，债权人依法从该动产或权利的价值中优先受偿的一种担保物权。在质权关系中，债权人为质权人，债务人或第三人为出质人或质押人，客体包括质物和某些权利。质权作为担保物权，不仅具有物权、他物权、担保物权的一般特征，与抵押权相比较，又有如下区别之处：

（1）权利客体不同。抵押权的客体（即标的）是以不动产为主体，重要的动产和国有土地使用权为补充；而质权的主要客体为动产，形成动产质权，法律规定的某些权利也可以设定权利质权。

（2）客体转移不同。抵押权以不转移抵押物为特征，抵押物仍为抵押人占有和使用；而质权的客体不管是质物还是权利，都要转移给质权人占有，并以转移标的为成立要件。

（3）登记效力不同。法律规定以不动产设定抵押权，自登记机构登记之时起设立；动产采取自愿登记为对抗第三人主义，其效力自签约时生效。而质权的动产不要求登记，权利质权法律规定以登记为生效要件按照法律规定。

（4）实行顺序不同。因抵押物不转移占有，抵押人就同一抵押物可能为多项债权设定抵押担保，所以其担保实现有个顺序问题。而质权的标的质物和权利，须转移占有为债权人控制，不发生多头出质问题，因此不存在实现顺序问题。质权在各国立法体例上和法理上均有多种分类，我国《民法典》之物权编规定有动产质权和权利质权两类。动产质权，根据《民法典》第425条第1款规定，为担保债务的履行，债务人或者第三人将其动产出质给债权人占有的，债务人不履行到期债务或者发生当事人约定的实现质权的情形，债权人有权就该动产优先受偿。权利质权，是指以所有权、用益物权以外的可让与的财产权利为标的设立的质权，在债务人不履行债务时，质权人有权就质押的权利的价值优先受偿。由此形成我国质权担保制度中的两项基本的质权方式和制度。

3. 留置权。所谓留置权，是指债权人按照合同约定占有债务人的动产，在债务人未按照合同约定的期限履行义务时，将其占有的债务人的动产予以扣留或缓付并就其变价优先受偿的权利。在留置权关系中，债权人为留置权人，被留置的动产为留置物，留置物一般限定于债务人本人的财产。《民法典》第447条第1款规定，债务人不履行到期债务，债权人可以留置已经合法占有债务人的动产，并有权就该动产优先受偿。由此可见，留置权是担保物权的一种，但又具有不同于其他担保物权的某些法律特征：

（1）留置权属法定的担保物权。我国《民法典》之物权编把留置权规定在"担保物权"章中，从立法体例上已确定其担保物权性质，使之与抵押权、质权一样，都具有从属性、不可分性、物上代位性、价值权性、优先受偿性等担保物权共同属性。但留置权又不同于抵押权、质权：抵押权、质权都是约定担保物权，都需要当事人通过订立抵押合同、质权合同才能设立的；而留置权是直接根据法律规定发生的，无须当事人约定。但是法律规定或者当事人约定不得留置的动产，不得留置。

（2）留置权的标的物须为动产。留置权的标的物是债权人按照合同约定占有债务的动产，即该留置物是与债权处于同一合同关系之中的动产，但是企业之间留置的除外。而债权人基于合同关系占有债务人的不动产不发生留置权。

（3）留置权的标的物与债权具有牵连性。留置权的发生以与留置标的物有牵连的债权的存在为基础，并随债权的消灭而消灭。留置权的留置物与债权的牵连关系表现在：留置物实际上就是原有债权的标的物，同为一体。

（4）留置权为发生两次效力的权利。留置权人在行使留置权过程，法律上设定了两个履行期限，使留置权的行使产生两次的留置效力。第一次效力，是在原有债权已届满清偿期，债务人未履行清偿义务时，债权人对其基于合同关系而占有债务人的动产，有权行使扣留或缓付的权利，这是狭义的留置权的效力。第二次效力，是在债权人留置了留置物的基础上，应及时通知债务人在不少于60日的期限内履行债务，如逾期不履行的，债权人有权行使处置权，即将留置物折价处理或拍卖、变卖，并从其变价的价款优先受偿，这是留置担保债权所特有的担保效力。

五、有关占有制度的主要规定

所谓占有，是指占有人对物的实际控制和管领力的事实。占有是现代物权法的一项重要制度，传统民法称之为"类物权"。占有作为独立的物权制度，与其他物权制度比较，其主要特征表现有以下三点：

1. 占有的客体为物。占有系以物为客体，包括有体物和无体物、动产和不动产、公有物和私有物，均可成立占有。但对于不因物之占有而形成的地役权、专利权等财产权均不成立占有，而成立准占有；对于非属于权利的无体物，如电力，在未特定化之前，也不能成立占有。

2. 占有为占有人对物有事实上的控制和管领。占有属于人与物的关系，具体表现为人对物有事实上的控制力和管领力，无论这种控制是否具备为我所有的意思，只要客观上形成事实的控制状态，即可成立占有。也就是说，在空间上表现为人与物有场所上的结合关系，在时间上表现为人与物有相当的继续性的结合关系。这种事实状态本身并非权利，只是在法律赋予其一定的法律效力时，占有人才根据该事实享有一定的权利。

3. 占有应为事实。对于占有的本质，究竟为事实还是权利，理论上和立法上尚无统一的定论。罗马法认为占有是事实；日耳曼法认为占有是一种物权，是物权法的核心；德国民法典系采混合占有制度；法国、日本、韩国民法则认为占有为权利；瑞士民法认为占有为单纯的事实。我国2007年《物权法》立法确立了占有制度，依其规定，我国采取"事实说"，确认占有是一种法律事实，并依此事实使非所有人取得占有权。这就是占有与权利、持有、所有等相关概念明显的区别之处。

我国是否应当在物权法中建立占有制度，在理论上是有很大分歧并在立法上是持不同的认识和主张的。但我国的物权法立法在最后还是规定了占有制度，使之成为物权法的重要组成部分，《民法典》之物权编延续这一规定。

【实战训练】

不定项选择题

1. 甲、乙订立借款合同，乙向甲交付人民币 20 万元，从完整意义上讲，甲取得货币的（　　）

A. 占有权　　　　　　　B. 使用权

C. 处分权　　　　　　　D. 所有权

2. 某住宅小区旁新建一座化工厂，该厂主要生产剧毒气体产品，小区居民对此提出强烈抗议，要求清除危险，他们行使的是（　　）

A. 所有权　　　　　　　B. 地役权

C. 相邻权　　　　　　　D. 宅基地使用权

3. 某郊区小学为使学校人员方便乘坐地铁，与相邻研究院约定，学校人员有权借研究院道路通行，每年支付 1 万元。据此，学校享有的是下列哪一项权利？（　　）

A. 相邻权　　　　　　　B. 地役权

C. 建设用地使用权　　　D. 宅基地使用权

4. 下列哪种情况不属于占有？（　　）

A. 甲从乙处捡到手表一块

B. 丙从商店买到手机一部

C. 乙的自行车存放在戊家中

D. 丁帮别人提包、但不知道包内有毒品

案例分析题

乙欠甲货款，二人商定由乙将一块红木出质并签订质权合同。甲与丙签订委托合同，授权丙代自己占有红木，乙将红木交付与丙，现问：

（1）甲乙之间的质权合同是否有效？

（2）质权是否产生？谁取得质权？为什么？

第八章　知识产权法

【导入案例】岳云鹏《五环之歌》被诉侵权案

歌曲《牡丹之歌》创作于1980年，由乔羽作词，吕远、唐诃作曲，蒋大为演唱，是电影《红牡丹》的主题曲。2018年4月5日，乔羽出具授权书，将音乐作品《牡丹之歌》的著作权之财产权利以独占排他的方式授权给乔方。2018年4月8日，乔方出具授权书，将音乐作品《牡丹之歌》的改编权、信息网络传播权、表演权、复制权以独占排他的方式授权给众得公司。2018年10月20日，乔羽再次出具授权书，将其作为《牡丹之歌》合作作者享有的著作权共有权之财产权利以独占排他的方式授权给乔方。

众得公司发现，岳龙刚未经授权擅自将《牡丹之歌》的歌词改编后创作成《五环之歌》用于商业演出，并在万达公司、新丽公司、金狐公司拍摄制作的电影《煎饼侠》中将该改编歌曲作为背景音乐和宣传推广曲MV进行使用，遂以万达公司、新丽公司、金狐公司、岳龙刚侵犯其《牡丹之歌》改编权为由，向天津市滨海新区人民法院（下称滨海法院）提起诉讼，请求法院判令上述四被告停止使用电影《煎饼侠》第46至51分钟有关《五环之歌》的背景音乐，停止《五环之歌》宣传MV的互联网传播；四被告赔偿其经济损失100万元及合理费用10.25万元。

四被告共同辩称，该歌曲属于可分割的合作作品，众得公司对该歌曲的曲作品不享有著作权利，仅有权对词作品主张权利。

滨海法院经审理查明，歌曲《牡丹之歌》系为电影《红牡丹》而创作的合作作品，合作作者之间理应具有共同创作的意图，且该歌曲的歌词与曲谱在创作方式与表现形式上可予明确区分、合作作者对各自创作的部分可以单独使用，在不损害作品完整性的前提下，曲作者唐诃、吕远就该歌曲的曲谱享有著作权，词作者乔羽就歌词部分亦享有著作权。从两者的作品名称看，仅后半部分"之歌"二字相同，但"x之歌"本身系对歌曲这种作品形式的一种惯常表达，而歌名中反映歌曲核心内容的主题部分显然不同。从两者的内容和主题看，两首歌歌词的核心内容和表达主题并不相同。从两者的具体表达方式看，两首歌对应部分的歌词中仅有"啊"字这一不具有独创性的语气助词相同。除此之外，《五环之歌》的歌词中并未使用或借鉴《牡丹之歌》歌词中具有独创性特征的基本表达，且为配合歌曲的整体风格，《五环之歌》的歌词中还加入了说唱元素，故《五环之歌》的歌词已脱离歌曲《牡丹之歌》的歌词，形成了独立的一种新的表达。最后，从整体上看，两首歌曲的创作背景及歌词部分所体现的风格与表达的情感也存在差异。综上所述，即便《五环之歌》的灵感和素材来源于《牡丹之歌》，并使用了与歌曲《牡丹之歌》中对应部分的曲谱，容易使人在听到这首歌时联想到《牡丹之歌》，但该案并不涉及对《牡丹之歌》曲谱使用行为的认定，仅就歌词部分而言，歌曲《五环之歌》的歌词不构成对歌曲《牡丹之歌》歌词的改编，故未侵犯众得公司对歌曲《牡丹之歌》词作品享有的改编权。据此，滨海法院判决驳回众得公司的诉讼请求。

众得公司不服一审判决，上诉至天津三中院，请求撤销一审判决，判令四被告停止使用电影《煎饼侠》第 46 至 51 分钟有关《五环之歌》的背景音乐，停止《五环之歌》宣传 MV 的互联网传播；四被告共同赔偿其经济损失 100 万元及合理开支 10.25 万元。

众得公司上诉称，作为音乐作品《牡丹之歌》的共有著作权人，有权单独主张音乐作品《牡丹之歌》的改编权。尽管从法理上讲，可分割合作作品的著作权可以分别行使，但不意味着合作作者只能主张自己创作的那部分作品的权利，而不能对其他部分的作品主张权利。此外，从歌曲《牡丹之歌》变成《五环之歌》，可以很明显辨别出《五环之歌》保留了《牡丹之歌》的旋律，而歌曲所表达的内容从之前的对牡丹的赞誉之情变为对五环堵车现象的一种抱怨或者发泄情绪。作为《牡丹之歌》的著作权人，无论是词作者还是曲作者，是完全有权利拒绝他人将自己的歌曲改编成其他内容或风格，或者用于其他用途，因为这种改编属于对歌曲整体内容的改编，涉及的是歌曲的整体表达效果，必须获得歌曲的作者与词曲作者共同同意才能够予以改编。

万达公司辩称，词作者乔羽授权乔方著作权的真实性无法确认，故众得公司不享有案涉音乐作品《牡丹之歌》的诉权。此外，《牡丹之歌》不是合作作品，而是一个结合作品，音乐作品《牡丹之歌》的词、曲作者分别对其创作的部分享有独立的著作权，众得公司无权主张曲或整体音乐作品的著作权，也不能在整体著作权未受侵犯的情况下主张《牡丹之歌》的著作权。新丽公司、金狐狸公司均表示，同意一审判决，不同意上诉人的上诉请求。岳龙刚辩称，其仅为被诉侵权作品的演唱者，并未实施所谓的"改编行为"。

　　法院经审理认为，《牡丹之歌》是词、曲作者共同创作的合作作品，其著作权归属词作者乔羽及曲作者吕远、唐诃共同享有。在没有特别约定的情况下，该合作作品的著作权应由合作作者共同行使，各个合作作者不能单独行使合作作品的著作权。该案中，乔羽授权乔方、乔方再授权众得公司的授权书均载明，乔羽将包括涉案音乐作品《牡丹之歌》（合作作品）著作权共有权之财产权利之改编权、信息网络传播权、表演权、复制权以独占排他的方式不可撤销地授予被授权人。可见，众得公司作为被授权人，对于音乐作品《牡丹之歌》著作权属于合作作者共有，词作者乔羽仅为著作权共有人之一的事实应属明知，故众得公司不享有音乐作品《牡丹之歌》的改编权。此外，《五环之歌》与《牡丹之歌》的歌词作品从立意到内容均不相同，《五环之歌》歌词构成了全新的作品。因此，《五环之歌》没有利用《牡丹之歌》歌词的主题、独创性表达等基本内容，不构成对《牡丹之歌》歌词的改编，四被上诉人未侵犯《牡丹之歌》歌词的改编权。

　　综上，众得公司的上诉请求不能成立，应予驳回。一审判决认定事实清楚，法律正确，应予维持。据此，法院判决维持一审原判。

【问题思考】

1. 什么是著作权？著作权的权利内容有哪些？著作权争议案件的救济程序？
2. 合作作品的著作权如何规定？
3. 终审法院维持一审判决的主要依据是什么？

一、知识产权法概述

（一）知识产权概述

1. 知识产权的含义及范围。知识产权是指民事主体对智力劳动成果依法享有的专有权利。现代企业的经营，越来越依靠科技第一生产力的作用。科技兴国、兴省、兴市，科技兴企的发展理念越来越深入人心，成为人们振兴经济、振兴企业的实际行动。在知识经济时代，加强对知识产权的保护显得尤为重要和迫切。世界贸易组织中的《与贸易有关的知识产权协定》（即 TRIPs 协定）明确规定：知识产权属于私权。我国《民法通则》也将知识产权作为一种特殊的民事权利予以规定，确认知识产权包括著作权、专利权、商标权、发明权、发现权以及其他科技成果权。《民法总则》进一步扩大了知识产权的权利范围，确定知识产权所保护的客体包括作品、发明、实用新型、外观设计、商标、地理标志、商业秘密、集成电路布图设计、植物新品种、法律规定的其他客体。而其他国家法律规定的知识产权范围更加广泛。作为 WTO 规则重要组成部分的 TRIPs 协定对知识产权范围也作了明确的规定。我国已经于 2001 年加入 WTO，这表明我国也认可 WTO 规则对知识产权范围的界定。但是，对于知识产权的保护实际上取决于各国对知识产权的立法和执法水平。

知识产权是不断扩张的开放体系。科学技术的发展和社会的进步，不仅使知识产权传统权利类型的内涵不断丰富，而且使知识产权的外延不断拓展。根据 TRIPs 协定、《建立世界知识产权组织公约》等国际公约和我国《民法通则》《民法总则》《反不正当竞争法》等国内立法，知识产权的范围主要包括以下内容：

（1）著作权和邻接权。著作权，又称版权，是指文学、艺术和科学作品的作者及其相关主体依法对作品所享有的人身权利和财产权利。邻接权在著作权法中被称为"与著作权有关的权益"。

（2）专利权，即自然人、法人或其他组织依法对发明、实用新型和外观设计在一定期限内享有的独占实施权。

（3）商标权，即商标注册人或权利继受人在法定期限内对注册商标依法享有的专用权利。

（4）商业秘密权，即民事主体对属于商业秘密的技术信息或经营信息依法享有的专有权利。

（5）植物新品种权，即完成育种的单位或个人对其授权的品种依法享有的排他使用权。

（6）集成电路布图设计权，即自然人、法人或其他组织依法对集成电路布图设计享有的专有权。

（7）商号权，即商事主体对商号在一定地域范围内依法享有的独占使用权。

对于科技成果奖励权、地理标志权、域名权、反不正当竞争权、数据库特别权利、商品化权等能否成为独立的知识产权，这一问题在理论界存在较大分歧。

2. 知识产权的分类。知识产权从不同角度，根据不同的标准，可划分为如下类型：

（1）以权利发生的领域为标准，可划分为工业产权和文学艺术产权。这种划分方式与《保护工业产权巴黎公约》《保护文学和艺术作品伯尔尼公约》两个最早的国际公约有很大关系。《保护工业产权巴黎公约》是世界上第一个规范专利权与商标权的国际公约，专利权和商标权被统称为工业产权；而《保护文学和艺术作品伯尔尼公约》是最早规范著作权的国际公约。

（2）以权利价值的来源为标准，可划分为创造性成果权与识别性标志权。创造性成果权包括发明专利权、实用新型专利权、集成电路布图设计权、植物新品种权、工业品外观设计权、著作权和邻接权、计算机软件权、商业秘密权等；

识别性标志权包括商标权、商号权、地理标记权等。

（3）以知识产权的内容是人身性的还是财产性的为标准，可划分为人身性知识产权（如著作权中的署名权）与财产性知识产权（如专利权）。

（4）以知识产权存续有无期限为标准，可划分为有期限知识产权（如专利权）与无期限知识产权（如商业秘密权）等。

3. 知识产权的特征。知识产权是一种与物权、债权并列的独立的民事权利，其具有如下特征：

（1）特定性。即知识产权的主体是特定的，特别是权利人都是创造智力成果并经申请取得权利的人，还包括依合同和继承方式取得权利的人。

（2）无形性。即知识产权是一种无形的财产权。这是知识产权的本质属性，是知识产权区别于物权、债权、人身权和财产继承权等民事权利的首要特征。

（3）专有性。即知识产权的权利主体依法享有独占使用智力成果的权利，他人不得侵犯。从本质上讲，知识产权是一种垄断权。这种垄断权必须符合法律规定并受到一定限制。正是由于知识产权的权利主体能获得法定垄断利益，才使知识产权制度具有激励功能，促使人们不断开发和创造新的智力成果，推动技术的进步和社会的发展。

（4）地域性。即知识产权只在特定国家或地区的地域范围内有效，不具有域外效力。各国的知识产权立法基于主权原则必然呈现出独立性，各国的政治、经济、文化和社会制度的差异，也会使知识产权保护的规定有所不同。一国的知识产权要获得他国的法律保护，必须依照有关国际条约、双边协议或按互惠原则办理。

（5）时间性。即依法产生的知识产权一般只在法律规定的期限内有效。超出知识产权的法定保护期后，该知识产权权利消灭，有关智力成果进入公有领域，人们对其可以自由使用。须注意的是，商标权的期限届满后可通过续展依法延长保护期。少数知识产权没有时间限制，只要符合有关条件，法律可予以长期保护，如商业秘密权、地理标志权、商号权等。

（二）知识产权法的意义

知识产权法是指因调整知识产权的归属、行使、管理和保护等活动中产生的社会关系的法律规范的总称。从法律部门的归属上讲，知识产权法仍属于民法，是民法的特别法，民法的基本原则和许多法律规范大多都适用于知识产权法。

自改革开放以来，我国十分重视知识产权的立法工作。特别是我国加入WTO 以后，立法部门根据我国加入 WTO 的有关承诺，对知识产权的有关法律、法规以及规章进行了修订和完善。尽管我国的知识产权立法起步较晚，但发展迅速，至今我国已建立起符合国际先进标准的知识产权法律体系。我国没有专门就知识产权制定统一的法律，而是以《民法通则》规定的总的指导原则为基础，根据知识产权的不同类型来制定不同的单行法律、法规以及规章，这些法律、法规和规章共同构成了我国知识产权的法律体系。1986 年 4 月，全国人大审议通过的《民法通则》第 5 章第 3 节对知识产权作了专节原则性规定。1982 年 8 月，全国人大常委会审议通过了《中华人民共和国商标法》，该法分别于 1993 年 2 月、2001 年 10 月、2013 年 8 月和 2019 年 4 月作了四次修正；1984 年 3 月全国人大常委会审议通过了《中华人民共和国专利法》（以下简称《专利法》），该法分别于 1992 年 9 月、2000 年 8 月和 2008 年 12 月作了三次修正；1990 年 9 月全国人大常委会审议通过了《中华人民共和国著作权法》，该法于 2001 年 10 月和 2010 年 2 月作了两次修正。根据上述法律，国务院分别制定并修改了相关的实施条例或细则，并制定了一系列的相关配套法规，如《中华人民共和国商标法实施条例》《中华人民共和国专利法实施细则》《中华人民共和国著作权法实施条例》《计算机软件保护条例》《中华人民共和国植物新品种保护条例》《集成电路布图设计保护条例》等。

此外，我国也加强与世界各国在知识产权领域的交往与合作，先后加入了十多项知识产权保护的国际公约，如《建立世界知识产权组织公约》《保护工业产权巴黎公约》《保护文学和艺术作品伯尔尼公约》《商标国际注册马德里协定》《关于集成电路的知识产权条约》《保护录音制品制作者防止未经许可复制其录音制品公约》《专利合作条约》《世界版权公约》《与贸易有关的知识产权协定》等，我国将遵守上述公约、协定的规定，更重视加强知识产权法制建设。

（三）知识产权的国际保护

知识产权是近代商品经济发展的产物。知识产权从一国跨越国界走向世界，这是资本主义市场经济发展、各国对知识产权更加迫切的交流和保护要求，从而促进各国政府经过谈判协商，在知识产权的不同领域订立了一系列的国际公约和协定，以达到对知识产权的国际保护之目的。

1. 有关知识产权国际保护的世界性或地区性的国际条约。

（1）《保护工业产权巴黎公约》。这是 1883 年在法国巴黎签订的，并经过多次修改，至 1989 年 3 月，其成员达 99 个，是在保护工业产权方面影响较大的国际公约。我国于 1984 年 11 月 14 日经第六届全国人大常委会第八次会议决定加入巴黎公约，自 1985 年 3 月 19 日起该公约对我国生效。

（2）《专利合作条约》。在 1966 年 9 月巴黎联盟执行委员会会议上，美国提议签订一个在专利申请案的接受和初步审理方面进行国际合作的条约。根据这个提议，1970 年 5 月在华盛顿召开的《巴黎公约》成员国外交会议上，缔结了《专利合作条约》，35 个国家的代表签字，我国于 1993 年参加（该条约 1994 年 1 月 1 日对我国生效）。截至 2003 年 1 月，共有 118 个国家参加了该协定。

（3）《商标国际注册马德里协定》和《商标注册条约》。《商标国际注册马德里协定》是 1891 年 4 月于西班牙马德里签订的，目的是简化商标国际注册手续。我国于 1989 年 10 月 4 日起加入了《商标国际注册马德里协定》。《商标注册条约》是 1973 年 6 月于维也纳签订的。《商标国际注册马德里协定》和《商标注册条约》均规定，其成员国必须是《保护工业产权巴黎公约》的成员国。《商标国际注册马德里协定》《商标注册条约》的成员国中的商标所有人均可向世界知识产权组织国际局申请商标国际注册，不必分别向每个国家提出申请。此外，《商标国际注册马德里协定》还规定，申请商标注册首先须取得本国商标主管部门的商标注册，然后通过本国商标主管部门提出申请，使用文字仅限于法文。而《商标注册条约》规定，商标注册申请人可直接向世界知识产权组织国际局申请国际注册，不需先在本国注册，使用文字可用法文，也可用英文。《商标国际注册马德里协定》与《商标注册条约》是两个并行的国际条约，一个国家可以同时参加这两个条约，也可以只参加其中的一个条约，这两个国际条约的缔约国的国民，可以按其申请商标保护的不同对象而援用其中任何一个条约。

（4）《保护文学和艺术作品伯尔尼公约》。该公约因为缔结于瑞士的伯尔尼，一般简称为"伯尔尼公约"。该公约于 1886 年缔结；1896 年在巴黎增补一次；1908 年在柏林修订一次；1914 年在伯尔尼又对柏林文本增补一次；1928 年、1948 年、1967 年及 1971 年又分别在罗马、布鲁塞尔、斯德哥尔摩和巴黎进行了修订。该公约现有的最新文本即 1971 年巴黎文本。虽然 1979 年对这个文本的个别行政条款作了一些小修改，改后的文本仍然称为"1971 年巴黎文本"。到 2003 年 1 月为止，已经有 169 个国家参加了伯尔尼公约，其中绝大多数均已批准了公约的巴黎文本。我国于 1992 年参加该公约。

（5）TRIPs 协定。这是《关贸总协定》于乌拉圭回合新拓展出来的重要领域，并把 TRIPs 纳入 WTO 多边贸易体制，成为《马拉喀什建立世界贸易组织协定》的附件 1C。在 TRIPs 协定的序言里，把知识产权的性质确认为特殊的"私有权"，"承认各国知识产权制度最基本的的公共政策目的，包括发展和技术目标"。它是建立在现有重要知识产权条约基础之上的协定，为 WTO 全体成员方必须遵循的知识产权保护规定了一系列最低标准，给版权、商标、地理标志、工程设计、专利、集成电路布图，保护商业信息规定了法纪，并在许多方面超过了知识产权公约和工业产权公约的保护内容，为尚未解决的问题规定了新的规则。我国经过十多年的谈判，终于 2001 年 11 月 11 日加入了 WTO，自 12 月 11 日起成为世贸组织第 143 个成员。

2. 知识产权保护国际条约的基本原则。知识产权保护国际条约主要规定了知识产权保护的基本原则、范围以及最低保护标准等内容。其中，关于基本原则的规定，是知识产权保护国际公约中最基本、最重要的内容。

（1）国民待遇原则。这是在《保护工业产权巴黎公约》中首先提出的，并在 TRIPs 协定中再次强调，国民待遇原则是各个知识产权国际公约和成员都必须共同遵守的基本原则。该原则是指在知识产权的保护上，成员国法律必须给予其他成员的国民以本国或地区国民所享有的同样待遇。如果是非成员的国民，在符合一定条件后也可享受国民待遇。例如在著作权保护方面，某公民的作品只要在某成员国首先发表，就可在该成员国享受国民待遇。

（2）最惠国待遇原则。该原则最早仅适用于国际有形商品贸易，后被 TRIPs 协定延伸到知识产权保护领域。其含义是指在知识产权保护方面，对于缔约方应给予某缔约方或非缔约方的利益、优待、特权或豁免，应立即无条件地给予其他缔约方。国民待遇原则解决的是本国人和外国人之间的平等保护问题。而最惠国待遇原则则是解决外国人彼此之间的平等保护问题，其共同点是禁止在知识产权保护方面实行歧视或差别待遇。

（3）透明度原则。这是指各成员颁布实施的知识产权保护法律、法规以及普遍适用的终审司法判决和终局行政裁决，均应以该国文字颁布或以其他方式使各成员政府及权利持有人知悉。

（4）独立保护原则。该原则是指某成员国民就同一智力成果在其他缔约国（或地区）所获得的法律保护是互相独立的。知识产权在某成员境内产生、被宣告无效或终止，并不必然导致该知识产权在其他成员境内也产生、被宣告无效或终止。

（5）自动保护原则。这是仅适用于保护著作权的一项基本原则。其含义是作者在享有及行使该成员国民所享有的著作权时，不需要履行任何手续，注册登记、交纳样本及作版权标记等手续均不能作为著作权产生的条件。

（6）优先权原则。该原则是《保护工业产权巴黎公约》授予缔约国国民最重要的权利之一，TRIPs 协定对此予以了肯定，解决了外国人在申请专利权、商标权方面因各种原因产生的不公平竞争问题。其含义是指，在一个缔约成员国提出发明专利、实用新型、外观设计或商标注册申请的申请人，又在规定期限内就同样的注册申请再向其他成员国提出同样内容的申请的，可以享有申请日期优先的权利。即可以把向某成员国第一次申请的日期，视为向其他成员国实际申请的日期。享有优先权的期限限制则视不同的工业产权而定，发明和实用新型为向某成员第一次申请之日起 12 个月，外观设计和商标为 6 个月。

二、有关商标权的主要规定

（一）商标和商标法

商标俗称"牌子"，是指经营者在商品或服务上使用的，将自己经营的商品或提供的服务与其他经营者经营的商品或提供的服务区别开来的一种商业识别标志。随着生产力的发展，生产相同商品或提供相同服务的经营者越来越多。商标最基本的功能就是识别商品或服务的来源，区别相同商品或服务的不同经营者。商标一般以可视性的标志，包括文字、图形、字母、数字、三维标志和颜色组合和声音等，以及上述要素的组合来表示，并应置于商品表面或商品包装上和服务场所及服务说明书上。商标应当具有显著特征，便于识别。根据不同的标准，可将商标主要分为以下几类：

1. 平面商标和立体商标。平面商标是指由文字、图形、字母、数字、色彩的组合，或前述要素的相互组合构成的商标。立体商标是由产品的容器、包装、外形以及其他具有立体外观的三维标志构成的商标。

2. 商品商标和服务商标。商品商标是指使用于各种商品上，用来区别不同生产者和经营者的商标。服务商标是指使用于服务项目，用来区别服务提供者的商标。

3. 集体商标和证明商标。集体商标是指以团体、协会或者其他组织的名义注册，供该组织成员在商事活动中使用，用以表明使用者在该组织中的成员资格的标志。证明商标，是指由对某种商品或者服务具有监督能力的组织所控制，而由该组织以外的单位或者个人使用于其商品或者服务，用以证明该商品或者服务的原产地、原料、制造方法、质量或者其他特定品质的标志。

此外，还可以将商标分为注册商标和非注册商标，自愿注册商标和强制注册商标，共同商标、驰名商标、地理标志、官方标志及检验印记等种类。

商标法是调整在确认、使用及保护商标专用权过程中所发生的各种社会关系的法律规范的总称。商标法作为确立商标制度的重要法律规范，我国已于 1982 年 8 月 23 日由第五届全国人大常委会第二十四次会议通过了《中华人民共和国商标法》（以下简称《商标法》），并于 1993 年 2 月 22 日、2001 年 10 月 27 日、2013 年 8 月 30 日和 2019 年 4 月 23 日先后进行过四次重大修改，使我国商标制度逐步与国际接轨并臻于完备。

（二）商标注册及商标权取得

1. 商标注册和商标专用权取得。商标权的取得可分为原始取得和继受取得。

根据我国《商标法》的规定，商标权的原始取得，应按照商标注册程序办理。商标注册人对注册商标享有的专用权，受法律保护。继受取得应按合同转让和继承注册商标的程序办理。商标注册，是指商标使用人将其使用的商标，依法向国家商标局提出注册申请，经审核批准，发给商标注册证，授予商标专用权的过程。商标注册过程使商标所有人取得注册商标，而享有商标专用权。使用注册商标应当标明"注册商标"字样或者标明注册标记"注"或者"R"。

2. 商标注册的原则。

（1）自愿注册和强制注册相结合的原则。所谓商标自愿注册，是指商标使用人要求取得商标专用权的，可自愿申请注册，不愿注册的则不享有商标专用权。所谓商标强制注册，是指法律、行政法规规定必须使用注册商标的商品，必须申请商标注册，未经核准注册的，不得在市场上销售。依照《商标法实施细则》规定，国家规定并由国家工商行政管理局公布的人用药品和烟草制品，以及由国家工商行政管理局公布必须使用注册商标的其他商品，必须使用注册商标。在申请人用药品注册商标时，应当附送卫生行政部门发给的《药品生产企业许可证》或者《药品经营企业许可证》；申请卷烟、雪茄烟和包装的烟丝的烟草制品的注册商标，应当附送国家烟草主管机关批准生产的证明文件；申请国家规定必须使用注册商标的其他商品的商标，应附送有关主管部门的批准证明文件。

（2）明确了"一标多类"的商标注册申请原则。商标注册申请人应当按规定的商品分类表填报使用商标的商品类别和商品名称，提出注册申请。商标注册申请人可以通过一份申请就多个类别的商品申请注册同一商标。商标注册申请等有关文件，可以以书面方式或者数据电文方式提出。

（3）申请在先原则。两个或两个以上的申请人在同一种商品或类似商品上，以相同或者相近似的商标申请注册的，初步审定并公告申请在先的商标；同一天申请的，初步审定并公告使用在先的商标，驳回其他人的申请，不予公告。但是，法律保护在先权利和禁止恶意抢注行为，即申请商标注册不得损害他人现有的在先权利，也不得以不正当手段抢先注册他人已经使用并有一定影响的商标。

（4）优先权原则。商标注册申请人自其商标在外国第一次提出商标注册申请之日起6个月内，又在中国就相同商品以同一商标提出商标注册申请的，依照该外国同中国签订的协议或者共同参加的国际条约，或者按照相互承认优先权的原则，可以享有优先权。同时，商标在中国政府主办的或者承认的国际展览会展出的商品上首次使用的，自该商品展出之日起6个月内，该商标的注册申请人可以享有优先权。依照上述要求享有优先权的，应当在提出商标注册申请的时候提出书面声明，并且在3个月内提交相应商标注册申请文件副本或证明文件；未提出书面声明或者逾期未提交的，视为未要求优先权。

3. 商标注册的申请。

（1）申请人。自然人、法人或者其他组织在生产经营活动中，对其商品或者服务需要取得商标专用权的，应当向商标局申请商标注册。两个以上的自然人、法人或者其他组织可以共同向商标局申请注册同一商标，共同享有和行使该商标专用权。

（2）申请条件。商标的必备要件包括两项：①应当具备法定的构成要素；②应当具有显著特征。商标的禁止条件也包括两个方面：①不得侵犯他人的在先权利或合法利益；②不得违反商标法禁止注册或使用某些标志的条款。《商标法》第 10~12 条具体规定了十余种不得作为商标使用或商标注册的标志。

（3）申请文件。申请商标注册应当向商标局提出商标注册申请。每一个商标申请应送交商标注册申请书 1 份、商标图样 5 份；指定颜色的，并应当提交着色图样 5 份、黑白稿 1 份。

4. 商标注册的审查和核准。我国商标注册采取公告、无异议、核准的程序。

（1）初步审查和公告。初步审查内容包括：申请人是否具备申请资格；申请的文件是否齐全；内容是否合法；注册的商标是否同他人在同一种类商品或类似商品上已经申请或已经注册的商标相同或相近似。在初步审查中，特别要注意是否违反商标法规定的禁用条款。对申请注册的商标，商标局应当自收到商标注册申请文件之日起 9 个月内审查完毕，符合商标法有关规定的，予以初步审定公告。在审查过程中，商标局认为商标注册申请内容需要说明或者修正的，可以要求申请人做出说明或者修正。申请人未做出说明或者修正的，不影响商标局做出审查决定。

（2）驳回商标注册申请的复审。申请注册的商标，凡不符合商标法有关规定或者同他人在同一种商品或者类似商品上已经注册的或者初步审定的商标相同或者近似的，由商标局驳回申请，不予公告。对驳回申请、不予公告的商标，商标局应当书面通知商标注册申请人。商标注册申请人不服的，可以自收到通知之日起 15 日内向商标评审委员会申请复审。商标评审委员会应当自收到申请之日起 9 个月内做出决定，并书面通知申请人。有特殊情况需要延长的，经国务院工商行政管理部门批准，可以延长 3 个月。当事人对商标评审委员会的决定不服的，可以自收到通知之日起 30 日内向人民法院起诉。

（3）商标异议与核准注册。对初步审定公告的商标，自公告之日起 3 个月内，在先权利人、利害关系人认为该初步审定商标侵犯其在先权利的，或者任何人认为该初步审定商标属于不得作为商标使用的标志及不得作为商标注册的，可以向商标局提出异议。公告期限满无异议的，予以核准注册，并予以公告。

商标局应当听取异议人和被异议人陈述事实和理由，经调查核实后，自公告期满之日起 12 个月内做出是否准予注册的决定，并书面通知异议人和被异议人。有特殊情况需要延长的，经国务院工商行政管理部门批准，可以延长 6 个月。商标局做出准予注册决定的，发给商标注册证，并予公告。异议人不服的，可以向商标评审委员会请求宣告该注册商标无效。商标局做出不予注册决定，被异议人不服的，可以自收到通知之日起 15 日内向商标评审委员会申请复审。商标评审委员会应当自收到申请之日起 12 个月内做出复审决定，并书面通知异议人和被异议人。有特殊情况需要延长的，经国务院工商行政管理部门批准，可以延长 6 个月。被异议人对商标评审委员会的决定不服的，可以自收到通知之日起 30 日内向人民法院起诉。人民法院应当通知异议人作为第三人参加诉讼。商标评审委员会在依照前款规定进行复审的过程中，所涉及的在先权利的确定必须以人民法院正在审理或者行政机关正在处理的另一案件的结果为依据的，可以中止审查。中止原因消除后，应当恢复审查程序。

（三）注册商标的变更、续展、转让和使用许可

1. 注册商标的变更。这是依法定程序改变商标注册人的名义、地址或其他注册事项。注册商标变更内容不能涉及商标构成要素本身，即不得改变商标标志，如必须改变时，应重新办理注册申请，经审查核准后，则获得新的注册商标专用权。注册商标需要变更的，应提出变更申请，经商标局核准并公告。

2. 注册商标续展。这是在注册商标有效期满时，需要继续使用该注册商标的，经过一定的法定手续延长商标专用权的有效期。我国《商标法》第 40 条规定，注册商标有效期满，需要继续使用，商标注册人应当在期满前 12 个月内按照规定办理续展手续；在此期间未能办理的，可以给予 6 个月的宽展期。每次续展注册的有效期为 10 年，自该商标上一届有效期满次日起计算。期满未办理续展手续的，注销其注册商标。商标局应当对续展注册的商标予以公告。

3. 注册商标的转让。这是商标注册人根据合同的约定或法律的规定，将该注册商标的所有权转移归他人所有。转让注册商标的，转让人和受让人应当签订转让协议，并共同向商标局提出申请。受让人应当保证使用该注册商标的商品质量。商标注册人对其在同一种商品上注册的近似的商标，或者在类似商品上注册的相同或者近似的商标，应当一并转让。对容易导致混淆或者有其他不良影响的转让，商标局不予核准，书面通知申请人并说明理由。转让注册商标经核准后，予以公告。受让人自公告之日起享有商标专用权。

4. 注册商标的使用许可。这是商标注册人将其注册商标通过签订商标使用

许可合同，许可他人使用，被许可人享有该注册商标的使用权。经许可使用他人注册商标的，必须在使用该商标的商品上标明被许可人的名称和商品产地，并保证使用该注册商标的商品质量。许可他人使用其注册商标的，许可人应当将其商标使用许可报商标局备案，由商标局公告。商标使用许可未经备案不得对抗善意第三人。

（四）商标使用管理

商标使用的管理，是指国家商标主管机关依法对于注册商标和未注册商标的使用进行的管理活动。负责全国注册商标的管理工作的商标主管机关是国家工商行政管理局商标局，地方各级工商行政管理部门负责地方的商标管理工作。商标管理机构的主要任务是严格执行商标法，监督商标正确使用，制止商标权滥用等违法行为。

1. 注册商标使用管理。

（1）检查监督注册商标的使用。对于自行改变注册商标的，自行转让注册商标的，自行改变注册商标的注册人名称、地址或者其他注册事项的，或无正当理由连续3年停止使用的，由商标局责令限期改正，或者撤销其注册商标；对将注册商标用于核定商品范围以外商品的行为，责令其改正，或令其另行申请注册。

（2）监督使用商标的商品质量。地方各级工商行政管理部门发现使用注册商标的商品有粗制滥造、以次充好、欺骗消费者的行为的，责令其限期改正，并可以予以通报或者处以罚款，或者由商标局撤销其注册商标；对有毒有害并且没有使用价值的商品，则应予以销毁。

（3）对强制注册商标管理。国家规定必须使用注册商标的商品，其商标未经注册而进行销售的、由地方工商行政管理部门责令限期申请注册，可以并处罚款。

2. 对未注册商标的使用管理。除国家规定必须使用注册商标的商品外，允许使用未经注册的商标，但商标所有人不享有商标专用权，不受法律保护。如果未注册商标所有人擅自使用注册商标标识，冒充注册商标的，或者商标的构成要素及组合违反商标标识禁用条款的，以及商品粗制滥造，以次充好，欺骗消费者的，由地方工商行政管理部门予以制止，限期改正，并可以予以通报；违法经营额达5万元以上的，可以处违法经营额20%以下的罚款；没有违法经营额或者违法经营额不足5万元的，可以处1万元以下的罚款。

3. 对商标印制管理。按照《商标印制管理暂行办法》规定，商标印制工作必须由持有工商行政管理机关核发的营业执照，并经核定允许承揽商标印制业务的企业承担，严格禁止无照或者超越经营范围承揽商标印制业务。需印制注册商标的单位或个人凭《中华人民共和国商标注册证》到所在地县级工商行政管理局开具《注册商标印制证明》，凭该证明委托商标印制企业印制。需印制未注册商标的单位或个人凭《营业执照》，到所在地县级工商行政管理局领取《未注册商标印制委托书》，凭委托书委托印制。

（五）商标专用权的保护

商标专用权，又称商标权，是指商标注册人在法定期限内对其注册商标所享有的、受国家法律保护的各种权利。从内容上看，商标专用权包括专用权、禁止权、许可权、转让权、续展权和标示权等种类，其中，专有使用权是最重要的权利，其他权利都是由该权利派生出来的。正因为如此，一般都把商标权与商标专用权不加区分地使用。但两者之间的法律意义有时是不相同的。商标专用权，是指商标注册的所有人对其所注册的商标依法享有专用的权利，未经其许可，任何人都不得在同一种商品上或者类似商品上使用与其注册商品相同或相近似的商标。当他人侵害了注册商标专用权时，注册商标专用权人可以请求工商行政管理部门予以行政保护，也可以请求人民法院给予司法保护。

1. 商标侵权行为。这是指侵害他人注册商标专用权行为。根据《商标法》规定，商标侵权行为的主要表现情形有：

（1）未经商标注册人的许可，在同一种商品上使用与其注册商标相同的商标的。

（2）未经商标注册人的许可，在同一种商品上使用与其注册商标近似的商标，或者在类似商品上使用与其注册商标相同或者近似的商标，容易导致混淆的。

（3）销售侵犯注册商标专用权的商品的。

（4）伪造、擅自制造他人注册商标标识或者销售伪造、擅自制造的注册商标标识的。

（5）未经商标注册人同意，更换其注册商标并将该更换商标的商品又投入市场的。

（6）故意为侵犯他人商标专用权行为提供便利条件，帮助他人实施侵犯商标专用权行为的。

（7）给他人的注册商标专用权造成其他损害的。

2. 对商标侵权行为的处理。

（1）对商标侵权的查处和行政处罚。对侵犯注册商标专用权的行为，工商行政管理部门有权依法查处。工商行政管理部门处理时，认定侵权行为成立的，责令立即停止侵权行为，没收、销毁侵权商品和主要用于制造侵权商品、伪造注册商标标识的工具，违法经营额达 5 万元以上的，可以处违法经营额 5 倍以下的罚款；没有违法经营额或者违法经营额不足 5 万元的，可以处 25 万元以下的罚款。对 5 年内实施 2 次以上商标侵权行为或者有其他严重情节的，应当从重处罚。销售不知道是侵犯注册商标专用权的商品，能证明该商品是自己合法取得并说明提供者的，由工商行政管理部门责令停止销售。

（2）对商标侵权的法定赔偿额标准。侵犯商标专用权的赔偿数额，按照权利人因被侵权所受到的实际损失确定。实际损失难以确定的，可以按照侵权人因侵权所获得的利益确定；权利人的损失或者侵权人获得的利益难以确定的，参照该商标许可使用费的倍数合理确定。对恶意侵犯商标专用权，情节严重的，可以在按照上述方法所确定数额的 1 倍以上 3 倍以下范围内确定赔偿数额。赔偿数额应当包括权利人为制止侵权行为所支付的合理开支。人民法院为确定赔偿数额，在权利人已经尽力举证，而与侵权行为相关的账簿、资料主要由侵权人掌握的情况下，可以责令侵权人提供与侵权行为相关的账簿、资料；侵权人不提供或者提供虚假的账簿、资料的，人民法院可以参考权利人的主张和提供的证据判定赔偿数额。权利人因被侵权所受到的实际损失、侵权人因侵权所获得的利益、注册商标许可使用费难以确定的，由人民法院根据侵权行为的情节判决给予 300 万元以下的赔偿。

（3）对商标侵权的刑事处罚。假冒他人注册商标，或伪造、擅自制造他人注册商标标识，或销售伪造、擅自制造的注册商标标识，或销售明知是假冒商标的商品，构成犯罪的，除赔偿被侵权人的损失外，还要依法追究刑事责任。

（六）驰名商标的保护

驰名商标，是指在一定地域范围内具有较高知名度并为相关公众知晓的商标。驰名商标具有巨大的商业价值，是不法经营者假冒或仿冒的重点对象，因而我国《商标法》对驰名商标规定了特殊的保护措施。

驰名商标的认定可以由特定的行政机关认定，也可以由人民法院在审理案件时进行认定。国家工商行政管理局负责驰名商标的认定与管理工作，驰名商标的认定以当事人申请为原则。人民法院在审理商标纠纷案件中，根据当事人的请求和案件的具体情况，可以对涉及的注册商标是否驰名依法作出认定。当事人对曾经被行政机关或者人民法院认定的驰名商标请求保护的，对方当事人对涉及的商标驰名不持异议，人民法院不再审查；提出异议的，人民法院依照《商标法》第 14 条的规定审查。认定驰名商标应当考虑下列因素：①相关公众对该商标的知晓程度；②该商标使用的持续时间；③该商标的任何宣传工作的持续时间、程度和地理范围；④该商标作为驰名商标受保护的记录；⑤该商标驰名的其他因素。这里的"相关公众"，是指与商标所标识的某类商品或者服务有关的消费者和与前述商品或者服务的营销有密切关系的其他经营者。

复制、摹仿或者翻译他人未在中国注册的驰名商标或者主要部分，在相同或者类似商品上使用，容易导致混淆的，应当承担停止侵害的民事法律责任，申请注册的，不予注册并禁止使用。就不相同或者不相类似商品申请注册的商标是复制、摹仿或者翻译他人已经在中国注册的驰名商标，误导公众，致使该驰名商标注册人的利益可能受到损害的，不予注册并禁止使用。

三、有关专利权的主要规定

（一）专利和专利法

专利，是指按照《专利法》的规定，由国家专利机关授予发明人、设计人或者所属的单位，在一定期限内对某项发明创造成果享有的专有权。我国《专利法》确立的专利有发明专利、实用新型专利及外观设计专利三种。

专利法是指调整在确认和保护发明创造的专有权以及在利用专有的发明创造过程中产生的社会关系的法律规范的总称。我国于 1984 年 3 月 12 日第六届全国人大常委会第四次会议通过了《专利法》，第一次确立了我国专利制度。随着经济技术体制改革不断深化，先后于 1992 年 9 月 4 日、2000 年 8 月 25 日和 2008 年 12 月 27 日进行了三次重大修订正。同时，国务院先后公布与修订了与之配套的《中华人民共和国专利法实施细则》及其相关法规，使我国专利制度逐步与国际接轨并趋于完善。

（二）专利权的法律关系

专利权制度作为一项重要的民事制度，其专利权法律关系同样应由专利权的主体，客体和内容三要素构成，缺一不可。

1. 专利权的主体。这是指可以申请并取得专利权的单位和个人。享有专利权的单位和个人，统称为专利权人。它包括：

（1）发明人、设计人所在的单位。企业、事业单位、社会团体、国家机关的工作人员执行本单位的任务或者主要是利用本单位的物质条件所完成的发明创造，申请专利的权利属于该单位，申请被批准后，该单位为专利权人。但单位与发明人或设计人订有合同，对申请专利的权利和专利权的归属作出约定的，从其约定，实行合同约定优于法定的原则。

（2）发明人、设计人个人。这是由发明人或者设计人自主做出的非职务发明创造，申请专利的权利属于发明人或者设计人。申请被批准后，专利权归申请发明人或者设计人所有。非职务发明创造一般是在工作时间以外完成的，或工作人员在退职、退休 1 年后做出的发明创造。

（3）共同发明人、设计人。两个以上单位或个人合作完成的发明创造，一个单位或个人接受其他单位或个人委托所完成的发明创造，除另有协议外，申请专利权利属于完成或者共同完成的单位或个人。申请被批准后，申请的单位或个人为专利权人。

（4）外国人。外国人包括具有外国国籍的自然人和法人。在中国有经常居所或者营业所的外国人，享有与中国公民或单位同等的专利申请权和专利权。在中国没有经常居所或者营业所的外国人、外国企业或者外国其他组织在中国申请专利的，依照其所属国同中国签订的协议或者共同参加的国际条约，或者依照互惠原则，可以申请专利，但应当委托国务院专利行政部门指定的专利代理机构办理。

2. 专利权的客体。这是指专利法保护的对象，即依法可以取得专利权的发明创造。我国专利法所称的发明创造，是指发明、实用新型和外观设计。①发明。这是指对产品、方法或者其改进所提出的新的技术方案。发明是一种技术方案，也就是一种技术思想。发明与发现是两个截然不同的概念，发明是对客观世界的改造，而发现则是对客观世界的认识，发明分为产品发明和方法发明两大类。②实用新型。这是指对产品的形状、构造或者其结合所提出的具有实用性的新的技术方案。实用新型与发明相比，其技术水平较低，故被称为小发明或小专利。③外观设计。这是指对产品的形状、图案、色彩或者其结合所作出的富有美感并适用于工业上应用的新设计。外观设计只能适用于产品。根据我国《专利法》第 22 条的规定，取得专利权的发明须具备新颖性、创造性和实用性"三性"，但不是所有具备新颖性、创造性和实用性的发明创造都能被授予专利权。不能授予专利权的客体范围主要有两类：①凡违反国家法律、社会公德或者妨害公共利益的发明创造的，均不得授予专利权；②法定限制范围内规定科学发现、智力活动的规则和方法、疾病的诊断和治疗方法、动物和植物品种、用原子核变换方法获得的物质，不授予专利权。但上述动物和植物品种的生产方法，可以授予专利权。

3. 专利权的内容。这是指专利权人依法享有的专利权利和承担的义务。其权利主要有：①独占权。专利权人享有自己制造、使用和销售专利产品，或者使用专利方法的权利，他人未经专利权人同意，不得支配其专利。②转让权。专利权人享有将自己的专利权转让给他人的权利。当事人转让专利权必须以订立书面合同的形式，并经专利局登记和公告后才发生法律效力。③许可权。专利权人享有许可他人实施其专利并收取使用费的权利，《专利法》规定当事人必须以订立书面合同的形式许可实施专利。④标记权。专利权人有权在专利产品或者该产品的包装上标明专利标记和专利号。由于人身权利不因专利权的转让而消失，因此，发明人和设计人无论是否为专利权人，都有在专利文件上写明自己是发明人或者设计人的权利。⑤救济权。专利权人在自己的专利权受到侵害时，有请求专利管理机关进行处理，或者直接向人民法院起诉的权利。⑥放弃权。专利权人有权以书面声明的形式放弃其专利权。其义务主要有：①专利实施义务。专利权人有义务在中国制造其专利产品、使用其专利方法，或许可他人在中国制造其专利产品、使用其专利方法。②专利权人有缴纳专利年费的义务。专利年费是专利权人付给专利局的管理费用，专利权人应从被授予专利权的当年开始缴纳专利年费；不按规定缴纳年费的，专利权应予终止。③职务发明创造取得专利后，作为专利权人的单位有向发明人或设计人给予报酬奖励的义务。④保密义务。规定申请专利的发明创造涉及国家安全或重大利益需要保密的，按照国家有关规定办理。

（三）专利权的取得

1. 专利权取得的条件。

（1）授予发明和实用新型专利的条件。被授予专利的发明和实用新型，应当具有新颖性、创造性、实用性：①新颖性是指该发明或者实用新型不属于现有技术，也没有任何单位或者个人就同样的发明或者实用新型在申请日以前向国务院专利行政部门提出过申请，并且记载在申请日以后公布的专利申请文件或者公告的专利文件中，由此确立了我国专利法要求具备世界新颖性的立法原则。对于书面公开，要求申请日以前同样的发明或实用新型在国内外的出版物上没有公开发表过；对于使用公开，要求在申请日以前同样的发明或实用新型在国内外没有公开使用过；对于其他方式公开，要求在申请日以前同样的发明或实用新型在国内外没有以其他方式为公众所周知。与此同时，我国《专利法》又规定了丧失新颖性的例外情况。在某些特殊情况下，尽管申请专利的发明或者实用新型在申请日或者优先权日前公开，但是在一定期限内提出专利申请的，则不丧失新颖性。《专利法》第24条规定，申请专利的发明创造在申请日以前的6个月内有下列情形之一的，不丧失新颖性：一是在中国政府主办或者承认的国际展览会上首次展出的；二是在规定的学术会议或者技术会议上首次发表的；三是他人未经申请人同意而泄露其内容的。②创造性是指同申请日以前已有的技术相比，该发明有突出的实质性特点和显著的进步，该实用新型有实质性特点和进步。所谓"实质性特点"，是指一项发明创造提出申请时，与原有技术相比有本质性的突破，具有独创性的构思。创造性比新颖性要求更高，具备新颖性并不一定就同时具备了创造性。③实用性是指该发明或者实用新型能够在工业上制造或者使用，并且能够产生积极效果。以上三性，缺一不可。缺少任何一个条件的发明或实用新型就不能授予专利权。

（2）授予外观设计专利的条件。授予外观设计专利，应当具备新颖性，即应当同申请日以前在国内外出版物上公开发表过或者国内外公开使用过的外观设计不相同或者不相近似。可见，外观设计要获得专利权必须具备新颖性的条件，而不同时要求具备创造性和实用性。但是，新颖性条件中所说的"不相同或者不相近似"以及外观设计的含义中的"适于工业上应用"实质上就是指的创造性、实用性，只不过是在授予外观设计专利时不将二者作为必要条件规定而已。

2. 专利权取得的原则。

（1）"三一"原则。即对于一项发明创造，申请人只能提出一个申请，并取得一项专利。这是世界各国通用的"一项发明一项专利"的原则，我国专利法也确立这一原则，成为人们取得专利权必须遵循的基本准则。

（2）先申请原则。两个或者两个以上的申请人分别就同一发明创造申请专利，专利权授予同一发明创造中第一个申请专利权的人。对于实行先申请原则，申请日的确定就非常重要，申请日是判断专利申请是否具备新颖性的时间标准，也是专利权有效期限及其他一些法定程序的起算日。《专利法》明确规定，专利局收到专利申请文件之日为申请日。如果申请文件是邮寄的，以寄出的邮戳日为申请日。

（3）优先权原则。申请人自发明或者实用新型在外国第一次提出专利申请之日起 12 个月内，或者自外观设计在外国第一次提出专利申请之日起 6 个月内，又在中国就相同主题提出专利申请的，依照该外国同中国签订的协议或者共同参加的国际条约，或者依照相互承认优先权的原则，可以享有优先权。申请人自发明或者实用新型在中国第一次提出专利申请之日起 12 个月内，又向国务院专利行政部门就相同主题提出专利申请的，可以享有优先权。申请人要求优先权应当在申请时提出书面声明，并且在 3 个月内提交第一次提出的专利申请文件的副本；未提出书面声明或者逾期未提交专利申请文件副本，视为未要求优先权。

3. 专利的申请。申请发明或者实用新型专利应提交四个文件：①请求书。其主要内容包括：发明或实用新型的名称，发明人或设计人的姓名，申请人的姓名或名称、地址，以及专利法实施细则中规定的其他事项。②说明书。这是专利申请的最基本文件，是清楚、完整地对发明或实用新型的内容进行说明，以所属技术领域的技术人员能够实现为准，必要时应当有附图。③权利要求书。这是以说明书为依据，说明请求专利法保护的范围。④摘要。摘要是对发明或实用新型技术要点的简要说明，便于情报传递，帮助专业人员对专利进行"三性"检索或其他情报检索。申请外观设计专利时应递交的文件有请求书和外观设计的图片或照片等，并应写明使用该外观设计的产品及其所属类别。

4. 专利的审查批准。

（1）发明专利申请的审查和批准。专利局收到发明专利的申请后，应按法定程序办理审批手续。我国对发明专利申请采用早期公开、延迟审查制度。其审批程序如下：

第一，初步审查。初步审查也称为形式审查，主要是对专利申请文件格式进行审查，核对专利申请文件是否齐备，格式是否符合规定，对专利申请的内容进行审查，是否明显属于不授予专利权的范畴，是否需要保密等。

第二，早期公开。这是专利局收到发明专利申请后，经初步审查认为符合专利法规定的，自申请日起满18个月，即行公布。专利局也可以根据申请人的请求早日公布其申请。早期公开的内容包括发明说明书、摘要、权利要求书以及申请人的姓名、地址、申请日期、申请号和国际专利分类等。公布的内容刊登在专利局公开发行的专利公报上。

第三，实质审查。实质审查主要是从技术角度审查发明创造是否符合专利法所要求的"三性"，即新颖性、创造性和实用性。审查工作由中国专利局的审查员来担任。申请人应主动要求进行实质审查。申请人从申请日起3年内，可随时请求专利局对其发明专利申请进行实质审查。如果申请人在3年期限内没有提出实质审查的要求，就被视为撤回申请；在3年期限内，专利局认为有必要时，可以自行对发明专利申请进行实质审查。经审查，认为不符合专利法规定的，应当通知申请人，要求其在指定的期限内陈述意见，或者对其申请进行修改；无正当理由逾期不答复的，该申请即被视为撤回。发明专利申请经申请人陈述意见或者进行修改后，专利局认为不符合专利法规定的，应当予以驳回。

第四，授予专利权。发明专利申请经实质审查没有发现驳回理由的，专利局应当作出授予发明专利权的决定，发给发明专利证书，并予以登记和公告。

（2）实用新型和外观设计专利申请的审查和批准。对于实用新型和外观设计专利申请经初步审查没有发现驳回理由的，专利局应当作出授予实用新型专利或者外观设计专利权的决定，发给相应的专利证书，并予以登记和公告。

（3）对驳回专利申请不服的复审。专利申请人对专利局驳回申请不服的，可在收到通知之日起3个月内向专利复审委员会请求复审。申请人在复审请求书要说明请求复审的问题、理由并提供必要的论证资料及证明文件。复审委员会经过审查，作出复审决定，并通知申请人。专利申请人对专利复审委员会的复审决定不服的，可以在收到通知之日起3个月内向人民法院起诉。

（四）专利权的期限、终止和无效

1. 专利权的期限。专利权人对其发明创造所享有的独占权，仅在法律规定的期限内受到法律的保护，超过法律规定的有效期限，专利权就自行终止，该发明创造就成为全社会公共财富。我国《专利法》第42条规定，发明专利期限为20年，实用新型和外观设计专利期限为10年，其专利权期限均自申请之日起算。

2. 专利权的终止。这是指专利权在有效期限内，由于发生了法律规定的事由，专利权人丧失其专利权的情形。专利权的终止有两种情形：①正常终止，即专利权期限届满；②提前终止，即专利权期限届满前终止，主要原因是没有按照规定缴纳年费，或专利权人以书面声明放弃其专利权两种情形。专利权终止应由专利局进行登记和公告。

3. 专利权的无效。所谓专利权无效，是指自专利局公告授予专利权之日起，任何单位或者个人认为该专利权的授予不符合专利法有关规定的，可以请求专利复审委员会宣告该专利权无效。专利复审委员会应当及时审查和作出决定，并通知请求人和专利权人。当事人对专利复审委员会宣告专利无效或维持专利权的决定不服的，可以自收到通知之日起3个月内向人民法院起诉，人民法院应当通知宣告无效请求程序的对方当事人作为第三人参加诉讼。宣告无效的专利权视为自始不存在。而宣告专利权无效决定对在宣告专利权无效前人民法院作出并已执行的专利侵权的判决、裁定，专利管理机关作出并已执行的专利侵权处理决定，以及已经履行的专利实施许可合同和专利权转让合同，不具有追溯力。但是因专利权人的恶意给他人造成的损失，应当给予赔偿。如果依照上述规定，专利权人或者专利权转让人不向被许可实施专利人或者专利权受让人返还专利使用费或者专利权转让费，明显违反公平原则，专利权人或者专利权转让人应当向被许可实施专利人或者专利权受让人返还全部或者部分专利使用费或者专利转让费。

（五）专利权的保护

1. 专利权的保护范围。发明或者实用新型专利权保护范围以其权利要求书的内容为准，并以其发明说明书及附图用于解释权利要求。外观设计专利权的保护范围以表示图片或者照片中的该外观设计专利产品为准。在其他产品上相同的外观设计，不构成侵权。除法律另有规定的以外，专利权人有权阻止他人未经其许可，为生产经营的目的制造、使用、销售而进口其专利产品或者进口依照其专利方法直接获得的商品；非经专利权人许可，任何人既不得为生产经营目的使用其专利方法，也不得为生产经营目的使用、销售依该专利方法直接获得的产品。

2. 专利侵权及处理。这是指受我国《专利法》保护的专利权遭受某种违法行为的侵害。对未经专利权人的许可而实施其专利的侵权行为，专利权人或利害关系人可以请求管理专利工作部门进行处理，也可以直接向人民法院起诉。管理专利工作部门进行处理的时候，有权责令侵权人停止侵权行为，当事人不服的，可以在收到通知之日起 3 个月内向人民法院提起行政诉讼。期满不起诉又不履行的，管理专利工作部门可以申请人民法院强制执行。进行处理的管理专利工作的部门应当事人的请求，可以就侵犯专利权的赔偿数额进行调解，调解不成的，当事人可以向人民法院提起民事诉讼。专利侵权的诉讼时效为 2 年，自专利权人或利害关系人得知或者应当得知权利被侵害之日起计算。

但根据我国《专利法》第 69 条的规定，下列几种情形不视为侵犯专利权的行为：①专利产品或者依照专利方法直接获得的产品，由专利权人或者经其许可的单位、个人售出后，使用、许诺销售、销售、进口该产品的；②在专利申请日前已经制造相同产品、使用相同方法或者已经作好制造、使用的必要准备，并且仅在原有范围内继续制造、使用的；③临时通过中国领土、领水、领空的外国运输工具，依照所属国同中国签订的协议或者共同参加的国际条约，或者依照互惠原则，为运输工具自身需要而在其装置和设备中使用有关专利的；④专为科学研究和实验而使用有关专利的；⑤为提供行政审批所需要的信息，制造、使用、进口专利药品或者专利医疗器械的，以及专门为其制造、进口专利药品或者专利医疗器械的。

此外，为生产经营目的的使用、许诺销售或销售不知道是未经专利权人许可而制造并售出的专利侵权产品或依照专利方法直接获得的产品，能证明其产品合法来源的，当事人不承担赔偿责任。

3. 专利侵权的法律责任。

（1）行政责任和刑事责任。有以下三种违法行为的，应承担行政责任和刑事责任：①未经专利权人许可，在非专利产品上或其包装上标明专利标记或专利号，属假冒他人专利的侵权行为，由管理专利工作的部门责令改正并予公告，没收违法所得，可以并处违法所得 3 倍以下的罚款；没有违法所得的，可以处 5 万元以下的罚款；情节严重的，构成假冒他人专利罪，对直接责任人员要依照刑法有关的规定追究刑事责任。②中国单位和个人违反《专利法》规定，擅自向外国申请专利，泄露国家重要机密的，由所在单位或上级主管机关给予行政处分；构成犯罪的，依法追究刑事责任。③专利局工作人员及有关国家工作人员玩忽职守、滥用职权、徇私舞弊的构成犯罪的，依照刑法有关规定追究刑事责任；尚未构成犯罪的，依法给予行政处分。

此外，《专利法》还规定了其他违法行为的行政责任：①假冒专利的，除依法承担民事责任外，由管理专利工作的部门责令改正并予公告，汲取违法所得，可以并处违法所得 4 倍以下的罚款；没有违法所得的，可以处 20 万元以下的罚款。②侵夺发明人或者设计人的非职务发明创造专利申请权和专利法规定的其他权益的，由所在单位或者上级主管机关给予行政处分。

（2）民事责任。按照《民法通则》规定，侵害知识产权行为应承担的民事责任主要有停止侵害、消除影响、赔礼道歉和赔偿损失等。《专利法》具体规定了法定赔偿额标准，即侵犯专利权的赔偿数额，按照权利人因被侵权所受到的损失或者侵权人因侵权所获得的利益而定；被侵权人的损失或者侵权人获得的利益难以确定的，参照该专利许可使用费的倍数合理确定。同时，为了有效保护权利人的诉讼权益，专利法还规定了行为和财产保全措施。

四、有关著作权的主要规定

（一）著作权和著作权法

著作权，也被称为版权，是指作者对其创作的文学、科学和艺术作品依法享有的权利。

著作权是重要的民事权利，作为民事法律关系之一的著作权法律关系，同样由主体、客体和内容构成。著作权的主体是指著作权人，包括创作作品的作者以及依照法律或合同规定继受取得著作权的人；其客体是指受著作权法保护的文学、艺术和自然科学、社会科学、工程技术等作品，包括文字作品、口述作品和其他形式作品等；其内容是指作者依法享有的专有权利（包括人身权和财产权两类）和应承担的义务。

著作权法是指调整因著作权的产生、控制、利用和支配而产生的社会关系的法律规范的总称。广义的著作权法包括著作权法、邻接权法、各种相关的法律规范以及调整国家与国家之间就相互提供著作权保护而缔结的国际条约。我国于 1990 年 9 月 7 日第七届全国人大常委会第十五次会议通过了《中华人民共和国著作权法》（以下简称《著作权法》），第一次确立了我国著作权制度。随着市场经济不断深化发展，先后又于 2001 年 10 月 27 日和 2010 年 2 月 26 日进行了两次重大修订。同时，国务院先后公布与修订了与之配套的《中华人民共和国著作权法实施条例》及其相关法规，使我国著作权制度逐步与国际接轨并趋于完善。

（二）著作权的主体

1. 一般意义上的著作权主体，包括作者、继受人、外国人和无国籍人。

2. 演绎作品，又称派生作品，是指在已有作品的基础上，经过改编、翻译、注释、整理等创造性劳动而产生的作品。改编，是指改变作品，创作出具有独创性的新作品；翻译，是指将作品从一种语言文字转换成为另一种语言文字；注释，是指对文字作品中的字、词、句进行解释；整理，是指对内容零散、层次不清的已有文字作品或者材料进行条理化、系统化的加工。演绎行为是演绎者的创造性劳动，是一种重要的创作方式，演绎创作所产生的新作品，其著作权由演绎者享有，但行使著作权时不得侵犯原作品的著作权。

3. 合作作品的著作权人。合作作品，是指两人以上合作创作的作品。其构成要件是：作者为两人或两人以上，作者之间有共同创作的主观合意，有共同创作作品的行为。合作作品的著作权由合作作者共同享有。如果合作作品不可以分割使用，如共同创作的小说、绘画等，其著作权由各合作作者通过协商一致行使；不能协商一致，又无正当理由的，任何一方不得阻止他人行使除转让以外的其他权利，但是所得收益应当合理分配给所有合作作者。如果合作作品可以分割使用（如歌曲），作者对各自创作的部分可以单独享有著作权，但行使著作权时，不得侵犯合作作品整体的著作权。

4. 汇编作品的著作权人。汇编若干作品、作品的片段或者不构成作品的数据或者其他材料，对其内容的选择或者编排体现独创性的作品，称为汇编作品。汇编作品的构成成分既可以是受版权法保护的作品及片段，如论文、词条、诗词、图片等；也可以是不受版权法保护的数据或者其他材料，如法律法规、股市信息、商品报价单等。汇编作品受著作权法保护的根本原因在于汇编人对汇编材料内容的选择或编排付出了创造性劳动。在材料的选择或编排上体现独创性的数据库，可作为汇编作品受著作权法保护。汇编作品的著作权由汇编人享有，但行使著作权时，不得侵犯原作品的著作权。由于汇编权是作者的专有权利，因而汇编他人受版权法保护的作品或作品的片段时，应征得他人的同意，并不得侵犯他人对作品享有的发表权、署名权、保护作品完整权和获得报酬权等著作权。

5. 影视作品的著作权人。影视作品是指电影作品和以类似摄制电影的方法创作的作品。影视作品是比较复杂、系统的智力创作工程，需要制片者、编剧、导演、摄影、演员等多人的通力合作。影视作品的著作权由制片者享有，但编剧、导演、摄影、作词、作曲等作者享有署名权，并有权按照与制片者签订的合同获得报酬。影视作品中的剧本、音乐等可以单独使用的，其作者有权单独行使其著作权。

6. 职务作品的著作权人。职务作品是指公民为完成法人或者其他组织的工作任务所创作的作品。其特征是：①创作作品的公民与所在法人或其他组织之间存在劳动或聘用关系；②创作完成作品是公民的工作任务，即属于公民在该单位中应当履行的职责。对职务作品的认定与公民创作作品是否利用上班时间没有必然联系。职务作品的著作权归属分为三种情况：①由单位主持、代表单位意志创作并由单位承担责任的作品，单位被视为作者，行使完整的著作权。②除单位作品外，公民为完成单位工作任务而又未主要利用单位物质技术条件创作的作品，称为一般职务作品。其著作权由作者享有，但法人或者其他组织有权在业务范围内优先使用。在作品完成 2 年内，未经单位同意，作者不得许可第三人或者其他组织以与单位相同的方式使用该作品。在作品完成 2 年内，经单位同意，作者许可第三人以与单位使用的相同方式使用作品的所获报酬，由作者与单位按约定的比例分配。作品完成 2 年的期限，自作者向单位交付作品之日起计算。③主要是利用法人或其他组织的物质技术条件制作，并由法人或其他组织承担责任的工程设计图、产品设计图、地图、计算机软件等职务作品，或法律、行政法规规定或合同约定著作权由法人或者其他组织享有的职务作品，也称作特殊职务作品。特殊职务作品的作者享有署名权，著作权人的其他权利由法人或者其他组织享有，法人或者其他组织可以给予作者奖励。

7. 委托作品的著作权人。委托作品，是指作者接受他人委托而创作的作品。委托作品的创作基础是委托合同，既可以是口头的也可以是书面的；既可以是有偿的，也可以是无偿的。委托作品应体现委托人的意志，实现委托人使用作品的目的。委托作品的著作权归属由委托人和受托人通过合同约定，合同未作明确约定或者没有订立合同的，著作权属于受托人，但委托人在约定的使用范围内享有使用作品的权利；双方没有约定使用作品范围的，委托人可以在委托创作的特定目的范围内免费使用该作品。但须注意的是，以下两种作品不同于委托作品，其著作权归属有自己特定的规则：①除《著作权法》第 11 条第 3 款外，由他人执笔，本人审阅定稿并以本人名义发表的报告、讲话等作品。其著作权归报告人或讲话人享有，著作权人可以支付执笔人适当的报酬。②当事人合意以特定人物经历为题材完成的自传体作品，当事人对著作权权属有约定的，从其约定；没有约定的，著作权归该特定人物享有，执笔人或整理人对作品完成付出劳动的，著作权人可以向其支付适当的报酬。

8. 原件所有权转移的作品著作权归属。绘画、书法、雕塑等美术作品的原件所有权转移，不视为作品著作权的转移，但美术作品原件的展览权由原件所有人享有。作品原件购买人可以对美术作品进行欣赏、展览或再出售，但不得从事修改、复制等侵犯作品版权的行为。除美术作品外，对载体所有权可能转移的其他作品，都要注意载体所有权变动并不必然引起著作权的变动。《合同法》第137 条规定：出卖具有知识产权的计算机软件等标的物的，除法律另有规定或者当事人另有约定的以外，该标的物的知识产权不属于买受人。

9. 作者身份不明的作品著作权归属。作者身份不明的作品是指从通常途径不能了解作者身份的作品。如果一件作品未署名，或署以鲜为人知的笔名，但作品原件持有人或收稿单位确知作者的真实身份，不属于作者身份不明的作品。作者身份不明的作品，由作品原件的所有人行使除署名权以外的著作权。作者身份确定后，由作者或者其继承人行使著作权。

（三）著作权的客体

著作权的客体是指著作权法保护的对象，即文学、艺术和科学领域中的作品。作品，是指文学、艺术和科学领域内具有独创性并能以某种有形形式复制的智力成果。其构成要件如下：①属于文学、艺术和自然科学、社会科学、工程技术等科学领域中的智力成果。②具有独创性。其含义有二：一是作品系独立创作完成，而非剽窃之作；二是作品必须体现作者的个性特征，属于作者智力劳动创作结果，即具有创作性。独创性存在于作品的表达之中，作品中所包含的思想并不要求必须具有独创性。著作权法保护作品的表达，而不保护作品所包含的思想或主题。由不同作者就同一题材创作的作品，只要作品的表达系独立完成并且具有独创性，应当认定作者各自享有独立的著作权。作品的表达是作品形式和作品内容的有机整体。③可复制性。即作品必须可以通过某种有形形式复制，从而被他人所感知。

著作权法上的作品可作如下分类：①文字作品，是指小说、诗词、散文、论文等以文字形式表现的作品。②口述作品，是指即兴的演说、授课、法庭辩论等以口头语言形式表现的作品。③音乐、戏剧、曲艺、舞蹈、杂技艺术作品。音乐作品，是指歌曲、交响乐等能够演唱或演奏的带词或者不带词的作品；戏剧作品，是指话剧、歌剧、地方戏等供舞台演出的作品；曲艺作品，是指相声、快板、大鼓、评书等以说唱为主要形式表演的作品；舞蹈作品，是指通过连续的动作、姿势、表情等表现思想情感的作品；杂技作品，是指杂技、魔术、马戏等通过形体动作和技巧表现的作品。④美术、建筑作品。美术作品，是指绘画、书法、雕塑等以线条、色彩或者其他方式构成的有审美意义的平面或立体造型艺术作品；建筑作品，是指以建筑物或者构筑物作为表现形式的有审美意义的作品。⑤摄影作品，是指借助器械在感光材料或者其他介质上记录客观物体形象的艺术作品。⑥电影作品和以类似摄制电影的方法创作的作品，是指摄制在一定介质上，由一系列有伴音或者无伴音的画面组成，并且借助适当装置放映或者以其他方式传播的作品。⑦图形作品和模型作品。图形作品是指为施工、生产绘制的工程设计图、产品设计图，以及反映地理现象、说明事物原理或者结构的地图、示意图等作品；模型作品，是指为展示、试验或者观测等用途，根据物体的形状和结构，并按照一定比例制成的立体作品。⑧计算机软件，是指计算机程序及其文档。⑨法律、行政法规规定的其他作品，如民间文学艺术作品等。

《著作权法》不予保护的对象包括三类：①官方文件，即法律、法规、国家机关的决议、决定、命令和其他具有立法、行政、司法性质的文件及其官方正式译文。官方文件具有独创性，属于作品范畴，不通过著作权法保护的根本原因在于方便人们自由复制和传播。②时事新闻，是指通过报纸、期刊、广播电台、电视台等媒体报道的单纯事实消息。时事新闻虽从总体上不受著作权法保护，但传播报道他人采编的时事新闻，应当注明出处。③历法、数表、通用表格和公式。这类成果表现形式单一，应成为人类共同财富，不宜被垄断使用。

（四）著作权的内容

1. 著作人身权。著作人身权是指著作权人基于作品的创作所依法享有的以人格利益为内容的权利。它与作者的人身不可分离，一般不能予以继承、转让。著作人身权包括发表权、署名权、修改权和保护作品完整权。①发表权是指决定作品是否公之于众的权利。发表权是一次性权利。作品一旦发表，发表权即行消灭，以后再次使用作品与发表权无关，而是行使使用权的体现。发表权与财产权关系密切，须通过出版、上网、朗诵等使用作品的方式来行使。②署名权是指表明作者身份，在作品上署名的权利。③修改权是指修改或授权他人修改作品的权利。④保护作品完整权是指保护作品不受歪曲、篡改的权利。作品是作者思想的反映，也是作者人格的延伸。歪曲、篡改作品不仅损害作品的价值，而且直接影响作者的声誉，因而法律禁止任何人以任何方式歪曲和篡改作品。

2. 著作财产权。这是指著作权人依法享有的控制作品的使用并获得财产利益的权利，包括使用权、许可使用权、转让权和获得报酬权：①使用权是指以复制、发行、出租、展览、放映、广播、网络传播、摄制、改编、翻译、汇编等方式使用作品的权利。《著作权法》明确规定了使用权的范畴包括复制权、发行权、出租权、展览权、表演权、放映权、广播权、信息网络传播权、摄制权、改编权、翻译权、汇编权等。②许可使用权是指著作权人依法享有的许可他人使用作品并获得报酬的权利。使用他人作品，应当同著作权人订立许可使用合同，但属于法定使用许可情形的除外。③转让权是指著作权人依法享有的转让使用权中的一项或多项权利并获得报酬的权利。转让的标的不能是著作人身权，只能是著作财产权中的使用权，可以转让使用权中的一项或多项或全部权利。④获得报酬权是指著作权人依法享有的因作品的使用或转让而获得报酬的权利。获得报酬权通常是从使用权、使用许可权或转让权中派生出来的财产权，是使用权、使用许可权或转让权所必然包含的内容。

（五）著作权的限制

1. 合理使用。根据《著作权法》第 22 条的规定，不必征得著作权人同意而无偿使用他人已发表作品的行为在法律上称之为对著作权的合理使用。合理使用一般只针对已经发表的作品，使用他人未发表的作品必须征得著作权人同意。根据有关规定，以下情形构成对著作权的合理使用：①为个人学习、研究或者欣赏，使用他人已经发表的作品；②为介绍、评论某一作品或者说明某一问题，在作品中适当引用他人已经发表的作品；③为报道时事新闻，在报纸、期刊、广播电台、电视台等媒体中不可避免地再现或者引用已经发表的作品；④报纸、期刊、广播电台、电视台等媒体刊登或者播放其他报纸、期刊、广播电台、电视台等媒体已经发表的关于政治、经济、宗教问题的时事性文章，但作者声明不许刊登、播放的除外；⑤报纸、期刊、广播电台、电视台等媒体刊登或者播放在公众集会上发表的讲话，但作者声明不许刊登、播放的除外；⑥为学校课堂教学或者科学研究，翻译或者少量复制已经发表的作品，供教学或者科研人员使用，但不得出版发行；⑦国家机关为执行公务在合理范围内使用已经发表的作品；⑧图书馆、档案馆、纪念馆、博物馆、美术馆等为陈列或者保存版本的需要，复制本馆收藏的作品；⑨免费表演已经发表的作品，该表演未向公众收取费用，也未向表演者支付报酬；⑩对设置或者陈列在室外公共场所的艺术作品进行临摹、绘画、摄影、录像；⑪将中国公民、法人或者其他组织已经发表的以汉语言文字创作的作品翻译成少数民族语言文字作品在国内出版发行；⑫将已经发表的作品改成盲文出版。以上规定适用于对出版者、表演者、录音录像制作者、广播电台、电视台的权利的限制。另外，为实施九年制义务教育和国家教育规划而编写出版教科书，除作者事先声明不许使用的外，可以不经著作权人许可，在教科书中汇编已经发表的作品片段或者短小的文字作品、音乐作品或者单幅的美术作品、摄影作品，但应当按照规定支付报酬，指明作者姓名、作品名称，并且不得侵犯著作权人依照《著作权法》享有的其他权利。

2. 法定许可使用。法定许可使用是指依照法律的明文规定，不经著作权人同意有偿使用他人已经发表作品的行为。它与合理使用的共同之处在于：都是基于法律的明文规定；都只能针对已经发表的作品；都不必征得著作权人的同意；都应当指明作者姓名、作品名称，并不得侵犯著作权人依法享有的其他权利。两者的区别在于：①法定许可主要是作品传播者的使用行为，而合理使用不受此限；②著作权人事先声明不许使用的，一般不适用法定许可制度，但合理使用一般不受此限；③法定许可是有偿使用，使用人必须按规定支付报酬，而合理使用是无偿使用。根据有关规定，法定许可使用包括以下情形：①为实施九年制义务教育和国家教育规划而编写出版教科书，除作者事先声明不许使用外，可以不经著作权人许可，在教科书中汇编已经发表的作品片段或者短小的文字作品、音乐作品或者单幅的美术作品、摄影作品；②作品被报社、期刊社刊登后，除著作权人声明不得转载、摘编的外，其他报刊可以转载或者作为文摘、资料刊登；③已在报刊上刊登或者网络上传播的作品，除著作权人声明或者上载该作品的网络服务提供者受著作权人的委托声明不得转载、摘编的以外，网站可以转载、摘编；④录音制作者使用他人已经合法录制为录音制品的音乐作品制作录音制品，著作权人声明不许使用的除外；⑤广播电台、电视台播放他人已经发表的作品；⑥广播电台、电视台播放已经出版的录音制品。

（六）著作权的保护期限

1. 著作人身权的保护期限。著作人身权中的署名权、修改权和保护作品完整权的保护期不受限制，可以获得永久性保护。但著作人身权中的发表权的保护期有时间限制。

2. 自然人作品的发表权和财产权的保护期。公民的作品，其发表权和使用权的保护期分别为作者终生及其死后 50 年，截止于作者死亡之后第 50 年的 12 月 31 日；如果是合作作者，截止于最后死亡的作者死亡后第 50 年的 12 月 31 日。作者生前未发表的作品，如果作者未明确表示不发表，在作者死亡后 50 年内，其发表权可由继承人或者受遗赠人行使；没有继承人又无人受遗赠的，由作品原件的所有人行使。

3. 法人或其他组织的作品的发表权和财产权的保护期。单位作品，著作权（署名权除外）由法人或者其他组织享有的职务作品，其发表权和使用权的保护期为 50 年，截止于作品发表后第 50 年的 12 月 31 日，但作品自创作完成后 50 年内未发表的，著作权不再保护。

4. 作者身份不明的作品使用权的保护期。作者身份不明的作品，其使用权的保护期截止于作品发表后第 50 年的 12 月 31 日。作者身份确定后，适用《著作权法》第 21 条的规定，按不同作品类型分别确定保护期。

（七）与著作权相关的邻接权

邻接权是指作品传播者对在传播作品过程中产生的劳动成果依法享有的专有权利，又称为作品传播者权或与著作权有关的权益。广义的著作权可以包括邻接权。狭义的著作权与邻接权的关系极为密切。没有作品，就谈不上作品的传播，因而邻接权以著作权为基础。对于著作权合理使用的限制，同样适用于对邻接权的限制，邻接权的保护期也为 50 年。邻接权与著作权的主要区别是：①邻接权的主体多为法人或其他组织，著作权的主体多为自然人；②邻接权的客体是传播作品过程中产生的成果，而著作权的客体是作品本身；③邻接权中除表演者权外一般不涉及人身权，而著作权包括人身权和财产权两方面的内容。

1. 出版者的权利和义务。出版者的权利内容包括版式设计专有权和专有出版权。版式设计是指出版者对其出版的图书、期刊的版面和外观装饰所作的设计。版式设计是出版者，包括图书出版者（如出版社）和期刊出版者（如杂志社、报社）的创造性智力成果，出版者依法享有专有使用权，即有权许可或者禁止他人使用其出版的图书、期刊的版式设计。图书出版者对著作权人交付出版的作品，按照双方订立的出版合同的约定享有专有出版权，其他出版者未经许可不得出版同一作品，著作权人也不得将出版者享有专有出版权的作品一稿多投。图书出版合同中约定图书出版者享有专有出版权但没有明确具体内容的，视为图书出版者享有在合同有效期内和在合同约定的地域范围内以同种文字的原版、修订版出版图书的专有权利。专有出版权是依出版合同而产生的权利，并非是法定权利，因而从严格意义上讲，它不属于邻接权范畴。报纸、杂志社对著作权人的投稿作品在一定期限内享有先载权。但著作权人自稿件发出之日起 15 日内未收到报社通知决定刊登的，或者自稿件发出之日起在 30 日内未收到期刊社通知决定刊登的，可以将同一作品向其他报社、期刊社投稿。双方另有约定的除外。

出版者的主要义务包括：①按照合同约定或国家规定向著作权人支付报酬；②按照合同约定的出版质量、期限出版图书；③重版、再版作品的，应当通知著作权人，并支付报酬；④出版改编、翻译、注释、整理已有作品而产生的作品，应当取得演绎作品的著作权人和原作品的著作权人许可，并支付报酬；⑤对出版行为的授权、稿件来源的署名、所编辑出版物的内容等尽合理的注意义务，避免出版行为侵犯他人的著作权等民事权利。

2. 表演者的权利和义务。表演者权的主体是指表演者，包括演员、演出单位或者其他表演文学、艺术作品的人。表演者权利的客体是指表演活动，即通过演员的声音、表情、动作公开再现作品或演奏作品。其权利包括表明表演者身份、保护表演形象不受歪曲、许可他人从现场直播和公开传送其现场表演并获得报酬、许可他人录音录像并获得报酬、许可他人复制、发行录有其表演的录音录像制品并获得报酬、许可他人通过信息网络向公众传播其表演并获得报酬。其义务包括：表演者使用他人的作品演出，应当征得著作权人许可，并支付报酬；使用改编、翻译、注释、整理已有作品而产生的作品演出，应当征得演绎作品著作权人和原作品著作权人许可，并支付报酬。

3. 录制者的权利和义务。录制者权的主体是录制者，包括录音制作者和录像制作者。录制者权的客体是录制品，包括录音制品和录像制品。录音制品是指任何声音的原始录制品；录像制品是指电影作品和以类似摄制电影的方法创作的作品以外的任何有伴音或无伴音的连续相关形象的原始录制品，包括表演的原始录制品和非表演的原始录制品。录制者对其制作的录音录像制品，享有许可他人复制、发行、出租、通过信息网络向公众传播并获得报酬的权利。录制者使用他人作品制作录音录像制品，应当取得著作权人许可，并支付报酬；使用演绎作品制作录制品的，应当征得演绎作品著作权人和原作品著作权人的许可，并支付报酬；录制表演活动的，应当同表演者订立合同，并支付报酬。

4. 播放者的权利和义务。播放者权的主体是广播电视组织，包括广播电台和电视台。播放者权的客体是播放的广播或电视而非广播、电视节目。广播、电视是指广播电台、电视台通过载有声音、图像的信号播放的集成品、制品或和其他材料在一起的合成品。播放者有权禁止未经许可的下列行为：①将其播放的广播、电视转播；②将其播放的广播、电视录制在音像载体上以及复制音像载体。

播放者应当履行下列义务：①播放他人未发表的作品，应当取得著作权人的许可，并支付报酬；②播放已发表的作品或已出版的录音录像制品，可以不经著作权人许可，但应按规定支付报酬。

（八）著作权保护

著作权作为重要民事权利，各个法律部门都予以保护，未经著作权人同意，又无法律上的依据，使用他人作品或行使著作权人专有权的行为，即构成侵犯著作权。根据其情节、危害后果以及承担的法律责任不同，著作权法把所有著作权侵权行为区分为两大类：

1. 承担民事责任。有下列侵权行为的，应当根据具体情况，承担停止侵害、消除影响、赔礼道歉、赔偿损失等民事责任：①未经著作权人许可，发表其作品的；②未经合作作者许可，将与他人合作创作的作品当作自己单独创作的作品发表的；③没有参加创作，为牟取个人名利，在他人作品上署名的；④歪曲、篡改他人作品的；⑤剽窃他人作品的；⑥未经著作权人许可，以展览、摄制电影和以类似摄制电影的方法使用作品，或者以改编、翻译、注释等方式使用作品的，法律另有规定的除外；⑦使用他人作品，应当支付报酬而未支付的；⑧未经电影作品和以类似摄制电影的方法创作的作品、计算机软件、录音录像制品的著作权人或者与著作权有关的权利人许可，出版其作品或者录音录像制品的，著作权法另有规定的除外；⑨未经出版者许可，使用其出版的图书、期刊的版式设计的；⑩未经表演者许可，从现场直播或者公开传送其现场表演，或者录制其表演的；⑪其他侵犯著作权以及邻接权的行为。

2. 承担综合性的法律责任。规定有下列侵权行为的，应当根据情况，承担停止侵害、消除影响、赔礼道歉、赔偿损失等民事责任；同时损害公共利益的，可以由著作权行政管理部门责令停止侵权行为，没收违法所得，没收、销毁侵权复制品，并处以非法经营额3倍以下的罚款；非法经营额难以计算的，可以处10万元以下的罚款；情节严重的，著作权行政管理部门还可以没收主要用于制作侵权复制品的材料、工具、设备等；构成犯罪的，依法追究刑事责任：

（1）未经著作权人许可，复制、发行、表演、放映、广播、汇编、通过信息网络向公众传播其表演的，著作权法另有规定的除外。

（2）出版他人享有专有出版权的图书的。

（3）未经表演者许可，复制、发行录有其表演的录音录像制品，或者通过信息网络向公众传播其表演，著作权法另有规定的除外。

（4）未经录音录像制作者许可，复制、发行或者通过信息网络向公众传播其录音录像制品，著作权法另有规定的除外。

（5）未经许可，播放或者复制广播、电视的，著作权法另有规定的除外。

（6）未经著作权人或者邻接权人许可，故意避开或者破坏权利人为其作品、录音录像制品等采取的保护著作权或者邻接权的技术措施的，法律、行政法规另有规定的除外。

（7）未经著作权人或者邻接权人许可，故意删除或者改变作品、录音录像制品的权利管理电子信息的，法律、行政法规另有规定的除外。

（8）制作、出售假冒他人署名的作品的。

【实战训练】

不定项选择题

1. 甲、乙合作创作了一部小说，后来甲希望出版小说，乙无故拒绝。甲把小说上传至自己博客并保留了乙的署名。丙未经甲、乙许可，在自己博客中设置链接，用户直接点击链接就可进入甲的博客阅读小说。丁未经甲、乙许可，在自己博客中转载了小说。戊出版社只经过甲的许可就出版了小说。下列哪一选项是正确的？

A. 甲侵害了乙的发表权和信息网络传播权

B. 丙侵害了甲、乙的信息网络传播权

C. 丁向甲、乙寄送了高额报酬，但其行为仍然构成侵权

D. 戊出版社侵害了乙的复制权和发行权

2. 甲、乙两公司各自独立发明了相同的节水型洗衣机。甲公司于2013年6月申请发明专利权，专利局于2014年12月公布其申请文件，并于2015年12月授予发明专利权。乙公司于2013年5月开始销售该种洗衣机。另查，本领域技

术人员通过拆解分析该洗衣机，即可了解其节水的全部技术特征。丙公司 2014 年 12 月看到甲公司的申请文件后，立即开始制造并销售相同的洗衣机。2016 年 1 月，甲公司起诉乙、丙两公司侵犯其发明专利权。关于甲公司的诉请，下列哪些说法是正确的？

A. 如果甲公司的专利有效，则丙公司于 2014 年 12 月至 2015 年 11 月使用甲公司的发明的行为构成侵权

B. 如乙公司在答辩期内请求专利复审委员会宣告甲公司的专利权无效，则法院应中止诉讼

C. 乙公司如能证明自己在甲公司的专利申请日之前就已经制造相同的洗衣机，且仅在原有制造能力范围内继续制造，则不构成侵权

D. 丙公司如能证明自己制造销售的洗衣机在技术上与乙公司于 2013 年 5 月开始销售的洗衣机完全相同，法院应认定丙公司的行为不侵权

3. 韦某开设了"韦老四"煎饼店，在当地颇有名气。经营汽车配件的个体户肖某从外地路过，吃过后赞不绝口。当发现韦某尚未注册商标时，肖某就餐饮服务注册了"韦老四"商标。关于上述行为，下列哪一说法是正确的？

A. 韦某在外地开设新店时，可以使用"韦老四"标识

B. 如肖某注册"韦老四"商标后立即起诉韦某侵权，本案韦某不需要承担赔偿责任

C. 肖某的商标注册恶意侵犯韦某的在先权利，韦某可随时请求宣告该注册商标无效

D. 肖某注册商标核定使用的服务类别超出了肖某的经营范围，韦某可以此为由请求宣告该注册商标无效

第九章　侵权责任法

【导入案例】动物侵权责任如何承担?

石女士家有一只黑贝犬。一天早上,石女士给狗带上犬链,将狗牵到楼门准备遛早。此时,恰逢邻居王大妈出门,王大妈见狗很可爱便站在狗的前边观看,谁料这只狗一时兴起,竟扑向王大妈,老人在躲闪时不慎摔倒在地,致使"右手腕科雷氏骨折,腰椎体压缩性骨折"住院治疗。支出医疗费共计 1.2 万元。王大妈请求石女士赔偿因此而支出的各项费用。石女士认为,当时狗虽有扑人的动作,但并没有碰到王大妈,而是王大妈自己不小心摔倒的,狗的主人没有过错。因此,石女士不同意承担赔偿责任。在此情况下,王大妈诉至某人民法院。

【问题思考】

1. 王大妈所受的伤害是否构成侵权的民事责任?

2. 石女士应否承担赔偿王大妈医疗费等经济损失?为什么?

一、侵权责任法概述

（一）侵权民事责任概念、特征及意义

侵权民事责任,简称侵权责任,是指行为人实施了侵权行为,侵害了他人财产权益或者人身权益,造成他人损害的,依照法律规定,侵权行为人应当承担民事责任,被侵权人有权请求侵权行为人承担民事责任。《民法典》第 120 条规定:"民事权益受到侵害的,被侵权人有权请求侵权人承担侵权责任。"所谓民事权益,是指民事主体依照法律规定和合同约定所享有的人身权利利益和财产权利利益,包括生命权、健康权、姓名权、名誉权、荣誉权、肖像权、隐私权、婚姻自主权、监护权、所有权、用益物权、担保物权、著作权、专利权、商标专用权、发现权、股权、继承权等,均受到民法的全面保护。侵权民事责任作为一项重要的民事法律制度,是保护民事权益的最重要法律武器。它既不同于其他民事法律制度,更不同于行政法律制度、刑事法律制度,其具有突出的法律特征:

1. 侵权民事责任是民法基于侵权行为的事实而依据法律规定产生的一种民

事法律责任。它是民法对民事侵权行为实施的一种民事制裁，也是全面实施民法制度、保护民事主体之合法民事权益的一项重要措施，因此，侵权民事责任也有别于其他民事法律制度。一般民事法律制度是民法规定的以权利义务为内容的实体法律制度，也可称为原生民事法律制度；而侵权民事责任则是因侵权行为人实施了侵权行为侵害了他人的民事权益而产生的一种新的民事法律制度，即特殊的民事法律制度，亦可称之再生民事法律制度。

2. 侵权民事责任的责任主体不仅包括侵权行为的直接责任人，还包括无民事行为能力人、限制民事行为能力人，其实施的侵权行为以及其他侵权人实施的侵权行为，依据法律规定也应当由责任人承担相应的民事责任，因此侵权责任法上既包括一般侵权民事责任，还包括有特殊侵权民事责任。

3. 侵权民事责任的责任形式不仅包括财产责任，而且也包括非财产责任，还包括精神损害赔偿的民事责任。但总的来说，侵权民事责任的性质都是一种民事救济制度，以采取赔偿或补偿的方法给受损害人以相应的救济。

侵权民事责任作为重要民事法律制度，《民法典》之侵权责任编对侵权责任作了全面、基本的规定。改革开放三十多年来，全国人大及其常委会通过制定《物权法》《农村土地承包法》《婚姻法》《继承法》《专利法》《商标法》《著作权法》《公司法》《票据法》《海商法》《保险法》《证券法》《信托法》《消费者权益保护法》《产品质量法》《药品管理法》《环境保护法》《水污染防治法》《大气污染防治法》《固体废物污染环境防治法》《铁路法》《公路法》《民用航空法》《道路交通安全法》《安全生产法》《建筑法》《电力法》《煤炭法》《食品安全法》《传染病防治法》《献血法》《人民防空法》等四十多部其他单行法律，对侵权责任也作有相关的规定。但随着我国社会经济的不断发展，民事关系日益复杂化，实践中衍生了许多新的侵权民事纠纷类型，原有法律体系中有关侵权责任的规定操作性也不强，难以适应新时期社会发展的需要。2009 年 12 月 26 全国人大常委会通过了《侵权责任法》。这部法律对我国侵权民事责任作了比较全面而且具体的规定，使之成为我国民法典的重要组成部分，成为中国特色社会主义法律体系中一部带有支架性的法律。《侵权责任法》实施以来，在保护民事主体的合法权益、预防和制裁侵权行为方面发挥了重要作用。《民法典》第七编"侵权责任"在总结实践经验的基础上，针对侵权领域出现的新情况，吸收借鉴司法解释的有关规定，对侵权责任制度作了必要的补充和完善。《民法典》之侵权责任编共 10 章、95 条。该规定具有重要的立法意义：①为充分保障民事主体的合法民事权益提供了法律依据。民法规定民事主体依法享有各项民事权利、负有各项民事义务。为了保证民事权利的正确行使，民事义务的全面履行，建立完备的民事责任制度是完全必要的。只有这样，才能够在行为人侵害他人民事权利或不履行法定或约定的民事义务时，依法予以法律制裁，才能使民事权益得到有效的、充分的保护。②进一步明确侵权责任。随着社会生活的复杂多样，侵权行为也日益变得更加复杂化、多样化，因此亟待法律作出明确界定，有利于人们正确、及时地规制和处理各种侵权民事责任。③有力地预防和制裁侵权行为，促进社会和谐安定。侵权行为是当前社会酿成各种民事纠纷的主要因素之一，如果我们不能采取有力的措施加以预防，并对已发生的民事侵权行为给予必要的法律制裁，不仅难以有效地保护民事主体的合法民事权益，更无法维护整个社会的和谐安定，保障社会主义事业的顺利发展。

（二）侵权责任的构成和责任方式

1. 侵权责任的构成。这是指依照法律规定承担侵权民事责任应当适用的原则和需要具备的条件或标准，也是承担侵权民事责任的基本法律依据及正确认定和处理侵权责任的重要原则，一般称为归责原则。我国《民法典》以及其他法律确立的归责原则主要是实行过错责任与无过错责任相结合的归责原则。

（1）实行过错责任原则。所谓过错责任原则，是指行为人对损害的发生必须有过错才承担侵权责任。《民法典》第1165条规定："行为人因过错侵害他人民事权益造成损害的，应当承担侵权责任。根据法律规定推定行为人有过错，其不能证明自己没有过错的，应当承担侵权责任。"此条第1款确立了过错责任原则，这是侵权责任构成的一般原则；而第2款规定了过错推定原则，使之成为过错原则的一项重要补充原则。在民法理论上，过错责任原则适用一般侵权责任，并作为其构成要件的主观要件，即行为人在实施侵权行为时，主观上存在有故意或过失；此外，行为人实施的侵权行为明显违反法律，并给受害人造成损害，而且侵权行为与损害事实之间存有因果关系被认定为过错责任构成要件中的三项客观要件，由此构成了一般侵权责任理论四要件说。尽管《民法典》之侵权责任编并没有明确规定一般侵权责任及其四要件构成规则，但是从过错责任原则的规定及其他条款规定，可以看出一般侵权责任的四个构成要件理论是符合民法的法理原则的，也符合了《民法典》的立法精神，应当予以肯定。

（2）实行无过错责任原则。所谓无过错责任原则，是指行为人对造成损害没有过错，但依照法律规定应当承担责任的，应当依法承担侵权责任。我国《民用航空法》《产品质量法》《环境保护法》等法律中都规定了无过错归责原则。《民法典》第1166条明确规定："行为人造成他人民事权益损害，不论行为人有无过错，法律规定应当承担侵权责任的，依照其规定。"这一规定是针对我国进入现代工业化时代所产生的高度危险业务等可能危及人们人身和财产权益的情形而作出的新规定，特由此明确了无过错归责原则的构成要件，即只要侵权行为造成他人损害，并有法律明确规定，侵权人就要承担侵权责任，而不论行为人有无过错。因此，我国《民法典》根据当前我国社会生活的新情况，具体规定了七种类型的侵权责任，但对此是否就属于特殊侵权责任，学者尚有争议。所以，本章将这七类侵权责任称为"几种侵权责任的特别规定"，通过这种模糊的表述以留下更大的讨论空间。

（3）实行公平责任原则。《民法典》第1186条规定："受害人和行为人对损害的发生都没有过错的，依照法律的规定由双方分担损失。"有的学者称之为公平责任分担，但不少学者认为，这也是民法上对公平原则的具体适用。

2. 共同侵权责任的认定。所谓共同侵权责任，依照《民法典》第1168条规定，是指2人以上共同实施侵权行为，造成他人损害的，应当承担连带责任。这确定了对共同侵权责任的认定，实行的是主观的共同侵权行为责任原则。但从理论上说，共同侵权行为应包括主观的共同侵权行为和客观的共同侵权行为两类。多数学者主张，为了更有效地保护被侵权人的合法权益，应当实行两类共同侵权行为责任结合的原则。但由于共同侵权行为的情况十分复杂，《民法典》第1168~1172条对共同侵权行为的各种不同情况所应承担的责任分别有6条规定。

（1）教唆、帮助他人实施侵权责任。《民法典》第1169条规定："教唆、帮助他人实施侵权行为的，应当与行为人承担连带责任。教唆、帮助无民事行为能力人、限制民事行为能力人实施侵权行为的，应当承担侵权责任；该无民事行为能力人、限制民事行为能力人的监护人未尽到监护责任的，应当承担相应的责任。"

（2）共同危险行为及其责任。所谓共同危险行为，也称为准共同侵权行为，是指二人或二人以上共同实施有侵害他人权利的危险行为，并对所造成的损害后果不能判明谁是真正侵权人的侵权行为。《民法典》第1170条明确规定："2人以上实施危及他人人身、财产安全的行为，其中一人或者数人的行为造成他人损害，能够确定具体侵权人的，由侵权人承担责任；不能确定具体侵权人的，行为人承担连带责任。"共同危险侵权责任构成要件为：①2人以上实施危及他人人身、财产安全的行为；②其中一人或数人的行为造成他人损害；③不能确定具体侵权人；④由数个行为人对受害人承担连带责任。

（3）原因力竞合而无意思联络的数人分别侵权。所谓原因力竞合而无意思联络的数人分别侵权，也称为客观的共同侵权，是共同侵权行为的一种特殊类型，是指侵权行为人并没有主观上的意思联络，也没有共同过失，而是分别实施侵权行为，造成了同一损害，但每一个行为人的行为都足以造成全部损害的一种特殊共同侵权责任形态。《民法典》第 1171 条规定："2 人以上分别实施侵权行为造成同一损害，每个人的侵权行为都足以造成全部损害的，行为人承担连带责任。"这实质上是一种客观的共同侵权行为责任，其构成要件是：① 2 人以上分别实施侵权行为；②造成同一损害后果；③每个人的侵权行为都足以造成全部损害；④各个行为人须对造成的损害承担连带责任。

（4）原因力结合而无意思联络的数人分别侵权。所谓原因力结合而无意思联络的数人分别侵权，也称为无意思联络的分别侵权责任，是指数个行为人事先既没有共同的意思联络，也没有共同过失，只是由于行为的客观联系，而共同造成同一损害结果的共同侵权责任。这种侵权行为可认定为单独侵权，注意与原因力竞合而无意思联络的数人分别侵权的区别。《民法典》第 1172 条规定："2 人以上分别实施侵权行为造成同一损害，能够确定责任大小的，各自承担相应的责任；难以确定责任大小的，平均承担责任。"这一责任形式的构成要件为：① 2 人以上分别实施侵权行为；②行为人实施侵权行为并无意思联络；③造成同一损害后果；④各个行为人承担按份责任。

3. 承担侵权责任方式。承担侵权责任的方式，是指侵权人依据民法关于侵权责任的规定，就自己人实施的侵权行为应当承担的具体民事责任方式。这意味着法律对侵权人所实施的行为所持的否定和谴责态度，以及对侵权行为制定了相应的制裁方法；同时也表明法律对权利人依法享有的权利的有效保护，以及对全社会体现的法制教育作用。对此，《民法典》之侵权责任编在总则编"民事责任"规定的基础上，规定了承担侵权责任方式：停止侵害、排除妨碍、消除危险、返还财产、恢复原状、赔偿损失、消除影响、恢复名誉、赔礼道歉等侵权责任。以上承担侵权责任的方式，在救济受害人的总体目标下，当事人可以单独采用一种方式，也可以采用多种方式来救济受损的合法权益。

4. 承担侵权责任的方式的具体范围和确定。

（1）人身损害的赔偿范围。《民法典》第 1179 条规定："侵害他人造成人身损害的，应当赔偿医疗费、护理费、交通费、营养费、住院伙食补助费等为治疗和康复支出的合理费用，以及因误工减少的收入。造成残疾的，还应当赔偿辅助器具费和残疾赔偿金。造成死亡的，还应当赔偿丧葬费和死亡赔偿金。"这规定了人身损害赔偿的法定范围，包括了根据一般伤害、致人残废及致人死亡三种不同情形以确定的赔偿范围。

（2）死亡赔偿金的确定和请求权的行使。一般情况下，死亡赔偿金是根据死亡人年龄和收入状况等情形，来确定死亡赔偿的不同数额，但长期以来存在的"同命不同价"赔偿做法引起了社会很多的争议。《民法典》第 1180 条明确规定："因同一侵权行为造成多人死亡的，可以以相同数额确定死亡赔偿金。"这一对侵权赔偿金的特殊规定，有利于体现同一损害赔偿的平等性和合理性原则。而对于侵权责任请求权的行使，《民法典》第1181条明确规定："被侵权人死亡的，其近亲属有权请求侵权人承担侵权责任。被侵权人为组织，该组织分立、合并的，承继权利的组织有权请求侵权人承担侵权责任。被侵权人死亡的，支付被侵权人医疗费、丧葬费等合理费用的人有权请求侵权人赔偿费用，但侵权人已支付该费用的除外。"

（3）侵害财产赔偿计算。侵害财产赔偿应包括直接侵害财产赔偿和间接侵害财产赔偿（即侵害他人人身权益造成的财产损害赔偿）两类。对于直接侵害财产赔偿的计算，《民法典》第1184条规定："侵害他人财产的，财产损失按照损失发生时的市场价格或者其他合理方式计算。"而对于间接侵害财产赔偿的计算，《民法典》第1182条规定："侵害他人人身权益造成财产损失的，按照被侵权人因此受到的损失或者侵权人因此获得的利益赔偿；被侵权人因此受到的损失以及侵权人因此获得的利益难以确定，被侵权人和侵权人就赔偿数额协商不一致，向人民法院提起诉讼的，由人民法院根据实际情况确定赔偿数额。"依照这一规定，人身损害财产赔偿按照以下三种方法计算：①按照所受损失赔偿；②按照所获利益赔偿；③无法确定赔偿计算，请求人民法院根据实际情况确定赔偿数额。

（4）危及他人人身、财产安全的侵权责任。当侵权人正在实施侵权行为时，在可能造成被侵权人损害的，或妨害他人正常行使权利或妨害他人合法权益的，或存在侵害他人人身或财产现实可能性的情况下，被侵权人可以采取相应的救济方法。《民法典》第1167条规定："侵权行为危及他人人身、财产安全的，被侵权人可以请求侵权人承担停止侵害、排除妨碍、消除危险等侵权责任。"

（5）精神损害赔偿责任。所谓精神损害赔偿，是指受害人因人格权益或身份权益受到损害或遭受精神痛苦而获得金钱赔偿。《民法典》之侵权责任编在认真总结相关立法和司法实践经验的基础上，对精神损害赔偿责任作了明确的规定。《民法典》第1183条规定："侵害自然人人身权益造成严重精神损害的，被侵权人有权请求精神损害赔偿。"依照这一规定，明确了精神损害赔偿责任请求应注意的三点法律要求：①确定精神损害赔偿责任的范围是侵害自然人人身权益，而不是财产权益，人身权益包括生命权、健康权、姓名权、名誉权、肖像权、隐私权、监护权等人身权益；②明确精神损害赔偿责任的法定条件，即造成他人严重的精神损害，而偶尔的痛苦和不高兴不能被认为是严重精神损害；③被侵权人有权请求精神损害赔偿，请求人既包括直接遭受人身权侵害的本人，还应包括被侵权人的近亲属。

（6）防止侵害行为的责任。这也称为救护行为造成损害的补偿责任，这是对制止侵害行为人的补偿责任问题。《民法典》第 183 条规定："因保护他人民事权益使自己受到损害的，由侵权人承担民事责任，受益人可以给予适当补偿。没有侵权人、侵权人逃逸或者无力承担民事责任，受害人请求补偿的，受益人应当给予适当补偿。"法律明确规定首先追究的是侵权人责任，而在没有侵权人或侵权人逃逸或无力赔偿的情况下，受益人才负有适当补偿责任。

（7）侵害知识产权的惩罚性赔偿。《民法典》第 1185 条规定，故意侵害他人知识产权，情节严重的，被侵权人有权侵权享有的惩罚性赔偿。这是民法典新增的规定，对于预防和制裁侵害知识产权的行为，具有重要法律意义。

（8）损失的分担和支付方式。侵权行为发生损害，双方当事人均无过错，应如何解决其责任承担问题。《民法典》第 1186 条规定："受害人和行为人对损害的发生都没有过错的，依照法律的规定由双方分担损失。"这明确确立了损失分担的公平责任原则。而在赔偿费用的支付方式上，可采取一次性支付或定期金支付等方式。《民法典》第 1187 条规定："损害发生后，当事人可以协商赔偿费用的支付方式。协商不一致的，赔偿费用应当一次性支付；一次性支付确有困难的，可以分期支付，但是被侵权人有权请求提供相应的担保。"

（三）抗辩事由

这是指被侵害人对侵害人的侵权行为提起诉讼时，侵害人依据法律规定提出的证明被侵害人的诉讼请求不能成立的事实，也称为免责事由或免除责任条款。《民法典》之侵权责任编以"不承担责任和减轻责任的情形"对抗辩事由作出具体规定。

1. 因被侵权人的过错或者故意造成损害而免除或减轻侵权人的责任。《民法典》第 1173 条规定："被侵权人对同一损害的发生或者扩大有过错的，可以减轻侵权人的责任。"第 1174 条还规定："损害是因受害人故意造成的，行为人不承担责任。"这些规定具体体现了过失相抵原则，受害人故意的，可以免除或减轻侵权人的相应责任。

2. 因第三人过错造成损害而免除或减轻侵权人的责任。造成侵权损害不是由被侵权人或受害人过错引起，而是由第三人过错造成的，应当由第三人承担侵权责任。对此，《民法典》第 1175 条规定："损害是因第三人造成的，第三人应当承担侵权责任。"由第三人过错造成的损害，可分为第三人过错是造成损害的唯一原因和第三人过错是造成损害的部分原因两种，由此构成全部免除责任和部分免除责任两种情形。

3. 自甘风险行为而免除或者减轻侵权人的责任。《民法典》第 1176 条规定，自愿参加具有一定风险的文体活动，因其他参加者的行为受到损害的，受害人不得请求其他参加者承担侵权责任；但是，其他参加者对损害的发生有故意或者重大过失的除外。活动组织者的责任适用本法第 1198 条至第 1201 的规定。

4. 自助行为而免除或者减轻侵权人的责任。《民法典》第 1177 条规定，合法权益受到侵害，情况紧迫且不能及时获得国家机关保护，不立即采取措施将使其合法权益受到难以弥补的损害的，受害人可以在保护自己合法权益的必要范围内采取扣留侵权人的财物等合理措施；但是，应当立即请求有关国家机关处理。受害人采取的措施不当造成他人损害的，应当承担侵权责任。

4. 因法定事由造成损害而免除或减轻侵权人的责任。除了上述抗辩事由外，《民法典》还规定有三种法定抗辩事由：

（1）不可抗力事由。《民法典》第 180 条第 1 款规定："因不可抗力不能履行民事义务的，不承担民事责任。法律另有规定的，依照其规定。"这里的"法律另有规定的"是指其他法律对不可抗力的范围作有具体规定的，依照其规定。

（2）正当防卫行为。《民法典》第 181 条规定："因正当防卫造成损害的，不承担责任。正当防卫超过必要的限度，造成不应有的损害的，正当防卫人应当承担适当的责任。"作为抗辩事由的正当防卫，其成立须同时具备六个要件：①须为使本人或他人的人身、财产权利免受危险的侵害；②须对正在发生的危险采取紧急措施；③须针对正在进行的不法侵害进行正当防卫；④须为本人或他人的人身权利、财产权利遭受不法侵害，且来不及请求有关国家机关予以抢救帮助的情况下，才能实施正当防卫；⑤必须针对不法侵害者本人实行防卫行为；⑥防卫行为不能明显超过必要限度造成损害。否则，超过必要限度造成不应有损害的，正当防卫人应当承担适当的责任。

（3）紧急避险行为。《民法典》第 182 条规定："因紧急避险造成损害的，由引起险情发生的人承担责任。危险由自然原因引起的，紧急避险人不承担责任，可以给予适当补偿。紧急避险采取措施不当或者超过必要的限度，造成不应有的损害的，紧急避险人应当承担适当的责任。"作为抗辩事由的紧急避险，其成立须具备以下要件：①须为使本人或他人的人身、财产权利免受危险的损害；②须是针对正在发生的危险所采取的紧急避险行为；③须为在不得已的情况下采取避险措施；④避险行为不能超过必要限度。

二、有关责任主体的特殊规定

民法上对于行为人实施了侵权行为并构成侵权责任，一般实行谁实施谁担责的原则，即在一般侵权责任中，原则上由侵权行为人承担侵权责任。但在现实社会生活中，侵权行为主体十分复杂多样，为了准确地处理侵权责任，《民法典》之侵权责任编第三章对侵权特殊责任主体作了专门规定。

（一）有关民事行为能力与承担侵权责任的规定

1. 有关无民事行为能力人、限制民事行为能力人的侵权责任。《民法典》第1188 条规定："无民事行为能力人、限制民事行为能力人造成他人损害的，由监护人承担侵权责任。监护人尽到监护责任的，可以减轻其侵权责任。有财产的无民事行为能力人、限制民事行为能力人造成他人损害的，从本人财产中支付赔偿费用；不足部分，由监护人赔偿。"

2. 有关委托监护的侵权责任。《民法典》第1189 条规定："无民事行为能力人、限制民事行为能力人造成他人损害，监护人将监护职责委托给他人的，监护人应当承担侵权责任；受托人有过错的，承担相应的责任。"

3. 有关完全民事行为能力人暂时失去意识的侵权责任。《民法典》第1190条规定："完全民事行为能力人对自己的行为暂时没有意识或者失去控制造成他人损害有过错的，应当承担侵权责任；没有过错的，根据行为人的经济状况对受害人适当补偿。完全民事行为能力人因醉酒、滥用麻醉药品或者精神药品对自己的行为暂时没有意识或者失去控制造成他人损害的，应当承担侵权责任。"

（二）有关劳动关系、劳务关系中的侵权责任

1. 有关劳动关系中的侵权责任。《民法典》第1191 条第1 款规定："用人单位的工作人员因执行工作任务造成他人损害的，由用人单位承担侵权责任。用人单位承担侵权责任后，可以向有故意或者重大过失的工作人员追偿。"

2. 有关劳务关系中的侵权责任。《民法典》第1191 条第2 款规定："劳务派遣期间，被派遣的工作人员因执行工作任务造成他人损害的，由接受劳务派遣的用工单位承担侵权责任；劳务派遣单位有过错的，承担相应的责任。"

3. 有关雇佣关系中的侵权责任。《民法典》第1192 条规定："个人之间形成劳务关系，提供劳务一方因劳务造成他人损害的，由接受劳务一方承担侵权责任。接受劳务一方承担侵权责任后，可以向有故意或者重大过失的提供劳务一方追偿。提供劳务一方因劳务受到损害的，根据双方各自的过错承担相应的责任。提供劳务期间，因第三人的行为造成提供劳务一方损害的，提供劳务一方有权请求第三人承担侵权责任，也有权请求接受劳务一方给予补偿。接受劳务一方补偿后，可以向第三人追偿。"此处劳务关系亦可理解为雇佣关系。

4. 有关承揽关系中的侵权责任。《民法典》第1193 条规定："承揽人在完成工作过程中造成第三人损害或者自己损害的，定作人不承担侵权责任。但是，定作人对定作、指示或者选任有过错的，应当承担相应的责任。"

（三）有关网络服务中的侵权责任

网络侵权，是指发生在互联网上的各种侵害他人民事权益的行为。网络作为新型的信息媒体，给人们使用和传播信息提供了很大的机会和空间，但随着网络经济的快速发展，因此也衍生了不少网络侵权行为，引发了各种社会矛盾和纠纷。为了规范网络行为，正确地处理网络服务中的各种侵权责任，《民法典》作了以下规定：

1. 网络用户、网络服务提供者的侵权责任。《民法典》第1194条规定，网络用户、网络服务提供者利用网络侵害他人民事权益的，应当承担侵权责任。法律另有规定的，依照其规定。

2. 网络用户、网络服务提供者对扩大损害的连带责任。《民法典》第1195条规定，网络用户利用网络服务实施侵权行为的，权利人有权通知网络服务提供者采取删除、屏蔽、断开链接等必要措施。通知应当包括构成侵权的初步证据及权利人的真实身份信息。网络服务提供者接到通知后，应当及时将通知转送相关网络用户，并根据构成侵权的初步证据和服务类型采取必要措施；未及时采取必要措施的，对损害的扩大部分与该网络用户承担连带责任。权利人因错误通知造成网络用户或者网络服务提供者损害的，应当承担侵权责任。法律另有规定的，依照其规定。

3. 不侵权声明。《民法典》第1196条规定，网络用户接到转送的通知后，可以向网络服务提供者提交不存在侵权行为的声明。声明应当包括不存在侵权行为的初步证据及网络用户的真实身份信息。网络服务提供者接到声明后，应当将该声明转送发出通知的权利人，并告知其可以向有关部门投诉或者向人民法院提起诉讼。网络服务提供者在转送声明到达权利人后的合理期限内，未收到权利人已经投诉或者提起诉讼通知的，应当及时终止所采取的措施。

4. 网络服务提供者知道网络用户侵权的连带责任。《民法典》第1197条规定：规定网络服务提供者知道网络用户利用其网络服务侵害他人民事权益，未采取必要措施的，与该网络用户承担连带责任。

（四）有关公共场所中的侵权责任

公共场所和群众性活动场所，既是大量民众活动的地方，也是最容易引发各类侵权事件的场所。为了规范和处理此类纠纷，《民法典》第1198条明确规定："宾馆、商场、银行、车站、机场、体育场馆、娱乐场所等经营场所、公共场所的经营者、管理者或者群众性活动的组织者，未尽到安全保障义务，造成他人损害的，应当承担侵权责任。因第三人的行为造成他人损害的，由第三人承担侵权责任；经营者、管理者或者组织者未尽到安全保障义务的，承担相应的补充责任。经营者、管理者或者组织者承担补充责任后，可以向第三人追偿。"

（五）有关教育机构中发生的侵权责任

教育机构，包括幼儿园、中小学以及其他教育机构，也是一种公共场所，而且具有突出的特殊性，《民法典》对其侵权责任作了3条规定：

1. 教育机构对无民事行为能力人的人身损害责任。《民法典》第1199条规定："无民事行为能力人在幼儿园、学校或者其他教育机构学习、生活期间受到人身损害的，幼儿园、学校或者其他教育机构应当承担责任，但是，能够证明尽到教育、管理职责的，不承担责任。"

2. 教育机构对限制民事行为能力人的人身损害责任。《民法典》第1200条规定："限制民事行为能力人在学校或者其他教育机构学习、生活期间受到人身损害，学校或者其他教育机构未尽到教育、管理职责的，应当承担侵权责任。"

3. 教育机构对外来侵害的责任。《民法典》第1201条规定："无民事行为能力人或者限制民事行为能力人在幼儿园、学校或者其他教育机构学习、生活期间，受到幼儿园、学校或者其他教育机构以外的第三人人身损害的，由第三人承担侵权责任；幼儿园、学校或者其他教育机构未尽到管理职责的，承担相应的补充责任。幼儿园、学校或者其他教育机构承担补充责任后，可以向第三人追偿。"

三、几种侵权责任的专门规定

民法理论上把侵权责任分为一般侵权责任和特殊侵权责任。但从《民法典》立法情况看，并无这一分类的明确规定。从理论上讲，所谓一般侵权责任，是指行为人实施侵权行为，侵害了一般民事权益所应承担的民事责任；所谓特殊侵权责任，是指具有某种特殊身份的人，或者从事某种特殊经营业务的人，或者占有某种特殊物资的人，因实施了侵权行为并造成损害事实，无论责任人有无过错，而根据法律规定应当承担民事责任的，则应承担相应的民事责任。《民法典》之侵权责任编规定有七大类型：

（一）产品责任

这是指因产品存在缺陷而造成他人人身损害或其他财产损害应承担的侵权责任。《民法典》之侵权责任编第四章以六个条款具体规定了产品责任的各项法律要求。

1. 产品责任承担的一般原则。《民法典》第1202条规定："因产品存在缺陷造成他人损害的，生产者应当承担侵权责任。"从以上规定可以看出，生产者对产品责任实行无过错责任原则，无论生产者有无过错，只要因产品缺陷给受害人造成损害，就要承担产品责任，而不要求受害人就侵权人的过错进行举证，侵权人也不得以其没有过错为由主张免除责任。据此，构成生产者产品责任须具备三个要件：①产品具有缺陷；②须有缺陷产品造成受害人损害的事实；③缺陷产品与损害事实之间存在因果关系。但《产品质量法》第41条又明确规定：生产者能够证明有以下情形之一的，不承担赔偿责任：①未将产品投入流通的；②产品投入流通时，引起损害的缺陷尚不存在；③将产品投入流通时的科学技术水平尚不能发现缺陷的存在的。上述内容确认了生产者产品责任的法定免责条件。而对销售者的产品责任，《民法典》明确规定实行过错责任原则。有下列两种情形的销售者应当承担产品责任：①由于销售者的过错使产品存在缺陷，造成他人损害；②销售者不能指明缺陷产品的生产者也不能指明缺陷产品的供货者的，销售者应当承担侵权责任。

2. 请求权和追偿权的行使。《民法典》第1203条规定："因产品存在缺陷造成损害的，被侵权人可以向产品的生产者请求赔偿，也可以向产品的销售者请求赔偿。产品缺陷由生产者造成的，销售者赔偿后，有权向生产者追偿。因销售者的过错使产品存在缺陷的，生产者赔偿后，有权向销售者追偿。"第1204条规定："因运输者、仓储者等第三人的过错使产品存在缺陷，造成他人损害的，产品的生产者、销售者赔偿后，有权向第三人追偿。"以上规定明确了被侵权人对产品责任的请求权和先行赔偿人追偿权的行使。

3. 请求承担的责任形式。因产品缺陷造成侵权的情形多样复杂，《民法典》也具体规定了各种责任形式：

（1）产品缺陷的一般责任形式。《民法典》第1205条规定："因产品缺陷危及他人人身、财产安全的，被侵权人有权请求生产者、销售者承担停止侵害、排除妨碍、消除危险等侵权责任。"

（2）建立警示、召回制度。《民法典》第1206条规定："产品投入流通后发现存在缺陷的，生产者、销售者应当及时采取停止销售、警示、召回等补救措施；未及时采取补救措施或者补救措施不力造成损害扩大的，对扩大的损害也应当承担侵权责任。依据前款规定采取召回措施的，生产者、销售者应当负担被侵权人因此支出的必要费用。"

（3）实行惩罚性赔偿责任。《民法典》第1207条规定："明知产品存在缺陷仍然生产、销售，或者没有依据前款规定采取有效补救措施，造成他人死亡或者健康严重损害的，被侵权人有权请求相应的惩罚性赔偿。"所谓惩罚性赔偿，也称为惩戒性赔偿，是指加害人给付受害人超过其实际数额的一种金钱赔偿。这是一种集补偿、惩罚、遏制等功能于一身的赔偿责任形式，是一种侵权责任形式。因此，适用惩罚性赔偿责任须具备以下条件：①侵权人具有主观故意，即明知是缺陷产品仍然生产或者销售；②要有损害事实，而且这一损害事实不是一般的损害事实，而应当是造成严重损害的事实；③要有因果关系，即被侵权人的死亡或者健康严重受损害是因为侵权人生产或销售的缺陷产品造成的。这一条件具体规定了惩罚性赔偿的适用范围，即在被侵权人的死亡或者健康严重受损害的范围内适用，其他损害均不适用这一责任形式。这里所说的相应惩罚性赔偿的适用限度，主要要求被侵权人请求的惩罚赔偿金的数额应当与侵权人的恶意情况相当，与侵权人造成的损害后果相当，与对侵权人的惩戒、威慑相当。

（二）机动车交通事故责任

这是指机动车驾驶人发生交通事故造成他人损害，依照法律规定所应当承担的侵权责任。这是一项重要的侵权民事责任，对于规范处理实践中频频发生的交通事故侵权案件，维护当事人合法权益具有积极意义。对此，《民法典》之侵权责任编第五章以 10 个条款具体规定了交通事故责任的一般处理原则及特殊处理原则：

1. 机动车交通事故责任处理的一般原则。《民法典》第 1208 条规定："机动车发生交通事故造成损害的，依照道路交通安全法律和本法的有关规定承担赔偿责任。"对此，《道路交通安全法》第 76 条有两款规定："机动车发生交通事故造成人身伤亡、财产损失的，由保险公司在机动车第三者责任强制保险责任限额范围内予以赔偿；不足的部分，按照下列规则承担赔偿责任：①机动车之间发生交通事故的，由有过错的一方承担赔偿责任；双方都有过错的，按照各自过错的比例分担责任。②机动车与非机动车驾驶人、行人之间发生交通事故，非机动车驾驶人、行人没有过错的，由机动车一方承担赔偿责任；有证据证明非机动车驾驶人、行人有过错的，根据过错程度适当减轻机动车一方的赔偿责任；机动车一方没有过错的，承担不超过 10% 的赔偿责任。"同时，《道路交通安全法》第 76 条第 2 款还规定了免责条件，即"交通事故的损失是由非机动车驾驶人、行人故意碰撞机动车造成的，机动车一方不承担赔偿责任。"

2. 机动车交通事故责任承担的例外情况处理的规定。《民法典》第 1213 条规定，机动车发生交通事故造成损害，属于该机动车一方责任的，先由承包机动车强制保险的保险人在强制保险责任限额范围内予以赔偿；不足部分，由承保机动车商业保险的保险人按照保险合同的约定予以赔偿；仍然不足或者没有投保机动车商业保险的，由侵权人赔偿。以下的其他特殊情形按《民法典》的相关规定处理。

（1）租赁、借用机动车致人损害的责任。《民法典》第 1209 条规定："因租赁、借用等情形机动车所有人、管理人与使用人不是同一人时，发生交通事故造成损害，属于该机动车一方责任的，由机动车使用人承担赔偿责任；机动车所有人、管理人对损害的发生有过错的，承担相应的赔偿责任。"

（2）机动车转让后致人损害的责任。《民法典》第 1210 条规定："当事人之间已经以买卖或者其他方式转让并交付机动车但是未办理登记，发生交通事故造成损害，属于该机动车一方责任的，由受让人承担赔偿责任。"这一规定同样适用于所有权保留情形中特别约定的分期付款买卖的机动车致人损害的责任，即由购买方承担赔偿责任，出卖方不承担责任。

（3）挂靠机动车侵权责任。《民法典》第 1211 条规定："以挂靠形式从事道路运输经营活动的机动车，发生交通事故造成损害，属于该机动车一方责任的，由挂靠人和被挂靠人承担连带责任。"

（4）未经允许驾驶他人机动车侵权责任。《民法典》第 1212 条规定："未经允许驾驶他人机动车，发生交通事故造成损害，属于该机动车一方责任，由机动车使用人承担赔偿责任；机动车所有人、管理人对损害的发生有过错的，承担相应的赔偿责任，但是本章另有规定的除外。"

（5）转让拼装机动车致人损害的责任。《民法典》第 1214 条规定："以买卖或者其他方式转让拼装或者已达到报废标准的机动车，发生交通事故造成损害的，由转让人和受让人承担连带责任。"这是对拼装车和报废车致人损害的责任作出专门规定。依照国务院有关法规的规定，所谓拼装车，是指使用报废汽车发动机、方向盘、变速器、前后桥、车架以及其他零配件组装的机动车。所谓报废机动车，是指达到国家报废标准，或者虽未达到国家报废标准，但发动机场或者底盘严重损坏，经检验不符合国家机动车运行安全标准的机动车。转让和使用这两类机动车，本身即具有违法性。对于以买卖、赠与等方式转让这两类车，发生交通事故造成损害的，应适用无过错责任原则且没有法定免责事由，所以应由转让人与受让人、赠与人与受赠人承担连带责任。

（6）盗抢机动车致人损害的责任。《民法典》第 1215 条规定："盗窃、抢劫或者抢夺的机动车发生交通事故造成损害的，由盗窃人、抢劫人或者抢夺人承担赔偿责任。盗窃人、抢劫人或者抢夺人与机动车使用人不是同一人，发生交通事故造成损害，属于该机动车一方责任的，由盗窃人、抢劫人或者抢夺人与机动车使用人承担连带责任。保险公司在机动车强制保险责任限额范围内垫付抢救费用的，有权向交通事故责任人追偿。"

（7）机动车肇事责任者逃逸的责任处理。《民法典》第 1216 条规定："机动车驾驶人发生交通事故后逃逸，该机动车参加强制保险的，由保险公司在机动车强制保险责任限额范围内予以赔偿；机动车不明或者该机动车未参加强制保险，需要支付被侵权人人身伤亡的抢救、丧葬等费用的，由道路交通事故社会救助基金垫付。道路交通事故社会救助基金垫付后，其管理机构有权向交通事故责任人追偿。"机动车肇事逃逸，是指发生道路交通事故后，道路交通事故当事人为逃避法律追究，驾驶车辆或遗弃车辆而逃离交通事故现场的行为。这种逃逸行为对被侵权人以及社会危害很大，法律上应当对此从严惩处。但为了保护被侵权人的合法权益，该条规定从三个层次对机动车肇事逃逸作出处理措施。

（8）好意同乘的责任承担。《民法典》第 1217 条规定："非营运机动车发生交通事故造成无偿搭乘人损害，属于该机动车一方责任的，应当减轻其赔偿责任，但是机动车使用人有故意或者重大过失的除外。"

（三）医疗损害责任

这是指医疗机构及其医务人员在医疗服务中因过错造成患者损害的，依照法律规定应当承担侵权责任。近几年来，医疗纠纷逐年上升，并引起了社会极大关注。及时、妥善处理医疗纠纷，界定医疗损害责任，有利于切实保护患者及医护人员双方的合法权益，促进医学科学的进步和医疗卫生事业的发展。为此，《民法典》之侵权责任编第六章以 11 个条款具体规定了医疗损害责任处理的各种问题。

1. 适用过错责任原则。根据医疗活动具有的未成知性、特异性、专业性等特点，医疗损害责任不能适用无过错责任原则，我国《民法典》明确规定了适用过错责任归责原则。《民法典》第 1218 条规定："患者在诊疗活动中受到损害，医疗机构及其医务人员有过错的，由医疗机构承担赔偿责任。"第 1219 条规定："医务人员在诊疗活动中应当向患者说明病情和医疗措施。需要实施手术、特殊检查、特殊治疗的，医务人员应当及时向患者具体说明医疗风险、替代医疗方案等情况，并取得其明确同意；不能或者不宜向患者说明的，应当向患者的近亲属说明，并取得其明确同意。医务人员未尽到前款义务，造成患者损害的，医疗机构应当承担赔偿责任。"第 1220 条规定："因抢救生命垂危的患者等紧急情况，不能取得患者或者其近亲属意见的，经医疗机构负责人或者授权的负责人批准，可以立即实施相应的医疗措施。"第 1221 条规定："医务人员在诊疗活动中未尽到与当时的医疗水平相应的诊疗义务，造成患者损害的，医疗机构应当承担赔偿责任。"以上四条规定，都集中体现了医疗损害责任的认定实行过错责任归责原则。首先，明确患者在诊断、治疗、护理等诊疗过程中，因医疗机构及其医务人员过错造成损害的，由医疗机构承担赔偿责任，并作为医疗损害责任处理的一般原则加以规定。其次，明确规定患者享有知情同意权和医务人员负有向患者说明病情和医疗措施等诊疗义务，未尽到以上义务造成损害的，应视为医疗机构有过错，应承担赔偿责任。

2. 适用过错推定责任原则。《民法典》第 1222 条规定："患者在诊疗活动中受到损害，有下列情形之一的，推定医疗机构有过错：①违反法律、行政法规、规章以及其他有关诊疗规范的规定；②隐匿或者拒绝提供与纠纷有关的病历资料；③遗失、伪造、篡改或者违法销毁病历资料。"凡符合以上情形之一，且患者有损害的，可以推定医疗机构有过错，并适用过错推定原则，由医疗机构承担赔偿责任。

3. 免责条件。《民法典》第 1224 条明确规定了医疗机构的免责条件，患者在诊疗活动中受到损害，有下列情形之一的，医疗机构不承担赔偿责任：①患者或者其近亲属不配合医疗机构进行符合诊疗规范的诊疗；②医务人员在抢救生命垂危的患者等紧急情况下已经尽到合理诊疗义务；③限于当时的医疗水平难以诊疗。上述第 1 项情形中，医疗机构及其医务人员也有过错的，应当承担相应的赔偿责任。

4. 医疗侵权的其他责任。《民法典》第 1225~1227 条规定："医疗机构及其医务人员应当按照规定填写并妥善保管住院志、医嘱单、检验报告、手术及麻醉记录、病理资料、护理记录等病历资料。患者要求查阅、复制前款规定的病历资料的，医疗机构应当提供。""医疗机构及其医务人员应当对患者的隐私和个人信息保密。泄露患者的隐私和个人信息或者未经患者同意公开其病历资料的，应当承担侵权责任。""医疗机构及其医务人员不得违反诊疗规范实施不必要的检查。"除医疗损害责任外，以上三条是适用于医疗机构及其医务人员未履行其职业义务的情形，其应依法律规定承担其他的医疗侵权责任。

5. 侵害医疗机构合法权益的责任。《民法典》第 1228 条规定："医疗机构及其医务人员的合法权益受法律保护。干扰医疗秩序，妨害医务人员工作、生活，侵害医务人员合法权益的，应当依法承担法律责任。"这是针对当前医患纠纷中经常发生的"医闹"等侵害医疗机构及其医务人员合法权益行为所作的规定。

6. 请求权的行使。在医疗侵权责任中，除医疗损害责任外，还有因第三人过错引发的医疗损害责任。《民法典》第 1223 条规定了医疗损害责任中请求权行使的问题："因药品、消毒产品、医疗器械的缺陷，或者输入不合格的血液造成患者损害的，患者可以向药品上市许可持有人、生产者、血液提供机构请求赔偿，也可以向医疗机构请求赔偿。患者向医疗机构请求赔偿的，医疗机构赔偿后，有权向负有责任的药品上市许可持有人、生产者、血液提供机构追偿。"这明确规定了请求权行使的顺序。

（四）环境污染和生态破坏责任

这是指污染环境、生态破坏造成他人财产或人身损害的，依据法律规定应当承担的侵权责任。环境问题关系到人民群众切身利益，关系到人与自然和谐相处和经济社会永续发展的大事。《民法典》之侵权责任编在相关法律规定的基础上，以第七章作了专章规定，进一步完善了环境污染和生态破坏责任制度。

1. 适用无过错责任归责原则。《民法典》第 1229 条规定："因污染环境、破坏生态造成他人损害的，侵权人应当承担侵权责任。"第 1231 条规定："2 个以上侵权人污染环境、破坏生态的，承担责任的大小，根据污染物的种类、浓度、排放量，破坏生态的方式、范围、程度，以及行为对损害后果所起的作用等因素确定。"第 1233 条还规定："因第三人的过错污染环境、破坏生态的，被侵权人可以向侵权人请求赔偿，也可以向第三人请求赔偿。侵权人赔偿后，有权向第三人追偿。"以上三条是该法对环境污染和生态破坏责任所作的一般性规定。首先，明确规定了环境污染责任应适用无过错责任归责原则，即在受害者有损害，污染者的行为与损害有因果关系的情况下，不论污染者有无过错，都应对其污染造成的损害承担侵权责任。其次，规定了责任大小的分担，具体的侵权责任根据污染物的种类、浓度、排放量，破坏生态的方式、范围、程度，以及行为对损害后果所起的作用等因素确定。最后，规定环境侵权行为适用第三人的过错责任和追偿原则。

2. 举证责任分配。《民法典》第 1230 条规定："因污染环境、破坏生态发生纠纷，行为人应当就法律规定的不承担责任或者减轻责任的情形及其行为与损害之间不存在因果关系承担举证责任。"这里规定行为人对是否有免责条件与行为无因果关系负有举证责任。

3. 环境污染、生态破坏侵权的惩罚性赔偿。《民法典》第 1232 条规定："侵权人违反法律规定故意污染环境、破坏生态造成严重后果的，被侵权人有权请求相应的惩罚性赔偿。"

4. 生态修复责任。《民法典》第 1234 条规定："违反国家规定造成生态环境损害，生态环境能够修复的，国家规定的机关或者法律规定的组织有权请求侵权人在合理期限内承担修复责任。侵权人在期限内未修复的，国家规定的机关或者法律规定的组织可以自行或者委托他人进行修复，所需费用由侵权人负担。"

5. 公益诉讼的赔偿范围。《民法典》第 1235 条规定："违反国家规定造成生态环境损害的，国家规定的机关或者法律规定的组织有权请求侵权人赔偿下列损失和费用：①生态环境受到损害至修复完成期间服务功能丧失导致的损失；②生态环境功能永久性损害造成的损失；③生态环境损害调查、鉴定评估等费用；④清除污染、修复生态环境费用；⑤防止损害的发生和扩大所支出的合理费用。"

6. 免责条件。虽然《民法典》对免责条件未作规定，但根据其他相关法律的规定，环境污染可以免除责任的情形主要有：《海洋环境保护法》第 89 条第 1 款规定："造成海洋环境污染损害的责任者，应当排除危害，并赔偿损失；完全由于第三者的故意或者过失，造成海洋环境污染损害的，由第三者排除危害，并承担赔偿责任。"第 91 条还规定："完全属于不列情形之一，经过及时采取合理措施，仍然不能避免对海洋环境造成污染损害的，造成污染损害的有关责任者免予承担责任：①战争；②不可抗拒的自然灾害；③负责灯塔或者其他助航设备的主管部门，在执行职责时的疏忽，或者其他过失行为。"此外，《水污染防治法》第 96 条也有相类似的规定。污染者只要能够依据这些法律规定提供相关举证责任，即可免除或减轻其侵权责任。

（五）高度危险责任

这是指从事高空、高压、易燃、易爆、剧毒、放射性、高速运输工具等对周围环境有高度危险的作业给他人造成损害的赔偿责任。高度危险业务是现代科技发展必然产生的负面后果，对社会和民众威胁很大。对此，《民用航空法》《放射性污染防治法》等法律已作有相关规定。为了适应现代社会工业和技术发展客观需要，《民法典》之侵权责任编第八章对高度危险责任作了更加明确而且具体的规定。

1. 适用无过错归责原则。《民法典》第 1236 条明确规定："从事高度危险作业造成他人损害的，应当承担侵权责任。"从这一规定可以看出，高度危险作业本身就具有高度危险性，即使是采取安全措施并尽到了相当的注意义务也无法避免损害的发生，而且认定高度危险侵权时不考虑高度危险作业人对造成损害是否有过错，此处显然是适用无过错归责原则，并作为处理高度危险责任的一般原则。

2. 适用过错推定责任原则。实行无过错责任是处理高度危险责任的一般原则，但《民法典》之侵权责任编还明确规定有以下四种情形的可以适用过错推定责任原则。

（1）有关民用核设施的侵权责任。《民法典》第 1237 条规定："民用核设施或者运入运出核设施的核材料发生核事故造成他人损害的，民用核设施的营运单位应当承担侵权责任；但是，能够证明损害是因战争、武装冲突、暴乱等情形或者受害人故意造成的，不承担责任。"

（2）有关民用航空器的侵权责任。《民法典》第 1238 条规定："民用航空器造成他人损害的，民用航空器的经营者应当承担侵权责任；但是，能够证明损害是因受害人故意造成的，不承担责任。"

（3）有关占有或使用高度危险物的侵权责任。《民法典》第 1239 条规定：

"占有或者使用易燃、易爆、剧毒、高放射性、强腐蚀性、高致病性等高度危险物造成他人损害的，占有人或者使用人应当承担侵权责任；但是，能够证明损害是因受害人故意或者不可抗力造成的，不承担责任。被侵权人对损害的发生有重大过失的，可以减轻占有人或者使用人的责任。"

（4）有关其他高度危险作业的侵权责任。《民法典》第 1240 条规定："从事高空、高压、地下挖掘活动或者使用高速轨道运输工具造成他人损害的，经营者应当承担侵权责任；但是，能够证明损害是因受害人故意或者不可抗力造成的，不承担责任。被侵权人对损害的发生有重大过失的，可以减轻经营者的责任。"

3. 高度危险责任的特殊情形。

（1）关于遗失、抛弃高度危险物的侵权责任。《民法典》第 1241 条规定："遗失、抛弃高度危险物造成他人损害的，由所有人承担侵权责任。所有人将高度危险物交由他人管理的，由管理人承担侵权责任；所有人有过错的，与管理人承担连带责任。"

（2）关于非法占有高度危险物的侵权责任。《民法典》第 1242 条规定："非法占有高度危险物造成他人损害的，由非法占有人承担侵权责任。所有人、管理人不能证明对防止他人非法占有尽到高度注意义务的，与非法占有人承担连带责任。"

（3）关于擅自进入高度危险活动区的侵权责任。《民法典》第 1243 条规定："未经许可进入高度危险活动区域或者高度危险物存放区域受到损害，管理人能够证明已经采取足够安全措施并尽到充分警示义务的，可以减轻或者不承担责任。"

4. 高度危险责任赔偿限额。《民法典》第 1244 条仅对承担高度危险责任的赔偿限额作了原则性规定，明确有法律规定赔偿限额的，依照其规定。有关其他法律规定赔偿限额主要有：《民用航空法》第 128 条、第 129 条，《国内航空运输承运人赔偿责任限额规定》第 3 条，均对国内航空运输承运人的赔偿责任限额作有规定；《铁路法》第 58 条和《铁路交通事故应急救援和调查处理条例》第 33 条对铁路运输事故造成旅客人身伤亡和自带行李损失的赔偿实施限额也作有相关的规定，可依照其规定处理。

（六）饲养动物损害责任

饲养动物损害责任是指因饲养的动物造成他人的人身或财产损害的，依照法律规定应该承担的侵权责任。近几年来，各地动物致人损害的事件日渐增多，为了更好地规范饲养动物的行为，进一步明确饲养人的责任，《民法典》之侵权责任编第九章作了更加完善的规定。

1. 饲养动物损害责任的一般规定。

（1）饲养动物致害责任的归责原则。《民法典》第 1245 条规定："饲养的动物造成他人损害的，动物饲养人或者管理人应当承担侵权责任；但是，能够证明损害是因被侵权人故意或者重大过失造成的，可以不承担或者减轻责任。"对于饲养动物损害责任的归责原则，《侵权责任法》实行二元化归责原则，即以无过错责任为基本归责原则，而对于个别动物损害责任则实行过错推定原则。其构成要件为：①须为饲养的动物；②须有动物的加害行为；③须有造成他人损害的事实；④须有动物加害行为与损害事实之间的因果关系。其免责事由为事实确是由被侵权人的故意或重大过失所造成的，动物饲养人或者管理人可以不承担或减轻责任。

（2）违反禁养危险动物造成损害的责任。《民法典》第 1247 条规定："禁止饲养的烈性犬等危险动物造成他人损害的，动物饲养人或者管理人应当承担侵权责任。"

（3）脱离控制动物造成损害的责任。《民法典》第 1249 条规定："遗弃、逃逸的动物在遗弃、逃逸期间造成他人损害的，由动物原饲养人或者管理人承担侵权责任。"

2. 实行过错推定责任原则。

（1）需证明损害是因被侵权人过错引起的。《民法典》第 1246 条规定："违反管理规定，未对动物采取安全措施造成他人损害的，动物饲养人或者管理人应当承担侵权责任；但是，能够证明损害是因被侵权人故意造成的，可以减轻责任。"

（2）需证明管理人尽到管理职责。《民法典》第 1248 条规定："动物园的动物造成他人损害的，动物园应当承担侵权责任；但是，能够证明尽到管理职责的，不承担侵权责任。"

3. 饲养动物损害责任请求权的选择。《民法典》第 1250 条规定："因第三人的过错致使动物造成他人损害的，被侵权人可以向动物饲养人或者管理人请求赔偿，也可以向第三人请求赔偿。动物饲养人或者管理人赔偿后，有权向第三人追偿。"

4. 饲养动物应履行的义务。饲养动物应当遵守法律法规，尊重社会公德，不得妨碍他人生活。

（七）物件损害责任

物件损坏责任是指因建筑物或工作物侵害他人的人身权利或财产权利造成损害的，依照法律规定应当承担的侵权责任。物件侵权损害纠纷是现代社会经济生活频频发生的特殊侵权表现形态，严重损害了他人合法权益，影响了社会和谐和稳定，已引起了人们的极大关注。对此，《民法典》之侵权责任编在相关规定的基础上作了更加具体而明确的规定，为规范和处理各种类型的物件侵权纠纷提供了完备的法律依据。

1. 物件损害责任的一般规定。无论是建筑物还是工作物，因管理不善造成他人损害，实质上都构成管理上的过错，应适用过错责任原则。其构成要件是：①须有物件致害行为；②须有受害人的损害事实；③须损害事实与致害行为之间有因果关系；④须物件所有人或管理人有过错。其免责事由主要有不可抗力、第三人过错、受害人故意或过失、物件的所有人、管理人或使用人能够证明自己无过错等各种类型。

（1）建筑物等设施的损害责任。《民法典》第1252条规定："建筑物、构筑物或者其他设施倒塌造成他人损害的，由建设单位与施工单位承担连带责任，但是建设单位与施工单位能够证明不存在质量缺陷的除外。建设单位、施工单位赔偿后，有其他责任人的，有权向其他责任人追偿。因所有人、管理人、使用人或者第三人的原因，建筑物、构筑物或者其他设施倒塌造成他人损害的，由所有人、管理人、使用人或者第三人承担侵权责任。"

（2）工作物致人损害责任。《民法典》第1256条规定："在公共道路上堆放、倾倒、遗撒妨碍通行的物品造成他人损害的，由行为人承担侵权责任。公共道路管理人不能证明已经尽到清理、防护、警示等义务的，应当承担相应的责任。"第1258条第1款还规定："在公共场所或者道路上挖掘、修缮安装地下设施等造成他人损害，施工人不能证明已经设置明显标志和采取安全措施的，应当承担侵权责任。"

2. 物件损害责任适用过错推定原则。过错推定原则是特殊侵权责任普遍适用的归责原则。过错推定原则通常表现为实行举证倒置的举证规则，而不实行"谁主张、谁举证"的一般举证规则。其要求侵权人须举证证明自己对侵权损害的发生没有过错或举证证明被侵权人、受害人或第三人存在有过错，可以免除或减轻自己的责任。《民法典》之侵权责任编有关过错推定原则的规定有：

（1）不能证明自己对建筑物等损害没有过错的情形。《民法典》第1253条规定："建筑物、构筑物或者其他设施及其搁置物、悬挂物发生脱落、坠落造成他人损害，所有人、管理人或者使用人不能证明自己没有过错的，应当承担侵权责任。所有人、管理人或者使用人赔偿后，有其他责任人的，有权向其他责任人追偿。"

（2）不能证明自己不是建筑物的抛掷物、坠落物损害的侵权人的情形。《民法典》第 1254 条规定："禁止从建筑物中抛掷物品。从建筑物中抛掷物品或者从建筑物上坠落的物品造成他人损害，由侵权人依法承担侵权责任；经调查难以确定具体侵权人的，除能够证明自己不是侵权人的外，由可能加害的建筑物使用人给予补偿。可能加害的建筑使用人补偿后，有权向侵权人追偿。物业服务企业等建筑物管理人应当采取必要的安全保障措施防止前款规定情形的发生；未采取必要的安全保障措施的，应当依法承担未履行安全保障义务的侵权责任。发生本条第 1 款规定的情形的，公安机关应当依法及时调查，查清责任人。"

（3）不能证明自己对堆放物损害没有过错的情形。《民法典》第 1255 条规定："堆放物倒塌、滚落或滑落造成他人损害，堆放人不能证明自己没有过错的，应当承担侵权责任。"

（4）不能证明自己对林木折断、倾倒或者果实坠落没有过错的情形。《民法典》第 1257 条规定："因林木折断、倾倒或者果实坠落等造成他人损害，林木的所有人或者管理人不能证明自己没有过错的，应当承担侵权责任。"

（5）不能证明自己对地下设施损害没有过错的情形。《民法典》第 1258 条第 2 款规定："窨井等地下设施造成他人损害，管理人不能证明尽到管理职责的，应当承担侵权责任。"

【实战训练】

不定项选择题

1. 下列行为不属于侵权行为有哪些？（   ）

A. 正当防卫致人损害（未超过必要限度）

B. 自助行为致人财产损害

C. 警察追捕罪犯时致罪犯损害

D. 交警将乱停放的汽车拉走

2. 赵某在公共汽车上因不慎踩到售票员而与之发生口角，售票员在赵某下车之后指着他大喊："打小偷！"赵某因此被数名行人扑倒在地致伤。对此应由谁承担责任？（   ）

A. 售票员　　　　　　　B 公交公司

C. 售票员和动手的行人　D. 公交公司和动手的行人

3. 某供电局架设的一条高压线在台风中被吹断，致附近一居民触电身亡，则此损害（   ）

A. 由受害者自行承担

B. 由供电局承担

C. 由双方分担

D. 由受害方承担，供电局予以适当补偿

4. 某公司办公楼顶的广告牌，在风中突然倒塌，致一死四伤，则由（　　）承担责任。

A. 该公司　　　　　　　　　B. 广告牌安装者

C. 公司负责维修的工作人员　D. 伤亡人员自负，公司适当补偿

案例分析题

贾某与家人到红宇餐厅就餐。该餐厅所提供的卡式炉是由某用具厂出产的，卡式炉所使用的燃气是由某燃气公司生产的。贾某等人在就餐时，正在使用的卡式炉燃气罐发生爆炸，致使贾某面部、双手烧伤，共花去医疗费等财产损失共7万元。经查：燃气公司及用具厂生产的燃气罐及卡式炉均为不合格产品，红宇餐厅在提供服务时不存在过错。贾某向法院起诉，要求燃气公司、用具厂及红宇餐厅共同承担损害赔偿责任。现问：

（1）上述三被告与贾某之间存在什么法律关系？

（2）红宇餐厅应否承担责任？

（3）燃气公司与用具厂应否承担责任？

（4）对于贾某受到的损害，燃气公司、用具厂是否应承担共同损害赔偿责任？为什么？

（5）假设燃气公司赔偿了贾某所受到的财产损失7万元，则其取得什么权利？

第四编　企业经营法

第十章　企业公平交易法

【导入案例】高通公司涉嫌滥用市场支配地位进行垄断案

2015 年 2 月 10 日，国家发展改革委宣布，对高通公司滥用市场支配地位实施排除、限制竞争的垄断行为依法作出处理，责令高通公司停止相关违法行为，处以 2013 年度在我国市场销售额 8% 的罚款，共计 60.88 亿元，这是 2008 年 8 月 1 日《反垄断法》实施以来的罚款最高纪录。

据介绍，2009 年就有两家美国公司向发改委举报高通公司垄断；2014 年 8 月，一家美国公司举报高通公司；除此之外，亚洲其他国家的企业也向发改委进行了举报。

国家发改委在处理意见中指出，高通公司滥用市场支配地位的行为主要体现在三方面：一是收取不公平的高价专利许可费，二是没有正当理由搭售非无线通信标准的必要专利许可，三是在基带芯片销售中附加不合理条件。

反垄断旨在营造良好的市场秩序，打造一个健康环境。外企没有了"超国民待遇"，必须注重公平竞争。反垄断的推行，对于生产者来说，可以获得公平竞争环境；对于消费者来说，以更低成本获取服务；对于社会来说，提高了资源配置效率。

事实上，除外企外，许多国内企业同样接受了反垄断调查。而目前许多接受中国有关部门调查的外企，都在多国接受过反垄断调查。

以高通公司为例，在韩国，2006 年该国公平贸易委员会对其展开反垄断调查，对其罚款 2.08 亿美元，并要求其纠正违规行为；在日本，该国公平交易委员会也自 2006 年起对高通公司进行了 3 年多的调查，并认定其违反了日本的反垄断法；在美国，高通公司被多家企业起诉。

问题思考：

1. 高通公司有哪些滥用市场支配地位的行为？除此之外，我国《反垄断法》

还规定了哪些滥用市场支配地位行为？

2. 在判断经营者是否构成滥用市场地配地位时，应当考虑哪些因素？

一、企业公平交易法概述

企业公平交易法是反不正当竞争法和反垄断法的总称，是维护市场公平交易和企业正当竞争的重要法律，对规范企业交易行为、维护市场经济秩序具有重要意义。

（一）公平竞争与不正当竞争行为

所谓公平竞争，也称正当竞争或公平交易，是指经营者在商品经济活动中，遵循自愿、平等、公平、诚实信用的原则和遵守公认的商业道德所进行的市场交易活动或竞争行为。这种竞争行为是市场经济客观规律中的价值规律、竞争规律作用的结果，也就是所谓"物竞天择，适者生存"。因为在商品经济、市场经济体制下，经营者之间总是通过各种形式进行实力的较量，凭借自身较为有利的价格、数量、质量、服务等条件，获得更好的交易机会，并在众多的经营者中分出高低优劣的情况，使他们之间形成一种既相互对立又互相促进的经济关系，从而不断推动社会经济的繁荣和发展。市场经济这种竞争行为，只要体现法律所确认的原则，就属于正当竞争、公平竞争行为。其中，公平竞争行为所体现的自愿、平等、公平、诚实信用的原则应属民法所遵循的基本原则，而社会公认的商业道德则是商法所奉行的基本原则。经营者只要按照民商法确立的原则进行交易活动，均属于正当交易行为，自应受到法律保护。

所谓不正当竞争，也称不公平交易，或垄断行为、限制竞争行为，对此概念国内外法律规定和理论表述不尽相同。如最早使用不正当竞争概念的1883年《保护工业产权巴黎公约》明确规定："凡在工业或商业中任何违反诚实习惯的竞争行为，即构成不正当的竞争行为。"而且该公约还特别列举了三种不正当竞争行为的表现：①采用任何手段对互为竞争关系的企业、商业或工商业活动造成混乱的行为；②在商业经营活动中，利用谎言损害竞争对手的企业、商业或工商业活动的信誉的；③在商业经营活动中使用会使公众对商品的性质、制造方法、特点、适用目的或数量发生混乱的表示或说法。1896年德国颁行的《抵制不正当竞争行为法》以及其他各国立法都确认不正当竞争行为就是违反公平合理、诚实信用，违背公认的商业道德和市场竞争规则的行为。我国《反不正当竞争法》第2条，用立法的形式规定了不正当竞争的定义：本法所称的不正当竞争行为，是指经营者在生产经营活动中，违反本法规定，扰乱市场竞争秩序，损害其他经营者或者消费者的合法权益的行为。这一概念集中了法学界的"违反道德说"

"侵犯竞争对手权益说""危害市场竞争秩序说""违反法律说""侵害消费者权益说"等各种主张的长处，使之具有突出的法律特征：

1. 不正当竞争行为和垄断行为的主体具有特定性。法律规定不正当竞争行为和垄断行为的主体一般都是从事经营活动的经营者，非经营者不是竞争行为的主体，不能成为不正当竞争行为的主体。但某些非经营主体，如政府机关和法律法规授权的具有管理公共事务职能的组织滥用权力妨碍经营者的正当竞争活动，侵害经营者的合法权益时，依照法律的特别规定亦可列为反垄断法的规范范围。

2. 不正当竞争行为和垄断行为的性质具有违法性。不正当竞争行为和垄断行为的表现多种多样，而且随着社会经济的发展变化又有一些新的表现形式出现。我国自改革开放以来，市场日益活跃，竞争日趋激烈，在这种形势下，许多不正当竞争行为和垄断行为也像毒菌一样迅速滋长蔓延。这些不正当竞争行为和垄断行为可以分为两类：①各种违反现行法律的违法行为，这可以用相应的法律来加以调整；②违反商业道德和商业习惯的缺德行为，这类行为是难以用其他法律来加以规范的，但它们对竞争的发展极为不利，因此需要专门制定一部反不正当竞争法和反垄断法，对这些不道德的竞争行为一一加以规定。所以，不正当竞争行为和垄断行为就是专指在《反不正当竞争法》《反垄断法》中所一一罗列的违法行为。

3. 不正当竞争行为和垄断行为具有侵权性。不正当竞争行为和垄断行为是侵犯其他合法经营者的民事权利的行为。凡不正当竞争行为和垄断行为的实施人，其目的是为了自己的牟利，而以不正当竞争行为和垄断行为所获取或可能获取的某种竞争优势或利益，必定是对其他经营者的正当合法的竞争优势或利益的一种侵犯，使其应得利益或固有名誉形象受到损害。

4. 不正当竞争行为和垄断行为具有社会危害性。不正当竞争行为和垄断行为是扰乱社会经济秩序的行为，并且如前所述，这是对正当竞争的一种危害。这就是说，不正当竞争行为和垄断行为既是对他人的一种具体的侵权行为，而且也是对社会经济整体的一种破坏行为。社会经济秩序是全社会所有的经济主体从事经济活动的外部保障条件。如果社会经济秩序被不正当竞争行为和垄断行为所破坏造成混乱，那么谁也不可能从事正常的经济活动；如果每个经济主体依靠自己力量想方设法采取措施保护自己，则会增加企业更多的社会成本，所以必须通过立法来规范各经济主体的竞争行为，维护正常的社会经济秩序。至于不正当竞争行为和垄断行为对竞争的危害，可以从全社会的技术进步、经济活力、资源配置等方面来分析，这种社会危害性更需要通过社会整体的、发展的、合乎理性的价值判断来加以认识。

（二）反不正当竞争法和反垄断法的立法

反不正当竞争法，是指国家为规范市场竞争行为，保护合法竞争而制定禁止经营者在生产经营活动中，采取不正当的手段和方法从事竞争行为的法律规范的总称。反垄断法，是指国家为了预防和制止垄断行为，保护市场公平竞争，提高经济运行效率，维护消费者和社会公共利益而制定的法律规范的总称。在现代市场经济国家中，反不正当竞争法和反垄断法被称为"经济宪法"或"自由经济大宪章"，各国对其立法都十分重视。但所采取的立法体例却有很大差异：有采取分立式，如日本分别制定反垄断法、限制竞争禁止法、反不正当竞争法；有采取统一式，如澳大利亚、匈牙利等国采取把三法合并制定统一的反不正当竞争法；还有采取混合式，如美国对垄断、不正当竞争不作明确划分，而在一项法案中作出规定。

不正当竞争行为是资本主义商品经济发展到一定阶段的产物，特别是当资本主义由自由竞争发展到垄断阶段时，商品经济活动中大量出现垄断行为、不正当竞争行为以致破坏商品经济、市场经济正常秩序，这引起了世界各国普遍的重视，各国都先后制定反垄断法、反不正当竞争法予以规范。而最早制定反垄断法的当属美国，其在 1890 年就制定了《谢尔曼法》，从反垄断入手来维护正当竞争行为；1896 年德国制定《反不正当竞争法》，正式用禁止不正当竞争的法律命名；此后，日本、美国等国家相继制定颁行《禁止私人垄断和保证公平交易法》《公平贸易法》《市场行为法》《保证竞争法》等。而且，国际社会还通过国际条约等形式对反不正当竞争的内容加以确认，如 1883 年缔结的《保护工业产权巴黎公约》，经修订后就把反不正当竞争作为工业产权内容加以规定。此后又有更多的地区性公约，如 1961 年在罗马缔结的《保护表演、录音制品制作者与广播组织国际公约》、1968 年的《保护工业产权中美洲协定》等均有类似的规定，使对不正当竞争行为的规制逐渐成为国际性的法律问题。

我国在计划经济体制下，不但自由竞争受到抑制，而且垄断、不正当竞争行为表现形式甚少，没有滋生的土壤。随着我国经济体制改革的不断深化和我国商品经济的进一步发展，特别是随着市场经济体制的建立和发展，生产经营者之间的竞争呈现蓬勃发展的态势，有力推进了我国经济的繁荣和发展，但与此同时，各种不正当竞争行为、暴利行为、垄断行为也日趋普遍，且有愈演愈烈之势，严重地扰乱了市场经济秩序，损害着公平竞争原则和正当经营者以及广大消费者的合法权益。第八届全国人大常委会第三次会议于 1993 年 9 月 2 日通过了《反不正当竞争法》，第十届全国人大常委会第二十九次会议于 2007 年 8 月 30 日通过了《反垄断法》，我国通过采取分立式的立法体例，揭开了我国反不正当竞争立法和反垄断立法的序幕。

（三）反不正当竞争法和反垄断法的立法意义

从我国《反不正当竞争法》和《反垄断法》的立法宗旨上，不仅可以清楚地看到我国反不正当竞争法和反垄断法所担负的重要任务，而且也表明了它的重要作用和意义。

1. 规范市场主体的竞争行为，维护正常的竞争秩序，保障市场经济的健康发展。市场经济是"法制经济"，也是"竞争经济"，它要求所有的经营主体必须符合法律规定的资格条件，遵守法律所确认的竞争规则和竞争秩序。反不正当竞争法和反垄断法就是规范市场秩序的基本法律，它是通过对不正当竞争行为和垄断行为的禁止性规定，对市场主体行为进行约束，通过对违法行为的监督、检查和处罚，达到规范公平竞争行为的目的并使之有序化的进行，进而保障整个市场经济的健康发展。

2. 明确界定不正当竞争行为和垄断行为，为依法处罚不正当竞争行为和垄断行为提供法律依据。我国《反不正当竞争法》和《反垄断法》对不正当竞争行为和垄断行为作了概括性的定义和列举性的具体规定，使广大经营者和消费者同不正当竞争行为和垄断行为作斗争以及国家有关机关查处不正当竞争行为和垄断行为都做到有法可依，有利于建立正常、有序的市场经济秩序。

3. 有力保护经营者和消费者的合法权益。不正当竞争行为和垄断行为的直接受害者是正当经营者和广大消费者，因此，法律对不正当竞争行为和垄断行为的禁止和查处，必然会使不正当竞争行为和垄断行为受到打击、压抑和减少，使合法经营者及消费者所受到的损害得到相应的补偿。这就要求企业要善于拿起这把法律利剑，与一切不正当竞争行为和垄断行为作斗争，为维护企业的合法权益进行不懈的努力。

二、不正当竞争行为和垄断行为的表现形式

（一）不正当竞争行为的表现形式

禁止和制裁不正当竞争行为，首先必须对不正当竞争行为作出明确的界定。我国《反不正当竞争法》参照国际惯例做法，并根据我国现阶段市场经济的发展实际情况，在第二章以 7 个条款对不正当竞争行为作了具体的、列举式的规定：

1. 混淆行为。这是指经营者采取不正当的假冒手段，使公众在不知情的情况下误把假冒商品当作知名商品，或使人误以为与他人存在特定联系的一种行为。这是经营者采取不正当手段从事市场交易并损害竞争对手权益的一种做法。对于混淆行为，《反不正当竞争法》第 6 条规定了四种表现形式：

（1）擅自使用与他人有一定影响的商品名称、包装、装潢等相同或者近似的标识。

（2）擅自使用他人有一定影响的企业名称（包括简称、字号等）、社会组织名称（包括简称等）、姓名（包括笔名、艺名、译名等）。

（3）擅自使用他人有一定影响的域名主体部分、网站名称、网页等。

（4）其他足以引人误认为是他人商品或者与他人存在特定联系的混淆行为。

2. 商业贿赂行为。商业贿赂是指经营者采用财物或者其他手段贿赂有关单位或者个人，以谋取交易机会或者竞争优势的行为。其中，有关单位或者个人包括交易相对方的工作人员、受交易相对方委托办理相关事务的单位或者个人，以及利用职权或者影响力影响交易的单位或者个人。经营者在交易活动中，可以以明示方式向交易相对方支付折扣，或者向中间人支付佣金。经营者向交易相对方支付折扣、向中间人支付佣金的，应当如实入账。接受折扣、佣金的经营者也应当如实入账。因此，实践中应把商业贿赂和折扣、佣金区别开来。折扣是对合同标的金额的折价，是一方当事人给另一方当事人的优惠。折扣是商品交易中的一种让利，为法律所允许。但折扣是给交易相对人的，而不能为交易经办人私有。佣金是中间人为了使委托人与第三人之间建立合同关系进行中介活动，而由委托人支付给中间人的报酬。中间人赚取的佣金受法律保护。折扣让利、支付佣金，都要以明示方式进行。经营者的工作人员进行贿赂的，应当认定为经营者的行为；但是，经营者有证据证明该工作人员的行为与为经营者谋取交易机会或者竞争优势无关的除外。

3. 虚假或者引人误解的商业宣传行为。虚假或者引人误解的商业宣传是指经营者对自己的商品或服务进行虚假或引人误解的表示或者陈述，从而使公众产生错误理解的一种行为。该行为实质上是一种欺骗行为，它使消费者得到错误的信息，使诚实的经营者丧失应有的客户，有悖于公平竞争。我国《反不正当竞争法》第8条明确规定经营者不得对其商品的性能、功能、质量、销售状况、用户评价、曾获荣誉等作虚假或者引人误解的商业宣传，欺骗、误导消费者。经营者不得通过组织虚假交易等方式，帮助其他经营者进行虚假或者引人误解的商业宣传。

4. 侵犯商业秘密行为。所谓商业秘密是指不为公众所知悉，能给权利人带来经济利益，具有实用性并经权利人采取保密措施的技术信息和经营信息等商业信息。商业秘密具备三个特征：①秘密性，指这些信息是不公开的，不为公众所知晓；②经济性，指该商业秘密具有商业价值，能为权利人带来经济利益，如果该秘密被泄露，就会给权利人带来严重的经济损失；③保密性，指该秘密已为权利人采取了相应的保密措施。作为商业秘密的"技术信息和经营信息"包括技术诀窍、独特的配方、工艺流程、销售方法、营销策略、公关技巧等。我国《反不正当竞争法》第9条规定，经营者不得实施下列侵犯商业秘密的行为：

（1）以盗窃、贿赂、欺诈、胁迫、电子侵入或者其他不正当手段获取权利人的商业秘密。

（2）披露、使用或者允许他人使用以前项手段获取的权利人的商业秘密。

（3）违反保密义务或者违反权利人有关保守商业秘密的要求，披露、使用或者允许他人使用其所掌握的商业秘密。

（4）教唆、引诱、帮助他人违反保密义务或者违反权利人有关保守商业秘密的要求，获取、披露、使用或者允许他人使用权利人的商业秘密。

经营者以外的其他自然人、法人和非法人组织实施上述所列违法行为的，视为侵犯商业秘密。第三人明知或者应知商业秘密权利人的员工、前员工或者其他单位、个人实施上述违法行为，仍获取、披露、使用或者允许他人使用该商业秘密的，视为侵犯商业秘密。

另外，《反不正当竞争法》第32条规定，在侵犯商业秘密的民事审判程序中，商业秘密权利人提供初步证据，证明其已经对所主张的商业秘密采取保密措施，且合理表明商业秘密被侵犯，涉嫌侵权人应当证明权利人所主张的商业秘密不属于本法规定的商业秘密。商业秘密权利人提供初步证据合理表明商业秘密被侵犯，且提供以下证据之一的，涉嫌侵权人应当证明其不存在侵犯商业秘密的行为：①有证据表明涉嫌侵权人有渠道或者机会获取商业秘密，且其使用的信息与该商业秘密实质上相同；②有证据表明商业秘密已经被涉嫌侵权人披露、使用或者有被披露、使用的风险；③有其他证据表明商业秘密被涉嫌侵权人侵犯。

5. 不当有奖销售行为。所谓有奖销售是商业活动中经营者经常采用的一种促销手段，在一定条件下对商品流通有促进作用。但是，一些经营者为了战胜竞争对手，滥用有奖销售推销商品的方法，不仅损害消费者利益，对商品经济秩序也是一种破坏。《反不正当竞争法》第10条规定，经营者不得从事不当有奖销售活动。规定不当有奖销售的行为主要有：

（1）所设奖的种类、兑奖条件、奖金金额或者奖品等有奖销售信息不明确，影响兑奖；

（2）采用谎称有奖或者故意让内定人员中奖的欺骗方式进行有奖销售；

（3）抽奖式的有奖销售，最高奖的金额超过五万元。

6. 侵害商誉行为。所谓商誉，是指商业信誉、商品声誉，是从商业角度对经营者的能力和品德、对其商品品质的一种积极的社会评价。它是通过经营者参与市场竞争的连续性活动而逐渐形成的。经营者要树立良好的商业信誉和商品声誉，大都需要经过大量的市场研究、技术开发、广告宣传、公关活动和优质服务等一系列活动才能形成。商业信誉和商品声誉是经营者在市场竞争中赢得优势的资本，而损害竞争对手的商业信誉、商品声誉，会给竞争对手的正常经营活动造成不利影响，损害其应有的市场竞争优势，甚至导致严重的经济损失。因此，《反不正当竞争法》第 11 条规定，经营者不得编造、传播虚假信息或者误导性信息，损害竞争对手的商业信誉、商品声誉。这确认了侵害商誉是一种严重的不正当竞争行为。

7. 不当网络行为。随着互联网经济的快速发展，大量经营者都在运用网络手段开展生产经营活动，其中也涉及多种法律所禁止的不当网络行为。在互联网时代，对这些行为加以法律规制，尤为必要。为此，我国《反不正当竞争法》第 12 条规定，经营者利用网络从事生产经营活动，应当遵守本法的各项规定。经营者不得利用技术手段，通过影响用户选择或者其他方式，实施下列妨碍、破坏其他经营者合法提供的网络产品或者服务正常运行的行为：

（1）未经其他经营者同意，在其合法提供的网络产品或者服务中，插入链接、强制进行目标跳转。

（2）误导、欺骗、强迫用户修改、关闭、卸载其他经营者合法提供的网络产品或者服务。

（3）恶意对其他经营者合法提供的网络产品或者服务实施不兼容。

（4）其他妨碍、破坏其他经营者合法提供的网络产品或者服务正常运行的行为。

（二）垄断行为的表现形式

《反垄断法》设 8 章 57 条，对预防和制止垄断行为作了全面规定。该法第 3 条明确规定了经营者的三种垄断行为，包括：①经营者达成垄断协议；②经营者滥用市场支配地位；③具有或者可能具有排除、限制竞争效果的经营者集中。除此之外，还在第 8 条规定了行政垄断行为，即行政机关和法律、法规授权的具有管理公共事务职能的组织不得滥用行政权力，排除、限制竞争。《反垄断法》还从第二章至第五章具体规定了各类垄断行为。

1. 垄断协议。这是指排除、限制竞争的协议、决定或者其他协同行为，具体表现为在具有竞争关系的经营者之间达成的横向垄断协议和在经营者与交易相对人之间达成的纵向垄断协议两大类。《反垄断法》第 13 条规定："禁止具有竞争关系的经营者达成下列垄断协议：①固定或者变更商品价格；②限制商品的生产数量或者销售数量；③分割销售市场或者原材料采购市场；④限制购买新技术、新设备或者限制开发新技术、新产品；⑤联合抵制交易；⑥国务院反垄断执法机构认定的其他垄断协议。本法所称垄断协议，是指排除、限制竞争的协议、决定或者其他协同行为。"第14条规定："禁止经营者与交易相对人达成下列垄断协议：①固定向第三人转售商品的价格；②限定向第三人转售商品的最低价格；③国务院反垄断执法机构认定的其他垄断协议。"

关于横向垄断协议，是指经营者为了限制竞争，共同获取垄断利润，与处于产业链同一环节的有横向竞争关系的其他经营者订立限制竞争的垄断协议。这种联合限制竞争行为从根本上排除了相互间的竞争，甚至形成各自的市场支配地位，还排除了相互间竞争的可能。这是一种最严重的排除、限制竞争的行为，因此各国的反垄断法都对其进行较严厉的规制。关于纵向垄断协议，这是指处于同一产业链有供求关系的垂直环节的两个或两个以上经营者所作的联合限制竞争行为。另外，《反垄断法》第15条还规定了适用垄断协议豁免的七种情况，即经营者能够证明所达成的协议属于下列情形之一的，不适用该法第13条、第14条的规定：①为改进技术、研究开发新产品的；②为提高产品质量、降低成本、增进效率，统一产品规格、标准或者实行专业化分工的；③为提高中小经营者经营效率，增强中小经营者竞争力的；④为实现节约能源、保护环境、救灾救助等社会公共利益的；⑤因经济不景气，为缓解销售量严重下降或者生产明显过剩的；⑥为保障对外贸易和对外经济合作中的正当利益的；⑦法律和国务院规定的其他情形。对于上述第1~5项情形，经营者还应当证明"所达成的协议不会严重限制相关市场的竞争，并且能够使消费者分享由此产生的利益"，才可以免除法律责任。

2. 滥用市场支配地位。对于市场支配地位，《反垄断法》第17条给出了定义，是指经营者在相关市场内具有能够控制商品价格、数量或者其他交易条件，或者能够阻碍、影响其他经营者进入相关市场能力的市场地位。另外该条还规定了滥用市场支配地位的具体表现形式：①以不公平的高价销售商品或者以不公平的低价购买商品；②没有正当理由，以低于成本的价格销售商品；③没有正当理由，拒绝与交易相对人进行交易；④没有正当理由，限定交易相对人只能与其进行交易或者只能与其指定的经营者进行交易；⑤没有正当理由搭售商品，或者在交易时附加其他不合理的交易条件；⑥没有正当理由，对条件相同的交易相对人在交易价格等交易条件上实行差别待遇；⑦国务院反垄断执法机构认定的其他滥用市场支配地位的行为。

对市场支配地位进行控制可以采取结构主义和行为主义两种方法。我国适用的是以行为主义为主、结构主义为辅的方法。我国禁止的不是市场支配地位的结构，而是市场支配地位的滥用情形，着重强调滥用行为及其后果。规制的思路是经营者拥有市场支配地位本身并不构成违法，只有满足滥用市场支配地位的三个构成要件才能确定其行为违法：①企业拥有市场支配地位，这是先决条件；②实施了滥用行为；③造成了损害后果。《反垄断法》第18条规定了在认定经营者是否具有市场支配地位时应当依据的因素：①该经营者在相关市场的市场份额，以及相关市场的竞争状况；②该经营者控制销售市场或者原材料采购市场的能力；③该经营者的财力和技术条件；④其他经营者对该经营者在交易上的依赖程度；⑤其他经营者进入相关市场的难易程度；⑥与认定该经营者市场支配地位有关的其他因素。第19条规定了可以据此推定经营者具有市场支配地位的几种情形：①一个经营者在相关市场的市场份额达到1/2的；②两个经营者在相关市场的市场份额合计达到2/3的；③三个经营者在相关市场的市场份额合计达到3/4的。有上述第②项、第③项规定的情形，其中有的经营者市场份额不足1/10的，不应当推定该经营者具有市场支配地位。被推定具有市场支配地位的经营者，有证据证明不具有市场支配地位的，不应当认定其具有市场支配地位。

3. 具有或者可能具有排除、限制竞争效果的经营者集中。这是一个相对宽泛的概念。我国《反垄断法》在第20条以列举的方式对其予以了界定。经营者集中是指下列情形：①经营者合并；②经营者通过取得股权或者资产的方式取得对其他经营者的控制权；③经营者通过合同等方式取得对其他经营者的控制权或者能够对其他经营者施加决定性影响。经营者只要达到了集中的申报标准，必须向国务院反垄断执法机构进行申报。但经营者集中有下列情形之一的，可以不向国务院反垄断执法机构申报：①参与集中的一个经营者拥有其他每个经营者50%以上有表决权的股份或者资产的；②参与集中的每个经营者50%以上有表决权的股份或者资产被同一个未参与集中的经营者拥有的。另外，《反垄断法》还具体规定了经营者集中的申报审查程序以及国务院反垄断执法机构审查的具体法律要求。

4. 滥用行政权力排除、限制竞争。这是《反垄断法》对行政性垄断行为最具有特色的规定，具体体现在以下6个条款中：

（1）《反垄断法》第32条规定，行政机关和法律、法规授权的具有管理公共事务职能的组织不得滥用行政权力，限定或者变相限定单位或者个人经营、购买、使用其指定的经营者提供的商品。

（2）《反垄断法》第33条规定，行政机关和法律、法规授权的具有管理公共事务职能的组织不得滥用行政权力，实施下列行为，妨碍商品在地区之间的自由流通：①对外地商品设定歧视性收费项目、实行歧视性收费标准，或者规定歧视性价格；②对外地商品规定与本地同类商品不同的技术要求、检验标准，或者对外地商品采取重复检验、重复认证等歧视性技术措施，限制外地商品进入本地市场；③采取专门针对外地商品的行政许可，限制外地商品进入本地市场；④设置关卡或者采取其他手段，阻碍外地商品进入或者本地商品运出；⑤妨碍商品在地区之间自由流通的其他行为。

（3）《反垄断法》第34条规定，行政机关和法律、法规授权的具有管理公共事务职能的组织不得滥用行政权力，以设定歧视性资质要求、评审标准或者不依法发布信息等方式，排斥或者限制外地经营者参加本地的招标投标活动。

（4）《反垄断法》第35条规定，行政机关和法律、法规授权的具有管理公共事务职能的组织不得滥用行政权力，采取与本地经营者不平等待遇等方式，排斥或者限制外地经营者在本地投资或者设立分支机构。

（5）《反垄断法》第36条规定，行政机关和法律、法规授权的具有管理公共事务职能的组织不得滥用行政权力，强制经营者从事本法规定的垄断行为。

（6）《反垄断法》第37条规定，行政机关不得滥用行政权力，制定含有排除、限制竞争内容的规定。

三、对不正当竞争行为和垄断行为的监督检查

（一）对不正当竞争行为的监督检查

在国外，以立法形式直接创设反不正当竞争行政主管机关的方式较为普遍，如美国的联邦贸易委员会、德国的联邦卡特尔局、日本的公平交易委员会等。我国《反不正当竞争法》第3条规定，各级人民政府应当采取措施，制止不正当竞争行为，为公平竞争创造良好的环境和条件。国务院建立反不正当竞争工作协调机制，研究决定反不正当竞争重大政策，协调处理维护市场竞争秩序的重大问题。第4条规定，县级以上人民政府履行工商行政管理职责的部门对不正当竞争行为进行查处；法律、行政法规规定由其他部门查处的，依照其规定。

《反不正当竞争法》第13条规定，监督检查部门调查涉嫌不正当竞争行为，可以采取下列措施：①进入涉嫌不正当竞争行为的经营场所进行检查；②询问被调查的经营者、利害关系人及其他有关单位、个人，要求其说明有关情况或者提供与被调查行为有关的其他资料；③查询、复制与涉嫌不正当竞争行为有关的协议、账簿、单据、文件、记录、业务函电和其他资料；④查封、扣押与涉嫌不正当竞争行为有关的财物；⑤查询涉嫌不正当竞争行为的经营者的银行账户。采取上述规定的措施，应当向监督检查部门主要负责人书面报告，并经批准。采取上述第四项、第五项规定的措施，应当向设区的市级以上人民政府监督检查部门主要负责人书面报告，并经批准。监督检查部门调查涉嫌不正当竞争行为，应当遵

守《中华人民共和国行政强制法》和其他有关法律、行政法规的规定，并应当将查处结果及时向社会公开。

对涉嫌不正当竞争行为，任何单位和个人有权向监督检查部门举报，监督检查部门在接到举报后应当依法及时处理。监督检查部门应当向社会公开受理举报的电话、信箱或者电子邮件地址，并为举报人保密。对实名举报并提供相关事实和证据的，监督检查部门应当将处理结果告知举报人。

（二）对垄断行为的监督检查

我国《反垄断法》第9条明确规定，国务院设立反垄断委员会，负责组织、协调、指导反垄断工作，履行下列职责：①研究拟定有关竞争政策；②组织调查、评估市场总体竞争状况，发布评估报告；③制定、发布反垄断指南；④协调反垄断行政执法工作；⑤国务院规定的其他职责。国务院反垄断委员会的组织和工作规则由国务院规定。第10条规定，国务院规定的承担反垄断执法职责的机构，依照本法规定，负责反垄断执法工作，并根据工作需要，可以授权省、自治区、直辖市人民政府相应的机构负责有关反垄断执法工作。

《反垄断法》规定了反垄断法执法机构在向反垄断执法机构主要负责人提交书面报告，并经批准的情况下，可以采取下列措施对涉嫌垄断行为进行调查：①进入被调查的经营者的营业场所或者其他有关场所进行检查；②询问被调查的经营者、利害关系人或者其他有关单位或者个人，要求其说明有关情况；③查阅、复制被调查的经营者、利害关系人或者其他有关单位或者个人的有关单证、协议、会计账簿、业务函电、电子数据等文件、资料；④查封、扣押相关证据；⑤查询经营者的银行账户。另外，《反垄断法》还对调查者与被调查者义务作出具体规定。在对涉嫌垄断的调查过程中，调查机构的执法人员依法应承担的义务包括：①调查者对执法过程中知悉的商业秘密负有保密义务；②调查者负有义务保障被调查的经营者和利害关系人依法能够充分行使参与调查程序的权利；③调查者负有向社会公开相关处理决定的义务。在调查阶段，被调查者的主要义务是配合调查者依法进行相关调查工作。

《反垄断法》第53条还规定了经营者对反垄断执法机构作出的决定不服时的救济途径。经营者对反垄断执法机构作出的有关经营者集中的决定不服的，可以先依法申请行政复议；对行政复议决定不服的，可以依法提起行政诉讼。对反垄断执法机构作出的对经营者集中以外的决定不服的，可以依法申请行政复议或者提起行政诉讼。

四、违反反不正当竞争法和反垄断法的法律责任

根据《反不正当竞争法》的规定，经营者违反该法规定，从事不正当竞争活动的，根据行为的性质、情节、后果的不同，分别承担民事责任、行政责任、刑事责任。

（一）民事责任

不正当竞争行为是一种侵权行为，要求行为人承担侵权民事责任须具备以下构成要件：①经营者有不正当竞争行为；②经营者主观上有过错；③其他合法经营者的权利受到损害；④经营者的不正当竞争行为与损害结果之间有因果关系。当其行为具备了上述条件，不正当竞争者应当承担民事责任。承担民事责任的方式主要是损害赔偿。根据《反不正当竞争法》第17条的规定，经营者违反本法规定，给他人造成损害的，应当依法承担民事责任。经营者的合法权益受到不正当竞争行为损害的，可以向人民法院提起诉讼。因不正当竞争行为受到损害的经营者的赔偿数额，按照其因被侵权所受到的实际损失确定；实际损失难以计算的，按照侵权人因侵权所获得的利益确定。经营者恶意实施侵犯商业秘密行为，情节严重的，可以在按照上述方法确定数额的1倍以上5倍以下确定赔偿数额。赔偿数额还应当包括经营者为制止侵权行为所支付的合理开支。经营者违反本法第6条、第9条规定，权利人因被侵权所受到的实际损失、侵权人因侵权所获得的利益难以确定的，由人民法院根据侵权行为的情节判决给予权利人500万元以下的赔偿。

（二）行政责任

《反不正当竞争法》对实施不正当竞争行为的经营者规定了较为严厉的行政责任，具体如下：

1. 经营者实施混淆行为的，由监督检查部门责令停止违法行为，没收违法商品。违法经营额5万元以上的，可以并处违法经营额5倍以下的罚款；没有违法经营额或者违法经营额不足5万元的，可以并处25万元以下的罚款。情节严重的，吊销营业执照。

2. 经营者贿赂他人的，由监督检查部门没收违法所得，处10万元以上300万元以下的罚款。情节严重的，吊销营业执照。

3. 经营者对其商品作虚假或者引人误解的商业宣传，或者通过组织虚假交易等方式帮助其他经营者进行虚假或者引人误解的商业宣传的，由监督检查部门责令停止违法行为，处20万元以上100万元以下的罚款；情节严重的，处100万元以上200万元以下的罚款，可以吊销营业执照。经营者违反本法第8条规定，属于发布虚假广告的，依照《中华人民共和国广告法》的规定处罚。

4. 经营者以及其他自然人、法人和非法人组织侵犯商业秘密的，由监督检查部门责令停止违法行为，没收违法所得，处10万元以上100万元以下的罚款；

情节严重的，处 50 万元以上 500 万元以下的罚款。

5. 经营者不当有奖销售的，由监督检查部门责令停止违法行为，处 5 万元以上 50 万元以下的罚款。

6. 经营者损害竞争对手商业信誉、商品声誉的，由监督检查部门责令停止违法行为、消除影响，处 10 万元以上 50 万元以下的罚款；情节严重的，处 50 万元以上 300 万元以下的罚款。

7. 经营者妨碍、破坏其他经营者合法提供的网络产品或者服务正常运行的，由监督检查部门责令停止违法行为，处 10 万元以上 50 万元以下的罚款；情节严重的，处 50 万元以上 300 万元以下的罚款。

8. 妨害监督检查部门依照本法履行职责，拒绝、阻碍调查的，由监督检查部门责令改正，对个人可以处 5 千元以下的罚款，对单位可以处 5 万元以下的罚款，并可以由公安机关依法给予治安管理处罚。

经营者违反规定从事不正当竞争，有主动消除或者减轻违法行为危害后果等法定情形的，依法从轻或者减轻行政处罚；违法行为轻微并及时纠正，没有造成危害后果的，不予行政处罚。经营者从事不正当竞争，受到行政处罚的，由监督检查部门记入信用记录，并依照有关法律、行政法规的规定予以公示。经营者应当承担民事责任、行政责任和刑事责任，其财产不足以支付的，优先用于承担民事责任。

为了监督行政部门依法行使职权，维护当事人的合法权益，当事人对监督检查部门作出的处罚决定不服的，可以向上一级主管部门申请复议；对复议决定不服的，可以向人民法院起诉；也可以直接向人民法院起诉。

（三）刑事责任

经营者实施不正当竞争行为，构成犯罪的，依法追究刑事责任。

【实战训练】

不定项选择题

1. 根据反不正当竞争法的规定，下列哪一行为属于不正当竞争行为中的混淆行为？（　　）

A. 甲厂在其产品说明书中作夸大其辞的不实说明

B. 乙厂的矿泉水使用"清凉"商标，而"清凉矿泉水厂"是本地一知名矿泉水厂的企业名称

C. 丙商场在有奖销售中把所有的奖券刮奖区都印上"未中奖"字样

D. 丁酒厂将其在当地评奖会上的获奖证书复印在所有的产品包装上

2. 根据我国法律规定，经营者的下列有奖销售行为合法的是（　　）

A. 通过有奖销售的方式销售质量不合格产品

B. 谎称有奖的有奖销售行为

C. 故意让内定人员中奖的有奖销售行为

D. 最高金额为 49 999 元的有奖销售行为

3. 下列行为中，不属于不正当竞争行为的是（　　）

A. 恶意对其他经营者合法提供的网络产品或者服务实施不兼容

B. 某新闻媒体被利用来散布了虚假的事实，损害了其他经营者的商誉

C. 丙歌厅见与其相邻的另外一家歌厅价格低服务好、客源多，遂雇用打手上门寻衅滋事，并进行威胁

D. 经与喜马拉雅网达成协议，在其提供的网络产品或者服务中，插入甲公司广告链接进行目标跳转

4. 根据我国《反不正当竞争法》和相关法律的规定，下列关于诋毁商誉行为的表述正确的是？（　　）

A. 新闻单位被经营者唆使对其他经营者从事诋毁商誉行为的，可与经营者构成共同的不正当竞争行为

B. 经营者通过新闻发布会形式发布影响其他同业经营者商誉的，只要该信息是真实的，不构成诋毁行为

C. 诋毁行为只能是针对市场上某一特定竞争对手实施的

D. 经营者对其他竞争者进行诋毁，其主观心态既可以是故意，也可以是过失

5. 某公司专门生产实木家具。为了扩大销售量，该公司以专家身份告诫用户复合家具容易变形且甲醇含量过高，使得复合家具销量锐减。后经有关部门质量鉴定，证明上述危害并不存在。对该公司的行为，下列说法不正确的是（　　）。

A. 实木家具公司的广告为对比性广告

B. 实木家具公司的行为不构成不正当竞争行为

C. 实木家具公司的行为构成商业诋毁行为

D. 实木家具公司的行为构成虚假宣传行为

6. 根据《反垄断法》的规定，下列哪些选项不构成垄断协议？（　　）

A. 某行业协会组织本行业的企业就防止进口原料时的恶性竞争达成保护性协议

B. 三家大型房地产公司的代表进行聚会，就商品房价格达成共识，随后一致采取涨价行动

C. 某品牌的奶粉含有毒物质的事实被公布后，数家大型零售公司联合声明

拒绝销售该产品

D. 数家大型煤炭企业就采用一种新型矿山安全生产技术达成一致意见

7. 关于市场支配地位推定制度，下列哪些选项是符合我国《反垄断法》规定的？（　　）

A. 1 个经营者在相关市场的市场份额达到 1/2 的，推定为具有市场支配地位

B. 2 个经营者在相关市场的市场份额合计达到 2/3，其中有的经营者市场份额不足 1/10 的，不应当推定该经营者具有市场支配地位

C. 3 个经营者在相关市场的市场份额合计达到 3/4，其中有 2 个经营者市场份额合计不足 1/5 的，不应当推定该 2 个经营者具有市场支配地位

D. 被推定具有市场支配地位的经营者，有证据证明不具有市场支配地位的，不应当认定其具有市场支配地位

8. 下列协议中，哪些属于具有竞争关系的经营者之间达成的垄断协议？（　　）

A. 限制商品的生产数量或者销售数量

B. 限制开发新技术、新产品

C. 固定向第三人转售商品的价格

D. 限定向第三人转售商品的最低价格

第十一章　产品质量法

【导入案例】原告刘某某与被告骆某某、易某某产品质量责任纠纷案

原告：刘某某，男，汉族，农民。

被告：骆某某，男，汉族，农民。

被告：易某某，男，汉族，农民。

原告刘某某与被告骆某某、易某某产品质量责任纠纷一案，本院于2016年2月4日立案后，依法适用普通程序，公开开庭进行了审理。原告刘某某、被告易某某到庭参加诉讼，被告骆某某经本院合法传唤未到庭参加诉讼。本案现已审理终结。

原告刘某某向本院提出诉讼请求：①要求二被告赔偿原告经济损失人民币41 840元；②诉讼费由二被告承担。事实与理由：原告于2013年冬季在被告易某某家里购买红芭拉蒂葡萄苗1500株，当时被告易某某向原告介绍该产品具有颗粒大、味道好、含糖量高、成熟早等优点（有宣传单），结果到2015年8月份原告发现自己种的葡萄并未像被告易某某所描述得那样。之后，原告去找被告易某某理论，被告易某某向原告答复，他所提供的品种并不是红芭拉蒂，他自己也不知道是什么品种，该品种是被告骆某某从山东贩运回来的。由于从被告易某某处购买葡萄苗的人有很多，原告与其他向易某某购买葡萄苗的人也一同前往被告易某某家里谈过赔偿问题，随后，被告易某某将这些人领到被告骆某某家，被告骆某某承认原告所陈述的内容，但并不愿意赔偿原告的损失。出于无奈，原告及其他向易某某购买葡萄苗的人找到下邽镇政府、官道工商所，镇政府及工商所从中做了多次调解，但均未达成协议，原告遂诉至法院，请求法院依法支持原告的诉请。

原告刘某某在庭审过程中要求将其财产损失以鉴定的损失为准，并将诉讼请求中第一项的经济损失由41 840元变更为39 836元，其余诉请不变。

被告易某某辩称：①我与被告骆某某在交电费时相识，我觉得他人不错，随后被告骆某某向我推销山东那边的葡萄，说他可以找到葡萄苗子，我就给我家种了4亩，第一年葡萄就挂果了。后来我又种了一些，前后总共种了20亩左右。我为了在我们村里推广红芭拉蒂并拓展我们村的葡萄产业，让被告骆某某给我拿了一部分苗子，并将宣传册放在我家，之后，原告要求买葡萄苗子，我向被告骆某某说明情况，被告骆某某将苗子发到我家，由我向原告发货，原告从我这里拿了1500株，原告在拿苗子前给我交了定钱，后将余款付清。②我同意原告的诉请，但我认为原告的损失不应由我承担，因为我并不是做生意的，原告的财产损失应该由被告骆某某赔偿。③被告骆某某当时向我承诺说可以给我在价格方面便宜一些，之后，被告骆某某跟我账目未结清，也并未给我任何优惠。

被告骆某某经本院合法传唤未到庭参加诉讼，亦未向本院提供书面答辩意见。

当事人围绕诉讼请求依法提交了证据，本院组织当事人进行了证据交换和质证。被告易某某对原告刘某某提供的渭北仲达葡萄合作协会宣传彩页（证明原告是通过该彩页才到被告易某某处购买红芭拉蒂）、临渭区葡萄研究所出具的证明一份（证明原告从被告易某某处购买的葡萄苗子并不是红芭拉蒂）、秦桥寨村委会证明一份（证明原告系秦桥寨7组的村民及原告在被告易某某处买葡萄苗的株数）的真实性、合法性、关联性均予以认可，对当事人无异议的证据，本院予以确认并在卷佐证。

被告易某某对原告刘某某提供的鉴定结论及鉴定票据（证明原告所种葡萄的损失）有异议，被告易某某认为其不应该承担责任，故未申请重新鉴定。本院认为，被告易某某的质证意见并不能达到对抗原告举证的目的，因本院于2016年11月10日已向被告易某某送达鉴定结论意见书及补正鉴定书，并向被告告知相关权利，被告在法定期限内并未向本院提交书面异议申请书，故本院对原告提交的该份证据予以认可。

根据当事人陈述和经审查确认的证据，本院认定事实如下：被告骆某某在西北园林杂志上看到有关葡萄的广告后，从山东经销商处贩运回葡萄苗，以未经工商注册登记，自取名号为渭北仲达葡萄合作协会的名义推广红芭拉蒂和黑色甜菜，并将其印制成宣传彩页。该彩页显示被告易某某系该合作协会的联系人，被告骆某某系该合作协会的技术顾问，宣传彩页上的联系地址系被告易某某的家庭住址。随后，被告易某某利用在村里宣传红芭拉蒂所具有的优势，并向原告介绍该产品所具有的特点，原告于2013年冬季从被告易某某处购买红芭拉蒂葡萄苗1500株，每株2.5元，共3750元，当时被告将葡萄苗卖给原告时，所开票据显示葡萄品种系红芭拉蒂；原告购回葡萄苗后于2014年春季栽植，经田间管理至2015年冬季因不是红芭拉蒂品种全部挖除。后经下邽镇政府、官道工商所等有关部门就该纠纷为原、被告做过多次调解，下邽镇政府委托临渭区葡萄研究所为原告所购葡萄品种进行鉴定，该研究所于 2015 年 7 月 13 日出具证明一份，证明原告所购买的葡萄品种从表象上看并非红芭拉蒂。

另查明，原告刘某某于 2016 年 6 月 14 日提出因假葡萄苗造成其经济损失的鉴定申请，后经渭南市恒信价格评估有限责任公司依法作出渭恒评字（2016）第 055 号评估报告，该评估报告对原告刘某某位于临渭区下吉镇秦桥寨村七组刘某某果园内的 4 亩假葡萄苗经济损失（本次评估经济损失为 2014-2015 年度该葡萄园投入的生产资料和人工费用）进行了评估，经过认真估算，并结合估价经验与影响委估标的价格因素的分析，综合确定 4 亩假葡萄苗经济损失评估价格为 39 836 元。

上述事实，有本院于 2016 年 4 月 5 日与原告刘某某、2016 年 5 月 12 日与被告骆某某之妻闫某某、2016 年 11 月 10 日与被告易某某之妻周某某、2016 年 12 月 16 日与被告骆某某的谈话笔录及原、被告在庭审中的陈述意见在卷佐证，足以认定。

本院认为，本案争议焦点为被告易某某、骆某某是否应向原告承担侵权赔偿责任。根据法律规定，产品质量责任是产品的生产者、销售者以及对产品质量负有直接责任的人违反产品质量法规定的产品质量义务应承担的法律后果。在本案中，二被告以未经工商登记、根本不存在的一个组织：渭北仲达葡萄合作协会联系人和技术顾问的名义，在向原告刘某某销售葡萄品种时承诺其销售的品种系红芭拉蒂。后经临渭区葡萄研究鉴定及渭南市恒信价格评估有限责任公司鉴定，二被告销售给原告的葡萄品种并非红芭拉蒂，且因二被告的行为导致原告产生经济损失 39 836 元，二被告对以上鉴定结论也予以认可。从销售者的层面看，二被告在向原告销售葡萄品种时本应尽到审慎审查葡萄品种的来源、资质及产品是否合格的义务，但因二被告的行为违背产品质量责任义务，导致原告产生经济损失，且二被告亦未能提供证据证明其存在相应的免责事由，故二被告应向原告承担相应的赔偿责任。

综上，根据《中华人民共和国民法通则》第一百二十二条，《中华人民共和国侵权责任法》第四十二条第二款、第四十三条，《中华人民共和国产品质量法》第三十三条、第三十六条、第四十条、第四十二条第二款、第四十三条、第四十四条第二款，《中华人民共和国民事诉讼法》第六十四条、第六十五条、第一百四十四条，《最高人民法院关于适用〈中华人民共和国民事诉讼法〉的解释》第九十条之规定，判决如下：

被告易某某、骆某某自本判决生效之日起十日内共同向原告刘某某赔偿经济损失 39 836 元。如果未按本判决指定的期间履行金钱给付义务，应当依照《中华人民共和国民事诉讼法》第二百五十三条规定，加倍支付迟延履行期间的债务利息。

案件受理费 846 元，鉴定费 1500 元，由被告骆某某、易某某负担。

如不服本判决，可以在判决书送达之日起十五日内，向本院递交上诉状，并按对方当事人的人数提出副本，上诉于渭南市中级人民法院。

审　判　长　　李亚红

代理审判员　　刘宓佳

人民陪审员　　武永峰

二〇一七年三月二十三日

书　记　员　　雷　明

【问题思考】

1. 我国《产品质量法》上的产品有哪些特征？

2. 什么是产品责任？我国《产品质量法》对生产者与销售者的产品责任的承担是如何规定的？

一、产品质量法概述

（一）质量管理与质量法

质量有广义、狭义之说：狭义的质量仅指产品质量；广义的质量，除了产品质量外，还包括工作质量。通常所称的质量，它是就产品质量而言，国家有关法律、法规、质量标准以及合同规定的对产品适用性、安全性和其他特性的要求，即产品性能在正常使用条件下，满足人们使用用途要求所必须具备的物质、技术、心理和社会特征的总和。

质量管理是指企业为达到或实现所有职能而进行的一系列经营管理的活动。质量管理是现代企业经营管理的重要内容，是企业搞好经营管理的中心环节；加强质量管理，有利于提高企业的经济效益和维护企业的合法权益。质量管理是具有经济行政管理性质的质量控制，体现着国家组织管理协调国民经济的职能。为了实现质量管理战略目标，国家往往运用技术手段、行政手段以及法律手段等综合手段来协调和处理质量管理过程中所发生的各种社会关系，它包括产品质量管理关系、标准化管理关系、计量管理关系、商品检验管理关系、生产许可证管理关系和产品质量责任关系等。而国家制定和调整这些质量管理关系的法律规范的总称，即所谓的质量管理法。因此，质量管理法的调整对象既包括国家与企业之间因产品质量管理所发生的质量管理关系和质量监督关系，也包括企业内部因产品质量管理所发生的质量管理关系以及企业与消费者、用户之间因产品质量问题所发生的质量争讼关系。

（二）质量管理的立法

由于产品质量与社会、企业的关系极为密切，使世界各国对质量管理的立法都十分重视。苏联和东欧一些国家的产品质量法，不仅调整因产品质量缺陷造成用户或者消费者的人身伤害或财产损失所引起的法律责任，而且还直接涉及产品本身的质量问题。而美国等西方国家的质量立法，属于产品责任法的范畴，只调整产品缺陷造成用户或消费者的人身伤害或财产损失而引起的法律责任，不涉及产品本身单纯的质量问题。例如，德国 1990 年实施的《德国产品责任法》，美国 1979 年公布供各州自愿采用的《统一产品责任法范本》、1982 年公布供讨论参考的《产品责任法草案》等。但随着世界贸易竞争日趋激烈，国际商品交换中的产品责任问题也日益突出。近年来，国际上陆续出现一些区域性或全球性的产品责任公约，例如：1973 年国际私法会议于海牙签订，1973 年 10 月起正式生效的《海牙产品责任法律适用公约》，亦称《海牙公约》；欧洲理事会的 18 个西欧国家签订，1977 年 12 月 27 日起生效的《欧洲经济共同体关于造成人身伤害与死亡的产品责任的欧洲公约》，即《斯特拉斯堡公约》；欧共体为调整其成员国在产品责任法上的差异而制定，并于 1988 年正式施行的《欧洲经济共同体产品责任指令》；等等。

我国同样也是十分重视质量管理立法的。《产品质量法》于 1993 年 2 月 22 日第七届全国人大常委会第三十次会议通过，并经 2018 年 12 月 29 日第十三届全国人民代表大会常务委员会第七次会议第三次修正，共 6 章 74 条。它是我国调整有关产品质量关系的基本法。与之配套或相关的还有一系列法律、法规、条例、规章、标准，它们共同组成了我国产品质量法体系。其中主要有：《民法典》《食品安全法》《农产品质量安全法》《药品管理法》《消费者权益保护法》《反不正当竞争法》等。《刑法》在分则第三章第一节对"生产、销售伪劣商品罪"作了 11 条专门规定，为更有效地制裁制造销售伪劣商品违法犯罪行为，维护市场经济秩序提供了法律依据，也是产品质量法的重要配套法律。

（三）产品质量法的适用范围

产品质量法的调整范围决定了我国产品质量法的适用范围，必然涉及产品的适用范围和产品的经营活动范围两个方面。

1. 产品的适用范围。这是涉及产品质量法对哪些产品予以适用的问题。《产品质量法》第 2 条第 2 款规定："本法所称产品是指经过加工、制作，用于销售的产品。"立法明确产品必须是经过工业加工、制作并直接用于销售的产品。因此，《产品质量法》所适用的产品既不包括未经加工制作的矿产品、初级农产品、初级畜禽产品、水产品等，也不包括未投入流通领域的生活自用产品、赠与的产品、试用的产品、加工承揽的非标准产品等。同时，《产品质量法》还规定了建设工程不适用本法。这是因为初级产品属天然产品，不是由人的意志和要求所能完全决定的；而建设工程有其特殊的质量要求，需另行立法解决。但《产品质量法》规定建设工程使用的建筑材料、建筑配件和设备，属于产品范围，应适用本法规定。此外，军工产品一般不进入市场销售，因此其质量监督管理办法应另行规定。因核设施、核产品造成损害的赔偿责任，法律、行政法规另有规定的，依照其规定。

2. 产品的经营活动范围。《产品质量法》第 2 条第 1 款规定："在中华人民共和国境内从事产品生产、销售活动，必须遵守本法。"立法明确规定该法调整产品生产、运输、仓储、销售四个环节中的产品生产和销售活动两个环节。其原因是，运输、仓储这两个环节所发生的质量问题与用户、销售者之间并不发生直接关系，且依照一般货运合同、仓储保管合同中的约定，应适用民法典的有关规定。此外，产品的修理质量属服务质量、劳务质量的范畴，故也不适用本法。

二、产品质量的监督与管理

产品质量监督管理是产品质量法重点解决的基本问题。为此，产品质量法规定了产品质量监督管理体制和四项产品质量监管制度。

（一）产品质量监督管理体制

国务院市场监督管理部门主管全国产品质量监督工作。国务院有关部门在各自的职责范围内负责产品质量监督工作。县级以上地方市场监督管理部门主管本行政区域内的产品质量监督工作。县级以上地方人民政府有关部门在各自的职责范围内负责产品质量监督工作。法律对产品质量的监督部门另有规定的，依照有关法律的规定执行。

（二）产品质量监管制度

1. 产品质量检验制度。《产品质量法》第 12 条规定："产品质量应当检验合格，不得以不合格产品冒充合格产品。"第 13 条规定："可能危及人体健康和人身、财产安全的工业产品，必须符合保障人体健康和人身、财产安全的国家标准、行业标准；未制定国家标准、行业标准的，必须符合保障人体健康和人身、财产安全的要求。禁止生产、销售不符合保障人体健康和人身、财产安全的标准和要求的工业产品。具体管理办法由国务院规定。"即要求产品出厂时必须经过生产企业自行设置的检验机构或委托其他检验机构检验合格，保证出厂产品的质量符合相应的质量要求。

2. 质量认证制度。质量认证制度包括企业质量体系认证和产品质量认证。

（1）企业质量体系认证。即国家根据国际通用的质量管理标准，推行企业质量体系认证制度。企业根据自愿原则可以向国务院市场监督管理部门认可的或者国务院市场监督管理部门授权的部门认可的认证机构申请企业质量体系认证。经认证合格的，由认证机构颁发企业质量体系认证证书。

（2）产品质量认证。国家参照国际先进的产品标准和技术要求，推行产品质量认证制度。企业根据自愿原则可以向国务院市场监督管理部门认可的或者国务院市场监督管理部门授权的部门认可的认证机构申请产品质量认证。经认证合格的，由认证机构颁发产品质量认证证书，准许企业在产品或者其包装上使用产品质量认证标志。

3. 质量监督检查制度。国家对产品质量实行以抽查为主要方式的监督检查制度，对可能危及人体健康和人身、财产安全的产品，影响国计民生的重要工业产品以及消费者、有关组织反映有质量问题的产品进行抽查。抽查的样品应当在市场上或者企业成品仓库内的待销产品中随机抽取。监督抽查工作由国务院市场监督管理部门规划和组织。县级以上地方市场监督管理部门在本行政区域内也可以组织监督抽查。法律对产品质量的监督检查另有规定的，依照有关法律的规定执行。

国家监督抽查的产品，地方不得另行重复抽查；上级监督抽查的产品，下级不得另行重复抽查。

根据监督抽查的需要，可以对产品进行检验。检验抽取样品的数量不得超过检验的合理需要，并不得向被检查人收取检验费用。监督抽查所需检验费用按照国务院规定列支。

生产者、销售者对抽查检验的结果有异议的，可以自收到检验结果之日起15日内向实施监督抽查的市场监督管理部门或者其上级市场监督管理部门申请复检，由受理复检的市场监督管理部门作出复检结论。对依法进行的产品质量监督检查，生产者、销售者不得拒绝。

依照本法规定进行监督抽查的产品质量不合格的，由实施监督抽查的市场监督管理部门责令其生产者、销售者限期改正。逾期不改正的，由省级以上人民政府市场监督管理部门予以公告；公告后经复查仍不合格的，责令停业，限期整顿；整顿期满后经复查产品质量仍不合格的，吊销营业执照。监督抽查的产品有严重质量问题的，依照有关规定处罚。

县级以上市场监督管理部门根据已经取得的违法嫌疑证据或者举报，对涉嫌违反本法规定的行为进行查处时，可以行使下列职权：

（1）对当事人涉嫌从事违反本法的生产、销售活动的场所实施现场检查。

（2）向当事人的法定代表人、主要负责人和其他有关人员调查、了解与涉嫌从事违反本法的生产、销售活动有关的情况。

（3）查阅、复制当事人有关的合同、发票、账簿以及其他有关资料。

（4）对有根据认为不符合保障人体健康和人身、财产安全的国家标准、行业标准的产品或者有其他严重质量问题的产品，以及直接用于生产、销售该项产品的原辅材料、包装物、生产工具，予以查封或者扣押。

4. 社会监督制度。主要是消费者对产品质量的监督和保护消费者权益的社会组织对产品质量的监督。

（1）消费者对产品质量的监督。这是指消费者通过行使法定的权利来监督产品质量。《产品质量法》规定，消费者有权就产品质量问题，向产品的生产者、销售者查询；或向市场监督管理部门及有关部门申诉，接受申诉的部门应当负责处理。

（2）保护消费者权益的社会组织对产品质量的监督。这是指各级消费者协会等社会组织依法对产品质量所进行的社会监督。上述社会组织的主要职责是接受消费者和用户投诉，调查、调解、处理产品质量纠纷，并通过行使建议处理权和支持受害人起诉权等权利，实施产品质量监督。建议处理权，是指建议有关部门及时处理产品质量问题的权利。支持起诉权，是指支持受害人就缺陷产品造成人身伤害或财产损失提起损害赔偿诉讼的权利。这些都是法律赋予保护消费者权益等社会组织依法行使产品质量监督的重要权利。

三、生产者、销售者的产品质量责任和义务

生产者、销售者是产品质量法规范的主要对象。生产者、销售者应当建立健全内部产品质量管理制度，严格实施岗位质量规范、质量责任以及相应的考核办法，并依照《产品质量法》规定承担产品质量责任。为此，《产品质量法》专章对生产者、销售者产品质量责任和义务作了明确的规定。

（一）生产者的产品质量责任和义务

《产品质量法》对此有 7 条规定，其主要内容有：

1. 保证产品内在质量符合要求。规定有三个方面内容：①不存在危及人身、财产安全的不合理的危险；②具备产品应当具备的使用性能；③符合明示的质量状况。只有符合上述三项要求的产品才能算是合格品。

2. 产品标识符合法律规定。要求标识应当做到：①有经检验人员签章的检验合格证明；②有中文标明的产品名称、生产厂厂名和厂址；③根据需要标明产品规格、等级、主要成分名称与含量；④限期使用的产品，标明生产日期和安全使用期或失效日期；⑤使用不当易造成产品损伤或可能危及安全的，应有警示标志或中文警示说明。但裸装食品、根据产品特点难以附加标识的除外。

3. 特殊产品包装符合法律规定。要求易碎、易燃、易爆、有毒、有腐蚀性、有放射性等危险物品以及储运中有特殊要求的产品，其包装必须符合相应要求，有警示标志或中文警示说明标明储运注意事项。

4. 不得违反法律的禁止性规定。即要求生产者不得生产国家明令淘汰的产品；不得伪造产地、伪造或冒用他人的厂名、厂址；不得伪造或冒用产品质量标志；不得在产品中掺杂、掺假、以假充真、以次充好，以不合格产品冒充合格产品。

（二）销售者的产品质量责任和义务

《产品质量法》对此同样有7条规定，其主要内容有：

1. 执行进货检查验收制度。产品进货检查验收既是销售者行使保护自身合法权益的权利，也是履行法定的产品质量责任和义务。销售者在完成进货检查验收的同时，也在一定程度上实现了产品质量责任的转移。进货检查验收包括产品标识检查、产品感观检查和必要的内存质量的检验。

2. 采取必要措施，保持销售产品的质量。

3. 销售的产品的标识符合法律规定。销售者对产品标识所负的义务与生产者的义务相同。

4. 不得违反法律的禁止性规定。即要求销售者不得销售国家明令淘汰并停止销售的产品和失效、变质的产品；不得伪造产地、伪造或冒用他人的厂名、厂址；不得伪造或冒用产品质量标志；不得在产品中掺杂、掺假、以假充真、以次充好，以不合格产品冒充合格产品。

四、产品质量责任制度

产品质量责任，是指生产者、销售者以及对产品质量负有直接责任的其他人，违反产品质量义务应当承担的法律责任，它包括民事责任、行政责任、刑事责任三种。

（一）民事责任

生产者、销售者违反产品质量义务承担的民事责任，可分为因一般产品质量问题的责任和因缺陷产品造成人身、财产损害的责任两类。《产品质量法》第四章"损害赔偿"对违反《产品质量法》的民事责任作了全面规定。民法典在侵权责任编第四章的1202~1207条对产品责任进行了规定。

1. 因一般产品质量问题的责任。《产品质量法》第40条规定，售出产品有下列三种情况的，销售者应当负责修理、更换、退货，给购买者造成损失的应当赔偿：①不具备产品应当具备的使用性能而事先未作说明的；②不符合在产品或者其包装上注明采用的产品标准的；③不符合以产品说明，实物样品等方式表明的质量状况的。销售者按规定负责修理、更换、退货、赔偿损失后，属于生产者的责任或者属于向销售者提供产品的其他销售者（以下简称供货者）的责任的，销售者有权向生产者、供货者追偿。销售者未按照规定给予修理、更换、退货或者赔偿损失的，由市场监督管理部门责令改正。生产者之间，销售者之间，生产者与销售者之间订立的买卖合同、承揽合同有不同约定的，合同当事人按照合同约定执行。

当然，《消费者权益保护法》第24条规定："经营者提供的商品或者服务不符合质量要求的，消费者可以依照国家规定、当事人约定退货，或者要求经营者履行更换、修理等义务。没有国家规定和当事人约定的，消费者可以自收到商品之日起7日内退货；7日后符合法定解除合同条件的，消费者可以及时退货，不符合法定解除合同条件的，可以要求经营者履行更换、修理等义务。依照前款规定进行退货、更换、修理的，经营者应当承担运输等必要费用。"可见，《消费者权益保护法》中对于产品的一般质量问题给予了对消费者更为有利的规定。

上述规定也称为合同责任、瑕疵担保责任，即销售者在违反了基于买卖合同、承揽合同中对于产品质量的保证和承诺时，应承担的法律责任。产品瑕疵是指产品存在除危险性之外的其他质量问题，即一般质量问题。

2. 因缺陷产品造成人身、财产损害的责任。因产品存在缺陷造成人身、缺陷产品以外的其他财产损害的，应当承担赔偿责任。但生产者能够证明有下列情况之一的，可免责：①未将产品投入流通的；②产品投入流通时，引起损害的缺陷尚不存在的；③将产品投入流通时的科学技术水平尚不能发现缺陷存在的。

上述规定也称缺陷责任。所谓缺陷，是指产品存在危及人身、财产安全的不合理的危险。《产品质量法》规定，生产者对产品缺陷造成的损害承担严格责任，但须具备以下责任条件：①产品存在缺陷；②有造成了人身伤亡或财产损失的损害事实；③产品缺陷与损害事实之间存在着因果关系。缺陷责任不要求受害人举证证明侵害人有过错。如果是销售者的过错使产品存在缺陷，或销售者不能指明缺陷产品的生产者或供货者的，由销售者承担赔偿责任。《产品质量法》对销售者承担产品责任实行过错责任原则，当不能指明缺陷产品的生产者、供货者时，法律则推定销售者有过错。缺陷产品的受害人可以向产品生产者或销售者中的任何一方要求赔偿，先行赔偿的一方有权向负有责任方追偿。

缺陷产品的损害赔偿范围如下：①造成人身伤害的，应赔偿医疗费、护理费、误工减少的收入等费用。②造成残疾的，还应当支付辅助器具费、生活补助费、残疾赔偿金以及由其扶养的人必需的生活费等费用。③造成受害人死亡的，并应支付丧葬费、死亡赔偿金、由死者生前抚养的人必要的生活费等费用。④造成财产损失的，应当恢复原状或折价赔偿，并赔偿受害人因此遭受的其他重大损失。⑤产品投入流通后发现存在缺陷的，生产者、销售者应当及时采取停止销售、警示、召回等补救措施；未及时采取补救措施或者补救措施不力造成损害扩大的，对扩大的损害也应当承担侵权责任。依据规定采取召回措施的，生产者、销售者应当负担被侵权人因此支出的必要费用。⑥明知产品存在缺陷仍然生产、销售，或者没有依据前条规定采取有效补救措施，造成他人死亡或者健康严重损害的，被侵权人有权请求相应的惩罚性赔偿。

因产品缺陷造成损害要求赔偿的诉讼时效时间为 2 年，自当事人知道或者应当知道其权益受到损害时起计算。因缺陷产品的损害赔偿请求权，在缺陷产品交付最初用户、消费者满 10 年丧失；但尚未超过明示的安全使用期的除外。

（二）行政责任、刑事责任

《产品质量法》第五章"罚则"以 25 条之多的规定对违反产品质量法的行政责任和刑事责任作了更加明确、更加严格的规定。其特点是：①规定"以违法生产、销售产品货值金额"（包括已售出的和未售出的产品）为处罚基数，使处罚力度加大并便于操作。②规定销售者凡销售假冒伪劣产品的，都应当承担法律责任。只是对有充分证据证明其不知道该产品为禁止销售的产品并如实说明其进货来源的，规定可以从轻或者减轻处罚。③对制售伪劣产品的，不仅要没收违法所得，处以罚款，还要没收所销售的伪劣产品；对专门用于制假的原料、包装物、生产工具，也应予以没收。④为制售伪劣产品提供运输、保管、仓储等便利条件，提供制假技术的，一律承担法律责任。⑤将伪劣产品用于经营性服务的，依照法律对销售者的处罚规定予以处罚。

对于产品质量的刑事责任，《产品质量法》通过第 49 条、第 50 条、第 52 条、第 61 条 4 个条文，规定了生产者、销售者的刑事责任。但对于生产国家明令淘汰的产品（第 51 条）；伪造产品产地，伪造、冒用厂名、厂址，伪造、冒用质量标志（第 53 条）；产品标识不符法律规定（第 54 条）的行为，这三条仅规定了行政处罚，未规定刑事责任。另外，《产品质量法》第 65 条（各级人民政府工作人员和其他国家机关工作人员有包庇、放纵违法行为，通风报信，阻挠、干预查处行为三种情形之一者）和第 68 条（市场监督管理部门的工作人员滥用职权、玩忽职守、徇私舞弊）这两条，都规定了国家工作人员的刑事责任。《产品质量法》第 69 条规定，以暴力、威胁方法阻碍市场监督管理部门的工作人员依法执行职务的，依法追究刑事责任；拒绝、阻碍未使用暴力、威胁方法的，由公安机关依照治安管理处罚法的规定处罚。

五、产品质量纠纷的解决

（一）产品质量纠纷的解决途径

当事人因产品质量引起纠纷，可通过协商、调解、仲裁、诉讼解决。产品质量纠纷的调解，可以由市场监督管理部门、有关行业主管部门以及消费者协会等社会组织，作为中间人依法进行公正的判别，并促成双方相互谅解，达成协议，解决纠纷。产品质量纠纷的仲裁，因产品质量发生民事纠纷时，当事人不愿协商、调解解决或协商、调解不成的，可以根据当事人各方的协议向仲裁机构申请仲裁；当事人各方没有达成仲裁协议的或者仲裁协议无效的，可以向人民法院起诉。

（二）产品质量检验

处理产品质量纠纷的关键，是公正地判定质量，为此必须由符合法定条件的机构对产品质量进行检验。产品质量检验，是指有检验资格的产品质量检验机构对发生争议的产品质量进行公正检验，其检验结论作为处理产品质量纠纷的依据。检验的原则是科学、公正、合理。检验由处理纠纷的仲裁机构或人民法院委托产品质量检验机构作出。

【实战训练】

不定项选择题

1. 甲厂发运一批陶瓷制品，包装上未作任何标示，在运输过程中，由于装卸工未轻拿轻放而损坏若干件，该损失应由谁承担（　　　）

A. 装卸工承担　　　　　　　　B. 装卸工的雇主承担

C. 运输部门承担　　　　　　　D. 甲厂承担

2. 关于产品缺陷责任，下列哪一选项符合《产品质量法》的规定？（　　　）

A. 基于产品缺陷的更换、退货等义务属于合同责任，因产品缺陷致人损害的赔偿义务属于侵权责任

B. 产品缺陷责任的主体应当与受害者有合同关系

C. 产品缺陷责任一律适用过错责任原则

D. 产品缺陷责任一律适用举证责任倒置

3. 下列哪些产品的包装不符合《产品质量法》的要求？（　　　）

A. 某商场销售的"三星"彩电只有韩文和英文的说明书

B. 某厂生产的火腿肠没有标明厂址

C. 某厂生产的香烟上没有标明"吸烟有害身体健康"的字样

D. 某厂生产的瓶装葡萄酒没有标明酒精度

4. 张某从甲商场购买一电热毯，电热毯为乙厂所产。使用中电热毯发生漏电，致使房间着火，烧毁价值 8000 元的财产，张某本人也被烧伤致残。下列何种表述是正确的？（　　）

A. 甲商场和乙厂应对张某的损失承担连带责任

B. 张某只能要求甲商场进行赔偿

C. 张某可以向被告请求精神损害赔偿

D. 张某遭受的财产损失不属于产品责任，而属于违约责任

5. 下列关于产品责任的表述中哪些是正确的？（　　）

A. 缺陷产品的生产者应对因该产品造成的他人人身、财产损害承担无过错责任

B. 缺陷产品造成他人人身、财产损害的，该产品的销售者和生产者承担连带责任

C. 因缺陷产品造成损害要求赔偿的诉讼时效为 1 年

D. 销售者不能指明缺陷产品的生产者也不能指明其供货者的，应承担赔偿责任

第十二章　消费者权益保护法

【导入案例】在微信朋友圈销售假冒伪劣产品是否应承担赔偿责任？

被告郁某系"微商"，经常在其朋友圈推送女性内衣。原告于 2016 年 2 月 17 日和 2016 年 3 月 5 日先后从被告处购买了三套内衣，第一套在冷水中洗涤未发现异常，第二套、第三套在温水中洗涤出现浓重异味，再次洗涤也未能消除，遂怀疑衣服质量出现问题，对包装进行检查的过程中发现被告出售的内衣无厂名、无厂址、无吊牌。原告将该情况向被告反映后，被告称内衣系厂里自产自销，所以没有吊牌，并且拒绝退货。原告遂诉至法院，请求被告退还货款并赔偿 3 倍货款。

经法院审理认为：原告在被告处购买三套内衣，被告对此予以认可，可以认定原、被告之间存在买卖合同关系。根据《产品质量法》第 27 条规定，产品或者其包装上的标识必须真实，并且符合下列要求：①有产品质量检验合格证明；②有中文标明的产品名称、生产厂厂名、厂址；……本案中，被告销售的案涉内衣并无任何标识，违反了《产品质量法》对产品标签标识的要求，应当将其认定为不符合《产品质量法》标准的产品。根据《消费者权益保护法》第 55 条的规定，被告明知上述产品无相应的标签标识仍进行销售，应当承担退还货款并支付 3 倍价款的惩罚性赔偿金。经核算，被告应退还的货款为 348 元，应支付的赔偿金为 1044 元。这是一起因在微信上销售假冒伪劣产品引发的消费者权益纠纷案件，值得各类型经营者进行认真思考。

【问题思考】

1. 新时代营商环境下的经营者对消费者负有哪些义务？《消费者权益保护法》对此都有哪些具体的规定？

2. 被告郁某的行为是否构成欺诈？根据《消费者权益保护法》的相关规定，其行为应承担什么责任？

3. 解决消费者权益纠纷除了采用诉讼的方式，还可以采用哪些方式解决？

一、消费者权益保护法概说

（一）消费者权益与消费者权益保护法

消费者，从经济学、法学学理上看，都将其看作是从事生活消费的主体。根据国际标准化组织——消费者政策委员会于 1978 年第一届日内瓦年会对消费者所作的解释，消费者是指以个人消费为目的而购买或使用商品和接受服务的个体社会成员，把消费者确定在自然人范围内。我国《消费者权益保护法》第 2 条规定："消费者为生活消费需要购买、使用商品或者接受服务，其权益受本法保护；本法未作规定的，受其他有关法律、法规保护。"第 62 条规定："农民购买、使用直接用于农业生产的生产资料，参照本法执行。"依据上述规定，首先明确消费者作为《消费者权益保护法》的主体，是指以生活消费为目的，而进行购买、使用商品或接受服务活动的消费者。所以，在现实生活中，为生活消费自然是以个人为主，而法人和其他组织如为生活消费，当然也可以成为消费者。同时，在特殊情况下，也包括生产资料的消费者，如农民的生产性消费活动等。

消费者权益，是指消费者依法享有的权利及该权利受到保护时而给消费者带来的应得的利益。它是消费者所享有的一种最基本的人权——生存权的重要组成部分，是消费者的利益从应然状态转为实然状态的前提和基础。消费者权利与传统民法上的权利在某些方面是有所不同的。传统民法上的权利乃是基于"经济人对经济人的平等关系"上的权利。而消费者权利所产生的关系，即经营者与消费者之间的关系，虽然在法律上也是平等的关系，但在社会生活中实际上却是一种强者对弱者的关系。消费者权利正是以这种矛盾关系为基础的，其目的在于对消费者的弱者地位予以补救。

对消费者权益的保护经历了从消费者个人的自发保护，到形成消费者组织自觉保护以及国家强制保护等发展过程，消费者权益保护的内容也因此变得越来越丰富和完善。消费者运动爆发于 19 世纪的美国，当时随着资本主义商品经济发展为现代市场经济，生产经营社会化、专业化程度日趋发展，科技进步、促销手段不断变化，在市场竞争的过程中垄断和不正当竞争进一步加剧，这些都促使消费者问题日益突出和严重起来并引起了人们的密切关注。于是，美国爆发了消费者运动，并于 1891 年在纽约成立全美第一个保护消费者权益的组织——纽约消费者协会。1898 年，美国成立了世界上第一个全国性的消费者组织——消费者联盟，极大地推动了美国的消费者运动。随着美国消费者运动的日益高涨，美国总统约翰·肯尼迪于 1962 年 3 月 15 日向国会提出了关于保护消费者利益的特别国情咨文，在《总统关于消费者利益的白皮书》中，提出消费者应享有获得商品的安全保障的权利、正确的商品信息资料的权利、对商品有自由选择的权利、提出消费者意见的权利等四项权利，即著名的肯尼迪"四权"论。由于它首次系统地表述了消费者权利思想，对于消费者运动而言具有重大、深远的意义，因而 1983 年国际消费者联盟组织首次确定将每年的 3 月 15 日定为"世界消费者权益日"。1969 年，美国总统尼克松进而提出消费者的第五项权利，即索赔的权利。之后，这些权利逐渐成为各国消费者组织的基本工作目标，并且，根据国际形势和本国情况不断地对消费者权利内容予以补充，增加了获得健康环境权、享受消费教育权这两项权利。我国的消费者权益保护工作始于 20 世纪 80 年代。1984 年 12 月中国消费者协会由国务院批准成立。中国消费者协会于 1987 年 9 月被国际消费者联盟组织接纳为正式会员。

消费者权益保护法是指调整在保护消费者权益过程中所发生的各种社会关系的法律规范的总称。消费者权益保护法的调整对象是消费者权益关系，使之成为消费者权益保护的基本法律制度。早期有关消费者权益保护方面的法律规范主要体现在饮食与服装方面，如在 13 世纪，法国巴黎的面包师出售面包时，法律规定要有专人检查其所售面包的重量是否足额，这被认为是现代消费者权益保护立法的先驱。此后至 19 世纪以前，消费者权益保护法律制度的发展是极为缓慢的。到了 19 世纪，由于生产技术及销售方面发生了重大变化，从而导致商品损坏机会和维修费用增多与有限的产品担保之间的矛盾，并且，生产的社会化、专业化以及消费者的广泛存在，使得消费者很难有效地向生产者主张自己的权利，导致消费者权利受到侵害的情况日益严重，迫使消费者寻求立法上的支持。尤其是在20 世纪五六十年代，西方国家爆发的"消费者权利运动"，对消费者权益保护法律的发展起了巨大的推动作用，从而使各国在保护消费者权益方面的专门立法得以应运而生。

在我国的社会主义条件下，社会主义生产的根本目的是满足广大人民群众日益增长的物质和文化生活的需要。改革开放以来，我国保护消费者权益问题日渐得到重视，先是由各地陆续出台了一批地方性法规，在保护消费者权益方面取得并积累了宝贵的立法和执法经验。1993 年 10 月 31 日，第八届全国人民代表大会第四次会议通过了《消费者权益保护法》，自 1994 年 1 月 1 日起施行。这是我国第一部保护消费者权益的专门法律。《消费者权益保护法》的颁布与施行，是我国第一次以立法的形式全面确认消费者的权利，对保护消费者的权益、规范经营者的行为、维护社会经济秩序、促进社会主义市场经济健康发展具有十分重要的意义。2009 年 8 月 27 日第十一届全国人民代表大会常务委员会第十次会议提出《关于修改部分法律的规定》对《消费者权益保护法》进行第一次修正。2013 年10 月 25 日，中华人民共和国第十二届全国人民代表大会常务委员会第五次会议通过《全国人民代表大会常务委员会关于修改〈中华人民共和国消费者权益保护法〉的决定》对该法进行了第二次修正，2014 年 3 月 15 日起新版《消费者权益保护法》正式施行。除了《消费者权益保护法》以外，我国制定的一系列具有保护消费者内容的法律如《反不正当竞争法》《食品卫生法》《药品管理法》《产品质量法》《计量法》《标准化法》《价格法》《广告法》等，这些法律与《消费者权益保护法》相辅相成，构成了我国消费者保护的基本法律体系。

（二）消费者权益保护法的基本原则

1. 消费者权益保护法立法原则。对于世界各国的消费者权益保护法，其立法宗旨大同小异。所谓"大同"，即在协调个体营利性和社会公益性的矛盾，兼顾效率与公平，以推动经济的稳定增长，保障社会公共利益和基本人权等内容上，都有许多相同或相近的规定，从而推动经济与社会的良性运行和协调发展。所谓"小异"，就是说各国在条文表述上又不尽一致。我国《消费者权益保护法》把该法的立法宗旨规定为：保护消费者的合法权益，维护社会经济秩序，以促进社会主义市场经济的健康发展。由此确定了我国消费者权益保护法的立法总原则。

2. 经营者应当依法提供商品或者服务原则。遵守宪法和法律规定的原则，严格依法办事，这是每一个社会成员和社会组织应尽的义务。经营者在为消费者提供其生产、销售的商品或者提供服务时，应当遵守《消费者权益保护法》；《消费者权益保护法》未作规定的，应当遵守其他有关法律、法规。

3. 经营者与消费者进行交易，应当遵循自愿、平等、公平、诚实信用原则。自愿、平等、公平、诚实信用原则是人类社会最为古老、最为基本的民法原则，也为我国《民法典》所确认。经营者与消费者之间的交易关系，从根本上说仍然是一种民事关系，自应体现这一原则。

4. 国家保护消费者的合法权益不受侵害原则。国家通过制定和颁布《消费者权益保护法》，不仅赋予消费者以各项权利，而且还采取各项有效的措施，切实保障消费者依法行使权利，维护消费者的合法权益。

5. 全社会共同保护消费者的合法权益原则。每一个消费者都是社会的一分子，每一个社会成员又都是消费者，这决定了消费者的问题是一个社会性问题。保护消费者的合法权益是全社会的共同责任，国家鼓励、支持一切组织和个人对损害消费者合法权益的行为进行社会监督，特别是大众传播媒介更应当做好维护消费者合法权益的宣传工作，对损害消费者合法权益的行为进行舆论监督。

二、消费者权益保护法的主要规定

消费者权益保护法主要包括消费者权利、经营者义务、国家对消费者合法权益的保护、消费者组织、争议的解决、法律责任及附则等内容。而2013年新修正的《消费者权益保护法》主要从四个方面进一步完善了消费者权益保护制度，如强化经营者义务，规范直销、网络购物等新的消费方式，强化惩罚性赔偿制度，建立消费公益诉讼制度等。

（一）消费者权益保护法的适用范围

《消费者权益保护法》明确规定其法律适用范围有三个方面：一是消费者为生活消费需要购买、使用商品或接受服务，其权益受本法保护；本法未作规定的，受其他有关法律、法规保护。二是经营者为消费者提供其生产、销售的商品或者提供服务，应当遵守本法；本法未作规定的，应当遵守其他有关法律、法规。三是农民购买、使用直接用于农业生产的生产资料，参照本法执行。由此确定了该法较为广泛的保护和适用范围。

（二）消费者的权利

消费者权利，是指人们在生活、消费中应享有的权利。它是人类生存权的前提条件，成为基本人权的重要组成内容，所以法律上明确规定了消费权，使之成为消费者的基本权利。我国《消费者权益保护法》借鉴了国内外相关立法的经验，结合我国的实际情况，规定消费者享有以下基本权利：

1. 安全保障权。安全保障权是指消费者在购买、使用商品和接受服务时享有的保障其人身、财产安全不受损害的权利。安全保障权是消费者最基本的权利，包括人身安全权和财产安全权。人身安全权是指消费者在消费活动中有保持其身体健康和生命安全，使其免受商品和服务侵害的权利。财产安全权是指消费者在消费商品或接受服务时，其财产免受商品或服务侵害的权利。《消费者权益保护法》第7条明确规定："消费者在购买、使用商品和接受服务时享有人身、财产安全不受损害的权利。消费者有权要求经营者提供的商品和服务，符合保障人身、财产安全的要求。"为保障消费者安全权得以实现，经营者应做到：提供商品或服务应具有合理的安全性，不得提供有可能对消费者人身及财产造成损害的不合格产品或服务；提供的经营或消费场所应具有必要的安全保障。消费者的安全保障权主要通过国家制定相关卫生、环境安全等标准，并加强监督检查来实现。

2. 知悉真情权。知悉真情权是指消费者享有知悉购买、使用的商品或其接受的服务的真实情况的权利；有权根据商品或者服务的不同情况，要求经营者提供商品的价格、产地、生产者、用途、性能、规格、等级、主要成分、生产日期、有效期限、检验合格证明、使用方法说明书、售后服务或者服务的内容、规格、费用等有关情况。知悉真情权是消费者购买、使用商品或接受服务的前提，应当受到保护。消费者因被欺诈或引人误解的宣传而对产品产生错误认知进而与经营者交易的，有权主张该交易行为无效。

3. 自主选择权。自主选择权是指消费者享有自主选择提供商品或服务的经营者，自主选择商品品种或服务方式，自主决定购买或不购买任何一种商品，接受或不接受任何一种服务；并在自主选择商品或服务时有权进行比较、鉴别和挑选。《消费者权益保护法》第 24 条规定消费者有自主选择退换货的权利，实际是赋予消费者有条件反悔的权利。当经营者提供的商品或者服务不符合质量要求的，消费者可以依照国家规定、当事人约定退货，或者要求经营者履行更换、修理等义务。没有国家规定和当事人约定的，消费者可以自收到商品之日起 7 日内退货；7 日后符合法定解除合同条件的，消费者可以及时退货，不符合法定解除合同条件的，可以要求经营者履行更换、修理等义务。《消费者权益保护法》第 25 条规定：当经营者采用网络、电视、电话、邮购等方式销售商品，消费者有权自收到商品之日起 7 日内退货，且无需说明理由。但应当注意的是，消费者的反悔权仅适用于网络等远程购物方式，消费者直接到商店购买的物品，不适用该条规定。另外，反悔权的期限是 7 日内，且根据商品性质属于消费者定作的，或鲜活易腐的，或在线下载或者消费者拆封的音像制品、计算机软件等数字化商品，或交付的报纸、期刊等不宜退货的特殊商品，不在此列。除上述所列商品外，其他根据商品性质并经消费者在购买时确认不宜退货的商品，不适用无理由退货。消费者退货的商品应当完好。经营者应当自收到退回商品之日起 7 日内返还消费者支付的商品价款。退回商品的运费由消费者承担；经营者和消费者另有约定的，按照约定。

4. 公平交易权。公平交易权是指消费者在购买商品或接受服务时有权获得质量保障、价格合理、计量正确等公平交易条件；有权拒绝经营者的强制交易行为。公平交易的核心是消费者以一定数量的货币换取对等价值的商品或服务，这也是衡量消费者的利益是否得到保护的重要标志。这些权益的实现都需要经营者以诚实信用为原则，以消费者的安全为前提，以平等互利为条件，应避免欺诈、胁迫、乘人之危等不公平交易。

5. 依法获得赔偿权。依法获得赔偿权是指消费者因购买、使用商品或接受服务受到人身、财产损害时，享有依法获得赔偿的权利。求偿权是法律赋予消费者的一种救济权，也是对违法经营者的制裁。求偿权的范围包括人身损害和财产损害两个方面。遭受损害的消费者可以通过行使这一权利使自己的损失得到适当的赔偿。《消费者权益保护法》第 51 条规定经营者有侮辱诽谤、搜查身体、侵犯人身自由等侵害消费者或者其他受害人人身权益的行为，造成严重精神损害的，受害人可以要求精神损害赔偿。由此将精神损害赔偿请求权也纳入消费者权益保护法的范畴。

6. 依法结社权。依法结社权是指消费者享有依法成立维护自身合法权益的社会团体的权利。消费者的结社权是国际社会普遍认可的权利，消费者通过依法结社活动，可以使自己从孤立、分散、弱小的个体走向集中和强大的、依靠集体的力量来改变自己的弱者地位的群体，从而有利于消费者与实力雄厚的经营者相抗衡，维护自身的合法权益。目前我国各地的消费者协会和其他消费者组织是依法成立的对商品和服务进行社会监督的保护消费者合法权益的社会组织。我国的消费者协会履行公益性职责，各级人民政府对消费者协会履行职责应当予以必要的经费等支持。消费者协会应当认真履行保护消费者合法权益的职责，听取消费者的意见和建议，接受社会监督。依法成立的其他消费者组织依照法律、法规及其章程的规定，开展保护消费者合法权益的活动。消费者组织不得从事商品经营和营利性服务，不得以收取费用或者其他牟取利益的方式向消费者推荐商品和服务。

7. 获取有关消费知识权。获取有关消费知识权是指消费者享有获得有关消费和消费者权益保护方面的知识的权利。在现代社会，消费知识对维护消费者权益显得越来越重要，因而要求：消费者在接受国民教育中，有权获得有关消费者权益保护方面的基本教育；在日常生活中，有权要求大众媒介提供消费知识；遇到有关消费问题，有权要求国家和社会有关方面提供免费咨询服务。总而言之，获取有关消费知识，提高自我保护能力，既是消费者的权利，也是消费者的义务。

8. 获得尊重权。获得尊重权是指消费者在购买、使用商品和接受服务时，享有其人格尊严、民族风俗习惯、个人隐私得到尊重的权利。消费者的受尊重权分为消费者的人格尊严受尊重、民族风俗习俗受尊重和个人信息受保护三个方面。经营者在经营或提供服务中不得以任何方式损害消费者人格尊严、侵犯消费者的民族风俗习惯和泄露消费者的个人信息。

9. 监督批评权。监督批评权是指消费者对经营者提供的商品或服务有检举、控告的权利以及对保护消费者权益工作有进行监督的权利；消费者有权检举、控告侵害消费者权益的行为和国家机关及其工作人员在保护消费者权益工作中的违法失职行为，有权对保护消费者权益工作情况提出批评与建议。

（三）经营者的义务

在消费领域，经营者是与消费者相对应的主体，消费者的权益与经营者的义务相辅相成，明确经营者的义务才能有效地保护消费者的权益。为此，《消费者权益保护法》在明确规定保护消费者权益的同时，也规定了经营者负有以下基本义务：

1. 守法经营的义务。守法经营是指经营者向消费者提供商品或服务时，应当依照《消费者权益保护法》和其他有关法律、法规的规定履行义务。经营者和消费者有约定的，应当依约定履行义务。但双方的约定不得违反法律、法规的规定。经营者向消费者提供商品或者服务，应当恪守社会公德，诚信经营，保障消费者的合法权益；不得设定不公平、不合理的交易条件，不得强制交易。

2. 接受监督的义务。接受监督是指经营者应当听取消费者对其提供的商品或服务的意见，接受消费者的监督。这是与消费者的监督权而相对应的经营者义务，对此加以法律规定，有利于改善消费者的地位。一般来说，消费者对经营者的监督属于狭义监督，广义监督还包括相关行政机构、消费者协会以及新闻媒体等社会机构的监督。

3. 安全保障的义务。保障消费者人身、财产安全是经营者经营行为的前提，是经营者的基本义务，亦是消费者的基本权利。《消费者权益保护法》第18条规定：经营者应当保证其提供的商品或服务符合保障人身、财产安全的要求。经营者对可能危及人身及财产安全的商品和服务，应当向消费者作真实的说明和明确的警示，并说明或标明正确使用商品或接受服务的方法以及防止危害发生的方法。宾馆、商场、餐馆、银行、机场、车站、港口、影剧院等经营场所的经营者，应当对消费者尽到安全保障义务。第19条规定：经营者发现其提供的商品或者服务存在缺陷，有危及人身、财产安全危险的，应当立即向有关行政部门报告和告知消费者，并采取停止销售、警示、召回、无害化处理、销毁、停止生产或者服务等措施。采取召回措施的，经营者应当承担消费者因商品被召回支出的必要费用。

4. 提供真实信息的义务。该义务包括三个方面：一是经营者向消费者提供有关商品或者服务的质量、性能、用途、有效期限等信息，应当真实、全面，不得作虚假或者引人误解的宣传。二是经营者对消费者就其提供的商品或服务的质量和使用方法等问题提出的询问，应当作出真实、明确的答复。三是经营者提供商品应当明码标价，并置于醒目位置。

5. 出具相应单据或凭证的义务。即要求经营者在提供商品或者服务时，应当按照国家有关规定或商业惯例向消费者出具购货凭证或服务单据。购货凭证或服务单据是证明发生消费的重要的证据，是消费者维权的依据。消费者索要购货凭证或服务单据的，经营者必须出具。

6. 公平交易的义务。即要求经营者在经营活动中使用格式条款的，应当以显著方式提请消费者注意商品或者服务的数量和质量、价款或者费用、履行期限和方式、安全注意事项和风险警示、售后服务、民事责任等与消费者有重大利害关系的内容，并按照消费者的要求予以说明。经营者不得以格式条款、通知、声明、店堂告示等方式作出排除或者限制消费者权利、减轻或者免除经营者责任、加重消费者责任等对消费者不公平、不合理的规定，不得利用格式条款并借助技术手段强制交易。有关格式合同、通知、声明、店堂告示等含有以上所列内容的，其内容无效。这些规定对于保护处于弱势的消费者的利益而言，具有非常重要的意义。

7. 质量保证的义务。即要求经营者应当保证在正常使用商品或接受服务的情况下，其提供的商品或服务具有符合规定的质量、性能、用途和有效期限；但消费者在购买该商品或者接受该服务前已经知道其存在瑕疵，且存在该瑕疵不违反法律强制性规定的除外。《消费者权益保护法》第 23 条还规定：经营者以广告、产品说明书、实物样品或其他书面的、口头的方式表明商品或服务的质量状况的，应当保证其商品或服务的实际质量与表明的质量状况相符。经营者提供的机动车、计算机、电视机、电冰箱、空调器、洗衣机等耐用商品或者装饰装修等服务，消费者自接受商品或者服务之日起 6 个月内发现瑕疵，发生争议的，由经营者承担有关瑕疵的举证责任。

8. 标明经营者真实名称和标记的义务。即要求经营者应当标明其真实名称和标记，不得使用未经核准登记的企业名称，不得擅自改动经核准的企业名称，不得假冒他人企业名称和他人持有的营业标记，不得使用与他人企业名称或营业标记相近似、足以造成消费者误认的企业名称和营业标记等。租赁他人柜台或场地的经营者，也应当以适当方式标明其真实名称和标记。《消费者权益保护法》第 28 条还专门规定：采用网络、电视、电话、邮购等方式提供商品或者服务的经营者，以及提供证券、保险、银行等金融服务的经营者，应当向消费者提供经营地址、联系方式、商品或者服务的数量和质量、价款或者费用、履行期限和方式、安全注意事项和风险警示、售后服务、民事责任等信息。经营者的名称等基本信息是其法律人格的体现，它们共同承载着经营者的商誉，也是经营者的法律责任承担主体。经营者应当在其所提供的商品或服务的包装或说明上标明其真实姓名或标记，以便于消费者作出正确判断，避免上当受骗，同时也有利于消费者依据上述经营者基本信息进行维权救济。

9. 保护消费者个人信息的义务。即要求经营者收集、使用消费者个人信息，应当遵循合法、正当、必要的原则，明示收集、使用信息的目的、方式和范围，并经消费者同意。经营者收集、使用消费者个人信息，应当公开其收集、使用规则，不得违反法律、法规的规定和双方的约定来收集、使用信息。经营者及其工作人员对收集的消费者个人信息必须严格保密，不得泄露、出售或者非法向他人提供收集的信息。经营者应当采取技术措施和其他必要措施，确保信息安全，防止消费者个人信息泄露、丢失。在发生或者可能发生信息泄露、丢失的情况时，应当立即采取补救措施。经营者未经消费者同意或者提出请求，或者消费者明确表示拒绝的，不得向其发送商业性信息。

10. 尊重消费者人格尊严的义务。即要求经营者不得对消费者进行侮辱、诽谤、不得搜查消费者的身体及其携带的物品，不得限制消费者的人身自由。

（四）对消费者权益的保护方式

我国法律确立了对消费者合法权益全面保护的原则，明确规定采取国家保护和社会保护两种方式对消费者权益加以保护，并在《消费者权益保护法》中作出具体规定。

1. 国家保护。主要内容有：①制定有关消费者权益的法律、法规、政策时，应听取消费者的意见和要求。各级人民政府应当加强领导、组织、协调、督促有关行政部门做好保护消费者权益的工作。各级人民政府应当加强监督，预防危害消费者人身、财产安全行为的发生，及时制止危害消费者人身、财产安全的行为。②各级工商行政管理部门和其他有关行政部门应依照法律、法规的规定，在各自的职责范围内，采取措施保护消费者的合法权益，并及时调查处理有关消费者权益纠纷。③有关行政部门应当听取消费者和消费者协会等组织对经营者交易行为、商品和服务质量问题的意见，及时进行调查处理。有关行政部门在各自的职责范围内，应当定期或者不定期对经营者提供的商品和服务进行抽查检验，并及时向社会公布抽查检验结果。有关行政部门发现并认定经营者提供的商品或者服务存在缺陷，有危及人身、财产安全危险的，应当立即责令经营者采取停止销售、警示、召回、无害化处理、销毁、停止生产或者服务等措施。消费者向有关行政部门投诉的，该部门应当自收到投诉之日起7个工作日内，予以处理并将结果告知消费者。

2. 社会保护。保护消费者合法权益是全社会的共同责任，国家鼓励、支持一切组织和个人对损害消费者合法权益的行为进行社会监督。消费者协会和其他消费者组织依法对商品和服务进行社会监督，并具体规定消费者协会履行下列公益性职能：①向消费者提供消费信息和咨询服务，提高消费者维护自身合法权益的能力，引导文明、健康、节约资源和保护环境的消费方式；②参与制定有关消费者权益的法律、法规、规章和强制性标准；③参与有关行政部门对商品和服务的监督、检查；④就有关消费者合法权益的问题，向有关部门反映、查询，提出建议；⑤受理消费者的投诉，并对投诉事项进行调查、调解；⑥投诉事项涉及商品和服务质量问题的，可以委托具备资格的鉴定人鉴定，鉴定人应当告知鉴定意见；⑦就损害消费者合法权益的行为，支持受损害的消费者提起诉讼或者依照《消费者权益保护法》提起诉讼；⑧对损害消费者合法权益的行为，通过大众传播媒介予以揭露、批评。⑨各级人民政府对消费者协会履行职责应当提供必要的经费等支持。消费者协会应当认真履行保护消费者合法权益的职责，听取消费者的意见和建议，接受社会监督。依法成立的其他消费者组织依照法律、法规及其章程的规定，开展保护消费者合法权益的活动。同时要求消费者组织不得从事商品经营和营利性服务，不得以收取费用或者其他牟取利益的方式向消费者推荐商品和服务。

3. 司法保护。人民法院应当采取措施，方便消费者提起诉讼，对符合《民事诉讼法》起诉条件的消费者权益争议，必须受理，及时审理。对侵害消费者合法权益的违法犯罪行为，拥有惩处权力的有关国家机关，应当依照法律、法规的规定，依法惩处。

（五）消费者权益争议的解决

1. 解决争议的途径。《消费者权益保护法》第39条规定消费者和经营者发生消费者权益争议的，可以通过以下途径解决：①与经营者协商和解；②请求消费者协会或者依法成立的其他调解组织调解；③向有关行政部门申诉；④根据与经营者达成的仲裁协议提请仲裁机构仲裁；⑤向人民法院提起诉讼。

2. 确定承担损害赔偿责任的主体。由于商品从生产到消费需经过若干中间环节，为了防止和避免生产者和消费者之间相互推诿，保证消费者合法权益得到保护，《消费者权益保护法》规定当消费者的合法权益受到损害时，消费者可以要求经营者承担损害赔偿责任。承担损害赔偿责任的主体可按如下原则确定：

（1）由生产者、销售者、服务者承担。《消费者权益保护法》第40条规定消费者在购买、使用商品，其合法权益受到损害时，可以向销售者要求赔偿。销售者赔偿后，属于生产者的责任，或者属于向销售者提供商品的其他销售者的责任，销售者有权向生产者及其他销售者追偿。消费者或者其他受害人因商品缺陷造成人身、财产损害的，可以向销售者要求赔偿，也可以向生产者要求赔偿。属于生产者责任的，销售者赔偿后，有权向生产者追偿。属于销售者责任的，生产者赔偿后，有权向销售者追偿。消费者在接受服务时，其合法权益受到损害的，可以向服务者要求赔偿。

（2）由展销者、出租者承担。《消费者权益保护法》第43条规定消费者在展销会、租赁柜台购买商品或接受服务，其合法权益受到损害时，可以向销售者或服务者要求赔偿；展销会结束后或柜台租赁期满后，也可以向展销会的举办者、柜台的出租者要求赔偿。展销会的举办者，柜台的出租者赔偿后，有权向销售者或服务者追偿。

（3）由变更后的企业承担。《消费者权益保护法》第41条规定消费者合法权益受到损害，因原企业分立、合并的，可以向变更后承担其权利义务的企业要求赔偿。

（4）由营业执照的使用人或持有人承担。《消费者权益保护法》第42条规定使用他人营业执照的经营者提供商品或服务，损害消费者合法权益的，消费者可以向其要求赔偿，也可以向营业执照的持有人要求赔偿。

（5）由从事虚假广告行为的经营者和广告的经营者及相关社会团体和个人承担。《消费者权益保护法》第45条规定消费者因经营者利用虚假广告或者其他虚假宣传方式提供商品或者服务，其合法权益受到损害的，可以向经营者要求赔偿。广告经营者、发布者发布虚假广告的，消费者可以请求行政主管部门予以惩处。广告经营者、发布者不能提供经营者的真实名称、地址和有效联系方式的，应当承担赔偿责任。广告经营者、发布者设计、制作、发布关系消费者生命健康商品或者服务的虚假广告，造成消费者损害的，应当与提供该商品或者服务的经营者承担连带责任。社会团体或者其他组织、个人在关系消费者生命健康商品或者服务的虚假广告或者其他虚假宣传中向消费者推荐商品或者服务，造成消费者损害的，应当与提供该商品或者服务的经营者承担连带责任。

（6）由网络交易平台承担。《消费者权益保护法》第44条规定消费者通过网络交易平台购买商品或者接受服务，其合法权益受到损害的，可以向销售者或者服务者要求赔偿。网络交易平台提供者不能提供销售者或者服务者的真实名称、地址和有效联系方式的，消费者也可以向网络交易平台提供者要求赔偿；网络交易平台提供者作出更有利于消费者的承诺的，应当履行承诺。网络交易平台提供者赔偿后，有权向销售者或者服务者追偿。网络交易平台提供者明知或者应知销售者或者服务者利用其平台侵害消费者合法权益，未采取必要措施的，依法与该销售者或者服务者承担连带责任。

另有《消费者权益保护法》第47条新增规定：对侵害众多消费者合法权益的行为，中国消费者协会以及在省、自治区、直辖市设立的消费者协会，可以向人民法院提起诉讼。由此立法赋予消费者协会代表受害消费者提起公益诉讼的权利。

三、违反消费者权益保护法的法律责任

经营者提供商品或服务损害消费者权益的，应当承担民事责任；经营者的行

为违反行政法规的，应当受到行政处罚；触犯刑法的，则要受到刑事制裁。《消费者权益保护法》具体规定了三种法律责任形式，加强了对消费者权益的有效法律保护。

（一）民事责任

1. 一般民事责任。《消费者权益保护法》第48条规定经营者提供商品或者服务有下列情形之一的，除该法另有规定的以外，应当按照《产品质量法》和其他有关法律、法规的规定承担民事责任：①商品或者服务存在缺陷的；②不具备商品应当具备的使用性能而在出售时未作说明的；③不符合在商品或者其包装上采用的商品标准的；④不符合商品说明、实物样式等方式表明的质量状况的；⑤生产国家明令淘汰的商品或者销售失效、变质的商品的；⑥销售的商品数量不足的；⑦服务的内容和费用违反约定的；⑧对消费者提出的修理、重作、更换、退货、补足商品数量、退还货款和服务费用赔偿损失的要求，故意拖延或者无理拒绝的；⑨法律、法规规定的其他损害消费者权益的情形。经营者对消费者未尽到安全保障义务，造成消费者损害的，应当承担侵权责任。

2. 侵害消费者人身权的民事责任。具体规定如下：

（1）经营者提供商品或者服务，造成消费者或者其他受害人人身伤害的，应当赔偿医疗费、护理费、交通费等为治疗和康复支出的合理费用，以及因误工减少的收入。造成残疾的，还应当赔偿残疾生活辅助具费和残疾赔偿金。造成死亡的，还应当赔偿丧葬费和死亡赔偿金。

（2）经营者侵害消费者的人格尊严、侵犯消费者人身自由或者侵害消费者个人信息依法得到保护的权利的，应当停止侵害、恢复名誉、消除影响、赔礼道歉，并赔偿损失。

（3）经营者有侮辱诽谤、搜查身体、侵犯人身自由等侵害消费者或者其他受害人人身权益的行为，造成严重精神损害的，受害人可以要求精神损害赔偿。

3. 侵害消费者财产权的民事责任。具体规定如下：

（1）经营者提供商品或服务，造成消费者财产损害的，应当按照法律规定或当事人约定，以修理、重作、更换、退货、补足商品数量、退还货款和服务费用、赔偿损失等方式承担民事责任。

（2）对国家规定或者经营者与消费者约定包修、包换、包退的"三包"商品，经营者应当负责修理、更换或退货。在保修期间内2次修理仍不能正常使用的，经营者应当负责更换或退货；对包修、包换、包退的大件商品，消费者要求经营者修理、更换、退货的，经营者应当承担运输等合理费用。

（3）经营者以邮购方式提供商品，未按照约定提供的，应当按消费者要求履行约定或退回货款并应承担消费者必须支付的合理费用。

（4）经营者以预收款方式提供商品或服务的，应当按照约定提供。未按照约定提供的，应按照消费者要求履行约定或退回预付款，并应当承担预付款的利息及消费者必须支付的合理费用。

（5）依法经有关部门认定为不合格的商品，消费者要求退货的，经营者应当负责退货。

（6）经营者提供商品或者服务有欺诈行为的，应当按照消费者的要求增加赔偿其受到的损失，增加赔偿的金额为消费者购买商品的价款或者接受服务的费用的 3 倍；增加赔偿的金额不足 500 元的，为 500 元。法律另有规定的，依照其规定。经营者明知商品或者服务存在缺陷，仍然向消费者提供，造成消费者或者其他受害人死亡或者健康严重损害的，受害人有权要求经营者依照《消费者权益保护法》第 49 条、第 51 条等法律规定赔偿损失，并有权要求所受损失 2 倍以下的惩罚性赔偿。

（二）行政责任

对经营者的行政处罚是维护消费者合法权益的重要法律手段。经营者侵害消费者合法权益的行为，在损害消费者权益的同时也触犯了国家行政管理法规，扰乱了社会经济秩序。因此，经营者有下列情形之一，除承担相应的民事责任外，其他有关法律、法规对处罚机关和处罚方式有规定的，依照法律、法规的规定执行；法律、法规未作规定的，由工商行政管理部门或者其他有关行政部门责令改正，可以根据情节单处或者并处警告、没收违法所得、处以违法所得 1 倍以上 10 倍以下的罚款，没有违法所得的，处以 50 万元以下的罚款；情节严重的，责令停业整顿、吊销营业执照：①提供的商品或者服务不符合保障人身、财产安全要求的；②在商品中掺杂、掺假，以假充真，以次充好，或者以不合格商品冒充合格商品的；③生产国家明令淘汰的商品或者销售失效、变质的商品的；④伪造商品的产地，伪造或者冒用他人的厂名、厂址，篡改生产日期，伪造或者冒用认证标志等质量标志的；⑤销售的商品应当检验、检疫而未检验、检疫或者伪造检验、检疫结果的；⑥对商品或者服务作虚假或者引人误解的宣传的；⑦拒绝或者拖延有关行政部门责令对缺陷商品或者服务采取停止销售、警示、召回、无害化处理、销毁、停止生产或者服务等措施的；⑧对消费者提出的修理、重作、更换、退货、补足商品数量、退还货款和服务费用或者赔偿损失的要求，故意拖延或者无理拒绝的；⑨侵害消费者人格尊严、侵犯消费者人身自由或者侵害消费者个人信息依法得到保护的权利的；⑩法律、法规规定的对损害消费者权益应当予以处罚的其他情形。经营者有上述规定情形的，除依照法律、法规规定予以处罚外，处罚机关应当记入信用档案，向社会公布。经营者对行政处罚不服的，可以自收到处罚决定之日起 15 日内向上一级机关申请复议；对复议决定不服的，可以自收到复议决定书之日起 15 日内向人民法院提起诉讼，也可以直接向人民法院提起诉讼。

（三）刑事责任

对于侵害消费者权益情节严重，构成犯罪的，应当依照《消费者权益保护法》规定追究刑事责任，具体规定如下：

（1）经营者违反《消费者权益保护法》规定提供商品或者服务，侵害消费者合法权益，构成犯罪的，依法追究刑事责任。

（2）以暴力、威胁等方法阻碍有关行政部门工作人员依法执行职务的，依法追究刑事责任；拒绝、阻碍有关行政部门工作人员依法执行职务，未使用暴力、威胁方法的，由公安机关依照《中华人民共和国治安管理处罚法》的规定处罚。

（3）国家机关工作人员玩忽职守或者包庇经营者侵害消费者合法权益的行为的，由其所在单位或者上级机关给予行政处分；情节严重，构成犯罪的，依法追究刑事责任。

【实战训练】

案例分析题

1. 王芳于 2018 年 3 月 20 日在某烟酒食品商店购买牛肉干 10 盒，时隔三天，又在该食品店购买牛肉干 15 盒，共计 25 盒。牛肉干单价为每盒 12 元，共计 300 元。3 月 25 日，王芳又为他人在店内购买牛肉干 20 盒。该牛肉干包装盒标注的生产日期为 2017 年 7 月 3 日，保质期 6 个月，即王芳购买之日，该食品已超过保质期。4 月 5 日，王芳帮他人就 3 月 25 日所购买的价值 240 元的牛肉干向该食品店索赔，食品店同意退款并予以双倍赔偿。后王芳又就 3 月 20 日、23 日两次自己所购买的牛肉干向该食品店索赔，要求双倍赔偿。食品店认为王芳系恶意维权，不同意予以赔偿。双方遂形成纠纷。王芳依据双方达成的仲裁协议，向某仲裁委员会申请仲裁，要求食品店退还货款并双倍赔偿。

问题：明知食品已过保质期而购买的人是否仍是普通意义上的消费者？是否受《消费者权益保护法》的保护？食品店应否按规定予以赔偿？

2. 陈涛某日与家人前往某饭店就餐，将上衣脱下放在座位旁的椅子上。用餐完毕后，陈涛突然发现上衣兜内的 3200 元现金、手机等物品被人盗走，遂要求饭店赔偿。店方则认为，餐厅醒目位置张贴有"请妥善保管好自己的财物，谨防小偷！"字样的大幅标语告示，店方已尽到提醒警示义务，陈涛的财物被盗系其自己保管不善造成，店方不应予以赔偿。陈涛则认为，店内虽已张贴告示，但未提供存包服务及安保等有效措施，致其财物被盗，理应赔偿。双方协商未果，遂形成纠纷，陈涛向当地法院起诉，要求饭店赔偿其各项损失，共计4800元。

问题：店内张贴警示标语的行为，是否可以认定其能够对顾客丢失财物免责？

3. 2018年国庆节期间，郭某到某电器商场购买了一台彩电。几天后，她得知该彩电的生产厂家为促销，随每台彩电赠送一只价值120元的电热壶，于是持购买发票到商场要求补发。服务人员却告诉她，因她当时未索要该赠品，商场事后已将电热壶送给他人，并称："此种赠品并非彩电的组成部分，可给可不给，过期作废。"双方协商未果，郭某遂向当地法院起诉，请求商家履行承诺，发放赠品。

问题：经销商未直接与消费者达成赠与协议，是否有给付赠品的法定义务？

第五编　企业管理法

第十三章　劳动法与社会保险法

【导入案例1】经劳动者同意，用人单位不支付工资是否合法?

法律在工资方面有个最低工资的限制规定，任何单位给劳动者的工资不能低于当地最低工资标准。但是，现实生活中存在着另外一种现象，就是零工资就业现象，即在工作期间用人单位不向劳动者支付工资。《羊城晚报》于2009年3月23日发表过一则报道，在广州的某招聘会上有一个招聘单位人气特别旺，应聘者络绎不绝。招聘现场只有一个招聘人员，前面排队的应聘者却有80多人。但更让人吃惊的是，这个单位录用后的前2年不向劳动者发放工资，只给生活补贴、提供食宿、买保险。

【问题思考】从劳动法角度，试论述"零工资就业"现象的合法性问题。

【导入案例2】劳动者可否获得民事赔偿和工伤保险的"双赔"?

2012年5月13日，张某与某贸易公司签订劳动合同，约定合同期限为4年，该贸易公司按照规定参加工伤保险，为本单位全部职工或者雇工缴纳工伤保险费。2015年3月2日，张某因公出差途中，所乘客车与某运输公司的一辆大货车相撞，张某因此受伤，抢救无效于次日死亡。张某死亡后，张某之妻王某从运输公司获得20万元的民事赔偿。经王某申请，张某被认定为因工死亡。据此，王某向社会保险经办机构申请工伤赔偿。社会保险经办机构以王某已经获得民事赔偿为由，拒绝给付。王某遂申请劳动仲裁。

【问题思考】

1. 民事赔偿和工伤保险的区别。

2. 因第三人侵权行为受伤的劳动者可否获得民事赔偿和工伤保险的"双赔"?

一、劳动法

（一）劳动法的概述

1. 劳动法的概念及特征。劳动法，是指调整劳动关系以及与劳动关系密切联系的其他社会关系的法律规范的总称。劳动法有广义、狭义之说，狭义的劳动法仅指《劳动法》，广义的劳动法泛指一切规范劳动关系及附随劳动关系的法律规范的统称，不仅包括狭义的劳动法，还包括其他各种规范性文件中有关调整劳动关系以及与劳动关系密切联系的其他社会关系的法律规范。

从以上劳动法的含义看，劳动法具有如下独特的法律特征：

（1）劳动法的法律性质具有社会性。劳动法，究其性质应属社会法范畴：①从其立法宗旨看，我国劳动法明确规定其立法目的是为了保护劳动者的合法权益，调整劳动关系，建立和维护适应社会主义市场经济的劳动制度，促进经济发展和社会进步而根据宪法制定的。②从劳动者的法定权利和义务看，我国劳动法具体规定劳动者享有平等就业和选择职业的权利、取得劳动报酬的权利、休息休假的权利、获得劳动安全卫生保护的权利、接受职业技能培训的权利、享受社会保险和福利的权利、提请劳动争议处理的权利和法律规定的其他劳动权利等8项权利以及应当完成劳动任务、提高职业技能、执行劳动安全卫生规程、遵守劳动纪律和职业道德等4项义务。由此确立了劳动者的法律地位，表明了劳动法的社会法性质。

（2）劳动法规范的主体具有特定性。我国现行劳动法规范的主体不是一切劳动者，而是特定范围内的劳动者，即与我国境内的企业、个体经济组织形成劳动关系的劳动者以及与国家机关、社会团体、事业单位建立劳动合同关系的劳动者。除此之外，其他各类劳动者均不属劳动法规范的主体范围，由此亦确定了劳动法的适用范围。

（3）劳动法的调整对象具有广泛性。劳动法的调整对象包括两方面的关系：①劳动关系，具体表现为劳动者与用人单位之间发生的劳动关系，如劳动就业关系、劳动合同关系、集体合同关系、休假休息关系、劳动工资关系、劳动保护关系、劳动保险关系以及职业培训关系等。这是劳动法最重要、最基本的调整对象。②与劳动关系有密切联系的社会关系。这是指与劳动关系有着密切联系的其他社会关系，其本身不是劳动关系，但都是伴随着劳动关系而衍生的社会关系，与劳动关系密切联系，如劳动行政部门同用人单位、劳动者之间在劳动就业、劳动争议、社会保险等方面所发生的关系，用人单位与工会、职工之间为维护职工权益而发生的社会关系等。

（4）劳动法的法律体系具有独立性。在国外，劳动法作为独立的法律部门产生于 19 世纪的西方国家，最早颁行的单行劳动法是 1802 年英国的《学徒健康和道德法》。进入 20 世纪后，西方许多国家相继颁布了劳动法规，使劳动法开始从过去的工厂法中独立出来，逐步发展为近代的劳动法典。在我国，各个历史时期都颁布有一批劳动法规，用于调整不同时期的劳动关系。但是，这些劳动法规的结构不完善，规范层次也不高，我国亟待制定一部统率所有劳动法规的劳动法典。为此，第八届全国人大常委会第八次会议于 1994 年 7 月 5 日通过了《劳动法》，这是我国第一部专门保障劳动者合法权益的基本法律，是我国劳动保障法制建设中一个重要的里程碑，使我国劳动立法进入一个崭新阶段。为了进一步规范劳动合同关系，第十届全国人大常委会第二十八次会议于 2007 年 6 月 29 日通过了《劳动合同法》。再加上此先又有一大批与劳动法典相配套的劳动行政法规出台，由此形成了一个独立的、系统的、完整的并具有我国社会主义特色的劳动法律体系，为建立和完善我国具有中国特色的社会主义法律体系中社会法这个重要法律部门奠定了坚实的基础。

2. 我国劳动法的基本原则。

（1）公民的劳动权利和劳动义务相一致的原则。我国宪法规定，中华人民共和国公民有劳动的权利和义务。国家通过各种途径，创造劳动就业条件，加强劳动保护，改善劳动条件，并在发展生产的基础上，提高劳动报酬和福利待遇，以保护公民的劳动权利。同时，劳动也是一切有劳动能力的公民的光荣职责。国家要求参加劳动的公民，必须尽职尽责，努力完成生产任务和工作任务。因此，对我国公民来说，劳动既是一项权利，也是一项义务。

（2）劳动者享有平等就业和选择职业权利的原则。在社会主义市场经济体制下，法律赋予劳动者享有平等的就业权和选择职业的权利。具体表现为：用人单位不得因民族、种族、性别、宗教信仰的不同而对劳动者实行歧视，在他们就业时应一律平等对待，按同一标准考核、招收录用或聘用。随着我国劳动力市场和人才市场体系的建立，劳动者将全面进入市场并有权根据自己的特长和社会的需要，选择最能发挥自己才能的职业。

（3）保护劳动者取得劳动报酬、享受社会保障和福利权利的原则。劳动者获得劳动报酬和物质帮助是宪法和法律赋予的神圣权利。我国实行按照劳动的数量和质量使劳动者取得劳动报酬的分配制度。劳动法不仅对工资、奖金、津贴的制度作了具体的规定，而且还明确规定保护劳动者享受社会保险和福利的权利。国家发展社会保险事业，建立社会保险制度，设立社会保险基金制度，使劳动者在年老、疾病、工伤、失业、生育等情况下获得帮助和补偿。

（4）保障劳动者休息休假权利的原则。休息权是宪法和法律赋予公民的神圣不可剥夺的一项权利，劳动者依法享有的休息时间不受非法侵害，受法律保护。具体表现为：国家兴建为劳动者休息和休养提供条件的设施；劳动法明确规定职工的工作时间和休假制度；用人单位不得非法强制劳动者在休息时间劳动，亦不得非法占用劳动者的法定节假日。

（5）保护劳动者获得劳动安全卫生保护的原则。劳动安全卫生是发展生产的需要，更是保护劳动者生命健康权的需要。它是由社会主义生产目的所决定的，要保护生产力，就必须搞好劳动保护。在社会主义条件下，必须使劳动者在安全、无害、无毒的环境中劳动。要不断改善劳动环境，加强安全生产制度和设施建设，以减少和消灭工伤事故，减轻劳动者的劳动强度。

（二）劳动法规定的基本劳动制度

我国劳动法规定了 8 项基本劳动法律制度，以求更加有效地调整劳动关系，保护劳动者的合法权益，更好地建立和维护适应社会主义市场经济需要的劳动制度。

1. 劳动就业制度。劳动就业，是指具有劳动能力的公民在法定劳动年龄内，依法从事某种有报酬或劳动收入的社会职业。

（1）劳动就业基本原则。我国劳动就业的基本原则是：①平等就业原则。劳动者享有平等的就业权利，不因民族、种族、性别、宗教信仰等方面的不同而受影响；妇女享有与男子平等的就业权利，在录用职工时，除国家规定的不适合妇女的工种或者岗位外，不得以性别为由拒绝录用妇女或者提高对妇女的录用标准。②双向选择原则。劳动者享有自由选择职业的权利，用人单位享有自主用人的权利。③照顾特殊群体人员就业的原则。残疾人、少数民族人员、退役军人就业，法律、法规有特别规定的，从其规定。④禁止用人单位招用未满 16 周岁的未成年人原则。禁止用人单位招用未满 16 周岁的未成年人，文艺、体育和特种工艺单位招用未满 16 周岁的未成年人，必须依照国家有关规定，履行审批手续，并保障劳动者接受义务教育的权利。

（2）劳动就业实现途径。国家通过促进经济和社会发展，创造就业条件，扩大就业机会。国家支持企业、事业组织、社会团体在法律、行政法规规定的范围内兴办产业或拓展经营，增加就业岗位。国家支持劳动者自愿组织起来落实就业和通过从事个体经营实现就业；地方各级人民政府应当采取措施，发展多种类型的职业介绍机构，提供就业服务。

2. 劳动合同制度。我国《劳动法》第 16 条第 1 款规定："劳动合同是劳动者与用人单位确立劳动关系、明确双方权利和义务的协议。"劳动合同由于双方主体地位不对等，客体和内容也有特殊之处，因此不适用《合同法》的有关规定，而由第十届全国人大常委会通过颁行《劳动合同法》来进一步规范劳动合同各项制度，进而实现对企业劳动力的有效、科学管理，使之成为现代企业管理，特别是劳动力管理的重要组成内容。《劳动合同法》共 8 章 98 条，对劳动合同各项基本制度作了具体、明确的规定，这将对完善我国劳动合同制度，明确劳动合同双方当事人的权利和义务，保护劳动者的合法权益，构建和发展和谐稳定的劳动关系产生积极而深远的意义。

（1）《劳动合同法》的适用范围。《劳动合同法》在《劳动法》的基础上扩大了适用范围，其适用范围具体包括：①中华人民共和国境内的企业、个体经济组织、民办非企业单位等组织和与其建立劳动关系的劳动者。其中，民办非企业单位是指企事业单位、社会团体、公民个人以及其他社会力量利用非国有资产举办的，从事非营利性社会服务活动的组织，如民办学校、民办医院等。②国家机关、事业单位、社会团体和与其建立劳动关系的劳动者。

（2）劳动合同的订立及效力。劳动合同是确立劳动关系的法律形式，它既是规范劳动主体行为的基本准绳，也是处理劳动争议的重要依据。

第一，劳动合同订立的原则。订立劳动合同，应当遵循合法、公平、平等自愿、协商一致、诚实信用的原则。依法订立的劳动合同具有约束力，用人单位与劳动者应当予以遵守。为了有效地保障劳动者的合法权益，针对当前社会上用人单位普遍存在的有意不订立劳动合同的现象，《劳动合同法》强制用人单位与劳动者订立书面劳动合同。其一，用人单位自用工之日起即与劳动者建立劳动关系，用人单位应当与劳动者订立书面劳动合同，并建立职工名册备查。用人单位与劳动者在用工前订立劳动合同的，劳动关系自用工之日起建立。其二，已建立劳动关系，未同时订立书面劳动合同的，应当自用工之日起 1 个月内订立书面劳动合同。用人单位自用工之日起超过 1 个月但不满 1 年未与劳动者订立书面劳动合同的，应当向劳动者支付双倍的工资。用人单位自用工之日起满 1 年不与劳动者订立书面劳动合同的，视为用人单位与劳动者已订立无固定期限劳动合同。《劳动合同法》关于未签订书面劳动合同给予双倍工资的规定属于惩罚性条款。

第二，劳动合同订立的内容。《劳动合同法》第 17 条明确规定，当事人应当订立书面劳动合同，并具体规定了必备条款：①用人单位的名称、住所和法定代表人或者主要负责人；②劳动者姓名、住址和居民身份证或者其他有效身份证件号码；③劳动合同期限；④工作内容和工作地点；⑤工作时间和休息休假；⑥劳动报酬；⑦社会保险；⑧劳动保护、劳动条件和职业危害保护；⑨法律、法规规定应当纳入劳动合同的其他事项。除此之外，劳动合同还可以约定试用期、培训、保密、补充保险和福利待遇、违约金、竞业禁止等其他事项，但用人单位不得扣押劳动者的居民身份证和其他证件，不得要求劳动者提供担保或者以其他名义向劳动者收取财物。

第三，劳动合同的种类。劳动合同一般包括固定期限劳动合同、无固定期限劳动合同和以完成一定工作任务为期限的劳动合同三种类型。固定期限劳动合同，是指用人单位与劳动者约定合同终止时间的劳动合同。无固定期限劳动合同，是指用人单位与劳动者约定无确定终止时间的劳动合同。用人单位与劳动者协商一致，可以订立无固定期限劳动合同。用人单位自用工之日起满 1 年不与劳动者订立书面劳动合同的，视为用人单位与劳动者已订立无固定期限劳动合同。有下列情形之一，劳动者提出或者同意续订、订立劳动合同的，除劳动者提出订立固定期限劳动合同外，应当订立无固定期限劳动合同：①劳动者在该用人单位连续工作满 10 年的；②用人单位初次实行劳动合同制度或者国有企业改制重新订立劳动合同时，劳动者在该用人单位连续工作满 10 年且距法定退休年龄不足 10 年的；③连续订立 2 次固定期限劳动合同，且劳动者没有《劳动合同法》第 39 条和第 40 条第 1 项、第 2 项规定的劳动者过错的情形，续订劳动合同的。以完成一定工作任务为期限的劳动合同，是指用人单位与劳动者约定以某项工作的完成为合同期限的劳动合同。

第四，劳动合同的效力。劳动合同自用人单位与劳动者双方在劳动合同文本上签字或者盖章之日起生效。劳动合同无效或部分无效的法定情形有：①以欺诈、胁迫的手段或者乘人之危，使对方在违背真实意思的情况下订立或者变更劳动合同的；②用人单位免除自己的法定责任、排除劳动者权利的；③违反法律、行政法规强制性规定的。因劳动合同无效的争议，由劳动争议仲裁机构或者人民法院确认。劳动合同被确认无效，劳动者已付出劳动的，用人单位应当向劳动者支付劳动报酬。

（3）劳动合同的履行和变更。用人单位与劳动者应当按照劳动合同的约定，全面行使各自的权利、履行各自的义务。《劳动合同法》确定了全面履行原则，特别对劳动报酬的支付、劳动安全条件等直接关系劳动者合法权益的事项，《劳动合同法》作了更加明确、严格的具体规定：①用人单位应当按照劳动合同约定和国家规定，向劳动者及时足额支付劳动报酬。用人单位拖欠或者未足额支付劳动报酬的，劳动者可以依法向当地人民法院申请支付令，人民法院应当依法发出支付令。②用人单位应当严格执行劳动定额标准，不得强迫或者变相强迫劳动者加班。用人单位安排加班的，应当按照国家有关规定向劳动者支付加班费。③劳动者拒绝用人单位管理人员违章指挥、强令冒险作业的，不视为违反劳动合同。④劳动者对危害生命安全和身体健康的劳动条件，有权对用人单位提出批评、检举和控告。⑤用人单位变更名称、法定代表人、主要负责人或者投资人等事项，不影响劳动合同的履行。⑥用人单位发生合并或者分立等情况，原劳动合同继续有效，劳动合同由承继其权利义务的用人单位继续履行。⑦在劳动合同履行过程中，可能因为具体情况发生变化而需要对合同内容作出变更，用人单位与劳动者协商一致，可以变更劳动合同约定的内容。但变更劳动合同，应当采取书面形式。

（4）劳动合同的解除与终止。

第一，劳动合同的解除。劳动合同的解除是指劳动合同成立和劳动关系建立后，因当事人一方或双方的意思表示或法律规定，使劳动合同关系消灭的行为。劳动合同的解除既可以由用人单位和劳动者协商一致而解除，也可以由当事人一方单方面提出解除劳动合同。劳动合同的单方解除，可分为劳动者解除和用人单位解除两类。

劳动者解除劳动合同。按照《劳动合同法》的规定，劳动者可以实施单方解除劳动合同的行为，它包括预告通知解除和无预告通知解除两种情况：其一，预告通知解除。《劳动合同法》第 37 条规定，劳动者提前 30 日以书面形式通知用人单位，可以解除劳动合同。劳动者在试用期内提前 3 日通知用人单位，可以解除劳动合同。其二，无预告通知解除。《劳动合同法》第 38 条规定，用人单位有下列情形之一的，劳动者可以解除劳动合同：①用人单位未按照劳动合同约定提供劳动保护或劳动条件的；②未及时足额支付劳动报酬的；③未依法为劳动者缴纳社会保险费的；④用人单位的规章制度违反法律、法规的规定，损害劳动者权益的；⑤因违反《劳动合同法》第 26 条第 1 款规定的情形致使劳动合同无效的；⑥法律、行政法规规定劳动者可以解除劳动合同的其他情形。用人单位以暴力、威胁或者非法限制人身自由的手段强迫劳动者劳动的，或者用人单位违章指挥、强令冒险作业危及劳动者人身安全的，劳动者可以立即解除劳动合同，不需要事先告知用人单位。

用人单位解除劳动合同。用人单位单方解除劳动合同，必须符合法定条件和按法定程序进行。其一，过错性解除。《劳动合同法》第 39 条规定，劳动者有在试用期间被证明不符合录用条件的；或严重违反用人单位的规章制度的；或严重失职，营私舞弊，给用人单位造成重大损害的；或劳动者同时与其他用人单位建立劳动关系，对完成本单位的工作任务造成严重影响，或者经用人单位提出，拒不改正的；或因《劳动合同法》第 26 条第 1 款第 1 项规定的情形致使劳动合同无效的；或被依法追究刑事责任等 6 种情形之一的，用人单位可以解除劳动合同。其二，无过错解除。《劳动合同法》第 40 条规定，劳动者存在患病或者非因工负伤，在规定的医疗期满后不能从事原工作，也不能从事由用人单位另行安排的工作的；或劳动者不能胜任工作，经过培训或者调整工作岗位，仍不能胜任工作的；或劳动合同订立时所依据的客观情况发生重大变化，致使劳动合同无法履行，经用人单位与劳动者协商未能就变更劳动合同内容达成协议等 3 种情形之一，用人单位提前 30 日以书面形式通知劳动者本人或者额外支付劳动者 1 个月工资后，可以解除劳动合同。其三，经济性裁员。《劳动合同法》第 41 条规定，用人单位若有依照企业破产法规定进行重整的；或生产经营发生严重困难的；或企业转产、重大技术革新或者经营方式调整，经变更劳动合同后，仍需裁减人员的；其他因劳动合同订立时所依据的客观情况发生重大变化，致使劳动合同无法履行等 4 种情形之一，需要裁减人员 20 人以上或者裁减不足 20 人但占企业职工总数 10%以上的，用人单位提前 30 日向工会或者全体职工说明情况，听取工会或者职工意见后，裁减人员方案经向劳动行政部门报告，可以裁减人员。裁减人员时，应当优先留用与本单位订立较长期限的固定期限劳动合同的，与本单位订立无固定期限劳动合同的，家庭无其他就业人员、有需要扶养的老人或者未成年人的人员。对以上裁减人员，用人单位在 6 个月内重新招用人员的，应当通知被裁减人员，并在同等条件下优先招用被裁减人员。

不得解除劳动合同的情形。《劳动合同法》第 42 条规定，劳动者有下列情形之一的，用人单位不得依照本法第 40 条、第 41 条（即用人单位单方解除中的无过错性解除和经济性裁员）的规定解除劳动合同：①从事接触职业病危害作业的劳动者未进行离岗前职业健康检查，或者疑似职业病病人在诊断或者医学观察期间的；②在本单位患职业病或者因工负伤并被确认丧失或者部分丧失劳动能力的；③患病或者非因工负伤，在规定的医疗期内的；④女职工在孕期、产期、哺乳期的；⑤在本单位连续工作满 15 年，且距法定退休年龄不足 5 年的；⑥具有法律、行政法规规定的其他情形的。

解除劳动合同的程序。《劳动合同法》第 43 条规定，用人单位单方解除劳动合同，应当事先将理由通知工会。用人单位违反法律、行政法规规定或者劳动合同约定的，工会有权要求用人单位纠正。用人单位应当研究工会的意见，并将处理结果书面通知工会。

第二，劳动合同的终止。劳动合同的终止是指劳动合同的双方当事人已经履行完毕了合同约定的所有权利和义务，或者由于一定的法律事实的出现而使得劳动合同双方当事人之间的权利义务关系消灭。劳动合同订立后，双方当事人不得随意终止劳动合同，只有法律规定或当事人约定的情况出现，当事人才能终止劳动合同。《劳动合同法》第 44 条规定，有下列情形之一的，劳动合同终止：①劳动合同期限届满的；②劳动者开始依法享受基本养老保险待遇的；③劳动者死亡或者被人民法院宣告死亡或者宣告失踪的；④用人单位被依法宣告破产的；⑤用人单位被吊销营业执照、责令关闭、撤销或者用人单位决定提前解散的；⑥法律、行政法规规定的其他情形。

第三，经济补偿金。支付经济补偿金的情形。《劳动合同法》第46条规定，劳动合同解除或终止后，有下列情形之一的，用人单位应当向劳动者支付经济补偿：①劳动者依照《劳动合同法》第38条规定解除劳动合同的；②用人单位依照《劳动合同法》第36条规定向劳动者提出解除劳动合同并与劳动者协商一致解除劳动合同的；③用人单位依照《劳动合同法》第40条规定解除劳动合同的；④用人单位依照《劳动合同法》第41条第1款规定解除劳动合同的；⑤除用人单位维持或者提高劳动合同约定条件续订劳动合同，劳动者不同意续订的情形外，依照《劳动合同法》第44条第1项规定终止固定期限劳动合同的；⑥依照《劳动合同法》第44条第4项、第5项规定终止劳动合同的；⑦法律、行政法规规定的其他情形。

经济补偿金的计算方式。《劳动合同法》第47条规定：经济补偿按劳动者在本单位工作年限，每满1年支付1个月工资的标准向劳动者支付；6个月以上不满1年的，按1年计算；不满6个月的，向劳动者支付半个月工资的经济补偿。

用人单位违反本法规定解除或者终止劳动合同，劳动者要求继续履行劳动合同的，用人单位应当继续履行；劳动者不要求继续履行劳动合同或者劳动合同已经不能继续履行的，用人单位按照《劳动合同法》第47条经济补偿标准的2倍向劳动者支付赔偿金。

此外，《劳动合同法》对集体合同、劳务派遣、非全日制用工等制度还作了明确、具体的规定，对严格实施《劳动合同法》更具有重要的意义。

3. 工作时间和休息休假制度。工作和休息是劳动者的基本权利。科学合理地安排工作时间和休息休假，对于保障劳动者身体健康、减少伤亡事故、提高工作效率和劳动生产率、加强劳动管理、推动生产发展，都具有重要意义。劳动法对劳动者的工作时间和休息休假制度作了明确规定。

（1）劳动者工作时间。这包括日工作时间和周工作时间。1994年全国人大常委会通过的《劳动法》第36条规定劳动者每日工作时间不得超过8小时，平均每周工作不超过44小时的工作时间制度。1995年2月17日国务院通过《关于修改〈国务院关于职工工作时间的规定〉的决定》规定，从1995年5月1日起我国实行每日工作8小时、每周工作40小时的工作时间制度。对实行计件工作的劳动者，用人单位应当根据法定每日工作时间及平均每周工作时间合理确定其劳动定额和计件报酬标准。任何单位和个人不得擅自延长劳动者的工作时间。

此外，《劳动法》第41条规定，用人单位由于生产经营需要，经与工会和劳动者协商后可以延长工作时间，一般每日不得超过1小时；因特殊原因需要延长工作时间的，在保障劳动者身体健康的条件下，延长工作时间每日不得超过3小时，每月总计不得超过36小时。第42条规定，用人单位发生有以下情形之一，可以不受延长工作时间的限制：①发生自然灾害、事故或其他原因，威胁劳动者生命安全和财产安全，需要紧急处理的；②生产设备、交通运输线路、公共设施发生故障，影响生产和公共利益，必须及时抢修的；③法律、行政法规规定的其他情形。同时第44条规定，用人单位延长工作时间的，应支付高于劳动者正常工作时间工资的劳动报酬，具体标准为：①安排劳动者延长工作时间的，支付不低于工资的150%的工资报酬；②休息日安排劳动者工作又不能安排补休的，支付不低于工资的200%的工资报酬；③法定休假日安排劳动者工作的，支付不低于工资的300%的工资报酬。

（2）劳动者休息休假时间。关于劳动者的休息时间，《劳动法》第38条规定用人单位应当保证劳动者每周至少休息1日。第39条规定，企业因生产特点不能实行法定工作时间和休息日规定的，经劳动行政部门批准，可以实行其他工作和休息办法。劳动者的休假分为：法定节假日、年休假、探亲假、婚丧假、产假等。法定节假日包括：元旦（放假1天，1月1日）、春节（放假3天，农历正月除夕、初一、初二）、清明节（放假1天，农历清明当日）、劳动节（放假1天，5月1日）、端午节（放假1天，农历端午当日）、中秋节（放假1天，农历中秋当日）、国庆节（放假3天，10月1日、2日、3日），以及部分公民放假的节日、纪念日和少数民族习惯的节日。年休假是指劳动者按照法律规定工作满一定期限后，每年享有的保留工作和带薪连续休息的时间。根据《职工带薪年休假条例》第3条的规定，职工累计工作已满1年不满10年的，年休假5天；已满10年不满20年的，年休假10天；已满20年的，年休假15天。国家法定休假日、休息日不计入年休假的假期。

4. 劳动工资制度。工资是指用人单位依据国家有关规定或劳动合同的约定，以货币形式支付给本单位劳动者的劳动报酬。一般包括：计时工资、计件工资、奖金、津贴和补贴、延长工作时间的工资报酬和特殊情况下支付的工资等。

（1）工资支付的一般原则。我国《劳动法》第50条规定："工资应当以货币形式按月支付给劳动者本人。不得克扣或者无故拖欠劳动者的工资。"劳动者工资的支付原则具体包括：①货币支付原则。除法定情况外，工资应当以法定货币形式支付，不能以实物或者有价证券的形式支付。②直接支付原则。工资应当直接支付给劳动者本人，由劳动者本人直接领取，除非出现特定的情况或经劳动者本人同意由他人代领。③全额支付原则。在劳动者提供了足额劳动或全部劳动的情况下，雇主应当全额支付劳动者工资，除法定可以扣除的项目以外，雇主不得非法克扣劳动者的工资。④定期支付原则。雇主应当按照法律规定或合同约定的时间发放工资。

（2）最低工资制度。所谓最低工资是指国家依法规定的，劳动者在法定工作时间或劳动合同依法约定的工作时间内提供了正常劳动的前提下，雇主支付给劳动者的工资必须达到的法定最低限额。劳动部《关于〈劳动法〉若干条文的说明》指出，最低工资包括基本工资和奖金、津贴、补贴，但不包括加班加点工资、特殊劳动条件下的津贴，以及国家规定的社会保险和福利待遇。

5. 劳动安全卫生制度。劳动安全卫生制度，是指按照有关劳动法律、法规规定，对劳动者在生产过程中的安全卫生的有效保护制度。它是直接保护劳动者在生产或工作中的安全与健康的法律保障。劳动安全卫生制度包括：①安全生产责任制度；②安全技术措施计划制度；③劳动安全卫生教育制度；④劳动安全卫生检查制度；⑤劳动安全卫生监督制度；⑥伤亡事故和职业病统计报告处理制度。

为此，《劳动法》专门对劳动安全卫生规程、设施和条件、劳动防护用品、安全卫生教育、检查、统计和事故处理等内容作出规定：①用人单位必须建立、健全劳动安全卫生制度，严格执行国家劳动安全卫生规程和标准；对劳动者应进行劳动安全卫生教育，防止劳动过程中的事故，减少职业危害。②用人单位的劳动安全卫生设施必须符合国家规定的标准。新建、改建、扩建工程的劳动安全卫生设施必须与主体工程同时设计、同时施工、同时投入生产和使用，以确保劳动者的安全与健康。③用人单位必须为劳动者提供符合国家规定的劳动安全卫生条件和必要的劳动防护用品，对从事有职业危害作业的劳动者，应定期进行健康检查。④从事特种作业的劳动者必须经过专门培训并取得特种作业的资格方能上岗。⑤劳动者在劳动过程中必须严格遵守安全操作规程。劳动者对用人单位管理人员违章指挥、强令冒险作业，有权拒绝执行；对危害生命安全和身体健康的行为，有权提出批评、检举和控告。⑥国家建立伤亡事故和职业病统计报告和处理制度。县级以上人民政府的劳动行政部门、有关部门和用人单位应当依法对劳动者在劳动过程中发生的伤亡事故和劳动者的职业病状况进行统计、报告和处理。

6. 女职工和未成年工的特殊保护制度。同劳动安全卫生密切相关的一个重要内容，是女职工、未成年工的特殊保护问题，它是我国社会主义制度优越性的重要表现和推进社会生产不断持续发展的重要力量。《劳动法》具体规定内容有：

（1）对女职工的特殊劳动保护。《劳动法》除了保护妇女平等就业权、实行男女同工同酬外，还就女职工生理和抚育子女的需要，作出特别规定，具体包括：①规定女职工禁忌的劳动。禁止安排女职工从事矿山井下、国家规定的第四级体力劳动强度的劳动和其他禁忌从事的劳动。②女职工"四期"保护。其一，经期保护，不得安排女职工在经期从事高空、低温、冷水作业和国家规定的第三级体力劳动强度的劳动。其二，孕期保护，不得安排女职工在怀孕期间从事国家规定的第三级体力劳动强度的劳动和孕期禁忌从事的劳动；对怀孕 7 个月以上的女职工，不得安排其延长工作时间和夜班劳动。其三，产期保护，女职工生育享受不少于 90 天的产假。其四，哺乳期保护，不得安排女职工在哺乳未满 1 周岁的婴儿期间从事国家规定的第三级体力劳动强度的劳动和哺乳期禁忌从事的其他劳动，不得安排其延长工作时间和夜班劳动。

（2）对未成年工的特殊劳动保护。未成年工是指年满 16 周岁未满 18 周岁的劳动者。立法要求用人单位不得安排未成年工从事矿山井下、有毒有害和国家规定的第四级体力劳动强度的劳动和其他禁忌从事的劳动，并且应当定期对未成年工进行健康检查。

7. 职业培训制度。职业培训是开发职业能力，提高劳动者素质，增强劳动者就业机会和竞业能力的一种重要手段。发展职业培训事业，建立职业培训制度，这不仅是各级政府的重要任务，也是所有企业不可忽视的工作，对此，《劳动法》具体规定了以下内容：

（1）发展职业培训事业的途径和措施。国家应通过各种途径，采取各种措施，发展职业培训事业，开发劳动者的职业技能，提高劳动者素质，增强劳动者的就业能力和工作能力。各级人民政府应把发展职业培训纳入社会经济发展的规划，鼓励和支持有条件的企业、事业组织、社会团体和个人进行各种形式的职业培训。

（2）企业建立职业培训制度。用人单位应当建立职业培训制度，按照国家规定提取和使用职业培训经费，根据本单位实际，有计划地对劳动者进行职业培训。凡从事技术工种的劳动者，上岗前必须经过培训，不断提高劳动者素质和专业技能。

（3）实行职业资格证书制度。为了提高劳动者的素质，加强对各类劳动者的管理，国家确定职业分类，对规定的职业制定职业技能标准，实行职业资格证书制度，由经备案的考核鉴定机构负责对劳动者实施职业技能考核鉴定，评定技术等级，作为用人单位评定工资等级的参考。

8. 劳动监察制度。《劳动法》第 9 条规定："国务院劳动行政部门主管全国劳动工作。县级以上地方人民政府劳动行政部门主管本行政区域内的劳动工作。"第85条规定："县级以上各级人民政府劳动行政部门依法对用人单位遵守劳动法律、法规的情况进行监督检查，对违反劳动法律、法规的行为有权制止，并责令改正。"这些规定明确了劳动与社会保障部门在监督检查体制中的法律地位，并赋予了县级以上劳动和社会保障部门专门的行政职权。县级以上各级劳动与社会保障部门均须设置劳动监察机构，配备专门的劳动监察人员。

（三）劳动争议处理

劳动争议，也称劳动纠纷，是指劳动关系的双方当事人因执行劳动法律、法规或履行劳动合同、集体合同所发生的争执。它一般包括个人劳动争议、团体劳动争议和集体合同争议3种。劳动争议的解决一般有协商、调解、仲裁、诉讼4种方式。调解机构、仲裁机构或人民法院对劳动争议的处理和解决，应当根据合法、公正、及时处理的原则，依法维护劳动争议当事人的合法权益。为了公正及时地解决劳动争议，保护当事人合法权益，促进劳动关系和谐稳定，第十届全国人民代表大会常务委员会第三十一次会议于2007年12月29日通过了《中华人民共和国劳动争议调解仲裁法》（以下简称《劳动争议调解仲裁法》），自2008年5月1日起施行。

1. 劳动争议的调解。《劳动法》和《劳动争议调解仲裁法》规定，劳动争议发生后，当事人可以向本单位劳动争议调解委员会申请调解；调解不成，当事人一方要求仲裁的，可以向劳动争议仲裁委员会申请仲裁，或自劳动争议调解组织收到调解申请之日起15日内未达成调解协议的，当事人可以依法申请仲裁。达成调解协议后，一方当事人在协议约定期限内不履行调解协议的，另一方当事人可以依法申请仲裁。当事人一方也可以直接向劳动争议仲裁委员会申请仲裁。对仲裁裁决不服的，可以向人民法院提起诉讼。

在用人单位内部可以设立劳动争议调解委员会。劳动争议调解委员会由职工代表、用人单位和工会代表的三方代表组成，并由工会代表担任调解委员会主任。劳动争议经调解达成协议的，当事人应当履行。

2. 劳动争议的仲裁。劳动争议仲裁委员会对申请仲裁的劳动争议案件依法通过仲裁程序进行裁决处理的活动。《劳动法》第81条规定劳动争议仲裁委员会由劳动行政部门代表、同级工会代表、用人单位代表组成。劳动争议仲裁委员会组成人员应当是单数。劳动争议仲裁委员会主任由劳动行政部门代表担任。《劳动争议调解仲裁法》第27条规定，劳动争议申请仲裁的时效期间为1年。仲裁时效期间从当事人知道或者应当知道其权利被侵害之日起计算。劳动关系存续期间因拖欠劳动报酬发生争议的，劳动者申请仲裁不受上述规定的1年仲裁时效期间的限制；但是，劳动关系终止的，应当自劳动关系终止之日起 1 年内提出。

3. 劳动争议的诉讼。劳动争议当事人对仲裁裁决不服的，可以向人民法院提起诉讼，由人民法院民事审判庭按民事诉讼程序进行审理。因签订集体合同发生争议，当事人协商解决不成的，当地人民政府劳动行政部门可以组织有关各方协调处理。因履行集体合同发生争议，当事人协商解决不成的，可以向劳动争议仲裁委员会申请仲裁；对仲裁裁决不服的，可以自收到仲裁裁决书之日起 15 日内向人民法院提起诉讼。因支付拖欠劳动报酬、工伤医疗费、经济补偿或者赔偿金事项达成调解协议，用人单位在协议约定期限内不履行的，劳动者可以持调解协议书依法向人民法院申请支付令，人民法院应当依法发出支付令。

二、社会保险法

（一）社会保险法概述

1. 社会保险的概念及特点。社会保险，是指国家通过立法强制实行，由国家、单位、个人三方共同筹集资金，设立社会保险基金，对劳动者因年老、疾病、生育、工伤、失业等原因暂时或永久丧失劳动能力或劳动机会时，由国家给予劳动者本人或其供养的直系亲属以物质帮助或补偿的一种社会保障制度。

社会保险具有如下特征：

（1）强制性。①要求立法规定范围内的所有社会成员必须参加社会保险。②受保险的社会成员与社会保险机构之间的保险关系直接依照法律而产生，无须通过合同而实现。③社会保险是通过具有强制效力的法律、法规和规章予以实施，当事人之间的权利义务直接根据法律而产生。社会保险相关的法律规范，大多为强制性的法律规范，相关各方在依法享有权利的同时，必须依法履行义务和职责。这也正是社会保险与自愿签订保险契约以明确双方的权利义务关系的商业保险的明显区别。

（2）互济性。社会保险是政府为其社会成员提供的一系列基本生活保障。由于年老、失业、疾病、伤残等人员在社会上的分布不均，各地区和各单位的承受能力也是不同的，社会保险实行互济原则，集中资金在大范围内分散风险，保障劳动者在失去生活来源时能够获得物质帮助，以维持劳动者的基本生活水平。

（3）福利性。社会保险是一项福利保障事业，它是非营利性质的，主要以社会效益为目的，目标在于预防社会风险。在现代社会里，因生育、疾病、伤、残、失业和年老等情形的发生，公民收入可能减少、中断或丧失的风险始终存在。针对这些情况，设计出相应的社会保险项目，保障劳动者在任何情况下的基本生活都能得到保障。

（4）社会性。社会保险的适用范围很广，只要是在法律规定的范围内，不同地区、不同行业中的人员乃至全体社会成员都必须参加，所以它具有稳定社会的功能。社会保险实行风险分担，目的在于保障社会成员的基本生活，是一种社会公益性事业，不以营利为目的。社会保险基金也是来源于社会，由国家、单位和个人三方负担。社会保险之所以称为社会保险，最根本的一点就在于它的社会性。

2. 社会保险法的概念及体系。

（1）社会保险法的概念。社会保险法是调整社会保险关系的法律规范。社会保险法调整的社会保险关系主要有：①社会保险管理机关与管理相对人之间的关系，主要是明确规范各自的权利与义务。②社会保险经办机构与用人单位和劳动者之间的关系，主要是规范征收社会保险资金和发放社会保险待遇，保证劳动者实现其社会保险权益，规范用人单位对劳动者的社会保险义务。③社会保险监督机构与社会保险管理经办机构、用人单位和劳动者之间的关系，包括监督机制的建立以及各种监督机构的职责、权限划分及其协调性等。

（2）社会保险法的体系。中国的社会保险法体系，旨在从宏观上指导社会保险立法，从而使社会保险法具有最佳的结构和效能。目前，中国的社会保险制度尚处于创建之中，许多问题有待于进一步研究。但根据发展目标和社会实践，中国社会保险制度体系大致由养老保险、医疗保险、失业保险、工伤保险、生育保险五个子系统构成。按照法的体系构成理论和社会保险制度的发展目标，中国的社会保险法律体系则是以《社会保险法》为龙头，以《医疗保险条例》《失业保险条例》《工伤保险条例》《生育保险条例》和《社会保险费征缴暂行条例》等条例为基础建立起来的一个有机联系的统一整体。

3. 社会保险费的筹集。社会保险费是用于社会保险的专项资金，社会保险费的筹集涉及保险费的来源和保险费的分担两个问题。

（1）社会保险费的来源。社会保险费从总体上讲是来源于整个社会，具体说是由用人单位、劳动者和国家三方合理负担的。劳动者参加社会保险，缴纳合理的社会保险费，是享受社会保险权利和履行社会保险义务相统一原则的具体表现。但是，在劳动者尽了缴费义务，为社会保险费的支付提供了部分来源后，其所缴纳的保险费并不足以支付全部的社会保险待遇。因为社会保险保障的范围不仅包括劳动者本人，还包括其亲属，而且劳动者只有工作并得到劳动报酬时才能履行缴费义务，但能否找到工作及得到足以履行缴费义务的报酬并非是劳动者自己能决定的。劳动者没有或不能工作时恰恰是其需要得到社会保险待遇的时候。因此，仅仅依靠劳动者个人缴费而形成的社会保险基金必然会小于社会保险待遇支付的总金额，导致支出大于收入。

作为社会保险对象的劳动者，在劳动和寻求工作中所面临的风险，很大程度上取决于国家的产业政策和用人单位的经营管理。对于这些风险，因为劳动者本人不能控制，就不应该完全由劳动者自己来承担。因此，用人单位和国家都要承担一定的责任，社会保险的费用理应由三方共同负担。

劳动者的劳动不仅为用人单位创造了利益，也为国家的发展做出了贡献。社会保险制度为劳动者个人及其家属提供基本生活保障，使劳动者及其亲属不至于因保险事故的发生而生活困难，既有效地保证了劳动力的再生产，为社会经济的发展和用人单位经济效益的提高创造了条件，也维护了社会稳定，为国家的进一步发展创造了条件。从这个意义上说，用人单位、国家和劳动者一样，都是社会保险的受益者，为此承担相应的责任是合情合理的。

（3）社会保险费的分担方式。在我国目前实行的养老、失业、工伤、医疗和生育五项保险中，养老保险、医疗保险和失业保险要求企业和职工都缴纳相应费用，这三项最重要的社会保险项目是国家、用人单位和劳动者个人三方负担的。而工伤和生育两项保险项目，劳动者个人不缴纳社会保险费。

（二）养老保险

1. 养老保险的概念及特征。

（1）养老保险的概念。所谓养老保险，是指在劳动者达到法定老年年龄并从事某种劳动达法定年限后，由国家和社会依法给予一定物质帮助，以维持其老年生活的一种社会保险法律制度。劳动者只要达到法定年龄，并从事某种劳动达到法定年限，被依法解除法定劳动义务后，就可享受养老保险待遇。养老保险作为社会保险制度的重要内容，是人类社会发展到社会化大生产阶段和市场经济发展的产物。

（2）养老保险的法律特征。养老保险作为社会保险的组成部分，除具备社会保险的一般法律特征外，还有如下特有的特征：

第一，劳动者达到法定老年年龄并从事某种劳动达到法定年限，是享受养老保险待遇的法定条件。这是养老保险区别于其他社会保险的主要特征。

第二，劳动者被依法解除法定劳动义务是享受养老保险待遇的前提。达到法定退休年龄并从事某种劳动达到法定年限，就符合了享受养老保险待遇的法定条件。而实际享受养老保险待遇还须具备事实前提，即劳动者被依法解除法定劳动义务。实际生活中，有的劳动者虽已达到法定退休年龄并从事某种劳动达到法定年限，但尚未与用人单位解除劳动关系，因而仍负有劳动义务，不能享受养老保险待遇。也可以说，对于在职职工而言，养老保险待遇只是一种期待权。

第三，养老保险的目的是为退出社会劳动领域后的劳动者提供稳定可靠的经济来源，以保障其退休后的基本生活，直至去世为止。养老保险有法定的享受条件和待遇标准，以养老保险金为物质基础，以国家为最后责任人，因而具有稳定性和可预见性。

第四，养老保险是适用范围最为广泛的社会保险项目之一。养老保险作为社会保险的一种，同医疗保险一样具有适用范围广泛的特点。众所周知，步入老年是每个劳动者无法回避的问题，所以养老保险保障的范围应为全体劳动者。

第五，国家和社会依法提供一定的物质帮助给被解除劳动义务的劳动者，以维持其老年生活是养老保险的宗旨。鉴于养老保险的唯一宗旨就是提供一定物质帮助给被解除劳动义务的劳动者，以维持其老年生活，因此养老保险待遇的确定既非按劳分配，也非按需分配，而是以劳动者解除劳动义务后的基本生活需要、劳动者的劳动贡献和社会经济发展状况等作为基本依据。

2. 养老保险的适用范围。养老保险的适用范围，也就是养老保险的保障对象和保障的程度，是指养老保险能适用的群体，即哪些人有权享受养老保险，以及享受养老保险的保障程度，即获得物质帮助以维持老年生活所应达到的水平。

养老保险的保障对象解决的是养老保险应适用于哪些人，即哪些人有权享受养老保险待遇。在社会保险制度中，养老保险的保障对象是最为广泛的。从一般意义上而言，养老保险的保障对象为全体劳动者。换言之，每个劳动者都有权利获得他们年老时所需要的生活帮助和补偿。但由于受社会经济发展状况等多种因素的影响，并非全体劳动者都能一起享受到养老保险待遇。让全体劳动者都享受到养老保险需要有一个渐进发展的过程。

作为养老保险适用范围的重要内容，养老保险的保障程度是指获得养老保险待遇的人应获得何种程度的物质帮助，以维持其老年生活并达到何种水平。养老保险的保障程度与一个国家的社会经济发展状况和人力资源状况紧密相关。养老保险待遇的提高，有赖于社会经济的发展和劳动力资源的充分利用。

3. 养老保险基金的筹集。养老保险制度是社会保险制度中基金数额最大、支付时间最长的一个项目。各国政府对于养老保险基金的筹集和费用负担问题，一般都通过养老保险立法来加以明确。但也有些国家对于养老保险基金问题由专门的社会保险基金管理立法来予以规定。

（1）养老保险基金的筹集。养老保险基金，在整个社会保障制度中占有相当重要的地位。养老保险基金在社会保险基金中的比重一般占到 2/3 以上，而且采用年金支付方式，一直支付到年金领取人死亡。从世界范围来看，随着各国政府实施的社会保障改革，各国都在探索如何能够更好地"开源节流"，摸索出不同的养老保险基金筹集模式。我国从 1995 年提出实行社会统筹和个人账户相结合，1997 年明确社会统筹和个人账户相结合的模式。《社会保险法》第 11 条第 1 款规定："基本养老保险实行社会统筹与个人账户相结合。"社会统筹与个人账户相结合是指将用人单位和劳动者参保个人的养老保险缴费，一部分记入社会统筹账户——实现社会互济，另一部分记入个人账户——多缴多得，可以继承，激励劳动者退休之前努力工作。

（2）养老保险的费用负担。建立养老保险基金就必须确定恰当的分担机制，以保证资金来源和分散风险。养老保险费用由政府、用人单位和被保险人三方筹集的分担机制，已成为一种国际性的趋势。目前全球已有一百多个国家和地区建立起由个人缴纳部分养老保险费的制度。我国城镇职工基本养老保险费用主要由企业和个人缴纳为主，政府只支付管理费和必要的补贴，也属于三方分担或共担制。农村的养老保险费以个人缴纳为主，集体给予适当补贴。此外，政府财政在基本养老保险出现收不抵支时承担最后的兜底责任。《社会保险法》第 11 条第 2 款规定："基本养老保险基金由用人单位和个人缴费以及政府补贴等组成。"

（三）医疗保险

1. 医疗保险的概念及特征。医疗保险是指劳动者因患病或非因工负伤治疗期间，可以获得必要的医疗费资助和疾病津贴的一种社会保险制度，故又称为疾病保险或健康保险。医疗保险是社会保险系统中的重要组成部分，与其他社会保险项目相比，具有独特的特征：

（1）医疗保险具有普遍性。医疗保险的实施范围广，其是社会保险所有项目中保障对象最广泛的保险项目。原则上，医疗保险应覆盖全体公民，因为疾病的风险是每个社会成员都无法回避的，而工伤、失业、养老保险的对象主要是部分社会成员。

（2）医疗保险具有复杂性。医疗保险涉及医疗机构、患者、保险机构、用人单位等多方之间的权利与义务关系，需合理引导和控制医疗服务提供者与享受者的行为，以确保医疗保险资源的合理利用。医疗保险还涉及医疗保健服务的需求和供给，其涉及面之广是其他社会保险项目所不能比的。

（3）医疗保险是短期的、经常性的保险。由于疾病的发生是随时的、突发性的，医疗保险提供的补偿也只能是短期的、经常性的，不像其他社会保险项目，如养老保险、工伤保险等，这些保险是长期的或一次性的保险。

（4）医疗保险采用医疗给付的补偿形式。医疗保险资金的筹集和使用具有明确特定的目的。为确保医疗保险资金专款专用，对享受者的补偿形式主要是医疗给付，而且补偿数额主要根据实际病情需要，而与参保人员所缴纳的费用多少联系不紧密。

（5）医疗保险的发生率高，费用控制难。每个人都可能遇到疾病风险，部分人还会多次遇到疾病风险，每个患者的医疗开支不尽相同。因此，医疗保险的风险预测和费用控制是一大难题。

2. 医疗保险的对象和范围。

（1）保险对象。随着经济体制改革的逐步进展，中国医疗保险的范围也随之不断扩大。

我国目前的医疗保险体系包括职工基本医疗保险、新型农村合作医疗保险和城镇居民基本医疗保险三大类型。三类医疗保险的覆盖范围分别为：其一，我国城镇所有用人单位，包括各种性质的企业、机关、事业单位、社会团体、民办非企业单位及其职工，都要参加基本医疗保险，而无雇工的个体工商户、未在用人单位参加职工基本医疗保险的非全日制从业人员以及其他灵活就业人员可以根据个人意愿决定是否参加基本医疗保险。其二，新型农村合作医疗制度是由政府组织、引导、支持，农民自愿参加，个人、集体和政府多方筹资，以大病统筹为主的农民互助共济制度。其三，城镇居民基本医疗保险是以大病统筹为主，针对城镇非从业居民的一项基本医疗保险制度，以个人缴费为主，政府给予适当补助。参保居民按规定缴纳基本医疗保险费，享受相应的医疗保险待遇，有条件的用人单位可以对职工家属参保缴费给予补助。国家对个人缴费和单位补助资金制定税收鼓励政策。

（2）保险范围。医疗保险保障被保险人在自然生病时享受基本的医疗服务。具体项目包括：因病情需要的各种检验、诊断、治疗、用药、住院等所需医疗费用的支出。基本医疗服务以外的医疗服务，不属于基本医疗保险范围。非因自然伤病需要医疗服务的，不属于基本医疗保险范围，所需费用应当由本人支付或者由侵权行为人支付或者其他保险机构承担，这类情形有：打架斗殴、交通肇事、酗酒等原因造成伤病的医疗费用及因自杀、工伤或医疗事故等致伤病而所需的医疗费用。《社会保险法》第30条规定："下列医疗费用不纳入基本医疗保险基金支付范围：①应当从工伤保险基金中支付的；②应当由第三人负担的；③应当由公共卫生负担的；④在境外就医的。医疗费用依法应当由第三人负担，第三人不支付或者无法确定第三人的，由基本医疗保险基金先行支付。基本医疗保险基金先行支付后，有权向第三人追偿。"

3. 医疗保险资金的筹集。医疗保险资金的筹集，一般包括资金的来源、缴费比例和筹集办法等内容。根据医疗保险的范围不同，资金筹集的规定也内容迥异。很多国家的医疗保险同其他社会保险制度一样，其筹集方式为统一筹集。

（1）缴费义务人。通常各国对公务员的医疗由政府提供保险资金；而对雇员实施的医疗保险，一般资金来源有下列三种：雇主缴费；雇主和雇员缴费；国家、雇主和雇员三方负担。我国的城镇职工基本医疗保险的缴费义务人是：用人单位（雇主）和职工（雇员）。基本医疗保险基金由统筹基金和个人账户构成。职工个人缴费全部计入个人账户，单位缴费由统筹地区根据个人账户支付范围和职工年龄等因素确定比例，部分划入个人账户，部分划入统筹基金。

（2）缴费比例。社会医疗保险的缴费比例由政府规定和调整。方法主要有：①固定保险费金额；②与工资挂钩（按工资的百分比缴纳）；③与收入挂钩（按个人收入的百分比缴纳）；④按区域交纳（按照各区域内基本卫生设施条件，确定保险费的不同级别）；等等。

（3）统筹模式。医疗保险资金的筹集模式或办法与养老保险基本相同。其大致可以分为现收现付制、积累制和混合制三种，其中现收现付的筹集办法是最为传统也最为通用的。目前我国城镇的职工基本医疗保险实行"社会统筹与个人账户相结合"的方式。

4. 医疗保险待遇。关于医疗保险待遇，各国在立法中规定的内容主要有：享受医疗保险待遇的资格条件（津贴支付条件）、待遇标准和期限、医疗待遇支付项目、方法和比例；等等。

（1）享受医疗保险待遇的资格条件。我国城镇职工享受医疗保险待遇，除完全丧失劳动能力外，只限于规定的医疗期内。此医疗期，即职工因患病或非因工伤停止工作，治疗休息且不得辞退的期限，其长度根据职工本人连续工作时间和在本单位工作时间予以分档次确定，最短不可少于3个月，最长一般不超过24个月；难以治愈的疾病，经医疗机构提出，本人申请，劳动保障部门批准后，可适当延长医疗期，但最多不超过6个月。

（2）医疗保险待遇的支付项目和待遇标准。我国城镇职工一般可在与社会保险经办机构和用人单位签订的医疗服务合同中规定的多个定点医疗机构中选择就医。其保险待遇项目主要有：规定范围的药品费用、规定的检查费用、治疗费用、规定标准的住院费用。

（3）医疗保险待遇的支付方式。医疗保险待遇支付方式主要有三种：①由公共卫生系统或社会保险机构直接将医疗费用支付给医疗照顾的提供者，病人一般与医疗照顾的提供者很少或者不发生经济关系。②偿还病人治疗费用的方式。通常先由病人按其所得到的医疗服务向医生、药房或医院缴纳医疗费，然后由社会保险机构按规定的比例报销病人所缴的医疗费用。报销一般有最高限额的规定。③直接向病人提供医疗照顾。有些国家的社会保险机构或政府自己拥有并经办医疗设施，这些设施一般由领取薪金的人管理，由他们直接向受保人提供医疗服务，病人对大部分医疗服务项目不支付费用，只是他们缴纳的保险费的一部分要拨作医疗经费。我国城镇职工基本医疗保险的待遇支付方式属于上述第二种，主要是对用统筹基金的支付部分设定起付标准和最高支付限额，实行"三段式支付"。起付标准原则控制在当地职工年平均工资的10%左右，最高支付限额原则上控制在当地职工年平均工资4倍左右。起付标准以下的医疗费用，从个人账户支付或由个人自付；起付标准以上、最高支付限额以下的医疗费用，主要由统筹基金支付，但个人也要负担一定比例；超过最高支付限额的可以通过商业医疗保险等途径解决。具体的起付标准、最高限额和比例由统筹地区根据以收定支、收支平衡的原则确定。

（四）失业保险

1. 失业保险的概念及特征。失业是指具有劳动能力并有劳动意愿的劳动者得不到劳动机会或者就业后又失去工作的状态。失业对劳动者而言，意味着失去职业，失去生计来源，生活陷入困境；对社会而言，则是劳动生产力的极大浪费，给社会带来不安定的因素，影响社会的稳定。因此，必须对之进行事先预防和事后救济，以限制其带来的负面影响，手段之一就是依法建立完善的失业保险制度。失业保险是社会保险制度中的重要组成部分。它是指国家通过建立失业保险基金，对因失业而暂时中断生活来源的劳动者在法定期间内给予失业保险金，以维持其基本生活需要的一项社会保险制度。

失业保险与其他社会保险制度相比，具有以下法律特征：

（1）失业保险的对象为失业劳动者。即失业保险只对有劳动能力并有劳动意愿但无劳动岗位的人提供保险。失业保险通常遵循非自愿失业原则，即只有非劳动者个人原因导致的失业，才可享受失业保险。我国对失业保险对象进一步限定为已经就业但非因本人意愿中断就业的、并办理失业登记的该部分劳动者，未曾就业者不在此列。

（2）享受失业保险待遇有一定期限。失业保险相对于养老保险、医疗保险、工伤保险等，属于短期支付的险种，亦即享受失业保险待遇一般有期限限制。一方面，这是因为劳动者失业通常与经济发展的周期性或经济的结构性调整有关，失业多表现为一种暂时的现象。另一方面，规定享受失业保险有一定的期限，也是为了促使劳动者积极寻找就业机会，实现再就业。

（3）失业保险更强调雇主和政府的责任。失业问题与劳动就业密切联系在一起，而解决劳动就业是各国政府重要的经济政策之一，各国政府对解决失业问题都给予了极大的关注，并投入了很大的财力。凡是开办失业保险的国家都十分注重失业保险的强制性，原因之一是失业保险与其他保险项目不同，劳动者在缴费后，并不一定能直接享受利益，因为失业的风险并不都会降临在每一个劳动者身上，非失业者不能享受失业救济，而且所缴费用也不会返还，这就直接影响劳动者缴费的积极性。雇员没有积极性，雇主的积极性也会受到影响。而失业问题又是各国政府所需要面对的，因此，失业保险制度需要政府更多的干预，采取必要的强制手段。

（4）失业保险费由企业和劳动者缴纳。在各项社会保险中，工伤保险和生育保险的保险费由企业全部负担，劳动者个人不需要缴费。而对于失业保险来讲，劳动者要按其工资的一定比例缴纳保险费，之后才能享有相应待遇。

2. 享受失业保险的资格条件。失业者要获得失业保险的权利，必须要有一定的资格条件。对此，为了保证将失业保险金支付给规定范围内的失业者，防止失业者产生依赖心理和不劳而获的观念，各国失业保险的资格条件规定得十分具体和严格。概括起来主要有：

（1）失业者必须符合劳动年龄条件，即必须是处于法定最低劳动年龄与退休年龄之间的劳动者才有可能享受失业保险。失业保险不包括未达到法律规定最低劳动年龄和超过法定退休年龄的人。

（2）失业者必须是非自愿失业。失业原因并非出于本人意愿，而是由于超出其所能控制各种社会或经济因素所造成的，各国对此均有一致的规定，这是为了防止有人故意失业以获取失业保险金。而非自愿失业的责任不在失业者本人，是由与失业者本人无关的非本人能力所能控制的一些原因造成的，理应提供失业保险。

（3）失业者必须满足一定的合格期条件。为了贯彻社会保险的权利和义务对等原则，失业保险规定失业者在失业前必须达到一定的就业年限或缴足一定期限和数额的失业保险金，这里所说的缴费期限和就业时间，大多数国家一般以失业前1年中的6个月为准。有些国家还规定，失业者失业前在有关国家居住一定期限，才具有享受失业保险给付的资格。

（4）失业者必须具有劳动能力和就业意愿。失业保险所保障的对象是那些具备劳动能力和有就业意愿的失业者。为了检查失业者的就业意愿和劳动能力，各国均规定，失业者在申请失业保险金之前，须先到就业辅导机构登记申请辅导就业，并在领取失业救济金期间定期向就业辅导机构报到。

《社会保险法》第45条规定："失业人员符合下列条件的，从失业保险基金中领取失业保险金：①失业前用人单位和本人已经缴纳失业保险费满1年的；②非因本人意愿中断就业的；③已经进行失业登记，并有求职要求的。"

3. 失业保险基金的筹集。失业保险基金的来源为雇主和雇员缴纳的失业保险费和政府财政补贴。现行失业保险基金的筹集方式，有三方共担的，也有由其中的一方或两方负担的。负担方式及负担比例取决于：政府、企业、劳动者个人对失业责任的认知；缴费方对费用负担的承受能力；就业政策的指导思想和原则。

我国失业保险制度建立以来，一直实行的是基金制，在基金制的来源上采取用人单位缴费和财政补贴的方式。实践证明，基金制与我国当时经济发展水平是相适应的，可以为失业保险提供稳定的资金来源。但随着我国市场经济体制建立、劳动用人制度的改革，失业现象有所上升，过去那种只限于用人单位缴费、职工个人不缴费的失业保险金筹集方式已无法适应形势发展的需要。若要大幅度提高用人单位的征缴比例，势必增加用人单位的负担。在目前国家财力尚不充足和一些企业经营状况较为困难的情况下，适当提高用人单位缴费比例，并实行个人缴费的方式较为可行，也有利于增强职工个人的保险意识。为此，我国颁布《失业保险条例》，对个人缴纳失业保险费作出了明确规定。

4. 失业保险待遇。

（1）失业保险待遇的内容。我国规定的失业保险待遇主要有：①失业保险金。这是指社会保险经办机构按规定支付给符合条件的失业者的基本生活费，是失业者最基本的失业保险待遇。只要失业者符合享受失业保险待遇的条件，都有权申领失业保险金。②领取失业保险金期间的医疗补助金。这是指社会保险经办机构对失业者在领取失业保险金期间因患病就医支出的医疗费所给予的补助。由于我国医疗保险制度尚不健全，失业者的医疗费只能从失业保险基金中支出。③在领取失业保险金期间死亡的失业人员的丧葬补助金和其供养的配偶、直系亲属的抚恤金。过去这项费用由职工生前所在单位负担，现在改为向社会保险经办机构申请。④领取失业保险金期间接受职业培训、职业介绍的补贴，包括失业者为接受职业培训所需的路费、住宿费、培训费等。

（2）失业保险待遇标准。①失业保险待遇标准的确定。各国在确定失业保险待遇标准时，一般遵循确保失业者及其家属的基本生活需要、给付标准应适当低于失业者原有工资水平、失业保险权利和义务相对等的原则。中国失业保险待遇标准的确定与失业保险费的交纳年限挂钩。②失业保险给付期限的确定。失业保险的给付期限为失业者享受领取失业保险金的最长时间，多数国家均有一定期限，通常为 8~36 周，一般为 26 周。国际劳工大会 1952 年规定失业保险的给付期限为 12 个月内可支付 26 周，1988 年又规定为 24 个月内可支付 30 周，特殊情况下可支付 52 周。我国规定失业保险待遇的给付期限，按失业前缴费时间的长短划分不同档次，但最长不超过 24 个月，24 个月以后转入社会救济。《社会保险法》第 46 条规定："失业人员失业前用人单位和本人累计缴费满 1 年不足 5 年的，领取失业保险金的期限最长为 12 个月；累计缴费满 5 年不足 10 年的，领取失业保险金的期限最长为 18 个月；累计缴费 10 年以上的，领取失业保险金的期限最长为 24 个月。重新就业后，再次失业的，缴费时间重新计算，领取失业保险金的期限与前次失业应当领取而未领取的失业保险金的期限合并计算，最长不超过 24 个月。"③失业保险待遇给付的项目。世界各国失业保险待遇给付的项目大体一致，主要包括基本失业津贴、失业救济金、失业者家庭补助和为失业者提供的职业介绍及重新就业等服务。其中，基本失业津贴的给付形式大体有：工资比例制、均一制、混合制、一次性给付制。中国失业保险待遇给付的项目主要包括用于维持失业者基本生活的失业救济金，领取失业保险金期间的医疗补助金，领取失业保险金期间的失业人员丧葬补助金和其供养的配偶、直系亲属的抚恤金，领取失业保险金期间的接受职业培训、职业介绍的补贴。

（五）工伤保险

1. 工伤保险的概念和法律特征。工伤是指职工在生产、工作过程中，因意外事故造成的伤、残、死亡或职业性疾病，又称为职业伤害。职业性疾病简称为职业病，它是指劳动者在生产劳动和职业性活动中，接触职业性有害因素而引起的疾病。工伤保险，也称职业伤害保险，是指劳动者在职业劳动中或者在规定的特殊情形下，因遭受意外伤害、患职业病暂时或者永久丧失劳动能力或者死亡时，劳动者本人或者其遗属能够依法从国家或社会获得一定的物质补偿以保证其基本生活所需的社会保险制度。

工伤保险与其他社会保险项目有着明显不同的法律特征：

（1）保险待遇给付的资格条件、待遇标准、费用渠道等内容规定，严格地以因工和非因工伤害为界限。因工伤事故产生的费用，应由工伤保险基金来承担，而且，医疗康复待遇、伤残待遇和死亡抚恤待遇均比因疾病和非因工伤亡的社会保险待遇优厚。这样做有助于对那些为国家或集体奉献者进行褒扬抚恤，也有利于生产发展和社会财富的积累。

（2）采取无过失责任原则。所谓无过失责任，是指劳动者在各种伤害事故中只要不是受害者本人故意行为所致，就应该按照规定标准对其进行伤害赔偿。只要事故发生，不论雇主或雇员是否存在过错，无论责任在谁，原则上，受害者都可以受到赔偿，即无过错赔偿。

（3）待遇给付遵循损害补偿原则。工伤保险应坚持损害补偿原则来给付待遇，即不仅考虑劳动者维持原来本人及其家庭基本生活、进行劳动力生产和再生产的最直接、最重要的费用来源的损失，同时还要考虑伤害程度、伤害性质及职业康复和激励等因素进行适当经济补偿。工伤事故不同于一般民事责任事故，基于损害赔偿的原则，对于既有工伤、又有民事责任的工伤事故，受害者不应享双重待遇。即受害者只能在享有工伤待遇和行使民事索赔权之间选择其一。

（4）劳动能力鉴定是确定因工致残待遇标准的必经程序。工伤保险待遇是根据伤残和职业病等级分类而确定的。各国在制定工伤保险制度时，都制定了伤残和职业病等级，并通过专门设立的鉴定机构和人员，对受职业伤害的职工所受伤害程度予以确定。根据鉴定结果，决定给付与否和给付的标准。

（5）实现预防、补偿和康复三位一体。工伤保险最直接的任务是经济补偿，保障伤残职工和遗属的基本生活；但同时还要做好事故预防和医疗康复，以保障职工安全与健康，真正达到工伤保险的目的。

（6）具有补偿性（赔偿性）。这是工伤保险不同于其他社会保险的显著特性。即工伤保险费用不实行分担制，完全由用人单位（雇主）承担。

2. 工伤保险的适用范围、对象。工伤保险的适用范围可以定义为纳入工伤保险的行业、职业和企业的范围；工伤保险的对象可称为被保险人。工伤保险最初是在高风险的行业、职业和较大的企业实行，后来才在一般企业和单位中实行；工伤保险待遇最初只是支付给那些从事有危险工作的工人，主要是体力劳动者，后来才把注意力转移到非体力劳动者身上。在我国，新的工伤保险制度覆盖中华人民共和国境内的各类企业、有雇工的个体工商户及其雇员。

3. 工伤保险基金的筹集。我国的工伤保险费用，自20世纪50年代初起，即采取综合基金的模式，由企业按一定比例向主管部门上缴"总基金"，用于各项保险之间的调剂，而工伤保险支付仍由企业直接负责。后来，工伤保险改为采用前述的社会保险制下的第二种方法，由职工所在单位按照国家规定的统一标准直接支付保险待遇。《社会保险法》第33条："职工应当参加工伤保险，由用人单位缴纳工伤保险费，职工不缴纳工伤保险费。"

4. 工伤保险待遇。工伤保险的内容由工伤的预防、赔偿和康复三部分构成，工伤保险待遇实际是对遭受职业伤害者的赔偿，也是工伤保险的传统和核心内容。它包括工伤认定及劳动能力鉴定、待遇标准、待遇项目、待遇给付。

（1）工伤鉴定。各国一般在支付工伤保险待遇之前，都要对受伤者进行工伤认定和劳动能力鉴定，即工伤鉴定，以确定其残废等级，然后按照残废等级支付保险待遇。

第一，工伤认定。工伤认定是由法律规定的机构对特定伤害是否属于工伤范围的确认。通常要建立专门的工伤认定机构，或者由劳动行政部门主管。

第二，劳动能力鉴定。世界上大多数国家在制定工伤残废等级时，都考虑了劳动能力的丧失程度。就工伤保险而言，劳动者丧失劳动能力的结果必须是由工伤造成的，即以在工作中或在与工作有关的场合中受到的伤害为判断标准。丧失劳动能力的程度，一般有人身能力丧失、职业能力丧失、一般劳动能力丧失三种。工伤鉴定是工伤保险待遇给付的前提条件，评残工作应在医疗终结以后进行，如能恢复劳动即为暂时丧失劳动能力，再根据残废等级原则确定该受伤者属于哪个等级。

我国的工伤鉴定分为工伤认定和劳动能力鉴定。根据《工伤保险条例》第21条的规定，职工受伤被认定为工伤的，经治疗伤情相对稳定后存在残废、影响劳动能力的，应当进行劳动能力鉴定。

（2）工伤认定的范围。根据2010年12月20日《国务院关于修改〈工伤保险条例〉的决定》的内容，工伤认定范围的法律依据如下：

《工伤保险条例》第14条规定，职工有下列情形之一的，应当认定为工伤：①在工作时间和工作场所内，因工作原因受到事故伤害的；②工作时间前后在工作场所内，从事与工作有关的预备性或者收尾性工作受到事故伤害的；③在工作时间和工作场所内，因履行工作职责受到暴力等意外伤害的；④患职业病的；⑤因工外出期间，由于工作原因受到伤害或者发生事故下落不明的；⑥在上下班途中，受到非本人主要责任的交通事故或者城市轨道交通、客运轮渡、火车事故伤害的；⑦法律、行政法规规定应当认定为工伤的其他情形。

《工伤保险条例》第15条规定，职工有下列情形之一的，视同工伤：①在工作时间和工作岗位，突发疾病死亡或者在48小时之内经抢救无效死亡的；②在抢险救灾等维护国家利益、公共利益活动中受到伤害的；③职工原在军队服役，因战、因公负伤致残，已取得革命伤残军人证，到用人单位后旧伤复发的。职工有上述第1项、第2项情形的，按照本条例的有关规定享受工伤保险待遇；职工有上述第3项情形的，按照本条例的有关规定享受除一次性伤残补助金以外的工伤保险待遇。

《工伤保险条例》第16条规定，职工符合《工伤保险条例》第14条、第15条的规定，但是有下列情形之一的，不得认定为工伤或者视同工伤：①故意犯罪的；②醉酒或者吸毒的；③自残或者自杀的。

《最高人民法院关于审理工伤保险行政案件若干问题的规定》第4条规定，社会保险行政部门认定下列情形为工伤的，人民法院应予支持：①职工在工作时间和工作场所内受到伤害，用人单位或者社会保险行政部门没有证据证明是非工作原因导致的；②职工参加用人单位组织或者受用人单位指派参加其他单位组织的活动受到伤害的；③在工作时间内，职工来往于多个与其工作职责相关的工作场所之间的合理区域因工受到伤害的；④其他与履行工作职责相关，在工作时间及合理区域内受到伤害的。

《最高人民法院关于审理工伤保险行政案件若干问题的规定》第5条规定，社会保险行政部门认定下列情形为"因工外出期间"的，人民法院应予支持：①职工受用人单位指派或者因工作需要在工作场所以外从事与工作职责有关的活动期间；②职工受用人单位指派外出学习或者开会期间；③职工因工作需要的其他外出活动期间。职工因工外出期间从事与工作或者受用人单位指派外出学习、开会无关的个人活动受到伤害，社会保险行政部门不认定为工伤的，人民法院应予支持。

《最高人民法院关于审理工伤保险行政案件若干问题的规定》第6条规定，对社会保险行政部门认定下列情形为"上下班途中"的，人民法院应予支持：①在合理时间内往返于工作地与住所地、经常居住地、单位宿舍的合理路线的上下班途中；②在合理时间内往返于工作地与配偶、父母、子女居住地的合理路线的上下班途中；③从事属于日常工作生活所需要的活动，且在合理时间和合理路线的上下班途中；④在合理时间内其他合理路线的上下班途中。

（3）工伤保险的待遇项目。具体包括：其一，因工负伤待遇。劳动者在生产过程中，由于发生不测受到伤害，暂时地部分地丧失劳动能力，给予相应的保险补偿。其二，因工致残待遇。劳动者因受包括职业病在内的职业伤害后，虽经治疗休养仍不能完全康复，以致身体或智力功能部分或全部丧失的，给予相应的物质补偿。其三，因工死亡待遇。劳动者在劳动过程中遭受伤害而死亡时，给予其遗属相应的物质补偿。由于工伤后果不同，所能享受的待遇也不尽相同。但是，工伤保险作为一种经济补偿，必须向劳动者提供两方面的补偿：①提供预防、治疗、护理、康复和疗养的全部费用；②保证其基本经济来源，使个人及其家庭生活水平不会因工伤或者职业病而有所下降。

（六）生育保险

1. 生育保险的概念和法律特征。生育保险是指女职工因怀孕和分娩所造成的暂时丧失劳动能力、中断正常收入来源时，从社会获得物质帮助的一种社会保险制度。生育保险具有如下的法律特征。

（1）生育保险的实施对象是女性。这是由生育这一特定的生理现象所决定的。在我国，仅在达到法定结婚年龄、正式登记结婚，并符合国家计划生育规定的女职工生育时，才能享受生育保险待遇。

（2）给付项目多。在国外，生育保险的给付项目包括生育假期、生育收入补偿、生育医疗保健和子女补助金等项目。在我国，生育保险还配合国家的人口控制政策，对实行晚婚、晚育的生育妇女制定了一些奖励政策。

（3）待遇给付标准高。由于妇女生育是履行繁衍人类的重要天职，其社会意义超过了其他任何社会保险。为了保证新一代劳动力有较高的先天素质，同时又要保护履行繁衍人类天职的妇女的身体健康，对生育保险待遇的给付标准大多数国家都确定得比较高，妇女生育补偿一般相当于被保险人生育前基本工资的 100%。

（4）生育保险实行"产前与产后都应享受的原则"，既善前又善后。在临产分娩前一段时间，由于行动不便，女职工已经不能工作或不宜工作；在分娩以后，女职工需要一段时间休假、恢复健康和照顾婴儿，这是生育保险不同于其他险种的又一特点，因为其他险种一般仅具有重在善后的特点。

（5）生育风险具有明显的阶段性。通常情况下，生育带来的劳动力缺失和收入中断是暂时的，不似其他风险带来的可能是劳动收入的长期甚至永久中断。

2. 我国生育保险的对象和范围。1994 年 12 月 14 日，劳动部颁发《企业职工生育保险试行办法》，该办法规定，生育保险的对象和范围包括城镇各类企业及其职工。不少地方在实施中把生育保险的对象延伸到了乡镇企业、社办企业的女职工。在我国，由于 2/3 以上的人口在农村，全国妇女的 80% 居住在农村和县属乡镇，因而农村生育保险的发展，对全国生育保险事业的发展影响极大。改革开放以来，农村面貌发生了巨大变化，乡镇企业的崛起和商品经济的发展使农村经济发生了历史性的进步，这为发展农村生育保险奠定了物质基础，提供了社会条件。

3. 生育保险基金。

（1）生育保险基金的概念。这是为了使生育保险有可靠的资金保障，国家通过立法在全社会统一建立的、用于支付生育保险所需费用的各项资金。

（2）生育保险基金的筹集。我国原有的女职工生育保险制度规定，生育保险的费用是由各自的企业负担的，这种办法使女职工所占比重大的企业负担过重。改革后，目前我国的生育保险基金来源于用人单位的资金缴纳。1994 年《企业职工生育保险试行办法》，对生育保险制度改革提出了原则性的意见。基本上肯定了采纳生育费用社会统筹的模式，提出由企业按照不超过职工工资总额的 1% 的比例缴纳生育保险费用，生育保险基金由当地人民政府根据计划内生育人数和生育津贴、生育医疗等费用的实际情况确定。

4. 生育保险待遇。

（1）生育保险待遇的概念。这是指女职工在生育期间依法享有各种帮助和物质补偿。对此含义应按下述要点理解：①享受生育保险主体只能是女职工本人；②享受生育保险待遇的时间为女职工生育期间，生育期间包括怀孕、分娩、哺乳婴儿在内；③女职工享受生育保险待遇应符合法律、法规政策的规定；④生育保险待遇包括对女职工因生育需要的身体康复和物质上的补偿。世界各国生育保险待遇的高低，因受许多因素影响不尽相同，主要取决于每一个国家的经济发展水平、历史习惯和人口政策。

（2）生育保险待遇的享受条件。我国规定享受生育保险待遇的条件是以建立劳动关系为基础，同时，还要受计划生育政策的限制，女职工享受生育津贴的前提必须是单位为其缴纳了生育保险费，而且领取生育保险的时间要与生育产假相一致。

（3）生育保险待遇的内容。我国生育保险待遇的内容主要是：产假、生育津贴、生育医疗服务、生育期间的特殊劳动保护、生育期间的职业保障等。

第一，产假。女职工生育，享受不少于98天的产假，产假分为产前假和产后假两部分。产前假为15天，产后假为83天。难产的，增加产假15天。多胞胎生育的，每多生一个婴儿，增加产假15天。女职工怀孕流产的，根据医务部门的证明，给予一定时间的产假。

第二，生育津贴待遇。我国现行法律规定，企业生育保险实行社会统筹。企业女职工产假期间由生育保险基金支付生育津贴，津贴标准按照本企业上年度职工月平均工资计发。尚未参加生育保险社会统筹的单位，女职工生育产假期间，工资由原单位照发。

第三，生育医疗服务待遇。各国对于生育医疗服务待遇的规定基本相同，包括检查费、接生费、手术费、住院费、药费及其他与生育直接相关的医疗费用。我国现行法规定，女职工生育的检查费、接生费、手术费、住院费、药费及其他与生育直接相关的医疗费用由生育保险基金支出。超出规定的医疗服务费和药费（含自费药品和营养品的药费）由职工个人负担。

第四，生育期间特殊劳动保护。它是指为解决女职工孕期由于生理变化而在工作中可能遇到的特殊困难，保证女职工的基本收入和母子生命安全而制定的一项特殊政策，包括收入保护和健康保护两部分。收入保护的主要措施是国家立法保护女职工在怀孕期间不被降低其基本工资；健康保护主要是从劳动强度、工作时间等方面对孕期女职工予以照顾的措施。

第五，生育女职工的职业保障。各国制定了一些保障女职工不因怀孕、分娩、哺乳而失业的规定。我国《劳动合同法》第42条规定，女职工在孕期、产期、哺乳期内的，用人单位不得依照该法第40条、第41条的规定进行预告解除劳动合同和经济性裁员。

【实战训练】

案例分析题

1. 赵某与某公司签订了为期 3 年的劳动合同，自 2008 年 2 月 1 日起至 2011 年 1 月 31 日止，双方约定试用期为 6 个月。2008 年 6 月 20 日赵某向公司提出辞职（合同期间提出辞职），并向公司索要经济补偿金。公司认为赵某没有提出解除合同的正当理由，也未与公司协商，因而既不同意解除合同，也不负担经济补偿金。

问题：

（1）赵某提出解除劳动合同时是否需要说明理由？为什么？

（2）赵某是否可单方解除劳动合同？为什么？

（3）公司应否给予赵某经济补偿金？说明理由。

2. 朱某，女，1960 年 7 月 1 日出生，1995 年 7 月 2 日进某学校食堂做清洁工。2000 年 7 月，学校与朱某签订为期 8 年的劳动合同，并开始为朱某缴纳社会养老保险金。2008 年 7 月，双方签订无固定期限劳动合同。按照国家规定，社会养老保险应当累计缴费满 15 年，参保人达到退休年龄后才可享受，其中女性职工年满 50 岁退休。2010 年 7 月 1 日，朱某年满 50 岁，学校想以朱某已达到法定退休年龄为由与其终止无固定期限劳动合同。

问题：

（1）2010 年 7 月 1 日，学校是否有权终止与朱某的无固定期限劳动合同？学校在什么时候可以终止与朱某的无固定期限劳动合同？

（2）如果 2010 年 7 月 1 日，学校终止了与朱某的劳动合同，朱某向劳动争议仲裁委员会提起申诉，要求学校支付赔偿金，朱某的该主张能否得到支持？若得到支持，学校应当赔偿多少（经查明，2010 年 7 月 1 日前 12 个月，朱某的月平均工资为 1000 元）？

第十四章　税收管理法

【导入案例】税务机关能否独立认定民事法律关系？对民间借贷产生的利息收入征税，如何体现税收公平原则？

原告：林某某

被告一：莆田市地方税务局稽查局

被告二：福建省地方税务局

林某某系案外人陈某某之嫂。2013 年 3 月 20 日，林某某、陈某某与鑫隆公司签订一份《商品房买卖合同》，约定：①林某某和陈某某共同向鑫隆公司购买位于仙游县××山村中国古典工艺博览城 2#楼 2-3 层 85 坎商铺，建筑面积 10008.73 平方米，每平方米 5500 元，合同总价款人民币 5500 万元。②分期付款，2013 年 3 月 31 日前支付全部购房款的 18.2%计人民币 1000 万元，2013 年 6 月 30 日前支付全部购房款的 31.8%，计人民币 1750 万元；2013 年 12 月 31 日前支付全部购房款的 50%，计人民币 2750 万元。③违约责任。出卖人应在 2013 年 12 月 30 日前将符合合同约定的商品房交付给买受人，出卖人逾期交房不超过 30 日，出卖人按日向买受人支付已付款万分之 0.5 的违约金；逾期交房超过 30 日的，买受人有权解除合同，解除合同的，出卖人应当自买受人解除合同书面通知到达之日起 1 日内退还全部已付款，并按买受人已付款的 20%向买受人支付违约金。继续履行合同的，出卖人按实际逾期的天数来计算每日向买受人支付已付款的万分之 0.6 的违约金。④产权登记，出卖人应当在商品房交付使用后 60 日内，向当地房屋权属登记部门办理房屋所有权初始登记，如因出卖人原因不能在商品房交付使用后 90 日内取得房屋权属证书，买受人退房的，应在 30 日内退还已付款并按已付款的 20%赔偿买受人损失。⑤争议处理，主要包括协商不成依法向人民法院起诉等条款。该《商品房买卖合同》被送至仙游县房地产管理中心备案。之后，鑫隆公司分别向仙游县住建局、仙游县工艺产业园管委会、仙游县委、县政府申请预售融资方案调整的报告。仙游县委办〔2013〕5 号会议纪要和仙游县委办〔2013〕22 号会议备忘录同意了鑫隆公司增加 20%建筑面积作为融资用途，导致鑫隆公司与林某某和陈某某签订的《商品房买卖合同》无法按合同约定继续履行。2014 年 3 月 18 日，鑫隆公司向泉州仲裁委员会申请仲裁，2014 年 3 月 19 日，泉州仲裁委员会作出〔2014〕泉仲字 567 号《调解书》，双方达成协议如下：①解除双方签订的《商品房买卖合同》；②鑫隆公司应于 2014 年 3 月 21 日前返还被申请人林某某、陈某某已付的购房款人民币 1000 万元。

林某某和案外人陈某某与鑫隆公司资金来往情况：①在 2013 年 3 月 20 日双方签订《商品房买卖合同》之前，林某某和陈某某转账支付给鑫隆公司共计人民币 6000 万元，签订合同时鑫隆公司返还给林碧钦 500 万元。②在签订《商品房买卖合同》之后，林某某和陈某某陆续收到鑫隆公司转入资金共计人民币 9328 万元，其中陈某某收回资金人民币 4740.5 万元（2013 年 5 月 20 日 275 万元、7 月 5 日 275 万元、9 月 5 日 250 万元、10 月 10 日 25 万元、11 月 5 日 250 万元、12 月 5 日 275 万元、2014 年 1 月 6 日 275 万元、2 月 11 日 100 万元、13 日 155.5 万元、3 月 5 日 260 万元、3 月 19 日 2600 万元），林某某收回资金人民币 4587.5 万元（2013 年 3 月 20 日 275 万元、4 月 20 日 275 万元、6 月 20 日 137.5 万元、8 月 5 日 250 万元、8 月 8 日 500 万元、10 月 8 日 250 万元、2014 年 1 月 17 日 300 万元、3 月 19 日 2600 万元），但林某某于 2013 年 10 月 10 日又支付给鑫隆公司人民币 500 万元。林某某和陈某某的收支对抵比签订《商品房买卖合同》时的本金人民币 5500 万元，多出人民币 3328 万元。在林某某和陈某某与鑫隆公司资金往来中，有银行网上电子回单、网银收款记账凭证的用途和附言栏目中大部分注明"购房款"。

2014 年 6 月份，中共莆田市纪律检查委员会（以下简称莆田市纪委）和福建省莆田市人民检察院（以下简称莆田市检察院）接到举报，对林某某和案外人陈某某与鑫隆公司的资金往来进行调查。林某某和陈某某在莆田市纪委和莆田市检察院的谈话笔录中均承认"林某某和案外人陈某某共借款人民币 5500 万元给鑫隆公司，月利率 5%，鑫隆公司以商品房作抵押，双方签订商品房买卖合同，一年内共收取利息人民币 3328 万元。解除《商品房买卖合同》时，林某某和陈某某收回本金共计人民币 5200 万元。涉案借款给鑫隆公司的本金也是向其他人以不同的利率转借的。"调查期间，莆田市纪委和莆田市检察院还分别向证人傅某、蔡某、林某 1、郑某、王某、林某 2、陈某和连天红公司调查取证，证人林某 2 在《借款说明》中说明林碧钦和陈建伟借给鑫隆公司 5500 万元。2014 年 6 月 4 日，鑫隆公司向莆田纪委出具一份《说明》，证明其与林碧钦和陈建伟之间是以房产作抵押的融资借款关系。2014 年 6 月 25 日，莆田市纪委和莆田市检察院向鑫隆公司负责人张某某的哥哥张某 1 调查，其证明是借款关系而不是购买商品房，证言内容和情节与林碧钦及陈建伟在莆田市纪委和莆田市检察院的谈话笔录中基本吻合。2014 年 10 月 15 日，莆田纪委向莆田地方税务局发出莆纪函〔2014〕11 号《关于认定相关涉税问题的函》，函告"我委在调查中发现林某于 2013 年 3 月至 2014 年 3 月，以月息 5% 向仙游县某公司放贷人民币 5500 万元，共获利人民币 3328 万元，现将相关线索材料移送你局，请就上述行为应否纳税予以认定，并及时反馈。"2014 年 12 月 10 日，莆田纪委又向莆田地方税务局发出莆纪函〔2014〕18 号《关于对林碧钦等人涉嫌偷漏税进行调查处理的函》，函告"我委在有关案件调查中发现仙游县乾元财务有限公司林碧钦等人于 2013 年 3 月至 2014 年 3 月，以月息 5% 向仙游县兴隆古典工艺博览城建设有限公司放贷人民币 5500 万元，共获利人民币 3328 万元，涉嫌偷漏税。经委领导同意，现将该问题移送你局进一步调查处理，请将处理结果于 2015 年 1 月 15 日反馈我委一室。"

莆田地方税务局根据莆田纪委的函，于 2015 年 3 月 26 日立案调查。之后，以莆田地税稽查局的名义向林某某和案外人陈某某、鑫隆公司、鑫隆公司股东张某 1 发出《税务检查通知书》和《询问通知书》，并向相关银行等金融机构发出《检查存款账户许可证明》。2015 年 4 月 8 日，莆田地税稽查局向林某某进行调查询问，林某某陈述："我和陈某某共同购买鑫隆公司房产，付全款人民币 5500 万元后双方签订商品房买卖合同，1 年后解除商品房买卖合同时鑫隆公司汇还给我和陈某某各 2600 万元。我在纪委谈话笔录中担心丈夫是公务员不能买商铺，就把违约金说成利息。鑫隆公司每月按购房款总额的 5% 支付违约金，共收取违约金共计人民币 3328 万元。"莆田地税稽查局经过对银行等金融机构核实林某某和陈某某与鑫隆公司的资金来往情况后，作为重大税务案件报请莆田地方税务局重大案件审理委员会集体研究决定。2015 年 4 月 22 日，莆田地税稽查局向林碧钦发出《税务处理事项告知书》。2015 年 4 月 30 日，莆田地税稽查局作出被诉税务处理决定，决定对林某某补缴：①营业税 593 750 元；②城市维护建设税 29 687.5 元；③教育费附加 17 812.5 元；④地方教育附加 11875 元；⑤个人所得税 2 375 000 元；⑥滞纳金 135 597.66 元，共计人民币 3 163 722.66 元。

林某某不服，依照《税收征收管理法》第 88 条第 1 款的规定，提供房产作担保后，以莆田地税稽查局为被申请人，向福建省地税局申请行政复议，福建省地税局要求林碧钦变更以莆田地方税务局为被申请人，并于 2015 年 10 月 23 日作出闽地税复决字〔2015〕3 号《税务行政复议决定书》，维持被诉税务处理决定。

林某某不服提起行政诉讼，请求撤销上述税务处理决定和行政复议决定。

【问题思考】

1. 何为纳税人？本案的原告能否成为纳税人？

2. 目前我国有哪些税种？本案涉及的税种有哪些？各税种的区分标准是什么？

3. 税务机关能否独立认定民事法律关系？

4. 对涉案民间借贷利息收入应否征收营业税、个人所得税等税款？如何可以，各税额如何计算？

5. 作为被告的税务机关对于原告的税务处理决定和行政复议决定是否适当？为什么？

6. 国家税收机关应该如何依法征税？企业和个人应如何依法纳税？上述这些问题分别涉及税收法的哪些规定？

一、税收法概述

（一）税收的概述

1. 税收的概念与特征。税收是国家实现其职能的重要形式，是指以国家为主体，为实现国家职能，凭借公共权力，按照法律规定的标准和程序，参与国民收入分配，强制、无偿且固定地取得财政收入的一种方式。税收作为一种特定的分配形式，其既是一个历史范畴，又是一个经济范畴。首先，税收是人类社会发展到一定历史阶段的产物，是伴随私有制和国家的产生而产生；其次，税收是国家参与一部分社会产品的分配和再分配的手段，其实质是一种以国家为主体的特殊分配形式。税收与其他财政收入形式相比，具有强制性、无偿性和固定性三个特征。

（1）强制性。这是指国家以社会管理者的身份，凭借政权力量，通过颁布法律或法规，按照一定的征收标准进行强制征税。负有纳税义务的个人和组织，都必须遵守国家强制性的税收法律制度，依法纳税，否则就要受到法律制裁。

（2）无偿性。这是指国家取得税收收入既不需偿还，也不需对纳税人付出任何对价。税收的无偿性特征，是与税收是国家凭借政治权力进行收入、分配的本质相关联的：它既不是凭借财产所有权取得的收入，也不像商品交换那样，需要用使用价值的转换或提供特定服务取得收入。

（3）固定性。这是指国家征税以法律形式预先规定征税范围和征收比例。税收是按照国家法律制度规定的标准征收的，在征税之前就以法律形式将课税对象、征收比例或数额等公布于众，然后按事先公布的标准征收。课税对象、征收比例或数额等内容制定公布后，在一定时期内保持稳定不变，未经严格的立法程序，任何单位和个人对征税标准都不得随意变更或修改。

2. 税收的作用。在市场经济体制下，税收主要具有形成国家财政收入、公平税负、稳定经济和维护国家政权四个方面的作用：

（1）税收具有形成国家财政收入的作用。国家要实现其职能，维持国家机器的正常运转，需要大量的财政资金。国家对此可以采取多种方式、通过各种渠道来实现获取财政资金的目的。其中，最有效、最可靠的方式就是征税。

（2）税收具有公平税负的作用。这体现在通过税收征收，使市场机制下形成的高收入者多负担税收，低收入者少负担税收，从而使税后的收入分配趋向公平。相对公平的税负对社会的稳定和发展起着至关重要的作用。

（3）税收具有稳定经济的作用。这体现在税收作为国家宏观经济调节工具的一种重要手段，其在政府收入中的重要份额，决定了对公共部门消费的影响，进而会影响社会总需求。税收在税目、税率、减免税等方面的规定，会直接影响投资行为，从而对总需求产生影响。这样就达到了调节社会生产、交换、分配和消费，促进社会经济健康发展的目的。

（4）税收具有维护国家政权的作用。国家政权是税收产生和存在的必要条件，而国家政权的存在又有赖于税收的存在。没有税收，国家机器就不可能有效运转。同时，税收分配不是按照等价原则和所有权原则分配的，而是凭借政治权力，对物质利益进行调节，体现国家支持什么、限制什么，从而达到巩固国家政权的政治目的。

3. 税收的分类。随着经济的发展，税收制度变得愈加复杂，如何对税种进行科学分类，成为税收制度研究的重要前提。至今，我国的税制有 18 个税种，即增值税、消费税、车辆购置税、关税、企业所得税、个人所得税、土地增值税、房产税、城镇土地使用税、耕地占用税、契税、资源税、车船税、船舶吨税、印花税、城市维护建设税、烟叶税和环境保护税。对税种的分类有多种方法，主要有按征税对象性质、经济性质及其转嫁归宿状况分类。我国的税收分类方式主要有：

（1）按征税对象的性质不同，可分为流转税类、所得税类、资源税类、财产税类、行为税和特定目的税六大类型。流转税是以商品生产、商品流通和劳动服务的流转额为征税对象的一类税收，如增值税、消费税、关税等。所得税是以纳税人的各种收益额为征税对象的一类税收，如企业所得税、个人所得税等。资源税（类）是以自然资源和某些社会资源为征税对象的税收，包括资源税、土地增值税和城镇土地使用税等。财产税是以纳税人拥有的财产数量或财产价值为征税对象的一类税收，如房产税、车船税等。行为税是指以纳税人发生的某种行为为征税对象征收的一类税收，如印花税、契税等。特定目的税是国家为了实现某种特定目的，以纳税人的某些特定行为为征税对象的一类税收，如车辆购置税、耕地占用税等。

（2）按管理和使用权限不同，可分为中央税、地方税和中央地方共享税三种。中央税，属于中央政府的财政收入，由国家税务局负责征收管理，如关税和消费税。地方税，属于地方各级政府的财政收入，由地方税务局负责征收管理，如城镇土地使用税、契税等。中央地方共享税，属于中央政府和地方政府财政的共同收入，由中央、地方政府按一定的比例分享税收收入的税种，如增值税由中央分享50%，地方分享50%。

（3）按计税依据不同，可分为从价税、从量税和复合税。从价税是以征税对象的收入、价格、金额等为计税依据，按一定比例税率计征的税种，如增值税、房产税等。从量税是以征税对象的数量、重量、体积等作为计税依据，采用固定单位税额征收的税种，其课税数额与征税对象数量相关而与价格无关，如资源税、耕地占用税等。复合税是既征收从价税，又征收从量税，如卷烟、白酒的消费税。

（4）按税负能否转嫁为标准，可分为直接税和间接税。直接税是指由纳税人直接负担，不易转嫁的税种，如所得税类、财产税类等。间接税是指纳税人能将税负转嫁给他人负担的税种，一般情况下各种商品的课税均属于间接税。

（二）税法的概述

1. 税法的概念。税收属于经济学概念，而税法则属于法学概念。所谓税法，是指由国家最高权力机关或其授权的行政机关规定的有关调整收入分配过程中形成的权利义务关系的法律规范的总称。税法是以宪法为依据，调整国家与社会成员在征纳税方面的权利与义务关系，维护社会经济秩序和纳税秩序，保障国家利益和纳税人合法权益的一种法律规范，是国家税务机关及一切纳税单位和个人依法征税、依法纳税的行为规则。

税法与税收存在着密切的联系，税收活动必须严格依照税法的规定进行，税法是税收的法律依据和法律保障。税收以税法为其依据和保障，而税法又必须以保障税收活动的有序进行作为其存在的理由和依据。此外，税收作为一种经济活动，属于经济基础范畴；而税法则是一种法律制度，属于上层建筑范畴。国家和社会对税收收入与税收活动的客观需要，决定了与税收相对应的税法的存在；而税法则对税收的有序进行和税收目的的有效实现起着重要的法律保障作用。

2. 税法的分类。按税法的立法目的、征税对象、权限划分、适用范围、功能作用、法律效力等方面的不同，可对税法做出不同的分类。

（1）按照税法的功能作用的不同，可分为税收实体法和税收程序法。税收实体法是指确定的税种立法，即具体规定了税种的征收对象、征税范围、计税依据和税款缴纳期限等的实体法律，如《中华人民共和国企业所得税法》《中华人民共和国个人所得税法》等。税收程序法是指税务管理方面的法律，即用以规定征收管理方式方法程序的法律，如《中华人民共和国税收征收管理法》《中华人民共和国海关法》等。

（2）按照主权国家行使税收管辖权的不同，可分为国内税法、国际税法、涉外税法等。国内税法是调整国家税务机关与国内经济组织或公民个人之间的税收征纳关系的法律规范。国际税法是调整国家之间、政府之间以及一国政府与跨国纳税人之间关于税收权益的分配关系的法律规范，包括政府间的双边或多边税收协定、关税互惠公约、国际税收惯例等形式。涉外税法是调整国家税务机关与具有涉外因素征纳关系的法律规范。

（3）按照税收立法权限或者法律效力的不同，可分为税收法律、税收行政法规、税收规章和税收范性文件等。税收法律是指拥有税收立法权的国家机关依照法律规定的程序在其职权范围内制定的调整税收关系的规范性文件，是税法的主要表现形式，如《中华人民共和国税收征收管理法》《中华人民共和国个人所得税法》等。税收行政法规是由国务院制定的税收法律规范的总称，如《中华人民共和国个人所得税法实施条例》等。税收规章包括国务院税务主管部门（如财政部、国家税务总局和海关总署等）制定的税收部门规章和地方政府制定的地方税收规章，如《网络发票管理办法》《中华人民共和国增值税暂行条例》等。税收规范性文件是由县级以上（含本级）各级税务机关依照法定职权和规定程序制定并发布的，涉及税务行政管理相对人的权利、义务关系，在本辖区内对征纳双方具有普遍约束力并能够反复适用的文件。

3. 税收法律关系。税收法律关系，是指税收法律制度所确认和调整的国家与纳税人之间、国家与国家之间以及各级政府之间在税收分配过程中形成的权利和义务关系。税收法律关系体现为国家征税与纳税人纳税的利益分配关系。总体上，税收法律关系与其他法律关系一样，也是由主体、客体和内容三个要素构成。这三个要素之间互相联系，形成统一的整体。

（1）税收法律关系主体。这是指税收法律关系中享有权利和承担义务的当事人，即税收法律关系的参加者。在我国，税收法律关系的主体包括征纳双方，即分为征税主体和纳税主体。征税主体是指税收法律关系中享有征税权利的一方当事人，即税务行政执法机关，包括各级税务机关、海关等；纳税主体即税收法律关系中负有纳税义务的一方当事人，包括自然人、法人和其他组织（即单位和个人）。

（2）税收法律关系客体。这是指税收法律关系主体双方的权利和义务所共同指向的对象，即征税对象，包括物或行为。这是区别一种税与另一种税的重要标志，是税法最基本的要素，体现着征税的最基本界限，决定着某一种税的基本征税范围，同时，征税对象也决定了各个不同税种的名称。

（3）税收法律关系内容。这是指税收法律关系主体依法所享受的权利和应承担的义务，这是税收法律关系中最实质的内容，也是税法的灵魂。它具体规定了税收法律关系主体可以实施什么行为，禁止实施什么行为，如果违反了税法的规定应当如何处罚等。

4. 税法的要素。税法要素是指各种单行税法所具有的共同的基本要素的总称。税法要素主要包括征税人、纳税义务人、征税对象、税目、税率、减税免税、纳税环节、纳税期限、法律责任等。其中，纳税人、征税对象、税率三项是一种税收课征制度或一种税收的基本构成因素。

（1）征税人。征税人是指代表国家行使征税职权的各级税务机关和其他征收机关。因税种的不同，征税人也可能有所不同。我国的单行税法中都有有关征税人的规定。例如，增值税的征税人是税务机关，关税的征税人是海关。

（2）纳税义务人。纳税义务人简称纳税人，是指依法直接负有纳税义务的自然人、法人和其他组织。

（3）征税对象。征税对象也称为征税范围，它是指税收法律关系中权利义务所指向的对象，即对什么征税。征税对象包括物或行为。不同的征税对象又是区别不同税种的重要标志。

（4）税目。税目是税法中具体规定应当征税的项目，是征税对象的具体化，代表征税的广度。

（5）税率。税率是指应纳税额与计税金额（或数量单位）之间的比例，它是计算税额的尺度。税率的高低直接体现国家的政策要求，直接关系到国家财政收入的多少和纳税人的负担程度，是税收法律制度中的核心要素。我国税法规定的税率有：①比例税率。比例税率是指对同一征税对象，不论其数额大小，均按同一个比例征税的税率。②累进税率。累进税率是根据征税对象数额的大小，规定不同等级的税率。即征税对象数额越大，税率越高。累进税率又分为全额累进税率、超额累进税率、超率累进税率和超倍累进税率四种。③定额税率。其又称固定税率，是指按征税对象的数量单位来直接规定固定的税额，而不采取百分比的形式。

（6）计税依据。计税依据是指计算应纳税额的依据或标准，即依据什么标准来计算纳税人应缴纳的税额。一般有两种：①从价计征，即以计税金额为计税依据；②从量计征，即以征税对象的重量、体积、数量为计税依据。

（7）纳税环节。商品流转过程包括工业生产、农业生产、货物进出口、农产品采购或发运、商业批发、商业零售等在内的各个环节，其中，具体被确定应当缴纳税款的环节，就是纳税环节。

（8）纳税期限。纳税期限是指纳税人的纳税义务发生后应依法缴纳税款的期限。规定纳税期限是为了保证国家财政收入的及时实现，也是税收强制性和固定性的体现。

（9）减免税。减免税是国家对某些纳税人和征税对象给予鼓励和照顾的一种特殊规定。减税是指对应征税款减少征收一部分款项。免税是对按规定应征收的税款全部免除。

（10）法律责任。法律责任是指对违反国家税法规定的行为人所采取的处罚措施，一般包括违法行为和因违法而应承担的法律责任两部分内容。这里的违法行为是指违反税法规定的行为，包括作为和不作为。这里的法律责任包括行政责任和刑事责任。纳税人和税务人员违反税法规定，都将依法承担法律责任。

二、有关税法的主要规定

（一）流转税

流转税类，是以商品生产、商品流通和劳务服务的流转额为征税对象的一类税收。其中，流转额包括商品交易的金额或数量和劳务收入的金额。我国现行的增值税、消费税、关税均属于流转税类。

1. 增值税。这是指对在我国境内从事销售货物或者加工、修理修配劳务，以及进出口货物的单位和个人取得的增值额为计税依据征收的一种流转税。按照外购固定资产处理方式的不同，可将增值税划分为消费型增值税、收入型增值税和生产型增值税三种类型。消费型增值税允许纳税人在计算增值税时，将外购固定资产的价值一次性全部扣除，它是世界上实行增值税的国家普遍采用的一种类型。我国从 2009 年 1 月 1 日起全面实行消费型增值税。收入型增值税允许纳税人在计算增值税时，将外购固定资产折旧部分扣除。生产型增值税不允许纳税人在计算增值税时扣除外购固定资产的价值。增值税自 1954 年在法国问世后，许多国家纷纷引进这种较为科学的税收制度，目前，世界上约有 100 多个国家和地区采用不同类型的增值税。自 1983 年 1 月 1 日起，我国开始试行增值税。我国当时的增值税属于生产型增值税。2004 年 9 月经国务院批准，财政部、国家税务总局印发了《东北地区扩大增值税抵扣范围若干问题的规定》，标志着我国现行的生产型增值税开始向消费型增值税转型并试点。2008 年 11 月，国务院颁布新修订《中华人民共和国增值税暂行条例》，标志着全国范围内实施增值税转型改革，固定资产（不含小汽车）进行税额可全额抵扣。自 2013 年 8 月 1 日起，在全国范围内开展交通运输业和部分现代服务业营业税改征增值税试点。自 2014 年 1 月 1 日起，铁路运输和邮政业也纳入了营业税改征增值税的试点。同时为准确执行出口货物劳务税收政策，进一步规范管理，国家税务总局于 2013 年 3 月 20 日发布了《国家税务总局关于〈出口货物劳务增值税和消费税管理办法〉有关问题的公告》，进一步明确了未结清出口退（免）税款可以办理出口企业退（免）税资格认定注销的两种情况，增加了放弃全部适用退（免）税政策的规定等内容，并进一步简化申报手续。2016 年 5 月 1 日，"营改增"全面试点，试点范围扩大到建筑业、房地产业、金融业、生活服务业等行业，全部企业的新增不动产也纳入增值税抵扣范围。2017 年开始的增值税改革主要以减税并档为主，2018 年《政府工作报告》提出"改革完善增值税制度，按照三档并两档方向调整税率水平，重点降低制造业、交通运输等行业税率，提高小规模纳税人年销售额标准"。2019 年《政府工作报告》进一步提出"深化增值税改革，将制造业等行业现行 16% 的税率降至 13%，将交通运输业、建筑业等行业现行 10% 的税率降至 9%，确保主要行业税负明显降低；保持 6% 一档的税率不变，但通过采取对生产、生活性服务业增加税收抵扣等配套措施，确保所有行业税负只减不增，继续向推进税率三档并两档、税制简化方向迈进"。增值税的主要内容如下：

（1）纳税义务人。在中华人民共和国境内销售货物或者提供加工、修理修配劳务以及进口货物的单位和个人，为增值税的纳税义务人。企业租赁或承包给他人经营的，以承租人或承包人为纳税人。依据增值税纳税人的经营规模及会计核算健全与否，可以分为一般纳税人和小规模纳税人。

（2）征税范围。增值税的征税范围包括销售或进口货物，提供加工修理修配劳务，销售服务、无形资产或不动产。销售货物，是指在我国境内有偿转让货物的所有权。货物，是指除土地、房屋和其他建筑物等不动产之外的有形动产，包括电力、热力、气体在内。进口货物是指申报进入中国海关境内的货物。只要是报关进口的应税货物，除享受免税政策外，均属于增值税的征税范围。提供加工、修理修配劳务又称销售应税劳务，是指在中国境内有偿提供加工、修理修配劳务。加工，是指受托加工货物，即由委托方提供原料及主要材料，受托方按照委托方的要求制造货物并收取加工费的业务。修理修配，是指受托方对损伤和丧失功能的货物进行修复，使其恢复原状和功能的业务。单位和个人在中国境内提供或销售上述劳务，即应税劳务的发生地在中国境内，不论受托方从委托方收取的加工费是以货币的形式，还是以货物或其他经济利益的形式，都应视作有偿销售行为，应征收增值税。但是，单位或个体经营者聘用的员工为本单位或雇主提供加工、修理修配劳务，不包括在内。销售服务是指提供交通运输服务、邮政服务、电信服务、建筑服务、金融服务、现代服务、生活服务等服务。无形资产是指不具实物形态但能带来经济利益的资产，包括技术、商标、自然资源使用权等。不动产的销售属于转让不动产所有权的业务行为。例如，个人转让住房的，在 2016 年 4 月 30 日前签订转让合同，2016 年 5 月 1 日以后办理产权变更事项的，应缴纳增值税。

（3）税率与征收率。增值税的基本税率为 13%，适用于除实行低税率和零税率以外的大多数销售货物或进口货物及提供加工、修理修配劳务。其中低税率分为 9% 和 6% 两档。纳税人销售交通运输、邮政、基础电信、建筑、不动产租赁服务，销售不动产，或转让土地使用权，或销售或进口下列货物的，适用 9% 的税率：①粮食、自来水、食用植物油、食用盐；②暖气、冷气、热水、煤气、石油液化气、天然气、沼气、居民用煤炭制品；③图书、报纸、杂志、音像制品、电子出版物；④饲料、化肥、农药、农机（不包括农机零部件）、农膜；⑤国务院规定的其他货物。纳税人销售电信服务、金融服务、现代服务和生活服务，销售无形资产（土地使用权除外），则适用 6% 的税率。除国务院另有规定外，对于出口货物、劳务或者境内单位和个人发生的跨境应税行为，适用的税率为零。具体范围由财政部和国家税务总局另行规定。

一般纳税人在特殊情况下采用简易计税方法适用征税率。小规模纳税人缴纳增值税，采用简易计税方法适用征税率。我国增值税的法定征收率是 3%；而一些特殊项目适用 3% 征收率减按 2% 征收，比如销售旧货。全面营改增后，与不动产有关的特殊项目适用 5% 的征收率；而一些适用 5% 的征收率的特殊项目减按1.5% 征收，比如个人出租住房的。

（4）增值税应纳税额的计算。增值税的计税方法包括一般计税方法、简易计税方法。一般纳税人的增值税依应纳税额计算，即一般采取税款抵扣的方法，间接计算增值税的应纳税额。其计算公式为：应纳税额＝当期销项税额－当期进项税额。其中，当期销项税额等于增值税销售额乘以适用增值税税率，即销项税额＝销售额×税率（计算公式中的销售额不含增值税的）；当期进项税额等于购进货物或者接受应税劳务所支付或者负担的增值税额。在当期销项税额小于当期进项税额不足抵扣时，其不足抵扣部分可以结转下期继续抵扣。增值税销售额，是指纳税人销售货物或者提供应税劳务，从购买方或承受应税劳务方收取的全部价款和一切价外费用。价外费用包括向购买方收取的手续费、补贴、基金、集资费、返还利润、奖励费、违约金、包装费、包装物租金、储备费、优质费、运输装卸费、代收款项、代垫款项及其他各种性质的价外收费。

如果销售额中包含增值税税款的，则应将不含税的销售额和销项税额分离出来，计算公式为：不含增值税销售额＝含增值税销售额÷（1+税率或征收率）。

关于小规模纳税人的增值税应纳税额的计算，小规模纳税人销售货物或计税劳务，实行简易计税方法计算应纳税额，计算公式为：应纳税额＝销售额×征收率。

销售额的确定与一般纳税人相同，不同的是小规模纳税人不得抵扣任何进项税额。

关于进口货物的增值税应纳税额的计算，进口的应税货物，按照组成的计税价格和规定的增值税税率来计算应纳税额，不得抵扣进项税额。应纳税额的计算公式为：应纳税额＝组成计税价格×税率。其中组成计税价格＝关税完税价格+关税+消费税。

2. 消费税。这是指对消费品和特定的消费行为在特定的环节征收的一种流转税。具体而言，消费税是指对从事生产、委托加工及进口应税消费品的单位和个人，就其消费品的销售额或销售数量或者销售额与销售数量相结合征收的一种流转税。目前，世界上约有 152 多个国家和地区开征了消费税，但具体名称和征收形式不尽相同：有的叫货物税，有的叫奢侈品税；一些国家按征税对象确定税种名称，如烟税、酒税、矿物税等。1993 年 12 月 13 日，国务院颁布了经 2008 年 11 月 5 日国务院第 34 次常务会议修订通过的《中华人民共和国消费税暂行条例》。2008 年 12 月 15 日，财政部、国家税务总局令第 51 号颁布的《中华人民共和国消费税暂行条例实施细则》。上述这两个法规、规章构成了我国现行消费税的基本法律制度。消费税的主要内容如下：

（1）纳税义务人。这是指在中华人民共和国境内生产、委托加工和进口应税消费品的单位和个人，具体包括：企业、行政单位、事业单位、军事单位、社会团体、在中国注册的国际组织的机构和外国机构、港澳台地区的机构等，以及个体经营者和包括中国公民和外国公民在内的其他个人。单位和个人在中国境内生产、委托加工和进口应税消费品是指生产、委托加工和进口应税消费品的起运地或所在地均在中国境内。具体来说，消费税纳税人包括：生产应税消费品、进口应税消费品、委托加工应税消费品的单位和个人。

（2）征税范围。征税范围主要是根据经济发展现状和社会消费水平，依据国家财政政策的需要，并借鉴国外的成功经验和通行做法确定的。我国目前对15 类商品征收消费税，包括烟、成品油、小汽车、酒、贵重首饰珠宝、摩托车、高档手表、高尔夫球和球具、游艇、高档化妆品、木制一次性筷子、实木地板、鞭炮烟火、电池、涂料。

（3）税率。我国采用比例税率和定额税率相结合的形式计税，比例税率从价征收，定额税率从量征收。根据不同的应税消费品分别实行从价定率、从量定额和从价从量复合计征。比例税率中最高税率为56%，最低税率为1%；定额税率最高为每征税单位250元。国家将根据经济发展和产业政策的需要，对一些列入征收消费税和税率进行必要调整和完善，消费税的具体税率应以最新规定为准。

（4）消费税应纳税额的计算。应税消费品销售额，是纳税人销售应税消费品向购买方收取的全部价款和价外费用。价外费用包括价外收取的基金、集资费、返还利润、补贴、违约金、手续费、包装费、储备费、优质费、运输装卸费、代收款项、代垫款项，以及其他各种性质的价外收费。实行从价定率征税的应税消费品，其计税依据是含消费税而不含增值税的销售额。

实行从价定率征收的计算方法：应纳税额＝应税消费品销售额×比例税率。

实行从量定率征收的计算方法：应纳税额＝应税消费品销售数量×定额税率。

实行复合计税的计算方法：应纳税额＝应税消费品销售数量×定额税率＋应税消费税销售额×比例税率。

（5）出口退税。除国务院对国家限制出口的应税消费品有规定外，纳税人出口应税消费品的，免征消费税；已征消费税的，可以按国家有关规定办理退税手续。出口的应税消费品在办理退税后，发生退关或者国外退货，进口时予以免税的，报关出口者必须及时向其所在地主管税务机关申报并缴纳已退还的消费税税款。

属于从价定率计征消费税的，为已征且未在内销应税消费品应纳税额中抵扣的购进出口货物金额；属于从量定额计征消费税的，为已征且未在内销应税消费品应纳税额中抵扣的购进出口货物数量；属于复合计征消费税的，按从价定率和从量定额的计税依据分别确定。

3. 关税。这是海关依法对进出国境或关境的货物、物品征收的一种税。关税一般分为进口关税、出口关税和过境关税。我国目前对进出境货物征收的关税分为进口关税和出口关税两类。第六届全国人大常委会第十九次会议于1987年1月22日通过的、于2000年7月8日、2013年6月29日、2013年12月28日、2016年11月7日及2017年11月4日进行过五次修正的《中华人民共和国海关法》，国务院于2003年11月颁布的、于2011年1月8日、2013年12月7日、2016年2月6日及2017年3月1日进行过四次修订的《中华人民共和国进出口关税条例》，以及经国务院关税税则委员会审定并报国务院批准，由海关总署印发的《中华人民共和国海关进出口税则》《中华人民共和国关于入境旅客行李物品和个人邮递物品征收进口税办法》等规章、制度、文件，共同构成了我国关税法律制度。

（1）纳税义务人。纳税义务人包括进口货物的收货人、出口货物的发货人、进出境物品的所有人。进出口货物的收、发货人是依法取得对外贸易经营权，并进口或者出口货物的法人或者其他社会团体。进出境物品的所有人包括该物品的所有人和推定为所有人的人。一般情况下，对于携带进境的物品，推定其携带人为所有人；对分离运输的行李，推定行李所属的进出境旅客为所有人；对以邮递方式进境的物，推定其收件人为所有人；以邮递或其他运输方式出境的物品，推定其寄件人或托运人为所有人。

（2）征税范围。征税范围包括国家准许进出口的货物、进境物品，但法律、行政法规另有规定的除外。货物，是指贸易性商品；物品，是指入境旅客随身携带的行李物品、个人邮递物品、各种运输工具上的服务人员携带进口的自用物品、馈赠物品以及其他方式进境的个人物品。对从境外采购进口的原产于中国境内的货物，海关也要征收进口关税。除国家规定享受减免税的货物可以免征或减征关税外，所有进口货物和少数出口货物均属于关税的征税范围。

（3）税率。关税税率为差别比例税率，分为进口关税税率、出口关税税率和特别关税。具体如下：①进口关税税率。在我国加入世界贸易组织（WTO）之前，我国进口税则设有两档税率，即普通税率和优惠税率。对原产于与我国未订有关税互惠协议的国家或者地区的进口货物，按照普通税率征税；对原产于与我国订有关税互惠协议的国家或者地区的进口货物，按照优惠税率征税。在我国加入WTO之后，为履行我国在加入WTO时的在关税减让谈判中承诺的有关义务，享有WTO成员应有的权利，自2002年1月1日起，我国进口税则设有最惠国税率、协定税率、特惠税率、普通税率、关税配额税率等税率。②出口关税税率。这是对出口货物征收关税而规定的税率。目前我国仅对少数资源性产品及易于竞相杀价、盲目进口、需要规范出口秩序的半制成品征收出口关税。未订有出口关税税率的货物，不征出口关税。③特别关税是指为了应对个别国家对我国出口货物的歧视，任何国家或者地区如对进口原产于我国的货物征收歧视性关税或者给予其他歧视性待遇的，海关可以对原产于该国或者地区的进口货物征收特别关税。特别关税包括报复性关税、反倾销税与反补贴税、保障性关税。

（4）应纳税额的计算。我国对进口商品基本上都实行从价税。从1997年7月起，我国对部分产品实行从量税、复合税和滑准税。从价税应纳关税税额的计算公式为：关税税额=应税进（出）口货物数量×单位完税价格×适用税率；从量税应纳税额的计算公式为：关税税额=应税进（出）口货物数量×单位货物税额；复合税应纳税额的计算公式为：关税税额=应税进（出）口货物数量×单位货物税额+应税进（出）口货物数量×单位完税价格×税率；滑准税应纳税额的计算公式为：关税税额=应税进（出）口货物数量×单位完税价格×滑准税税率。

（二）所得税

所得税属直接税，是以纳税义务人的所得额为征税对象所征收的税收。所得税是一种直接税，以纳税义务人的实际负担能力为征税原则。所得税包括企业所得税和个人所得税。

1. 企业所得税。这是指国家对我国境内企业和组织的生产经营所得和其他所得征收的一种税。长期以来，我国企业所得税按内资、外资企业分别立法，外资企业适用1991年第七届全国人民代表大会第四次会议通过的《中华人民共和国外商投资企业和外国企业所得税法》，内资企业适用1993年国务院发布的《中华人民共和国企业所得税暂行条例》，这对吸引外资、促进经济发展发挥了重要作用。2007年3月16日第十届全国人民代表大会第五次会议通过了《中华人民共和国企业所得税法》，统一了内外资企业所得税，该法自2008年1月1日起施行（2018年12月29日修正）。为了更好实施《企业所得税法》，2007年11月28日国务院第197次常务会议通过《中华人民共和国企业所得税法实施条例》（2019年4月23日修正）。

（1）纳税义务人。在中华人民共和国境内，企业和其他取得收入的组织（以下简称企业）为企业所得税的纳税人，但个人独资企业和合伙企业缴纳的是个人所得税。企业分为居民企业和非居民企业。《企业所得税法》所称的居民企业是指依照中国法律、法规在中国境内成立，或者依照外国（地区）法律成立但实际管理机构在中国境内的企业。所称非居民企业是指依照外国（地区）法律、法规成立且实际管理机构不在中国境内，但在中国境内设立机构、场所的，或者在中国境内未设立机构、场所，但有来源于中国境内所得的企业。

（2）征税范围。征税范围包括我国境内的企业和组织取得的生产经营所得和其他所得。居民企业应当就其来源于中国境内、境外的所得，缴纳企业所得税。非居民企业在中国境内设立机构、场所的，应当就其所设机构、场所取得的来源于中国境内的所得，以及发生在中国境外但与其所设机构、场所有实际联系的所得，缴纳企业所得税。非居民企业在中国境内未设立机构、场所的，或者虽设立机构、场所但取得的所得与其所设机构、场所没有实际联系的，应当就其来源于中国境内的所得缴纳企业所得税，即预提所得税。

纳税人的生产、经营所得，是指其从事物质生产、交通运输、商品流通、劳务服务以及经国家主管部门确认的其他营利事业取得的合法所得，还包括卫生、物资、供销、城市公用和其他行业的企业，以及一些社团组织、事业单位、民办非企业单位开展多种经营和有偿服务活动所取得的合法经营所得。纳税人的其他所得，是指股息、利息、租金、特许权使用费以及营业外收益等所得。另外，企业解散或破产后的清算所得，也属于企业所得税的征税范围。

（3）税率。我国采用比例税率，这是对纳税人应纳税所得额征税的比率，即应纳税额与应纳税所得额的比率。在《企业所得税法》实施前，内资企业和外资企业所得税税率均为33%。同时，对一些特殊区域的外资企业实行24%、15%的优惠税率，对内资微利企业分别实行27%、18%的两档照顾税率。在《企业所得税法》实施后，企业（包括内资企业和外资企业）所得税的税率为25%。非居民企业在中国境内未设立机构、场所的，或者虽设立机构、场所但取得的所得与其所设机构、场所没有实际联系的，其来源于中国境内的所得缴纳企业所得税，适用税率为20%。此外，国家为了重点扶持和鼓励发展特定的产业和项目，还规定了两档税率：①符合条件的小型微利企业，减按20%的税率征收企业所得税；②国家需要重点扶持的高新技术企业，减按15%的税率征收企业所得税。

（4）应纳税额的计算。企业所得税的计税依据为应纳税所得额。《企业所得税法》规定的应纳税所得额，是指企业每一纳税年度的收入总额，减除不征税收入、免税收入、各项扣除以及允许弥补的以前年度亏损后的余额。应纳税所得额计算公式为：应纳税所得额=每一纳税年度的收入总额-不征税收入-免税收入-各项扣除项目-允许弥补的以前年度亏损

企业的应纳税所得额乘以适用税率，减除税收优惠的规定减免和抵免的税额后的余额，为应纳税额。计算公式为：应纳税额=应纳税所得额×适用税率-减免-抵免税额

企业取得的下列所得已在境外缴纳的所得税税额，可以从其当期应纳税额中抵免，抵免限额为该项所得依照规定计算的应纳税额；超过抵免限额的部分，可以在以后5个年度内，用每年度抵免限额抵免当年应抵税额后的余额进行抵补：①居民企业来源于中国境外的应税所得。②非居民企业在中国境内设立机构、场所，取得发生在中国境外但与该机构、场所有实际联系的应税所得。③居民企业从其直接或者间接控制的外国企业分得的来源于中国境外的股息、红利等权益性投资收益，外国企业在境外实际缴纳的所得税税额中属于该项所得负担的部分，可以作为该居民企业的可抵免境外所得税税额，在上述规定的抵免限额内抵免。

（5）税收优惠。《企业所得税法》规定的企业所得税的税收优惠方式包括：免税、减税、加计扣除、加速折旧、减计收入税额抵免等。企业的下列收入为免

税收入：①国债利息收入；②符合条件的居民企业之间的股息、红利等权益性投资收益；③在中国境内设立机构、场所的非居民企业从居民企业取得与该机构、场所有实际联系的股息、红利等权益性投资收益；④符合条件的非营利组织的收入。

企业的下列所得，可以免征、减征企业所得税：①从事农、林、牧、渔业项目的所得；②从事国家重点扶持的公共基础设施项目投资经营的所得；③从事符合条件的环境保护、节能节水项目的所得；④符合条件的技术转让所得；⑤非居民企业在中国境内未设立机构、场所的，或者虽设立机构、场所但取得的所得与其所设机构、场所没有实际联系的，其来源于中国境内的所得；⑥民族自治地方的自治机关对本民族自治地方的企业应缴纳的企业所得税中属于地方分享的部分，可以决定减征或者免征。

其他优惠规定：①开发新技术、新产品、新工艺发生的研究开发费用可以在计算应纳税所得额时加计扣除；②安置残疾人员及国家鼓励安置的其他就业人员所支付的工资可以在计算应纳税所得额时加计扣除；③企业综合利用资源，生产符合国家产业政策规定的产品所取得的收入，可以在计算应纳税所得额时减计收入；④对符合条件的小型微利企业实行20%的优惠税率，对国家需要重点扶持的高新技术企业，减按15%的税率征收企业所得税；⑤创业投资企业从事国家需要重点扶持和鼓励的创业投资，可以按投资额的一定比例抵扣应纳税所得额；⑥企业购置用于环境保护、节能节水、安全生产等专用设备的投资额，可以按一定比例实行税额抵免；⑦《企业所得税法》规定的其他税收优惠和过渡性税收优惠。

2. 个人所得税。这是对个人（即自然人）的劳务和非劳务所得征收的一种税。《中华人民共和国个人所得税法》（以下简称《个人所得税法》）于1980年9月10日第五届全国人民代表大会第三次会议通过。自1993年以来，我国先后对《个人所得税法》进行了七次修改，目前适用的是2018年8月31日，由第十三届全国人大常委会第五次会议修改通过并公布的，自2019年9月1日起实施。国务院于1994年1月28日发布了《中华人民共和国个人所得税法实施条例》（以下简称《个人所得税法实施条例》）。该条例进行了四次修改，现在适用的是2018年12月18日中华人民共和国国务院令第707号第四次修订的《个人所得税法实施条例》。这两部法律、法规构成了我国现行个人所得税法律制度的主要依据。

（1）纳税义务人。个人所得税的纳税人不仅涉及中国公民，也涉及在华取得所得的外籍人员和中国的港、澳、台同胞，还涉及个体户、个人独资企业和合伙企业的投资者。根据《个人所得税法》第1条的规定，在中国境内有住所，或者无住所而一个纳税年度内在境内居住累计满 183 天的个人（即居民纳税义务人），从中国境内和境外取得的所得，应依照税法规定缴纳个人所得税；在中国境内无住所又不居住，或者无住所而一个纳税年度内在境内居住累计不满 183 天的个人（即非居民纳税义务人），仅就中国境内取得的所得缴纳个人所得税。

（2）征税范围。《个人所得税法》第 2 条规定纳税人有下列各项个人所得的，应纳个人所得税，具体范围如下：①工资、薪金所得；②劳务报酬所得；③稿酬所得；④特许权使用费所得；⑤经营所得；⑥利息、股息、红利所得；⑦财产租赁所得；⑧财产转让所得；⑨偶然所得。个人取得的所得，难以界定应纳税所得项目的，由国务院税务主管部门确定。但对股票转让所得征收个人所得税的办法，由国务院财政部门另行制定，报国务院批准施行。下列各项个人所得，免征个人所得税，具体范围如下：①省级人民政府、国务院部委和中国人民解放军军以上单位，以及外国组织、国际组织颁发的科学、教育、技术、文化、卫生、体育、环境保护等方面的奖金；②国债和国家发行的金融债券利息；③按照国家统一规定发给的补贴、津贴，这是指按照国务院规定发给的政府特殊津贴、院士津贴，以及国务院规定免纳个人所得税的其他补贴、津贴；④福利费、抚恤金、救济金；⑤保险赔款；⑥军人的转业费、复员费、退役金；⑦按照国家统一规定发给干部、职工的安家费、退职费、基本养老金、退休费、离休费、离休生活补助费；⑧依照我国有关法律规定应予免税的各国驻华使馆、领事馆的外交代表、领事官员和其他人员的所得；⑨中国政府参加的国际公约、签订的协议中规定免税的所得；⑩按照国家规定，单位为个人缴付和个人缴付的住房公积金、基本医疗保险费、基本养老保险费、失业保险费，从纳税义务人的应纳税所得额中扣除；⑪专项教育储蓄存款利息所得以及国务院财政部分确定的其他专项储蓄款或者储蓄性专项基金存款的利息所得，免征利息所得税；⑫生育妇女按照县级以上人民政府根据国家有关规定制定的生育保险办法，取得的生育津贴、生育医疗费或其他属于生育保险性质的津贴、补贴；⑬具备《失业保险条例》规定条件的失业人员，领取的失业保险金，免征个人所得税；⑭储蓄机构内从事代扣代缴工作的办税人员取得的扣缴利息税手续费所得，免征个人所得税；⑮对个人购买福利彩票、赈灾彩票、体育彩票，一次中奖收入在 1 万元以下（含 1 万元）的暂免征收个人所得税，超过 1 万元的，全额征收个人所得税；⑯符合条件的见义勇为者的奖金或奖品，经主管税务机关核准，免征个人所得税；⑰个人举报、协查各种违法、犯罪行为而获得的奖金；⑱对被拆迁人按规定的标准取得的拆迁补偿款（含因棚户区改造而取得的拆迁补偿款），免征个人所得税；⑲经国务院财政部门批准免税的其他所得等。

另外有下列情况之一的，经批准可以减征个人所得税：①残疾、孤老人员和烈属的所得；②因严重自然灾害造成重大损失的；③其他经国务院财政部门批准减税的。

（3）税率。个人所得税的税率实行超额累进税率和比例税率相结合的形式，具体规定为：

第一，综合所得适用税率。综合所得包括：工资、薪金所得，劳务报酬所得，稿酬所得和特许权使用费所得，适用3%~45%的七级超额累进税率。

第二，个体工商户的生产、经营所得和对企事业单位的承包经营、承租经营所得，适用5%~35%的五级超额累进税率。为支持鼓励自主创业，对个体工商户等经营主体给予家庭生计必要支出减除，《个人所得税法实施条例》规定：取得经营所得的个人，没有综合所得的，计算其每一纳税年度的应纳税所得额时，应当减除费用6万元、专项扣除、专项附加扣除以及依法确定的其他扣除。

第三，利息、股息、红利所得，财产租赁所得，财产转让所得和偶然所得，适用比例税率，税率为20%。

（4）应纳税额的计算。依照税法规定的适用税率和费用扣除标准，各项所得的应纳税额的计算公式主要有三种：

第一，居民个人综合所得应纳税额的计算方式：应纳个人所得税税额=（应纳税所得-扣除标准）×适用税率-速算扣除数，其中应纳税所得=工薪收入-法定减除费用-专项扣除-专项附加扣除-依法确定的其他扣除。法定减除费用标准为5000元/月或60000元/年；专项扣除包括基本养老保险、基本医疗保险、失业保险等社会保险费、住房公积金等；专项附加扣除包括《个人所得税专项附加扣除暂行办法》中规定的子女教育、继续教育、住房贷款利息、住房租金、赡养老人、大病医疗等专项附加扣除；依法确定的其他扣除包括个人缴付符合国家规定的企业年金、职业年金，个人购买符合国家规定的商业健康保险、税收递延型商业养老保险的支出，以及国务院规定可以扣除的其他项目。

工资、薪金所得全额计入收入额；劳务报酬所得和特许使用费所得的收入额为实际取得收入的80%；稿酬所得的收入额为实际收入的56%。

第二，经营所得应纳税额的计算方式：应纳税额=应纳税所得额×适用税率-速算扣除数，其中应纳税所得额=全年收入总额-成本-费用-损失。对适用超额累进税率的个体工商户的生产、经营所得，企事业单位的承包经营、承租经营所得，以及适用加成征收税率的劳务报酬所得，运用速算扣除数法计算其应纳税额。

第三，其他应纳税额的计算方式：应纳税额=应纳税所得额×适用税率。其他个税应纳税额的计算适用此方法。

（三）其他税种

1. 资源税。资源税是指为了促进合理开发和利用资源，调节资源级差收入而对资源产品征收的一种税。其主要内容有：

（1）纳税义务人。这是指在中华人民共和国境内开采应税矿产品或生产盐的单位和个人。

（2）征税范围。征税范围主要包括原油、天然气、煤炭、其他非金属矿原矿、黑色金属矿原矿、有色金属矿原矿和盐 7 个税目。

（3）资源税的应纳税额，按照从价定率或者从量定额的办法，分别以应税产品的销售额乘以纳税人具体适用的比例税率或者以应税产品的销售数量乘以纳税人具体适用的定额税率来计算。纳税人开采或者生产不同税目的应税产品的，应当分别核算不同税目应税产品的销售额或者销售数量；未分别核算或者不能准确提供不同税目应税产品的销售额或者销售数量的，从高适用税率。具体税率为：原油销售额的 6%；天然气销售额的 6%；煤销售额的 2%～10%。黑色金属销售额的 1%～9%；其他有色金属销售额的 2%～20；矿物类销售额的 1%～12%，其中石灰岩可每立方米 1～10 元，粘土类和砂石可每立方米 0.1～5 元；岩石类销售额的 1%～10%；宝玉石类销售额的 4%～20%；二氧化碳、硫化氢气、氦气等销售额的 2%～5%；矿泉水销售额的 1%～20% 或者每立方米 1～30 元；盐类销售额的 2%～15%，其中天然卤水可每立方米 1～10 元。

2. 财产税。财产税是指以纳税人拥有的财产数量或财产价值为征税对象的一类税收。其主要内容有：

（1）纳税义务人。财产税的纳税义务人为拥有某些特定财产的单位和个人。

（2）征税范围。房产税的征税范围为城市、县城、建制镇和工矿区的房屋；车船税的征税范围为依法在公安、交通、农业等车船管理部门登记的车辆和船舶；契税的征税对象是境内发生使用权转移的土地、发生所有权转移的房屋等（遗产税目前在我国尚未开征）。

（3）税率。依房产价值计算纳税的，税率为 1.2%；依房产租金收入计算纳税的，税率为 12%。契税的税率分为：车船税采取定额税率，税额由省、自治区、直辖市政府依照车船税法所附《车船税税目税额表》规定的幅度征收。

3. 行为税。行为税是指以消费或经济活动中某些特定行为为征税对象的一种税。其主要内容有：

（1）纳税义务人。纳税义务人是指行使了某些特定行为的单位和个人。

（2）征税范围。需要征税的特定行为包括：土地增值税的转让行为、城乡维护建设税的建设行为、印花税的凭证领受行为等。

（3）税率。土地增值税实行四级超率累进税率，按增值额比例 30%～60% 征收。城乡维护建设税实行三档地区差别比例税率，其税率分别为 1%、5%、7%。印花税按应税凭证的性质不同，可分两种税率：①按凭证实行差额比例税率，最高为 1‰，最低为 0.05‰；②按凭证实行定额税率，如各种证照，每件 5 元。

三、有关税收征管法的主要规定

（一）税收征收管理法概述

税收征收管理法是调整税务机关和纳税人之间在征税纳税过程中所产生的权利义务法律规范的总称，是国家税收法律体系的重要组成部分。为了加强税收征收管理，规范税款征收和缴纳行为，保障国家税收收入，保护纳税人的合法权益，促进经济和社会发展，1992 年 9 月 4 日第七届全国人大常委会第二十七次会议通过了《中华人民共和国税收征收管理法》（以下简称《税收征收管理法》），于 1993 年 1 月 1 日起施行。该法于 1995 年 2 月、2001 年 4 月、2013 年 6 月和 2015 年 4 月进行了 4 次修订，修改后的《税收征收管理法》自 2015 年 4 月 24 日起施行。2002 年 9 月 7 日，经修订的《税收征管法实施细则》颁布，2002 年 10 月 15 日起施行，2012 年 11 月 9 日国务院发布《国务院关于修改和废止部分行政法规的决定》，其中对《税收征管法实施细则》的 3 个条款作了修改，2013 年 7 月 18 日、2016 年 2 月 6 日再次对其进行了修改。

从 1994 年开始，我国实行分税制财政管理体制。按照分税制的要求，将国家开征的全部税种划分为中央税、中央与地方共享税和地方税：①把需要由全国统一管理、影响全国性的商品流通和税源集中、收入较大的税种划为中央税；②把与地方资源、经济状况联系比较紧密，对全国性商品生产和流通影响小或者没有影响，税源比较分散的税种划为地方税；③把一些税源具有普遍性、但征管难度较大的税种划为中央和地方共享税。

我国税收征收的主管机关是国家税务总局，主要负责税收法律法规草案的拟订及对税收征收工作的宏观监督和管理。在省级以下，国家按税种征管分设国家税务局和地方税务局，分别负责中央税、中央与地方共享税和地方税的征收管理工作，形成国家税务局和地方税务局两个相对独立的税收管理组织体系。

（二）税收征收管理法的主要规定

1. 税务管理。这是指税收征收管理机关为了贯彻、执行国家税收法律制度，加强税收工作，协调征税关系而开展的一项有目的的活动。税务管理是税收征收管理的重要内容，是税款征收的前提和基础性工作。税务管理主要包括税务登记、账簿和凭证管理、纳税申报等方面的管理。

（1）税务登记。税务登记又称纳税登记，规定企业、企业在外地设立分支机构和从事生产、经营的场所，个体工商户和从事生产、经营的事业单位，应自纳税义务发生之日起 30 日内，持有关证件向税务机关办理登记。纳税人发生变更、解散、破产、撤销等情形，依法变动和终止纳税义务的，应当向原税务机关申报办理变更、注销税务登记。实行定期定额征收方式的个体工商户需要停业、复业的，应当向税务登记机关办理停业、复业登记。纳税人应当按照国家有关规定，持税务登记证件，在银行或其他金融机构开立基本存款账号和其他存款账号，并将其全部账号向税务机关报告。纳税人依法使用税务登记证件，不得转借、涂改、损毁、买卖或伪造。税务登记是整个税收征收管理的起点，税务登记的作用在于掌握纳税人的基本情况和税源分布情况。从税务登记开始，纳税人进入税务管理的视野，纳税人的身份及征纳双方的法律关系得到了确认。

（2）账簿、凭证管理制度。纳税人、扣缴义务人按照国家法律、行政法规和国务院财政、税务主管部门的规定设置账簿，根据合法、有效的凭证进行记账、核算。建立健全的财务会计管理制度，配备人员办理纳税事项，并完整地保存账簿、凭证、发票、缴款书、完税凭证等纳税资料。从事生产、经营的纳税人应当自领取营业执照或者发生纳税义务之日起 15 日内，按照国家有关规定设置账簿。扣缴义务人应当自税收法律、行政法规规定的扣缴义务发生之日起 10 日内，按照所代扣、代收的税种，分别设置代扣代缴、代收代缴税款账簿。账簿、会计凭证、报表、完税凭证及其他有关纳税资料应当保存 10 年，法律、行政法规另有规定的除外。账簿、记账凭证、完税凭证及其他有关资料不得伪造、变造或擅自损毁。账簿、凭证是纳税人进行生产经营活动和核算财务收支的重要依据，它能够为课税提供基础计算依据，所以也是税务机关对纳税人进行征税、管理、核查的重要依据。

（3）纳税申报制度。纳税人必须依照法律、行政法规规定或者税务机关依照法律、行政法规的规定确定的申报期限、申报内容，如实办理纳税申报，报送纳税申报表、财务会计报表以及税务机关根据实际需要要求纳税人报送的其他纳税资料。如不能按期办理纳税申报表，经税务机关核准，可以延期申报。纳税申报是纳税人履行纳税义务、界定法律责任的主要依据。

2. 税款征收。这是税务机关依照税收法律、法规的规定将纳税人应当缴纳的税款组织入库的一系列活动的总称。它是税收征收管理工作的中心环节，在整个税收征收管理工作中占有极其重要的地位。《税收征收管理法》规定，税务机关依照法律、行政法规的规定征收税款，不得违反法律、行政法规的规定开征、停征、多征、少征、提前征收、延缓征收或者摊派税款。纳税人、扣缴义务人按照法律、行政法规的规定或者税务机关依照法律、行政法规的规定确定的期限，缴纳或者解缴税款。除税务机关、税务人员以及经税务机关依照法律、行政法规委托的单位和人员外，任何单位和个人不得进行税款征收活动。税款征收的具体内容包括：

（1）延期纳税。纳税人因特殊困难，不能按期缴纳税款的，经省级国家税务局、地方税务局批准，可以延期缴纳税款，但最长不得超过3个月。纳税人未按照规定期限缴纳税款的，扣缴义务人未按照规定期限解缴税款的，税务机关可责令限期缴纳，并从滞纳税款之日起，按日加收滞纳税款万分之五的滞纳金。加收滞纳金的起止时间，为法律、行政法规规定或者税务机关依照法律、行政法规的规定确定的税款缴纳期限届满次日起至纳税人、扣缴义务人实际缴纳或者解缴税款之日止。

（2）核定应纳税额。根据《税收征收管理法》的规定，纳税人有下列情形之一的，税务机关有权核定其应纳税额：①依照法律、行政法规的规定可以不设置账簿的；②依照法律、行政法规的规定应当设置但未设置账簿的；③擅自销毁账簿或者拒不提供纳税资料的；④虽设置账簿，但账目混乱或者成本资料、收入凭证、费用凭证残缺不全，难以查账的；⑤发生纳税义务，未按照规定的期限办理纳税申报，经税务机关责令限期申报，逾期仍不申报的；⑥纳税人申报的计税依据明显偏低，又无正当理由的。

（3）税收保全。税务机关有根据认为从事生产、经营的纳税人有逃避纳税义务行为的，可在规定的纳税期之前，责令限期缴纳应纳税款；在限期内发现纳税人有明显的转移、隐匿其应纳税的商品、货物以及其他财产或者应纳税收入的迹象的，责成纳税人提供纳税担保。税务机关责令具有税法规定情形的纳税人提供纳税担保而纳税人拒绝提供纳税担保或无力提供纳税担保的，经县级以上税务局（分局）局长批准，税务机关可以采取下列税收保全措施：①书面通知纳税人开户银行或者其他金融机构冻结相当于应纳税款的纳税人存款的金额；②扣押、查封纳税人的价值相当于应纳税款的商品、货物或者其他财产。个人及其所扶养家属维持生活必需的住房和用品，不在税收保全措施的范围之内。

（4）税收强制。从事生产、经营的纳税人、扣缴义务人未按照规定的期限缴纳或者解缴税款，纳税担保人未按照规定的期限缴纳所担保的税款，由税务机关责令限期缴纳，逾期仍未缴纳的，经县级以上税务局（分局）局长批准，税务机关可以采取下列强制执行措施：①书面通知其开户银行或者其他金融机构从其存款中扣缴税款；②扣押、查封、依法拍卖或者变卖其价值相当于应纳税款的商品、货物或者其他财产，以拍卖或者变卖所得抵缴税款。但税务机关滥用职权，违法采取强制执行措施，或者采取强制执行措施不当，使纳税人、扣缴义务人或者纳税担保人的合法权益遭受损失的，应当依法承担赔偿责任。

（5）税收优先权。税务机关征收税款，税收优先于无担保债权，法律另有规定的除外。纳税人欠缴的税款发生在纳税人以其财产设定抵押、质押或者纳税人的财产被留置之前的，税收应当先于抵押权、质权和留置权执行。纳税人欠缴税款，同时又被行政机关决定处以罚款、没收违法所得的，税收优先于罚款、没收违法所得。

3. 税务检查。税务检查又称纳税检查，是指税务机关根据税收法律、行政法规的规定，对纳税人、扣缴义务人履行纳税义务、扣缴义务及其他有关税务事项进行审查、核实、监督活动的总称。它是税收征收管理工作的一项重要内容，是确保国家财政收入和税收法律法规贯彻落实的重要手段。税务机关在依法进行税务检查时，有权向有关单位和个人调查纳税人、扣缴义务人和其他当事人与纳税或者代扣代缴、代收代缴税款有关的情况，有关单位和个人有义务向税务机关如实提供有关资料及证明材料，不得拒绝、隐瞒。税务机关在调查税务违法案件时，对与案件有关的情况和资料，可以记录、录音、录像、照相和复制。税务机关查询所获得的资料，不得用于税收以外的用途。根据《税收征收管理法》规定，税务检查的主要内容有：

（1）检查纳税人的账簿、记账凭证、报表和有关资料，检查扣缴义务人代扣代缴、代收代缴税款账簿、记账凭证和有关资料。

（2）到纳税人的生产、经营场所和货物存放地检查纳税人应纳税的商品、货物或者其他财产，检查扣缴义务人与代扣代缴、代收代缴税款有关的经营情况。

（3）责成纳税人、扣缴义务人提供与纳税或者代扣代缴、代收代缴税款有关的文件、证明材料和有关资料。

（4）询问纳税人、扣缴义务人与纳税或者代扣代缴、代收代缴税款有关的问题和情况。

（5）到车站、码头、机场、邮政企业及其分支机构检查纳税人托运、邮寄应纳税商品、货物或者其他财产的有关单据、凭证和有关资料。

（6）经县级以上税务局（分局）局长批准，凭全国统一格式的检查存款账户许可证明，查询从事生产、经营的纳税人、扣缴义务人在银行或者其他金融机构的存款账户。税务机关在调查税收违法案件时，经设区的市、自治州级以上税务局（分局）局长批准，可以查询案件涉嫌人员的储蓄存款。

四、有关违反税法的法律责任

（一）税法的法律责任的概念

违反税收法律制度的法律责任是指税收法律关系主体违反税法的行为所引起的不利法律后果。对违反税收法律制度的违法行为应当承担的法律责任，《税收征收管理法》及其《税收征管法实施细则》以及《刑法》均作出了相应的规定。税收违法行为的主体是税收法律关系的主体，即征税主体和纳税主体。依照责任的主体不同，税法责任可以分为征税主体责任和纳税主体责任，纳税主体责任是主要责任；依照责任的性质不同，税法责任可以分为刑事责任和行政责任，行政责任是主要责任。

（二）税法的主要法律责任

1. 纳税人、扣缴义务人违反税法的法律责任。

（1）违反税务管理行为的法律责任。

第一，纳税人有下列行为之一的，由税务机关责令限期改正，可以处 2000 元以下的罚款；情节严重的，处 2000 元以上 1 万元以下的罚款：①未按照规定的期限申报办理税务登记、变更或者注销登记的；②未按照规定设置、保管账簿或者保管记账凭证和有关资料的；③未按照规定将财务、会计制度或者财务、会计处理办法和会计核算软件报送税务机关备查的；④未按照规定将其全部银行账号向税务机关报告的；⑤未按照规定安装、使用税控装置，或者损毁或擅自改动税控装置的；⑥纳税人未按照规定办理税务登记证件验证或者换证手续的。

第二，纳税人不办理税务登记的，由税务机关责令限期改正；逾期不改正的，经税务机关提请，由工商行政管理机关吊销其营业执照。纳税人未按照规定使用税务登记证件，或者转借、涂改、损毁、买卖、伪造税务登记证件的，处 2000 元以上 1 万元以下的罚款；情节严重的，处 1 万元以上 5 万元以下的罚款。

纳税人通过提供虚假的证明资料等手段，骗取税务登记证的，处 2000 元以下的罚款；情节严重的，处 2000 元以上 1 万元以下的罚款。纳税人涉嫌其他违法行为的，按有关法律、行政法规的规定处理。扣缴义务人未按照规定办理扣缴税款登记的，税务机关应当自发现之日起 3 日内责令限期改正，并可以处 2000 元以下罚款。

第三，扣缴义务人未按规定设置、保管代扣代缴、代收代缴税款账簿或者保管代扣代缴、代收代缴税款记账凭证及有关资料的，由税务机关责令限期改正，可以处 2000 元以下的罚款；情节严重的，处 2000 元以上 5000 元以下的罚款。

第四，纳税人未按照规定的期限办理纳税申报和报送纳税资料的，或者扣缴义务人未按照规定的期限向税务机关报送代扣代缴、代收代缴税款报告表和有关资料的，由税务机关责令限期改正，可以处 2000 元以下的罚款；情节严重的，可以处 2000 元以上 1 万元以下的罚款。

（2）逃避税务机关追缴欠税行为的法律责任。纳税人欠缴应纳税款，采取转移或者隐匿财产的手段，妨碍税务机关追缴欠缴的税款的，由税务机关追缴欠缴的税款、滞纳金，并处欠缴税款 50% 以上 5 倍以下的罚款；构成犯罪的，依法追究刑事责任。根据《刑法》第 203 条的规定，构成逃避追缴欠税罪的，数额在 1 万元以上不满 10 万元的，处 3 年以下有期徒刑或者拘役，并处或者单处欠缴税款 1 倍以上 5 倍以下罚金；数额在 10 万元以上的，处 3 年以上 7 年以下有期徒刑，并处欠缴税款 1 倍以上 5 倍以下罚金。扣缴义务人应扣未扣、应收而不收税款的，由税务机关向纳税人追缴税款，对扣缴义务人处应扣未扣、应收未收税款 50% 以上 3 倍以下的罚款。

（3）偷税行为的法律责任。偷税，是指纳税人采取伪造、变造、隐匿、擅自销毁账簿、记账凭证，或者在账簿上多列支出或者不列、少列收入，或者经税务机关通知申报而拒不申报或者进行虚假的纳税申报的手段，不缴或者少缴应纳税款的行为。纳税人偷税的，由税务机关追缴其不缴或者少缴的税款、滞纳金，并处不缴或者少缴的税款 50% 以上 5 倍以下的罚款；构成犯罪的，依法追究刑事责任。扣缴义务人采取上述偷税手段，不缴或者少缴已扣、已收税款，由税务机关追缴其不缴或者少缴的税款、滞纳金，并处不缴或者少缴的税款 50% 以上 5 倍以下的罚款；构成犯罪的，依法追究刑事责任。纳税人、扣缴义务人编造虚假计税依据的，由税务机关责令限期改正，并处 5 万元以下的罚款。纳税人不进行纳税申报，不缴或者少缴应纳税款的，由税务机关追缴其不缴或者少缴的税款、滞纳金，并处不缴或者少缴的税款 50% 以上 5 倍以下的罚款。根据《刑法》第 201 条的规定，纳税人采取欺骗、隐瞒手段进行虚假纳税申报或者不申报，逃避缴纳税款数额较大并且占应纳税额 10% 以上的，处 3 年以下有期徒刑或者拘役，并处罚金；数额巨大并且占应纳税额 30% 以上的，处 3 年以上 7 年以下有期徒刑，并处罚金。扣缴义务人采取上述所列手段，不缴或者少缴已扣、已收税款，数额较大的，依照规定处罚。对多次实施上述行为，未经处理的，按照累计数额计算。有上述逃避缴纳税款行为的，经税务机关依法下达追缴通知后，补缴应纳税款，缴纳滞纳金，已受行政处罚的，不予追究刑事责任；但是，5 年内因逃避缴纳税款受过刑事处罚或者被税务机关给予 2 次以上行政处罚的除外。

（4）进行虚假申报或者不申报的法律责任。纳税人、扣缴义务人编造虚假计税依据的，由税务机关责令限期改正，并处 5 万元以下的罚款。纳税人不进行纳税申报，不缴或者少缴应纳税款的，由税务机关追缴其不缴或者少缴的税款、滞纳金，并处不缴或者少缴的税款 50% 以上 5 倍以下的罚款。

（5）抗税行为的法律责任。抗税，是指纳税人、扣缴义务人以暴力、威胁方法拒不缴纳税款的行为。对于抗税行为，除由税务机关追缴其拒缴的税款、滞纳金外，依法追究刑事责任。情节轻微，未构成犯罪的，由税务机关追缴其拒缴的税款、滞纳金，并处拒缴税款 1 倍以上 5 倍以下的罚款。根据《刑法》第 202 条的规定，构成抗税罪的，处 3 年以下有期徒刑或者拘役，并处拒缴税款 1 倍以上 5 倍以下罚金；情节严重的，处 3 年以上 7 年以下有期徒刑，并处拒缴税款 1 倍以上 5 倍以下罚金。以暴力方法抗税，致人重伤或者死亡的，按故意伤害罪、杀人罪从重处罚，并处罚金。

（6）骗税行为的法律责任。骗税行为，是指纳税人以假报出口或者其他欺骗手段，骗取国家出口退税款的行为。纳税人有骗税行为，由税务机关追缴其骗取的出口退税款，并处骗取税款 1 倍以上 5 倍以下的罚款；构成犯罪的，依法追究刑事责任。根据《刑法》第 204 条的规定，以假报出口或者其他欺骗手段，骗取国家出口退税款，数额较大的，处 5 年以下有期徒刑或者拘役，并处骗取税款 1 倍以上 5 倍以下罚金；数额巨大或者有其他严重情节的，处 5 年以上 10 年以下有期徒刑，并处骗取税款 1 倍以上 5 倍以下罚金；数额特别巨大或者有其他特别严重情节的，处 10 年以上有期徒刑或者无期徒刑，并处骗取税款 1 倍以上 5 倍以下罚金或者没收财产。纳税人缴纳税款后，采取上述欺骗方法，骗取所缴纳的税款的，依照《刑法》第 201 条偷税罪的规定定罪处罚；骗取税款超过所缴纳的税款部分，依照本罪（骗取出口退税罪）的规定处罚。对骗取国家出口退税款的，税务机关可以在规定的期间内停止为其办理出口退税。

（7）在规定的期限内不缴纳或者少缴纳税款的法律责任。纳税人、扣缴义务人在规定期限内不缴或者少缴应纳或者应解缴的税款，经税务机关责令限期缴纳，逾期仍未缴纳的，税务机关除依照《税收征收管理法》第 40 条规定采取强制执行措施追缴其不缴或者少缴的税款外，可以处不缴或者少缴的税款 50% 以上 5 倍以下的罚款。

（8）扣缴义务人不履行扣缴义务的法律责任。扣缴义务人应扣未扣、应收而不收税款的，由税务机关向纳税人追缴税款，对扣缴义务人处应扣未扣、应收未收税款 50% 以上 3 倍以下的罚款。

（9）不配合税务机关依法检查的法律责任。纳税人、扣缴义务人逃避、拒绝或者以其他方式阻挠税务机关检查的，由税务机关责令改正，可以处 1 万元以下的罚款；情节严重的，处 1 万元以上 5 万元以下的罚款。

税务机关依照《税收征收管理法》第 54 条第 5 项的规定，到车站、码头、机场、邮政企业及其分支机构检查纳税人有关情况时，有关单位拒绝的，由税务机关责令改正，可以处 1 万元以下的罚款；情节严重的，处 1 万元以上 5 万元以下的罚款。

逃避、拒绝或者以其他方式阻挠税务机关检查的情形：①提供虚假资料，不如实反映情况，或者拒绝提供有关资料的；②拒绝或者阻止税务机关记录、录音、录像、照相和复制与案件有关的情况和资料的；③在检查期间，纳税人、扣缴义务人转移、隐匿、销毁有关资料的；④有不依法接受税务检查的其他情形的。

2. 税务机关和税务人员违反税法的法律责任。税务人员代表税务机关进行税收执法过程中，存在滥用职权、玩忽职守、徇私舞弊情形时，直接负责的税务机关的主管人员和其他直接责任人员承担行政处分责任；情节严重的，承担相应的刑事责任。税务人员代表税务机关进行税收执法发生的违法行为除税务人员要承担责任外，税务机关也要承担相应的责任。

【实战训练】

不定项选择题

1. 下列各项税费中，应计入出口货物完税价格的有（　　）。

A. 货物运至我国境内输出地点装载前的保险费

B. 货物运至我国境内输出地点装载前的运输费用

C. 货物出口关税

D. 货价中单独列明的货物运至我国境内输出地点装载后的运输费用

2. 居民个人取得的下列所得，应纳入综合所得计征个人所得税的是（　　）。

A. 偶然所得

B. 特许权使用费

C. 股息红利所得

D. 财产转让所得

案例分析题

A 卷烟厂委托 B 卷烟厂将一批价值为 100 万元的烟叶加工成烟丝，协议规定加工费 50 万元（不含增值税）；加工烟丝运回 A 厂后，A 厂继续加工成乙类卷烟，加工成本、分摊费用共计 70 万元，该批卷烟销售收入为 500 万元（不含增值税）。烟丝消费税税率为 30%，乙类卷烟消费税税率为 36%。关于上述委托加工业务，两个企业有两个方案可供选择：方案一，B 卷烟厂将烟叶加工成烟丝，A 卷烟厂加工成卷烟后销售；方案二，B 卷烟厂将烟叶直接加工成卷烟，收取加工费 130 万元，A 卷烟厂直接销售卷烟。

问题：从节税角度出发，两个企业应当选择哪套方案？请说明理由。

第十五章 金融法

【导入案例】"e租宝"网络金融平台及其关联公司涉嫌犯罪案

P2P网贷起源于欧美，与民间借贷、小额贷款息息相关，2007年我国第一家P2P平台"拍拍贷"上线运营，尽管早期行业发展并不尽如人意，但2012年后，P2P行业开始蓬勃兴起。据网贷之家统计，截至今年11月底，P2P行业的运营平台已经从2012年底的200家增长到2612家，年均增长率402%，行业成交量也从2012年底的212亿元飙升到12 314.73亿元，年均增长率高达1903%。

不过，由于缺乏监管规范，伴随着P2P行业的野蛮成长，也产生了不少问题，"跑路"事件的频繁发生，让P2P行业声名狼藉。据网贷之家数据，行业问题平台数量从2012年底的16家，猛增到今年11月底的1157家，也就是说，超过30%的P2P平台出现了问题。引起注意的是，今年以来问题平台数量已达到882家，占了全部问题平台数量的76%，也是今年以来新增平台数量的48%，问题平台爆发有加速之势。

2015年12月3日，有消息称e租宝深圳宝安分公司被经侦突查。其官方随后回应称，此系深圳某代销公司员工协助当地经侦部门例行了解情况，而且在当日晚间"相关配合检查人员就已全部返回"。

12月8日，e租宝位于北京数码大厦的信息化研发中心及位于安联大厦的办公场所被警方调查。当日晚间，新华社消息通报了e租宝正在接受调查的事实，后得到e租宝方面的证实。

2015年12月8日晚间开始，e租宝的官方网站与APP就已无法打开。

2015年12月9日午间，e租宝又通过官方微博发布《e租宝告客户书》，称"截止到2015年12月8日19：00之前，e租宝平台依然可以进行正常的注册、充值、投资、赎回、提现交易。19：00之后，e租宝平台配合接受相关部门检查，为防止不实传言引发恐慌和无序赎回、提现，本着保护客户资金安全、平台交易安全的原则，e租宝平台向社会各界宣布暂停平台交易。"公告同时表示，平台将在相关部门检查结束后，及时公布结果。

2015 年 12 月 10 日晚 7 点左右，e 租宝在官方微博发布一则声明，证实正在接受调查，原因是"经营合规问题"。由其董事长张敏签发的文件显示，e 租宝网站及线下机构停止推广、发布新品，亦暂停其他日常业务。

2015 年 12 月 16 日，广东省公安厅官方微博发布通报，称各有关地方公安机关已对"e 租宝"网络金融平台及其关联公司涉嫌犯罪问题依法立案侦查。警方已对涉案相关犯罪嫌疑人采取强制措施，对涉案资产进行查封、冻结、扣押。

2017 年 9 月，北京市第一中级人民法院依法公开宣判该案件，对钰诚国际控股集团有限公司以集资诈骗罪、走私贵重金属罪判处罚金人民币 18.03 亿元；对安徽钰诚控股集团以集资诈骗罪判处罚金人民币 1 亿元；对丁宁以集资诈骗罪、走私贵重金属罪、非法持有枪支罪、偷越国境罪判处无期徒刑，剥夺政治权利终身，并处没收个人财产人民币 50 万元，罚金人民币 1 亿元；对丁甸以集资诈骗罪判处无期徒刑，剥夺政治权利终身，并处罚金人民币 7000 万元。同时，分别以集资诈骗罪、非法吸收公众存款罪、走私贵重金属罪、偷越国境罪，对张敏等 24 人判处有期徒刑 3 年至 15 年不等刑罚，并处剥夺政治权利及罚金。

2017 年 11 月 29 日，北京市高级人民法院依法对安徽钰诚控股集团、钰诚国际控股集团有限公司以及丁宁、丁甸、张敏等 26 人集资诈骗、非法吸收公众存款上诉一案二审公开宣判，裁定驳回上诉，维持原判。

【问题思考】

反思"e 租宝"案件，谈一谈如何加强我国金融监管和金融法律风险防范？

一、金融法概述

金融，即资金的融通，亦称货币资金的融通，具体是指商品生产和商品交换中所产生的以银行等金融机构为中心的各种信用活动的总和，包括货币的发行、回笼，存款的吸收和提取，银行代客户办理承付、汇兑、结算、贴现、保险、信托、租赁、期货、投资、担保，有价证券的发行、认购与转让，黄金、白银的开采和买卖等活动。

以是否有作为信用中介的金融机构参与融资活动为标准，金融可分为直接金融与间接金融。资金的供求双方直接作为同一法律关系主体双方进行相关融资交易的为直接金融，如证券市场上的股票、债券融资。在直接金融中，作为同一法律关系主体的供求双方联系紧密，由于没有过多的中间环节的消耗，使得其筹资成本小而资本收益相对大；其缺点是融资额度、期限、利率等会受较多限制。同时，资金供给方的债权最终能否实现，直接决定于资金需求方的信用程度，因此对于资金供给方而言会承担较大风险。

在间接金融中，金融机构以吸收存款和发行金融债券等方式筹集资金，而后对有资金需要的社会经济主体发放贷款或进行投资。间接金融中的经济主体除了资金的最初供给方和最终需求方外，还有参与该融资活动居于桥梁地位的金融机构，在同一融资活动中，该金融机构分属于不同的法律关系之中。间接融资中的金融中介机构具有优势的专业知识，可以较好地化解信息不对称带来的风险；多样化的融资工具可以灵活方便地满足融资需求；金融机构可通过多样化的策略降低风险，有利于提高规模效益。其缺点是真正的资金供求双方的直接联系被割断，不利于资金供给方对需求方在资金使用方面的监督和约束，同时由于中间环节的消耗，致使资金使用方使用资金的成本加大，资金供给方利用资金的收益减少。

金融法，是指调整各种金融关系的法律规范的总称。所谓金融关系，是指各经济主体之间因参与各种金融活动而发生的社会关系。作为金融法的调整对象，金融关系具体包括以下几类：

1. 金融交易关系，即各经济主体基于平等自愿、等价有偿的原则，进行存款、贷款、证券买卖、金融信托、融资租赁、保险及其他资金交易等金融活动时而发生的关系，主要包括：①间接金融交易关系，即商业银行等金融机构向其他经济主体吸收存款、发放贷款而形成的经济关系；②直接金融交易关系，即筹资方与投资方之间因证券发行、交易和产权交易等而产生的关系；③金融中介服务关系，即金融机构为其他经济主体提供结算、信托、咨询、代理等中介服务而发生的关系。

2. 金融监管关系，即国家金融监管机构对金融市场、金融机构以及金融活动实施监督和管理而产生的关系。该种关系通常包括以下类型：①金融监管部门对各类金融机构的设立、变更或终止等主体资格的变动进行监管而形成的关系；②金融监管部门对金融活动进行监督而与金融活动的参与者之间形成的关系；③金融监管部门对非法从事金融活动的相关组织和个人进行查处而产生的关系。处于金融监管关系之中的主体双方的关系是纵向的、非平等的。

3. 金融调控关系，即为了稳定金融市场促进经济增长，国家金融主管机关对金融领域的各环节实行直接或者间接的调节和控制而产生的关系。直接调控是国家金融主管机关不以市场机制为手段，而是直接以行政命令对对象进行调控，如信贷计划、额度规模等。间接调控是国家金融主管机关利用市场机制对金融变量进行调整，从而达到调控金融市场的目的。如存款准备金率、贴现率等。

金融是商品经济高度发展的产物，同时也为商品经济得以活跃与繁荣所必需。规范、有序的金融活动是市场经济健康发展的标识和保障，同时健全的金融法律制度是保证金融活动规范开展的制度前提。我国现阶段正处于一个发展社会主义市场经济的关键时期。缘于市场经济发展的需要，我国当前各种类型的金融活动正呈现出日益活跃甚至繁荣的趋势。为了延续这种活跃与繁荣，为了使市场经济条件下这一资源配置手段充分发挥其功效，科学的金融制度的创设和健全，已成为我国现阶段到将来特定时间段内立法工作的主要任务之一。

二、有关银行业监督管理法的主要规定

银行业监督管理，是指国家为了防范和化解银行业风险，保护存款人和其他客户的合法权益，设立银行业监督管理机构，赋予其监督管理职责，采取相关的监督管理措施，以加强对全国银行业金融机构及其业务的监督管理工作。银行业监督管理法是指调整银行业监督管理机构和银行业金融机构之间所发生各种金融管理关系的法律规范。

（一）我国银行业监督管理立法概况

1995 年以前，我国在银行业监管方面的立法相对滞后，许多监管行为均缺乏具体明确的法律依据。迫于金融业快速发展而至金融风险不断增加的紧迫现实，我国在 1995 年先后颁布了《中国人民银行法》《商业银行法》等，这些立法在特定时期对于规范金融监管、促进我国银行业的健康发展发挥了重要作用。随着经济全球化和金融市场一体化步伐的加快，我国银行业面临的生存和发展环境也在不断地变换，特别是 2001 年我国加入世界贸易组织后，国内的金融业进一步深化了对外开放的程度，银行业的经营管理和监管工作因此面临着许多新的问题和挑战。如何提高我国银行业金融机构的风险管理水平，增强我国金融机构在国际竞争中的实力从而在如此汹涌的国际化大潮中立于不败之地，已经成为我国社会经济与金融发展面临的重大问题。鉴于上述原因，2003 年的第十届全国人民代表大会第一次会议决定，对我国的金融监管体制进行改革，成立中国银行业监督管理委员会，统一监管银行、金融资产管理公司、信托投资公司及其他存款类金融机构。同年的第十届全国人大常委会第六次会议通过了《全国人大常委会关于修改〈中华人民共和国中国人民银行法〉的决定》以及《全国人大常委会关于修改〈中华人民共和国商业银行法〉的决定》。《中国人民银行法》和《商业银行法》修改后，为了保证银监会对政策性银行、金融资产管理公司、信托投资公司等金融机构履行监管职责时于法有据，2003 年第十届全国人大常委会第六次会议通过了《中华人民共和国银行业监督管理法》（以下简称《银行业监督管理法》），2006 年 10 月 31 日第十届全国人大常委会第 24 次会议通过了对该法部分条文的修改。从而在法律层面赋予了银监会对银行业金融机构的监管职责。此外，国务院及相关部门还制定了相当数量的行政法规和部门规章，它们与《银行业监督管理法》共同构成了一个相对完备的银行业监督管理法律体系。例如，《信托投资公司信息披露管理暂行办法》（2005年1月实施）、《信托公司管理办法》（2007年3月实施）、《汽车金融公司管理办法》（2008年1月实施）、《固定资产贷款管理暂行办法》（2009年10月实施）、《流动资金贷款管理暂行办法》（2010年2月实施）、《个人贷款管理暂行办法》（2010年2月实施）等。同时，为了建立和规范存款保险制度，依法保护存款人的合法权益，及时防范和化解金融风险，维护金融稳定，2014年10月29日国务院第67次常务会议通过了《存款保险条例》，于2015年的5月1日正式开始实施。

（二）我国银行业监督管理的目标

根据我国《银行业监督管理法》的相关规定，我国银行业监督管理的目标有两个：

1. 促进银行业的合法、稳健运行，维护公众对银行业的信心。这是我国银行业监督管理的主要目标。在市场经济条件下，银行业金融机构在国民经济中居于中枢的位置。它在一国经济机体中的核心地位，在客观上决定了其必须稳定，否则将会严重危及经济的稳定和发展。然而追逐利益又是作为经济部门的金融机构之本性使然，逐利过程本身风险重重，这种风险存在于银行业金融机构经营的始终。准确、有力的金融监管会在一定程度上将上述风险予以防范和化解，从而达到维系一国经济稳定的目的。

同时，由于银行业是高负债的行业，其资金来源主要在于本系统的外部，如果储户或投资者认为银行业金融机构经营不善，其对储蓄或投资安全性丧失信心时，就会发生挤兑或者转移全部投资，公众不信任达到严重程度时同样会引起一国经济的动荡。所以，通过准确、有力的金融监管，保证银行业的稳健运行，以此保持公众对银行业的信心，最终也是维系一国经济稳定之必须。

2. 保护银行业公平竞争，提高银行业竞争能力。与老牌的市场经济国家及一些新兴工业国家的银行业相比，我国银行业的国际金融竞争力相对较差。由于银行业金融机构的治理结构和约束机制的不健全，不公平竞争甚至恶性竞争的现象还在一定范围内存在。如果不能有效地解决这些问题，将严重影响我国金融机构在国际金融市场中的竞争以及我国金融业的长远发展。我国加入WTO以后，国际、国内的金融竞争愈加激烈，要想在这种激烈的金融竞争中站稳脚跟甚至拥有自己的一片天地，最为关键的要素就是要有真实雄厚的金融竞争实力。这种实力只能通过在公平、公开、公正的金融竞争环境中进行历练才能真正获得。通过银行业监管使银行业金融机构及其活动在合法、安全与稳定的基础上，形成公平竞争的良好环境。也只有这样才能使银行业金融机构在外有提高自身金融效率的压力，在内有增强金融竞争实力的动力。

（三）银行业监督管理原则

1. 依法、公开、公正、效率原则。依法监管原则是指监管职权的设定、监管职能的履行，必须依据法律、行政法规的规定进行。该原则主要体现在两方面：①在制定规章及其他规范性文件时，不得与法律、行政法规等上位法的规定相抵触；②在市场准入、日常监管和市场退出等过程中，实施相关具体行政行为时，必须按照法律、行政法规所规定的标准和程序进行。公开监管原则的基本含义是除依法应当保密的监管行为均应一律公开进行，相关政策法规以及银行业监督管理机构作出的影响行政相对人相关权益的行为标准、程序等均应依法公布。公正原则是指银行业金融机构的法律地位平等，其平等地参与金融竞争，银监会应当平等对待之。效率原则是指银行业监督管理机构在行使监管职权时，应本着高效率低成本的原则，严格遵循行政程序和相关时限要求。

2. 独立监管原则。银行业监督管理机构及其工作人员依法独立履行监管职责，地方政府、各级政府部门、社会团体和个人不得干涉。

3. 信息共享原则。国务院银行业监督管理机构应当和中国人民银行、国务院其他金融监督管理机构一同建立监督管理信息共享机制。

4. 国际合作原则。国务院银行业监督管理机构可以和其他国家或者地区的银行业监督管理机构建立监督管理合作机制，实施跨境监督管理。

（四）银行业监督管理机构

银行业监督管理机构，是指国务院依法设立的银行业监督管理委员会（简称银监会），是对全国银行业金融机构及其业务活动进行全面监督管理的专门机构。2003 年 3 月第十届全国人民代表大会第一次会议批准的国务院机构改革方案，确定了国务院应设立中国银行业监督管理委员会。同年 4 月 26 日第十届全国人大常委会第二次会议通过了《全国人民代表大会常务委员会关于中国银行业监督管理委员会履行原由中国人民银行履行的监督管理职责的决定》。同年 4 月 28 日，中国银行业监督管理委员监会正式履行职责。银监会根据《银行业监督管理法》和国务院的授权，对在中华人民共和国境内设立的商业银行、城市信用合作社、农村信用合作社等吸收公众存款的金融机构以及政策性银行实施监督管理，同时还对在中华人民共和国境内设立的金融资产管理公司、信托投资公司、财务公司、金融租赁公司以及经国务院银监会批准设立的其他金融机构、经其依法批准在境外设立的金融机构实施监督管理。

1. 银监会总部的机构设置。银监会设主席 1 人，副主席 4 人，同时设办公厅、政策法规部（研究局）、银行监管一部、银行监管二部、银行监管三部、银行监管四部、非银行金融机构监管部、合作金融机构监管部、业务创新监管协作部、银行业案件稽查局（银行业安全保卫局）、融资性担保业务工作部、统计部、财务会计部、国际部、监察局、人事部、宣传工作部、群众工作部、监事会工作部等职能部门。银监会主要业务部门的职责分工是：监管一部负责对国有商业银行和资产管理公司的监管；监管二部负责对股份制商业银行、城市商业银行和城市合作信用社的监管；监管三部负责对外资银行的监管；银行监管四部负责对资产管理公司、政策性银行和邮政储蓄银行的监管；非银行金融机构监管部负责对信托投资公司、财务公司和金融租赁公司等非银行金融机构的监管；合作金融机构监管部负责对农村信用社和农村商业银行的监管；业务创新监管协作部的主要工作职责是协调银监会内部各监管部门在法定职权范围内，制定统一的业务创新审慎监管标准，为银监会内其他监管部门提供专业化的监管咨询和协助，为银监会内部监管部门对业务创新活动的持续监管提供技术指导和支持等。除上述职能部门外，银监会还设置了信息中心、培训中心、机关服务中心等事业单位。

2. 银监会的派出机构设置。目前，银监会在全国 31 个省、自治区、直辖市以及大连、青岛、厦门、深圳、宁波等五个计划单列市设银监局，在地、市设银监分局，在部分县、市设监管办事处。派出机构在银监会的授权范围内对本辖区内的银行业金融机构进行监管，承办银监会交办的其他事项。

（五）银行业监督管理对象

根据《银行业监督管理法》的相关规定，银监会的监管对象主要有两类：①银行业金融机构，即在中华人民共和国境内设立的商业银行、城市信用合作社、农村信用合作社等吸收公众存款的金融机构以及政策性银行；②非银行业金融机构，即在中华人民共和国境内设立的金融资产管理公司、信托投资公司、财务公司、金融租赁公司以及经国务院银行业监督管理机构批准设立的其他金融机构。此外，国务院银行业监督管理机构依法批准在境外设立的金融机构以及上述金融机构在境外的业务活动也是银监会的监管对象。

（六）银行业监督管理机构的监督管理职责

根据《银行业监督管理法》第三章的规定，银行业监督管理机构的监督管理职责主要有：

1. 依照法律、行政法规制定并发布对银行业金融机构及其业务活动进行监督管理的规章、规则。

2. 依照法律、行政法规规定的条件和程序，审查批准银行业金融机构的设立、变更、终止以及业务范围。

3. 对银行业金融机构的董事和高级管理人员实行任职资格管理。

4. 对银行业金融机构的业务活动及其风险状况进行非现场监管，建立银行业金融机构监督管理信息系统，分析、评价银行业金融机构的风险状况。

5. 对银行业金融机构的业务活动及其风险状况进行现场检查，制定现场检查程序，规范现场检查行为。

6. 对银行业金融机构实行并表监督管理。

7. 会同有关部门建立银行业突发事件处置制度，制定银行业突发事件处置预案，明确设置机构和人员及其职责、处置措施和处置程序，及时、有效地处置银行业突发事件。

8. 负责统一编制全国银行业金融机构的统计数据、报表，并按照国家有关规定予以公布；对银行业自律组织的活动进行指导和监督。

9. 开展与银行业监督管理有关的国际交流、合作活动。

10. 对已经或者可能发生信用危机，严重影响存款人和其他客户合法权益的银行业金融机构实行接管或者促成机构重组。

11. 对有违法经营、经营管理不善等情形的银行业金融机构予以撤销。

12. 对涉嫌金融违法的银行业金融机构及其工作人员以及关联行为人的账户予以查询。

13. 对涉嫌转移或者隐匿违法资金，申请司法机关予以冻结。

14. 对擅自设立银行业金融机构或非法从事银行业金融机构业务活动予以取缔。

15. 负责国有重点银行业金融机构监事会的日常管理工作。

（七）银行业监督管理机构的监督管理措施

这里的监督管理是指银行业监督管理机构依法履行监管职责时所采取的持续性监管方法。这些措施主要包括非现场监管、现场检查、并表监管、强制性信息披露以及相关处置措施。

1. 非现场监管。我国《银行业监督管理法》第33条规定："银行业监督管理机构根据履行职责的需要，有权要求银行业金融机构按照规定报送资产负债表、利润表和其他财务会计、统计报表、经营管理资料以及注册会计师出具的审计报告。"该规定即是银行业监督管理机构开展非现场监管的重要措施。非现场监管又称非现场监测、非现场监控、非现场检查，是指银行业金融监管机构按照风险为本的监管理念，全面、持续地收集、监测和分析被监管机构的风险信息，针对被监管机构的主要风险隐患来制定监管计划，并结合被监管机构风险水平的高低和对金融体系稳定的影响程度，合理配置监管资源，实施一系列分类监管措施的周而复始的过程。

非现场监管对于商业银行风险评级、风险预警以及指导现场检查均发挥着重要作用。通过非现场监管，及时、连续地监测银行的经营状况和风险状况，从而实现对银行风险状况的持续监控和动态分析。非现场监管能否成功实现，关键是看有无广泛、真实的资料来源。因此，为了进行有效的非现场监管，监管机构应建立起完整高效的监管信息系统，并要求银行业金融机构报送全面真实的资产负债表、利润表、其他财务会计报表、经营管理资料、审计报告等各种报表。

2. 现场检查。所谓现场检查，是指银行业金融监管机构派员直接进入实地，按照法定的程序和方式对被检查金融机构进行全面或者专项的检查。现场检查是非现场监管的有效补充，其可分为全面现场检查和专项现场检查。全面检查涉及银行金融机构的管理层的工作情况、内部控制机制的有效性、内部风险管理的实施情况等各方面内容。专项检查则只针对金融机构的某一项或几项业务进行。

根据《银行业监督管理法》《中国银行业监督管理委员会现场检查规程》等规范性文件的规定，现场检查包括检查准备、检查实施、检查报告、检查处理和检查档案整理五个阶段。其具体措施一般包括：①进入银行业金融机构进行检查；②询问银行业金融机构的工作人员，要求其对有关检查事项作出说明；③查阅、复制银行业金融机构与检查事项有关的文件、资料，对可能被转移、隐匿或者毁损的文件、资料予以封存；④检查银行业金融机构中运用电子计算机管理业务数据的系统。必要时，监管部门可与银行业金融机构董事、高级管理人员进行监督管理谈话，要求其对金融机构的业务活动和风险管理的重大事项作出说明。

进行现场检查时，应当经银行业监督管理机构负责人批准。检查人员不得少于2人，并应当出示合法证件和检查通知书，否则银行业金融机构有权拒绝检查。如果银行业监管机构在对银行业金融机构进行现场检查的过程中，需要对与涉嫌违法事项有关的银行业金融机构以外的单位和个人采取询问、查阅或者复制有关文件、登记保存相关文件等措施时，必须经设区的市一级以上银行业监督管理机构的负责人批准，调查人员不得少于2人，并应当出示合法证件和调查通知书，否则有关单位或者个人有权拒绝。

3. 并表监管。并表监管是指在单一法人监管的基础上，对银行集团的资本、财务以及风险进行全面和持续的监管，识别、计量、监控和评估银行集团的总体风险状况。并表监管是相对于单一法人监管而言的，二者相辅相成，互为补充。同时，并表监管在跨境银行监管方面具有重要意义，是有效银行监管的核心原则之一。

目前，随着我国大型银行的持续性改革，其规模不断扩充，股权结构日益复杂，实践中逐步形成了实质意义上的银行集团。这种银行集团所包含的企业通常除了银行，还有保险公司、基金公司、证券公司等附属单位。上述附属公司的经营状况对母银行风险状况所产生的潜在风险是绝对不可忽视的。为了避免银行集团的风险的传染和蔓延，在对银行集团整体风险状况进行衡量时，应当更加重视并表因素。

我国银监会已于 2014 年 12 月发布了《商业银行并表管理与监管指引》，针对资本充足性、大额风险暴露、内部交易、流动性风险、市场风险以及声誉风险等并表监管的主要风险要素作了详细规定，同时也对并表范围、具体要求、关注重点、跨业、跨境风险以及监管措施等几个方面作出了具体的规定。

4. 强制信息披露。强制信息披露，是指银行业金融监管机构依法责令银行业金融机构按照规定真实、完整地向社会公众披露财务会计报告、风险管理状况、董事和高级管理人员的变更等重大事项信息的银行业监管措施。这一措施有助于保护存款人、投资人的利益，同时对加强银行的外部监督和提高市场竞争的公平性而言，也大有裨益。

5. 对银行业金融机构的其他监管措施。

（1）对银行业金融机构违反审慎经营规则的，银行业监督管理机构有权责令限期改正；逾期未改正的，或者其行为严重危及该银行业金融机构的稳健运行、损害存款人和其他客户合法权益的，经批准可以区别情形，采取下列措施：①责令暂停部分业务、停止批准开办新业务；②限制分配红利和其他收入；③限制资产转让；④责令控股股东转让股权或限制有关股东的权利；⑤负责调整董事、高级管理人员或者限制其权利；⑥停止批准增设分支机构。

（2）对银行业金融机构已经或可能发生信用危机，严重影响存款人和其他客户合法权益的，依照有关法律和国务院的规定对该机构实行接管或促成机构重组；对银行业金融机构有违法经营、经营管理不善等情形，不予撤销将严重危害金融秩序、损害公众利益的，有权予以撤销。对被接管、重组或被撤销的，有权要求该机构的董事、高级管理人员和其他工作人员履行职责；在清算期间，对直接负责的有关人员，可以采取下列措施：直接负责的董事、高级管理人员和其他直接责任人员出境将对国家利益造成重大损失的，通知出境管理机关依法阻止其出境；申请司法机关禁止转移、转让财产或对其财产设定其他权利。

（3）经批准查询涉嫌金融违法的银行业金融机构及其工作人员以及关联行为人的账户，对涉嫌转移或隐匿违法资金的，经银行业监督管理机构负责人批准后，可以申请司法机关予以冻结。

三、有关银行法的主要规定

（一）有关中国人民银行法的主要规定

1. 中国人民银行法。1995 年 3 月 18 日，第八届全国人民代表大会第三次会议审议并通过了《中国人民银行法》。该法由总则、组织机构、人民币、业务、金融监督管理、财务会计、法律责任和附则等 8 章 51 条组成。《中国人民银行法》的颁布实施标志着中国人民银行作为我国的中央银行的法律地位，第一次以法律形式得到了确认。2003 年 4 月，国务院设立了银行业监督管理委员会，由该委员会统一监管银行、金融资产管理公司、信托投资公司等银行业金融机构。至此人民银行不再履行上述金融监管职责。基于上述情况的变化，2003 年 12 月 27 日，第十届全国人大常委会第六次会议通过了《全国人大常委会关于修改〈中华人民共和国中国人民银行法〉的决定》，对《中国人民银行法》进行了修改。其中修改原法 19 条，删去 2 条，增加了 4 条。修改后的《中国人民银行法》淡化了人民银行对金融机构的监管职能，确定其职能主要是制定和执行货币政策，不断完善有关金融机构的运行规则，从而更好地发挥作为中央银行在宏观调控和应对金融风险中的作用。

2. 中国人民银行的性质及地位。中国人民银行是中华人民共和国的中央银行。所谓中央银行是指在一国金融体系中居于主导地位，负责制定和执行国家货币政策，调节和控制全国的货币流通和信用活动，依法实施金融监管和金融调控的特殊的金融机构。作为我国的中央银行，中国人民银行在金融机构体系中居于主导地位，是国家的银行，是发行的银行，是银行的银行，在国务院领导下依法独立执行货币政策，履行职责，开展业务，不受地方政府、各级政府部门、社会团体和个人的干涉。中国人民银行的全部资本由国家出资，属于国家所有。

3. 中国人民银行的职责。中国人民银行的职责主要有：发布和履行其职责有关的命令和规章；依法制定和执行货币政策；发行人民币，管理人民币流通；监督管理银行间同业拆借市场和银行间债券市场；实施外汇管理，监督管理银行间外汇市场；监督管理黄金市场；持有、管理、经营国家外汇储备、黄金储备；经理国库；维持支付、清算系统的正常运行；指导、部署金融业反洗钱工作，负责反洗钱的资金监测；负责金融业的统计、调查、分析和预测；作为国家的中央银行，从事有关的国际金融活动；国务院规定的其他职责。

此外，修改后的《中国人民银行法》还对组织机构、人民币、业务、金融监督管理、财务会计及法律责任等内容作了具体规定，使其在国家宏观调控、货币政策制定和调整中发挥重要作用。

（二）有关商业银行法的主要规定

1. 商业银行的性质、地位及经营范围。根据我国《商业银行法》第 2 条的规定，我国的商业银行是指依据《公司法》和《商业银行法》设立的、吸收公众存款、发放贷款、办理结算等业务的企业法人。它包括国有商业银行、合作银行、外资银行、中外合资银行、外国银行分行和其他商业银行。商业银行以营利为目的，并以吸收存款、发放贷款为其主体业务，是独立自主的金融企业法人。依据《商业银行法》的规定，商业银行可以经营下列部分或全部业务：①吸收公众存款；②发放短期、中期和长期贷款；③办理国内外结算；④办理票据承兑和贴现；⑤发行金融债券；⑥代理发行、代理兑付、承销政府债券；⑦买卖政府债券、金融债券；⑧从事同业拆借；⑨买卖、代理买卖外汇；⑩从事银行卡业务；⑪提供信用证服务及担保；⑫代理收付款项及代理保险业务；⑬提供保管箱服务；⑭经国务院银行业监督管理机构批准的其他业务。经营范围由商业银行章程规定，报国务院银行业监督管理机构批准。商业银行经中国人民银行批准，可以经营结汇、售汇业务。

2. 商业银行经营原则。依据《商业银行法》第 4~10 条的规定，我国的商业银行的经营应遵循以下原则：

（1）商业银行以安全性、流动性、效益性为经营原则。

（2）商业银行与客户的业务往来，应当遵循平等、自愿、公平和诚实信用的原则。

（3）商业银行的经营应以自主经营、自担风险、自负盈亏、自我约束为原则。

（4）商业银行开展业务，应当遵守法律、行政法规，不得损害国家利益和社会公共利益。

（5）商业银行开展业务，应当遵守公平竞争的原则，不得从事不正当竞争。

（6）商业银行应当依法接受监督。

3. 商业银行的设立及组织机构。

（1）商业银行的设立。根据《商业银行法》第 11 条、第 12 条的规定，设立商业银行，必须经国务院银行业监督管理机构审查批准。未经国务院银行业监督管理机构批准，任何单位和个人不得从事吸收公众存款等商业银行业务，任何单位不得在名称中使用"银行"字样。

设立商业银行，应当具备下列条件：①有符合《商业银行法》和《公司法》规定的章程。②有符合《商业银行法》规定的注册资本最低限额（设立全国性商业银行的注册资本最低限额为 10 亿元人民币；设立城市商业银行的注册资本最低限额为 1 亿元人民币；设立农村商业银行的注册资本最低限额为 5000 万元人民币。）注册资本应当是实缴资本。③有具备任职专业知识和业务工作经验的董事、高级管理人员。④有健全的组织机构和管理制度。⑤有符合要求的营业场所、安全防范措施和与业务有关的其他设施。

根据《商业银行法》第 12 条的规定，设立商业银行，还应当符合其他审慎性条件。根据中国银监会颁发的《外资银行管理条例实施细则》第 3 条的规定，外资银行设立的审慎性条件至少包括下列内容：①具有良好的行业声誉和社会形象；②具有良好的持续经营业绩，资产质量良好；③管理层具有良好的专业素质和管理能力；④具有健全的风险管理体系，能够有效控制各类风险；⑤具有健全的内部控制制度和有效的管理信息系统；⑥按照审慎会计原则编制财务会计报告，且会计师事务所对财务会计报告持无保留意见；⑦无重大违法违规记录和因内部管理问题导致的重大案件；⑧具有有效的人力资源管理制度，拥有高素质的专业人才；⑨具有对中国境内机构活动进行管理、支持的经验和能力；⑩具备有效的资本约束与资本补充机制；⑪具有健全的公司治理结构；⑫法律、行政法规和银保监会规定的其他审慎性条件。

设立商业银行，申请人应当向国务院银行业监督管理机构提交下列文件、资料：①申请书，其应当载明拟设立的商业银行的名称、所在地、注册资本、业务范围等；②可行性研究报告；③国务院银行业监督管理机构规定提交的其他文件、资料。上述申请经国务院银行业监督管理机构审查后，符合《商业银行法》第 14 条规定的，申请人应当填写正式申请表，并提交下列文件、资料：①章程草案；②拟任职的董事、高级管理人员的资格证明；③法定验资机构出具的验资证明；④股东名册及其出资额、股份；⑤持有注册资本 5% 以上的股东的资信证明和有关资料；⑥经营方针和计划；⑦营业场所、安全防范措施和与业务有关的其他设施的资料；⑧国务院银行业监督管理机构规定的其他文件、资料。

经批准设立的商业银行，由国务院银行业监督管理机构颁发经营许可证，并凭该许可证向工商行政管理部门办理登记，领取营业执照。

（2）商业银行的组织机构。根据《商业银行法》第 17～23 条的规定，商业银行的组织形式、组织机构适用《公司法》的规定。国有独资商业银行设立监事会，对国有独资商业银行的信贷资产质量、资产负债比例、国有资产保值增值等情况以及高级管理人员违反法律、行政法规或者章程的行为和损害银行利益的行为进行监督。监事会的产生办法由国务院规定。

商业银行根据业务需要，可向国务院银行业监督管理机构提出在我国境内外设立分支银行的申请。申请人在向国务院银行业监督管理机构提出设立申请时应提交下列文件和资料：①申请书，其应当载明拟设立的分支机构的名称、营运资金额、业务范围、总行及分支机构所在地等；②申请人最近两年的财务会计报告；③拟任职的高级管理人员的资格证明；④经营方针和计划；⑤营业场所、安全防范措施和与业务有关的其他设施的资料；⑥国务院银行业监督管理机构规定的其他文件、资料。经国务院银行业监督管理机构审查批准后，申请人可以在我国境内外设立分支机构。在我国境内的分支机构，不按行政区划设立。经批准设立的商业银行分支机构，由国务院银行业监督管理机构颁发经营许可证，并凭该许可证向工商行政管理部门办理登记，领取营业执照。经批准设立的商业银行及其分支机构，由国务院银行业监督管理机构予以公告。商业银行及其分支机构自取得营业执照之日起无正当理由超过 6 个月未开业的，或者开业后自行停业连续 6 个月以上的，由国务院银行业监督管理机构吊销其经营许可证，并予以公告。

商业银行在中华人民共和国境内设立分支机构，应当按照规定拨付与其经营规模相适应的营运资金额。拨付各分支机构营运资金额的总和，不得超过总行资本金总额的 60%。商业银行对其分支机构实行全行统一核算，统一调度资金，分级管理的财务制度。商业银行分支机构不具有法人资格，在总行授权范围内依法开展业务，其民事责任由总行承担。

4. 商业银行存贷款和其他业务规范。

（1）对存款人的保护。根据《商业银行法》的规定，商业银行办理个人储蓄存款业务，应当遵循存款自愿、取款自由、存款有息、为存款人保密的原则。对个人储蓄或单位存款，商业银行有权拒绝任何单位或者个人查询、冻结、扣划，但法律另有规定的除外。商业银行应当按照中国人民银行规定的存款利率的上下限，确定存款利率并予以公告。商业银行应按规定向中国人民银行交存存款准备金，留足备付金。保证存款本金和利息的支付，不得拖延、拒绝支付存款本金和利息。

（2）贷款和其他业务的基本原则。《商业银行法》规定商业银行根据国民经济和社会发展的需要，在国家产业政策指导下开展贷款业务。商业银行贷款，应当对借款人的借款用途、偿还能力、还款方式等情况进行严格审查，并应实行审贷分离、分级审批的制度。商业银行贷款，应当与借款人订立书面合同。借款人应当提供担保。商业银行应当对保证人的偿还能力、抵押物、质押物的权属和价值以及实现抵押权、质押权的可行性进行严格审查。经商业银行审查、评估、确认借款人资信良好，确能偿还贷款的，可以不提供担保。商业银行应当按照中国人民银行规定的贷款利率的上下限，确定贷款利率。商业银行贷款，应当遵守《商业银行法》关于资产负债比例管理的规定，以利于银行的安全、稳定运行。

商业银行办理票据承兑、汇兑、委托收款等结算业务的，应按规定的期限兑现，收付入账，不得压单、压票或违反规定退票，违者应承担必要的法律责任。同行拆借的，应当遵守中国人民银行的有关规定，拆借的期限最长不得超过4个月。禁止利用拆入资金发放固定资产贷款或者用于投资；拆出资金限于交足存款准备金、留足备付金和归还中国人民银行到期贷款之后的闲置资金。商业银行不得违反规定提高或者降低利率，以及采用其他不正当手段，吸收存款，发放贷款。

（3）商业银行的工作人员应当遵纪守法，不得有下列行为：①利用职务上便利，索取、收受贿赂或者违反规定收受各种名义的回扣、手续费；②利用职务上的便利，贪污、挪用、侵占本行或者客户资金；③违反规定徇私向亲属、朋友发放贷款或者提供担保；④在其他经济组织兼职；⑤违反法律、行政法规和业务管理规定的其他行为。

四、有关票据法的主要规定

（一）票据及票据法

票据通常有广义和狭义之分。广义的票据是指包括股票、债券等在内的各种以证明或设定权利为目的的书面凭证。狭义的票据即票据法上的票据，是指出票人依法签发的，承诺自己或者委托的付款人在见票时或规定的日期，向收款人或持票人无条件支付一定金额款项的特种有价证券，包括汇票、本票和支票。票据有支付、汇兑、融资、流通、结算、信用等多项经济功能，它是市场经济主体参与经济活动的重要工具。票据在现代民商事活动中特别是商业交往中的普遍运用，不仅因为其功能的多样，还在于它本身所具有的充分迎合现代商业需求的一系列内在特质，即它具有要式性、独立性、无因性及流通性等特征。

票据法亦有广义、狭义之分。广义的票据法是指一切规范票据关系及其他与票据关系有关的社会关系的法律规范。狭义的票据法，是指调整票据关系的专门立法。本书是在狭义层面使用"票据法"这一语词。《中华人民共和国票据法》（以下简称《票据法》）于1995年5月10日由第八届全国人大常委会第十三次会议通过，后又于2004年8月28日由第十届全国人大常委会第十一次会议修正。

（二）关于汇票的主要规定

汇票，是指由出票人签发，并委托付款人在见票时或者指定日无条件支付一定金额给收款人或者持票人的票据。按签发人身份的不同，汇票可分为商业汇票和银行汇票。银行汇票，是指由出票银行签发，并由其在见票时按照实际结算金额无条件支付给收款人或者持票人的票据；商业汇票，是指由非银行出票人签发，并委托付款人在指定日期无条件支付确定的金额给收款人或者持票人的票据。汇票一般涉及三方基本当事人：①出票人，即签发汇票的人；②付款人，即是受出票人委托而付款的人；③收款人，即是持汇票向付款人请求付款的人。

1. 出票。出票又称汇票的发票，是指出票人签发票据并将其交付给收款人的票据行为。根据《票据法》第 21 条的规定，汇票的出票人须与委托人有真实的委托付款关系且有可靠的资金来源，不得签发无对价汇票。

（1）绝对必要记载事项。所谓绝对必要记载事项，是指票据法规定必须在票据上记载的内容，如果欠缺这些内容，则汇票归于无效。依据《票据法》第 22 条的规定，所签汇票若无以下任何一项内容，则该汇票绝对无效：①表明"汇票"的字样；②无条件支付的委托；③确定的金额；④付款人名称；⑤收款人名称；⑥出票日期；⑦出票人签章。

（2）相对必要记载事项。相对必要记载事项亦是汇票上应当载有的内容，但如果这些事项在汇票上没有记载，其并不影响汇票本身的效力，汇票仍然有效。《票据法》第 23 条规定："汇票上记载付款日期、付款地、出票地等事项的，应当清楚、明确。汇票上未记载付款日期的，为见票即付。汇票上未记载付款地的，付款人的营业场所、住所或者经常居住地为付款地。汇票上未记载出票地的，出票人的营业场所、住所或者经常居住地为出票地。"

（3）出票的法律效力。《票据法》第 26 条规定，出票人在出票行为完成后即成为汇票的债务人，其应当担保其所签发的票据能够获得承兑和付款。若出票人所签发的汇票得不到承兑或者付款，则其应向持票人清偿法定的金额和费用。

2. 背书。背书是指在票据背面或粘单上记载有关事项并签章的票据行为。

（1）关系主体。将票据背书后并将其交付于他人持有的人称为背书人，接受被背书交付的汇票的人为被背书人。

（2）背书方式。《票据法》第 30 条规定："汇票以背书转让或者以背书将一定的汇票权利授予他人行使时，必须记载被背书人名称。"由此可以断定，我国《票据法》所确认的背书仅限于记名背书。记名背书又称为完全背书或特别背书，它是相对于空白背书而言的，指持票人在汇票背面或粘单上详细记载被背书人的姓名或商号，并签上自己的名字，然后将汇票交付被背书人的行为。

（3）背书的效力。背书所产生的法律效力主要包括：①权利转让的效力，记名票据的持有人可以通过背书并交付票据，向他人转让其票据权利。②权利担保的效力，背书人对其后手负有担保票据载有的权利得以实现的责任。当持票人得不到承兑或付款时，背书人必须支付票据款项或承担追索责任。③权利证明的效力，经连续背书的票据的持有人，法律推定其为票据的权利者。连续背书中的"连续"，是指在票据转让中，转让汇票的背书人与受让汇票的被背书人在汇票上的签章依次前后衔接。

（4）背书的绝对记载事项。根据我国《票据法》第29条和第30条的规定，背书的绝对记载事项包括被背书人的名称和背书人签章两项。此两项内容一般应由背书人记载，但《最高人民法院关于审理票据纠纷案件若干问题的规定》第49条规定："……背书人未记载被背书人名称即将票据交付他人的，持票人在票据被背书人栏内记载自己的名称与背书人记载具有同等法律效力。"

3. 承兑。承兑是指汇票付款人承诺在汇票到期日支付汇票金额的票据行为，这是汇票所特有的一种票据行为。承兑过程包括提示承兑与承兑表示两个阶段。提示承兑是指持票人向付款人出示汇票，并要求付款人承诺付款的行为。依据《票据法》的规定，定日付款或者出票后定期付款的汇票，持票人应当在汇票到期日前向付款人提示承兑；见票后定期付款的汇票，持票人应当自出票日起1个月内向付款人提示承兑；汇票未按照规定期限提示承兑的，持票人丧失对其前手的追索权；见票即付的汇票无需提示承兑。承兑表示是付款人对提示作出承兑与否的表示。付款人对向其提示承兑的汇票，应当自收到提示承兑的汇票之日起3日内承兑或者拒绝承兑。付款人收到持票人提示承兑的汇票时，应当向持票人签发收到汇票的回单。回单上应当记明汇票提示承兑日期并签章。付款人承兑汇票的，应当在汇票正面记载"承兑"字样和承兑日期并签章；见票后定期付款的汇票，应当在承兑时记载付款日期；汇票上未记载承兑日期的，以付款人收到提示承兑的汇票之日起的第3日为承兑日期。付款人承兑汇票，不得附有条件；承兑附有条件的，视为拒绝承兑。付款人承兑汇票后，应当承担到期付款的责任。如果承兑人承兑汇票后又拒绝付款，持票人可以直接对其起诉，持票人即使是原出票人，也可直接对承兑人行使权利。

4. 保证。汇票的债务可由汇票债务人以外的保证人承担保证责任。保证人行使保证责任时须在汇票或粘单上载明"保证"字样、保证人名称和住所、被保证人名称、保证日期和保证人签章。保证人在汇票或粘单上未记载被保证人名称的已承兑的汇票，承兑人为被保证人；未承兑的汇票，则出票人为被保证人。保证人对合法取得汇票的持票人的汇票权利承担保证责任。被保证人的汇票，保证人应当与被保证人对持票人承担连带责任。两人以上保证人之间承担连带责任；保证不得附有条件，保证人清偿汇票债务后可行使追索权。

5. 付款。承兑人或付款人应收款人或者持票人的请求，向收款人或持票人支付一定金额，以消灭票据债权债务关系的行为。付款必须经过付款提示、审查与付款三个阶段：①付款提示。这是指持票人向付款人在规定期限内提示付款，或委托收款银行及通过票据系统向付款人提示付款。若未按期提示付款，在作出说明后，承兑人或付款人仍应承担付款责任。②审查。对于提示的汇票，在付款前，付款人应审查汇票背书的连续、提示付款人合法身份证明或有效证件。③支付票款。汇票付款人付款时，应要求持票人交出汇票并记载收清字样。汇票金额为外币的，除当事人约定外，一律按付款日市场汇价以人民币支付。持票人如不记载并收回票据，付款人可拒绝付款。④收回汇票。付款人付款后，有权要求持票人交回汇票。持票人获得付款的，应当在汇票上签收，并将汇票交给付款人。持票人委托银行收款的，受委托的银行将代收的汇票金额转入持票人账户后，视同签收。付款人依法足额付款后，全体汇票债务人的责任解除。

6. 追索权。追索权又称为偿还请求权，是指持票人所享有的在出现法定情况时，向汇票的背书人、出票人以及汇票的其他债务人请求偿还票据金额、利息及其他法定款项的票据权利。追索权是票据法给予持票人的最后一项保护票据利益的权利。根据《票据法》第61条的规定，当出现下列情况之一时，持票人便可行使追索权：①汇票到期被拒绝付款；②汇票到期日前被拒绝承兑；③汇票到期日前承兑人或付款人死亡、逃匿；④汇票到期日前承兑人或付款人依法破产或因违法被责令终止业务活动的。持票人行使追索权时，应当提供被拒绝的有关证明。持票人行使追索权不能提供合法证明则丧失对其前手追索权，但承兑人和付款人仍对持票人承担责任。持票人应在收到有关证明之日起3日内将被拒绝事由书面通知其前手或全体债务人，否则虽可行使追索权但须自行承担由此造成损失的赔偿责任。持票人对所有债务人均有追索权，被追索人清偿债务后亦可享有追索权。汇票的出票人、背书人、承兑人和保证人对持票人承担连带责任。行使追索权不必按债务人顺序，被追索人依法清偿债务后其责任解除。

（三）关于本票的主要规定

本票是出票人签发的，承诺自己在见票时无条件支付确定的金额给收款人或者持票人的票据。本票可以分为银行本票和商业本票，《票据法》所称的本票特指银行本票。

1. 出票人。本票的出票人资格由中国人民银行审定并由其管理。银行本票的出票人，为经中国人民银行当地分支行批准办理银行本票业务的银行机构，银行机构之外的企业、事业单位机关和社会团体都不能成为本票的签发主体。出票人须有可靠的资金来源并保证支付。

2. 票面内容。本票票面应记载：①"本票"字样；②无条件支付的承诺；③确定的金额；④收款人名称；⑤出票日期；⑥出票人签章。缺少上述任何一项记载，则本票无效。本票上记载的付款地和出票地应清楚、明确，若未载明的，出票人营业场所为付款地和出票地。

3. 法律效力。本票的出票人在持票人提示见票时，须在法定期限内承担付款的责任；持票人未按规定期限提示见票的，丧失对出票人以外的前手的追索权。本票的背书、保证、付款行为和追索权的行使适用关于汇票的法律规定。

（四）关于支票的主要规定

支票是出票人签发的，委托办理支票存款业务的银行或者其他金融机构在见票时无条件支付确定的金额给收款人或者持票人的票据。支票的基本当事人有出票人、付款人、收款人三方。就出票人委托第三人向持票人或指定人付款而言，支票与汇票有相似之处，但支票上的付款人资格是特定的，即必须是银行或其他金融机构。同时支票都是即期的，不存在远期支票。

1. 出票。出票人必须要和付款人之间存在资金关系，才可签发支票。根据《票据法》第82条的规定，出票人开设支票存款账户和领用支票应有可靠资信并存入一定的资金；申请时须使用本名并提交合法的身份证明、预留其本名的签名式样和印鉴。此外，《证券法》还规定，出票人签发的支票金额不得超过其在付款人处的存款金额；不得签发空头支票；出票人不得签发与预留签名及印鉴不符的支票。

2. 绝对必要记载事项。支票票面上须载明下列事项：①"支票"字样；②无条件支付的委托；③确定的金额；④付款人名称；⑤出票日期；⑥出票人签章。现金支票与转账支票应分别制作并在正面注明，现金支票只能用于支取现金，转账支票只能用于转账。缺少上述任何一项记载则为无效支票。

3. 相对必要记载事项。支票上未记载付款地的，付款人的营业场所为付款地。支票上未记载出票地的，出票人的营业场所、住所或者经常居住地为出票地。出票人可以在支票上记载自己为收款人。

4. 责任和权利。出票人向持票人承担按其签发支票金额付款的责任，并在存款人处存足支付支票的金额。对超过提示付款期限的持票人，出票人仍应承担票据责任。付款人应在持票人提示付款当日足额付款；超过提示付款期限的支票，付款人可不予付款。除付款人恶意或有重大过失付款外，付款人支付支票金额后不再对出票人和持票人承担付款责任。持票人应在10日内提示付款，异地使用另有规定。

五、有关证券法的主要规定

（一）证券及证券法

证券是指以某种符号设定并证明一定权利的书面凭证。学界通常对其有广义和狭义之分。广义的证券一般是指有价证券，其包括商品证券、货币证券以及资本证券，其中商品证券是代表权利主体对相应商品享有请求权的证券，如各种提货单、购货单等；货币证券是表彰权利人对一定数额的货币享有请求权的证券，如支票、汇票等；资本证券是指代表一定资本所有权益与一定收益分配请求权的证券，如股票、债券。狭义的证券也即证券法上所称之证券，专指资本证券。

所谓证券法，是指调整证券发行、证券交易的法律规范的总称。《证券法》于 1998 年 12 月 29 日第九届全国人大常委会第六次会议通过，1999 年 7 月 1 日施行。此后分别于 2004 年 8 月 28 日第十届全国人大会常委会第十一次会议、2005 年 10 月 27 日第十届全国人大常委会第十八次会议、2013 年 6 月 29 日第十二届全国人大常委会第三次会议、2014 年 8 月 31 日第十二届全国人大常委会第十次会议和 2019 年 12 月 28 日第十三届全国人民代表大会常务委员会第十五次会议，先后对《证券法》进行了修正和修订。修订过后的《证券法》共设 14 章 226 条，规定了证券的性质、证券发行和交易活动的原则、证券发行、证券交易、上市公司收购、证券机构以及法律责任等内容。《证券法》的实施，对规范我国证券市场活动，保障投资者的合法权益，维护和促进我国市场经济的稳定与发展，起到了重大的积极作用。

《证券法》中所涉及的证券类型，主要有股票、债券、证券投资基金券以及证券衍生品等。股票是股份公司签发给股东的用以证明其持有股份及股东权利义务的要式有价证券，它是股东权的凭证，具有不可返还性、流通性、收益性、风险性等特征。债券是公司或者国家等为了筹集资金，依照法定程序向社会公众发行的，约定到期后向权利人还本付息的一种借款凭证。债券作为一种证明债权、债务关系的特殊凭证，其具有期限性、流通性、收益相对稳定以及发行主体多元等特征。目前在我国存在的债券主要有政府债券、公司债券、企业债券、金融债券等。证券投资基金券是指证券投资基金发起人向社会公众发行的，表明其按比例对基金财产享有所有权、收益分配权等权利的有价证券。

（二）有关证券发行的主要规定

证券发行是发行人以募集资金为目的按照法定的条件和程序向投资者发售证券的法律行为。对于证券发行的划分，往往因其标准的差异而类型各异。例如，以是否通过承销机构进行证券发行为标准，证券发行可分为直接发行与间接发行。直接发行是发行人不通过承销商而直接将证券发售给投资人；间接发行是发行人通过证券承销机构将证券销售给投资者。又如，以发售对象是否特定，可将证券发行分为私募发行和公募发行。私募发行即非公开发行，是发行人仅向特定的投资者发售证券；公募发行即公开发行，是指发行者向不特定的社会公众或者达到一定数量的特定公众进行的证券发售。除此之外，证券发行还可以分为平价发行、溢价发行与折价发行；初次发行和再次发行；等等。

1. 证券发行人。证券发行人是指为筹措资金而发行证券的组织，主要有政府和符合法定证券发行条件的公司、金融机构及企业。证券发行人是资金的原始供给者，同时也是资金的需求者。证券发行人的多少和所发行的证券数量的多少，决定了发行市场的规模和发达程度。

2. 证券发行的申请和审核。依据《证券法》的相关规定，我国对证券的公开发行监管采取核准制。所谓核准制，又称实质审查制，是指证券发行者不仅要向认购者完全公开其真实的可供判断的信息和资料，而且还要符合法律所规定的实质性条件，方可获得证券监督管理机构准予发行之资格的管理体制。该种审查制度在一定程度上确保了证券发行公司的基本质量，有利于保护投资者的利益。因此，证券发行人公开发行股票的，必须依照《公司法》《证券法》等规定的条件，报经我国证券监督管理机构核准，向证券监督管理机构提交《公司法》《证券法》等规定的申请文件和证券监督管理机构所规定的有关文件。发行公司债券的，也必须依照《公司法》《证券法》等规定的条件，报经国务院授权的部门审批，向国务院授权的部门提交法律规定的申请文件和国务院授权的部门所规定的其他有关文件。

3. 证券承销。证券承销是指具有证券承销资格的证券公司基于证券承销协议，在法律规定或约定的时间内，将证券发行人的证券发售出去，并收取一定费用的行为。承销分为代销与包销。证券代销是指证券公司代发行人发售证券，在承销期结束时，将未售出的证券全部退还给发行人的承销方式；证券包销是指证券公司将发行人的证券按照协议全部购入或者在承销期结束时将售后剩余证券全部自行购入的承销方式。证券代销与证券包销的最大不同在于，前者为委托代理关系，在法定或约定的期限内不能完成证券发售任务时，余额退还发行公司，同时收费也较低；而在证券包销中，证券公司在合同规定的时间内不能全部售出证券的，须自己买下全部余额，对证券公司而言风险较大，故收取费用也较高。根据《证券法》第27、28、29条的规定，公开发行证券的发行人有权依法自主选择承销的证券公司；证券公司承销证券，应当同发行人签订代销或者包销协议；证券公司不得以不正当竞争手段招揽证券承销业务。

4. 证券发行程序。证券发行必须严格按照法律规定的程序进行，如此方可在一定程度上保证发行审核制度以及其他相关制度得以实施，从而保障证券市场运行的公平、有序、稳定。这为对投资者权益进行有效保护提供了一定条件和可能。

（1）股票发行程序。依据我国法律法规及其相关规定，股票发行的主要程序可以归纳为：

第一，股票发行申请与核准。这一环节具体包括上市辅导、准备公开招股文件、申请发行、发行审核等过程。

第二，签署股票承销协议。依照我国证券法律法规的规定，公开发行股票一律由证券经营机构承销，发行人不能自行销售。

第三，制作公告招股说明书。招股说明书是股票的公开发行人为了募集股份，向公众投资者介绍发行人及其他与发行证券有关的基本情况的法律文件。依《合同法》之规定，招股说明书是发行人向公众发出的认购其股份的要约邀请。

第四，股票的认购。认购者通过填写认股书来认购股票。为了保证认股者按时交纳股款，发行人通常规定认购者预交一定的保证金。当认购超过公开发行总量时，承销商应当按照公平原则，采用抽签、比例配售、比例、累退配售等方式进行股票发售。

第五，向证监会报告。承销商应当在承销期满后的法定时间内向证监会提交承销情况的书面报告。

（2）公司债券的发行程序。

第一，作出发行公司债券的决议或决定。股份公司由董事会制订方案，由股东会作出决议；国有公司由国家授权投资的机构或者国家授权的部门作出决定。

第二，制作公司债券募集办法。它的作用相当于股票发行中的招股说明书。

第三，提出申请。决议或决定作出后，向证券监管部门提交公司登记证明、公司章程、公司债券募集办法、资产评估报告和验资报告，申请批准发行债券。

第四，主管部门批准。

第五，公告债券募集办法。

第六，签署债券承销协议。

第七，公司债券认购。

第八，置备公司债券存根簿。

（三）有关证券交易的主要规定

证券交易又称证券买卖或者证券转让，是指证券投资者在证券交易市场依法买卖已经依法发行并已被认购的证券的法律行为，一般包括场内交易和场外交易。场内交易又称集中竞价交易，是指在依法设立的证券交易所内以公开集中竞价方式进行的挂牌交易。在我国，证券交易主要采用场内交易形式。场外交易又称为非集中竞价交易，指在证券交易所以外进行的证券交易。

1. 证券交易的一般规定。

（1）证券合法。非依法发行的证券，不得买卖；法律对证券转让期限有限制性规定的，在限定期限内，不得买卖。

（2）证券须挂牌交易。经依法核准同意上市交易的股票、公司债券及其他证券，应当在证券交易所进行挂牌交易。

（3）禁止有关人员参与交易。《证券法》规定证券公司不得从事向客户融资或者融券的证券交易活动。法律、行政法规禁止参与股票交易的人员，在任期或者法定期限内，不得直接或者以化名、借他人名义持有、买卖股票，也不得收受他人赠送的股票。

（4）证券交易的其他规定：①证券交易所、证券公司、证券登记结算机构必须依法对客户开立的账户予以保密。②为股票发行出具审计报告、资产评估报告或者法律意见书等文件的专业机构和人员，在该股票承销期内和期满后 6 个月内，不得买卖该种股票。③证券交易的收费必须合理，并公开收费项目、收费标准和收费办法。

2. 证券上市的主要规定。证券上市是指经证券发行人的申请，证券交易所承认并接纳已经满足法定条件和要求的证券在证券交易市场进行交易，并允许其在交易市场进行公开且自由的买卖。

（1）股票上市。《证券法》规定，股份有限公司申请其股票上市交易，应当向证券交易所提出申请，由证券交易所依法审核同意，并由双方签订上市协议。国家鼓励符合产业政策同时又符合上市条件的公司股票上市交易。股份有限公司申请股票上市，应当符合下列条件：①股票经国务院证券监督管理机构核准已公开发行。②公司股本总额不少于人民币 3000 万元。③公开发行的股份达到公司股份总数的 25% 以上；公司股本总额超过人民币 4 亿元的，公开发行股份的比例为 10% 以上。④公司最近 3 年无重大违法行为，财务会计报告无虚假记载。证券交易所可以规定高于前款规定的上市条件，并报国务院证券监督管理机构批准。股份有限公司向证券交易所提出股票上市交易申请时，应当提交下列文件：①上市报告书；②申请上市的股东大会决议；③公司章程；④公司营业执照；⑤依法经会计师事务所审计的公司最近 3 年的财务会计报告；⑥法律意见书和上市保荐书；⑦最近一次的招股说明书；⑧证券交易所上市规则规定的其他文件。股票上市交易申请经证券交易所审核同意后，签订上市协议的公司应当在规定的期限内公告股票上市的有关文件，并将该文件置备于指定场所供公众查阅。上市公司丧失《证券法》规定的上市条件的，其股票依法暂停上市或终止上市。

（2）公司债券上市。公司申请债券上市交易，应当向证券交易所提出申请，由证券交易所依法审核同意，并由双方签订上市协议。公司申请其公司债券上市交易必须符合下列条件：①公司债券的期限为 1 年以上；②公司债券实际发行额不少于人民币 5000 万元；③公司申请其债券上市时符合法定的公司债券发行条件。公司向证券交易所提出公司债券上市交易申请时，应当提交下列文件：①上市报告书；②申请公司债券上市的董事会决议；③公司章程；④公司营业执照；⑤公司债券募集办法；⑥公司债券的实际发行数额；⑦证券交易所上市规则规定的其他文件。公司债券上市交易申请经证券交易所审核同意后，签订上市协议的公司应当在规定的期限内公告公司债券上市文件及有关文件，并将其申请文件置备于指定场所供公众查阅。

3. 持续信息公开的主要规定。信息公开，又称信息披露，是指证券发行人依法将自身的财务状况、经营情况等向证券监督管理部门报告，并向社会投资者公告的活动。在我国，负有信息公开义务的主体是公开发行证券的发行人、上市公司等。信息公开不仅是衡量申请上市的公司是否符合上市条件的重要手段，同时也是保护投资者利益的重要手段。因此，发行人、上市公司披露信息时，应当本着真实、准确、完整的原则进行，不得有虚假记载、误导性陈述或者重大遗漏。

（1）证券发行公告。依照《证券法》的规定，证券发行申请经核准后，发行人应当依照法律、行政法规的规定，在证券公开发行前，公告公开发行募集文件，并将该文件置备于指定场所供公众查阅。发行证券的信息在依法公开前，任何知情人不得公开或者泄露该信息。发行人不得在公告公开发行募集文件前发行证券。公司予以公告的股票或者公司债券的发行和上市文件，必须真实、准确、完整，不得有虚假记载、误导性陈述或者重大遗漏。

（2）中期、年度报告与公告。中期报告与年度报告是上市公司信息持续公开的最主要形式。上市公司和公司债券上市交易的公司，应当在每一会计年度的上半年结束之日起 2 个月内，向国务院证券监督管理机构和证券交易所报送记载以下内容的中期报告，并予公告：①公司财务会计报告和经营情况；②涉及公司的重大诉讼事项；③已发行的股票、公司债券变动情况；④提交股东大会审议的重要事项；⑤国务院证券监督管理机构规定的其他事项。上市公司和公司债券上市交易的公司，应当在每一会计年度结束之日起 4 个月内，向国务院证券监督管理机构和证券交易所报送记载以下内容的年度报告，并予公告：①公司概况；②公司财务会计报告和经营情况；③董事、监事、高级管理人员简介及其持股情况；④已发行的股票、公司债券情况，包括持有公司股份最多的前 10 名股东的名单和持股数额；⑤公司的实际控制人；⑥国务院证券监督管理机构规定的其他事项。

（3）临时报告与公告。如果发生可能对上市公司股票交易价格产生较大影响、而投资者尚未得知的重大事件时，上市公司应当立即向国务院证券监督管理机构和证券交易所提交有关该重大事件的临时报告，并予公告，说明事件的起因、目前的状态和可能产生的法律后果。根据《证券法》第80条的规定，重大事件主要有以下情形：①公司的经营方针和经营范围的重大变化；②公司的重大投资行为，公司在1年内购买、出售重大资产超过公司资产总额30%，或者公司营业用主要资产的抵押、质押、出售或者报废一次超过该资产的30%；③公司订立重要合同、提供重大担保或者从事关联交易，可能对公司的资产、负债、权益和经营成果产生重要影响；④公司发生重大债务和未能清偿到期重大债务的违约情况；⑤公司发生重大亏损或者重大损失；⑥公司生产经营的外部条件发生的重大变化；⑦公司的董事、1/3以上监事或者经理发生变动，董事长或者经理无法履行职责；⑧持有公司5%以上股份的股东或者实际控制人，其持有股份或者控制公司的情况发生较大变化，公司的实际控制人及其控制的其他企业从事与公司相同或者相似业务的情况发生较大变化；⑨公司分配股利、增资的计划，公司股权结构的重要变化，公司减资、合并、分立、解散及申请破产的决定，或者依法进入破产程序、被责令关闭；⑩涉及公司的重大诉讼，股东大会、董事会决议被依法撤销或者宣告无效；⑪公司涉嫌犯罪被司法机关立案调查，公司的控股股东、实际控制人、董事、监事、高级管理人员涉嫌犯罪被依法采取强制措施；⑫国务院证券监督管理机构规定的其他事项。

4.禁止的证券交易行为的主要规定。为了维护证券交易市场的公平与公正，为了保护证券投资者的合法利益，《证券法》特别禁止以下证券交易行为：

（1）禁止内幕交易。内幕交易又称知情证券交易，是指内幕信息的知情人员和非法获取内幕信息的其他人员，利用内幕信息进行证券交易及相关活动，从而获得非法利益的行为。《证券法》禁止证券交易内幕信息的知情人员和非法获取内幕信息的其他人员，利用内幕信息进行证券交易活动，或者泄露该信息，或者建议他人买卖该证券。根据《证券法》第51条的规定，证券交易内幕信息的知情人包括：①发行人及其董事、监事、高级管理人员；②持有公司5%以上股份的股东及其董事、监事、高级管理人员，公司的实际控制人及其董事、监事、高级管理人员；③发行人控股或者实际控制的公司及其董事、监事、高级管理人员；④由于所任公司职务或者因与公司业务往来可以获取公司有关内幕信息的人员；⑤上市公司收购人或者重大资产交易方及其控股股东、实际控制人、董事、监事和高级管理人员；⑥因职务、工作可以获取内幕信息的证券交易场所、证券公司、证券登记结算机构、证券服务机构的有关人员；⑦因职责、工作可以获取内幕信息的证券监督管理机构工作人员；⑧因法定职责对证券的发行、交易或者对上市公司及其收购、重大资产交易进行管理可以获取内幕信息的有关主管部门、监管机构的工作人员；⑨国务院证券监督管理机构规定的可以获取内幕信息的其他人员。内幕信息是指证券交易活动中，涉及发行人的经营、财务或者对该发行人证券的市场价格有重大影响的尚未公开的信息。根据《证券法》第52条的规定，证券交易内幕信息主要包括《证券法》第80条第2款所列重大事件以及《证券法》第81条第2款所列重大事件。内幕交易行为给投资者造成损失的，行为人应当依法承担赔偿责任。

（2）禁止操纵市场。操纵证券市场，是指操纵行为人利用资金、信息或者职权优势，影响证券交易价格或者证券交易量从而制造出虚假价格或者虚假繁荣，致使投资者在不了解事实真相的情况下作出错误的投资决定，以期获得非法利益的行为。《证券法》第55条规定禁止任何人以下列手段操纵证券市场：①单独或者通过合谋，集中资金优势、持股优势或者利用信息优势联合或者连续买卖；②与他人串通，以事先约定的时间、价格和方式相互进行证券交易；③在自己实际控制的账户之间进行证券交易；④不以成交为目的，频繁或者大量申报并撤销申报；⑤利用虚假或者不确定的重大信息，诱导投资者进行证券交易；⑥对证券、发行人公开作出评价、预测或者投资建议，并进行反向证券交易；⑦利用在其他相关市场的活动操纵证券市场；⑧操纵证券市场的其他手段。操纵证券市场行为给投资者造成损失的，行为人应当依法承担赔偿责任。

（3）禁止传播虚假信息。证券投资者在参与证券交易活动的整个过程中，总是要借助多种与证券交易相关的信息来决策其投资活动，这些信息真实性的大小，将在相当程度上决定投资者决策的正确性，进而最终影响到投资者利益的得失。所以，《证券法》第56条规定，禁止任何单位和个人编造、传播虚假信息或者误导性信息，扰乱证券市场。禁止证券交易所、证券公司、证券登记结算机构、证券服务机构及其从业人员，证券业协会、证券监督管理机构及其工作人员，在证券交易活动中作出虚假陈述或者信息误导。各种传播媒介传播证券市场信息必须真实、客观，禁止误导。传播媒介及其从事证券市场信息报道的工作人员不得从事与其工作职责发生利益冲突的证券买卖。编造、传播虚假信息或者误导性信息，扰乱证券市场，给投资者造成损失的，行为人应当依法承担赔偿责任。

（4）禁止欺诈客户。欺诈客户，是指在证券交易中，证券公司及其从业人员违背客户真实意愿，实施有损客户利益的行为。在证券交易活动中，证券公司作为客户的委托代理人，应当本着为了委托人的利益这一基本原则，尽到一个善良管理人的义务，诚实守信地实施相关代理行为。《证券法》第57条规定，禁止证券公司及其从业人员从事下列损害客户利益的行为：①违背客户的委托为其买卖证券；②不在规定时间内向客户提供交易的确认文件；③未经客户的委托，擅自为客户买卖证券，或者假借客户的名义买卖证券；④为牟取佣金收入，诱使客户进行不必要的证券买卖；⑤其他违背客户真实意思表示，损害客户利益的行为。欺诈客户行为给客户造成损失的，行为人应当依法承担赔偿责任。

（5）其他禁止规定。除了上述情形外，《证券法》及其他相关法律法规还作出了一系列其他禁止性规定。例如，禁止法人非法利用他人账户从事证券交易；禁止法人出借自己或者他人的证券账户；禁止任何人挪用公款买卖证券；禁止资金违规流入股市等。

【实战训练】

不定项选择题

1. 某储蓄所的储蓄员王某与朋友在酒店喝酒时，无意说出张某有钱并在该储蓄所存有 50 万，被邻桌听见，不久，张某的儿子被绑架，警方破案后获悉，是储蓄员泄露了储户的信息，储蓄员王某被开除。该案例的主要问题是（　　）。

A. 储蓄员无意中泄露了储户的信息，违反了为储户保密的原则，给储户造成损失，对银行信誉及社会形象都有一定的负面影响

B. 在实际工作中，要加强员工的业务、道德素质学习，熟悉和掌握各项规章制度，严格遵守储蓄管理条例

C. 储蓄员无意中泄露了储户的信息，违反了存款自愿的原则

D. 储蓄员无意中泄露了储户的信息，违反了取款自由的原则

E. 银行要不断加强员工的职业道德建设

2. 某银行收到一张由香港盐业银行开具的汇票，金额为 25 万美元。经核对，汇票上的有权签字人与出票行的印鉴本基本相符。按银行惯例，对于大面额的银行汇票需加密码电报核实。于是，该银行发电报要求盐业银行确认。第二天，盐业银行发电报称其出具过此张汇票。正常情况下，该汇票应该没有任何问题，银行可以凭票付款，但是细心的业务人员发现虽然汇票印鉴相符，却依然存在不少疑点。例如，汇票的油墨不是银行的遇水即溶的专用油墨，票面略显粗糙。于是，业务人员又打电报给盐业银行追问汇票的详情。原来，事实上是香港的一个商人从盐业银行购买了一张真的汇票，同时他又用高科技复制一张带到国内作为行骗之用。该案例说明（　　）。

A. 银行的工作人员应提高防范能力

B. 银行要严格空白汇票的管理，防止被盗或丢失

C. 要加强对汇票委托书的管理，由有经验的汇票签发人员直接办理

D. 银行的工作人员在办理业务时如果有疑点必须进行查询

第十六章　财务管理法

【导入案例】虚开发票的行为构成犯罪吗?

2016 年 8 月至 9 月间,应春华公司出纳被告人牛某红要求,被告人王某(财务人员)为其联系虚开发票事宜,并且双方约定按照票面金额 3% 的价格交易。后王某与被告人孟某联系开具发票事宜,在孟某指使下,被告人王某梅利用其担任人人乐公司高新店前台主管的工作便利,在无真实货物购销关系的情况下,先后开具开票单位为人人乐公司、受票单位为春华公司的陕西省国家税务局通用机打发票 7 张,金额合计 235 270 元,孟某将王某梅虚开的上述发票交给王某。

【问题思考】

1. 在无真实货物购销关系的情况下,能否开具发票?在虚开发票的情形下,谁得利,谁受损害?

2. 牛某红、王某虚开发票的行为,是否构成犯罪?他们以后是否还能继续从事会计工作?

3. 根据本案,有哪些经验教训值得吸取?财务人员如何在工作中做到遵纪守法?

一、财务管理法概述

(一)企业财务管理与财务管理法

企业的财务管理,是指企业通过有关资金的筹措、调拨、使用、分配、偿还、结算等方面的业务,以货币作为价值形式,结合企业日常生产经营活动而进行的综合性管理。企业财务管理包括企业固定资金管理、企业流动资金管理、成本管理、企业销售收入管理、专项资金管理以及财务收支管理等内容。这是现代企业科学管理的重要组成部分,是企业实现生产经营目标的重要手段之一。搞好企业财务管理,对于保证企业正常的生产经营活动,加强企业核算制度,实现企业经营目标,努力提高企业经济效益,正确地处理好国家、企业和职工三者之间物质利益关系，促使企业不断地提高生产经营管理水平，都具有十分重要的意义。

企业财务管理法，是指调整企业在财务管理活动中所发生各种财务管理关系的法律规范总称。它的调整对象包括国家财务管理部门、企业主管部门以及企业、企业财务管理部门、职工相互之间所发生的各种财务管理关系。财务管理法不仅具有很强的综合性、专业性、技术性等特征，而且涵盖了很多门类、层级的法律规范。从党的十一届三中全会以来，为适应我国经济体制改革不断深化发展的要求，国家先后制定、颁行了不少财务会计管理方面的法律法规，特别是《会计法》以及《注册会计师法》《审计法》《企业财务会计报告条例》《企业财务通则》《企业会计准则》等一系列财务会计法律、法规，从而初步建立起比较完善、能够适应我国社会主义市场经济体制要求的财务会计管理制度体系。

（二）财务管理法基本原则

1. 坚持统一领导、分级管理相结合的原则。所谓统一领导，是指企业的财务管理法律制度，由国家立法机关和财务主管机关统一规定；所谓分级管理，是指企业的具体财务活动，由企业财务部门按照统一的财务管理制度的具体规定和企业负责人的具体决策认真贯彻和执行。在企业财务管理活动中，把统一领导和分级管理结合起来，既保证国家对企业财务管理的有效监督和控制，也有利于调动企业的积极性，加强企业的横向联系和完善经济核算制，不断提高企业的经济效益。

2. 强调财务经济效益原则。经济效益是商品经济、市场经济对企业生存的第一要求。效益是企业的生命线，也是财经工作的出发点。因此，在企业财务管理中，不仅要求企业的财务人员应当时刻按照效益原则办理业务，加强经济核算，坚持增产节约，增收节流；而且要求国家和政府主管机关在制定财务管理制度时，也必须首先把提高企业经济效益放在首位，并作为立法的出发点。

3. 贯彻兼顾三者利益的原则。如何兼顾国家、企业和职工三者利益关系，或处理好股东、经营者与职工的利益关系，成为各类企业做好财务管理的核心问题和关键问题。这既是保证企业财务管理工作合法化的重要标准，也是调动企业经营者和职工积极性的重要因素。兼顾和处理好各方利益，并保证其高度协调统一，更是促进企业不断提高生产经营水平和生产力水平的重要步骤。为此，修订后的《会计法》从规范会计行为，保证会计资料真实、完整的目标出发，作出加重单位负责人的会计工作责任和加大对会计违法违纪行为的处罚力度的新的立法规定。

4. 实行专业管理与群众监督相结合的原则。企业财务管理具有很强的专业技术性的特征，要求使用独特的语言和管理方法。因此，法律对企业中从事财务管理的人员应予以专门的规范，不仅要求提高企业财务管理队伍的业务素质，强化企业财务的专业化管理，提高企业财务管理水平；而且要求企业全体从业人员加强对企业财务工作的必要监督，严肃企业财经纪律，维护企业、国家和劳动者、投资者权益不受侵害，把企业财务管理纳入法治轨道。

二、有关会计法的主要规定

会计法是指国家权力机关和行政机关制定的各种会计规范性文件的总称，包括会计法律、会计行政法规、国家统一的会计制度、地方性会计法规等。

当前我国执行的是全国人大常务委员会于 2017 年修正的《会计法》。该法分为总则、会计核算、公司、企业会计核算的特别规定、会计监督、会计机构和会计人员、法律责任、附则等 7 章。除《会计法》外，我国还制定有《注册会计师法》《总会计师条例》《企业会计准则》等法律、法规。

（一）我国会计工作管理体制

会计工作是涉及全社会的一项工作，对这一工作的管理，自然是一项社会性管理工作。我国《会计法》明确规定，国家实行统一的会计制度。

（二）会计法的适用范围

会计法的适用范围，是指会计法的效力所及的社会主体范围，即哪些社会组织必须服从会计法的规范要求，遵循会计法规定的会计行为，并承担相应的法律责任。《会计法》第 2 条规定：国家机关、社会团体、公司、企业、事业单位和其他组织（以下统称单位）必须依照本法办理会计业务。为此《会计法》具体列举了 5 类组织单位。

1. 国家机关。这里所说的国家机关，包括各级权力机关、行政机关、司法机关、军事机关等。

2. 社会团体。主要包括各种人民群众团体、社会公益团体、文体工作团体、宗教团体以及其他按照法律规定而成立的团体。

3. 公司、企业。公司包括我国《公司法》规定的有限责任公司和股份有限公司。企业则包括国有企业、集体企业、合伙企业、中外合资经营企业，中外合作经营企业、个人独资企业、外资企业等。

4. 事业单位。主要包括科技、文化、教育、卫生、体育等事业单位。

5. 其他组织。这是指除上述单位以外的组织，如农村集体经济组织，外国企业在我国的分支机构等。

（三）会计核算制度

1. 会计核算的特点和原则。会计核算是会计工作的首要职能，也是会计管理工作的基础。搞好会计核算是做好会计工作的基本要求，因此它是《会计法》所要调整和规范的核心问题之一，并且修正后的《会计法》对此作出了新规定。

会计核算是指以货币为主要计量单位，依据有关的法律、法规和国家统一的会计制度的规定，应用会计原理，并采用专门的方法，通过确认、计量、计算、记录、分类、汇总等程序，对单位的经济活动进行连续、系统、完整地反映和经常性控制，以提供全面系统的会计信息的全过程。由此可知，会计核算主要以货币形式，从价值上反映各单位的经济活动；会计核算具有连续性、完整性和系统性的特点；会计核算是对已经发生的经济活动进行事中、事后核算的同时，预测未来的经济活动。

由于我国国家机关以及事业单位与企业设立的目的、活动的方式都不相同，所以各单位在进行会计核算时也有所区别。其中国家机关及事业单位在进行会计核算时应遵循的原则，主要有真实性原则、有用性原则、可比性原则、一致性原则、及时性原则、明晰性原则、收付实现原则、实际成本原则和重要性原则。而企业会计核算除了应遵循上述一般原则外（收付实现原则除外，另采用权责发生制原则），还有应当遵守另外的 3 条原则，即配比性原则、谨慎性原则和划分收益性支出与资本性支出原则。

2. 会计核算的对象。会计核算是会计法的核心内容，《会计法》第 10 条对此作出明确的规定："下列经济业务事项，应当办理会计手续，进行会计核算：①款项和有价证券的收付；②财物的收发，增减和使用；③债权债务的发生和结算；④资本、基金的增减；⑤收入、支出、费用、成本的计算；⑥财务成果的计算和处理；⑦需要办理会计手续、进行会计核算的其他事项。"《会计法》对会计核算对象采用列举的方式，一共列出了 7 项内容。前 6 项基本上涵盖了会计核算的主要内容，考虑到会计业务的纷繁复杂，以及在我国市场经济体制改革中会计核算业务可能还会出现的一些新情况、新问题，如企业的终止清算、破产清算、无形资产的核算等情形，因此在第 7 项中用"其他事项"予以概括。

3. 会计年度、记账本位币、文字的使用。

（1）会计年度。我国的财政预算年度实行的是公历年度，为了便于国家的宏观调控和管理、符合会计年度与财政预算年度保持一致的要求，《会计法》第 11 条规定我国会计年度自公历 1 月 1 日至 12 月 31 日止为一个会计年度。

（2）记账本位币。《会计法》第 12 条规定会计核算以人民币为记账本位币，业务收支以人民币以外的货币为主的单位，可以选定其中一种货币作为记账本位币，但是编报的财务会计报告应当折算为人民币。

（3）会计记录的文字应当使用中文。在民族自治地区，会计记录可以同时使用通用的一种民族文字。在中华人民共和国境内的外商投资企业、外国企业和其他外国组织的会计记录可以同时使用一种外国文字。

4. 会计凭证、会计账簿、会计处理方法、财务会计报告。《会计法》第13条第1款规定："会计凭证、会计账簿、财务会计报告和其他会计资料，必须符合国家统一的会计制度的规定。"

（1）会计凭证。这是证明经济业务事项发生，明确经济责任，并具有法律效力的书面凭证。它包括原始凭证和记账凭证。《会计法》第14条规定，凡是进行会计核算的经济业务事项，必须填制或者取得原始凭证并及时送交会计机构。会计机构、会计人员必须按照国家统一的会计制度的规定对原始凭证进行审核，对不真实、不合法的原始凭证，有权不予接受，并向单位负责人报告；对记载不准确、不完整的原始凭证予以退回，并要求按照国家统一的会计制度的规定予以更正、补充。原始凭证上记载的各项内容均不得涂改；原始凭证记载有错误的，应当由出具单位重开或者更正，更正处应当加盖出具单位的印章。原始凭证的金额有错误的，应当由出具单位重开，不得在原始凭证上更正。记账凭证应当根据经过审核的原始凭证及有关资料编制。

（2）会计账簿。这是以会计凭证为依据，由一定格式并相互联系的账页组成的，对单位的全部经济业务进行全面、分类、系统、有序地登记和反映的簿册。会计账簿如按用途可分为三类，即分类账（包括总账和明细账）、日记账和辅助账簿；若按账簿的外表形式分，可分为订本式账簿，活页式账簿和卡片式账簿。《会计法》规定：各单位必须依法设置会计账簿，并保证其真实、完整。会计账簿登记，必须以经过审核的会计凭证为依据，并符合有关法律、行政法规和国家统一的会计制度的规定。应该做到：①登记会计账簿必须依据审核无误的会计凭证进行，并将会计凭证日期、编号、业务内容摘要、金额和其他有关资料逐项记入会计账簿内。登记完毕后，记账人员要在记账凭证上签名或者盖章，并注明该记账凭证已经登记入账的符号。②会计账簿应当按照连续编号页码顺序登记。会计账簿发生错误或者隔页、缺号、跳行的，应当按照国家统一的会计制度的规定的方法更正，并由会计人员和会计机构负责人（会计主管人员）在更正处盖章。③各单位应当定期将会计账簿记录与实物、款项及有关资料相互核对，保证会计账簿记录与实物及款项的实有数额相符、会计账簿记录与会计凭证的有关内容相符、会计账簿之间相对应的记录相符、会计账簿记录与会计报表的有关内容相符。④使用电子计算机进行会计核算的，其会计账簿的登记、更正，应当符合国家统一的会计制度规定。

（3）会计处理方法。这是指根据经济业务的性质和内容，运用复式记账原理和借贷记账法，确定对应的会计科目，编制会计分录，以反映经济业务的内在联系的特有的会计方法。

各单位采用的会计处理方法，前后各期应当保持一致，具体应做到：①会计指标的计算方法和口径应当力求一致；会计核算的计量单位、会计年度、会计核算方法应当保持一致；确定本期的收益和费用标准，应当有一致的规定，不得随时变动；确有必要变更的，应当按照国家统一会计制度的规定变更，并将变更的原因、情况及影响在财务会计报告中说明。②或有事项，即指一种既存的状态、情势或者一些情况，致使单位可能获得某些利益（或有债权）或者可能丧失某些经济利益（或有债务）的情况处于不确定状态，这种情况最后的确定有赖于一种或者多种未来事项的发生或者不发生。或有事项分为或有债权和或有债务，其中或有债权不需要入账，而或有债务通常要在财务会计报告中反映或披露。或有债务较为常见的有以下几种：单位提供的担保；未决诉讼；应收票据贴现；融通票据保证；保证；购货约束。

（4）财务会计报告。这是反映单位的财务状况和经营成果的书面文件。财务会计报告由会计报表、会计报表附注和财务情况说明书组成。财务会计报告应当根据经过审核的会计账簿记录和有关资料编制，并符合《会计法》和国家统一的会计制度关于财务会计的编制要求、提供对象和提供期限的规定。向不同会计资料使用者提供的财务会计报告，其编制依据应当一致。法律、行政法规规定会计报表、会计报表附注和财务情况说明书须经注册会计师审计的，注册会计师及其所在会计师事务所出具的审计报告应当随同财务会计报告一并提供。企业财务会计报告应注意严格执行《企业财务会计报告条例》的有关规定。

财务会计报告应当由单位负责人和主管会计工作的负责人，以及会计机构负责人（会计主管人员）签名并盖章；设置总会计师的单位，还须由总会计师签名并盖章。单位负责人应当保证财务会计报告真实、完整。这是《会计法》首次在我国确立单位负责人对财务会计报告的最终负责制。

5. 公司、企业的特别规定。公司、企业由于其设立的目的、性质、活动的方式不同于国家机关和党群等社会组织，所以在进行会计核算时既存在相同之处，也有其不同的地方。公司、企业除了应遵循《会计法》对会计核算的一般要求外，同时还应当遵循《会计法》关于公司、企业进行会计核算的特别规定。除此之外，实行企业化管理的事业单位以及其他社会经济组织进行会计核算，也应当遵循《会计法》有关公司、企业会计核算的专门规定。对此，《会计法》第25条规定：公司、企业必须根据实际发生的经济业务事项，按照国家统一的会计制度的规定确认、计量和记录资产、负债、所有者权益、收入、费用、成本和利润。第26条对公司、企业在进行会计核算中禁止性的行为作出明确规定，包括：①不得随意改变资产、负债、所有者权益的确认标准或者计量方法，虚列、多列、不列或者少列资产、负债、所有者权益；②不得虚列或者隐瞒收入、推迟或者提前确认收入；③不得随意改变费用、成本的确认标准或者计量方法，虚列、多列、不列或者少列费用、成本；④不得随意调整利润的计算、分配方法，编造虚假利润或者隐瞒利润；⑤禁止违反国家统一的会计制度规定的其他行为。

（四）会计监督制度

会计监督是为了保证经济业务活动的安全有效进行，防止并发现和纠正错误与舞弊，保证会计资料真实、完整而制定的各种制度和规定。《会计法》对会计监督作了全面的规定，设立了内部监督、社会监督、中介组织监督、财政部门监督、有关部门的监督等监督制度，使会计监督形成了一个完整的监督体系。

1. 单位内部的监督。

（1）单位内部会计监督制度。《会计法》第27条规定，各单位应当建立、健全本单位内部会计监督制度。单位内部会计监督制度应当符合下列要求：①记账人员与经济业务事项和会计事项的审批人员、经办人员、财物保管人员的职责权限应当明确，并相互分离、相互制约；②重大对外投资、资产处置、资金调度和其他重要经济业务事项的决策和执行的相互监督、相互制约程序应当明确；③财产清查的范围、期限和组织程序应当明确；④对会计资料定期进行内部审计的办法和程序应当明确。

（2）单位负责人承担的会计监督责任。《会计法》第4条规定单位负责人对本单位的会计工作和会计资料的真实性、完整性负责。第28条规定，单位负责人应当保证会计机构、会计人员依法履行职责，不得授意、指使，强令会计机构、会计人员违法办理会计事项。会计机构、会计人员对违反《会计法》和国家统一的会计制度规定的会计事项，有权拒绝办理或者按照职权予以纠正。第29条规定，会计机构、会计人员发现会计账簿记录与实物、款项及有关资料不相符的，按照国家统一的会计制度的规定有权自行处理的，应当及时处理；无权处理的，应当立即向单位负责人报告，请求查明原因，作出处理。

2. 社会监督。《会计法》第30条规定任何单位和个人对违反《会计法》和国家统一的会计制度规定的行为，有权检举。收到检举的部门有权处理的，应当依法按照职责分工及时处理；无权处理的，应当及时移送有权处理的部门处理。收到检举的部门、负责处理的部门应当为检举人保密，不得将检举人姓名和检举材料转给被检举单位和被检举人个人。

3. 中介组织的监督。根据有关法律、行政法规规定，须经注册会计师进行审计的单位，应当向受委托的会计师事务所如实提供会计凭证、会计账簿、财务会计报告和其他会计资料以及有关情况。任何单位或者个人不得以任何方式要求或者示意注册会计师及其所在的会计师事务所出具不实或者不当的审计报告。

4. 财政部门的监督。财政部门对会计监督是整个会计监督的重要内容。《会计法》第 32 条第 1 款规定财政部门对各单位的下列情况实施监督：①是否依法设置会计账簿；②会计凭证、会计账簿、财务会计报告和其他会计资料是否真实、完整；③会计核算是否符合《会计法》和国家统一的会计制度的规定；④从事会计工作的人员是否具备从事会计工作所需要的专业能力、遵守职业道德。

5. 有关机关的监督。《会计法》除了规定上述监督形式外，专门还对有关机关对会计监督作了规定。即财政、审计、税务、人民银行、证券监管、保险监管等部门应当依照有关法律、行政法规规定的职责，对有关单位的会计资料实施监督检查。为了保证会计监督制度的全面落实，《会计法》第 35 条还规定各单位在接受有关监督检查部门依法实施的监督检查时，必须如实提供会计凭证、会计账簿、财务会计报告和其他会计资料及有关情况，不得拒绝、隐匿、谎报。

（五）会计机构和会计人员

1. 会计机构的设置。会计机构是指各单位依据会计工作的需要设置的专门负责办理本单位会计业务事项，进行会计核算，实行会计监督的职能部门。会计人员则是进行财务管理、会计核算、会计监督等工作的人员，包括总会计师，会计和出纳等。《会计法》第 36 条规定：各单位应当根据会计业务的需要，设置会计机构，或者在有关机构中设置会计人员并指定会计主管人员；不具备设置条件的，应当委托经批准设立从事会计代理记账业务的中介机构代理记账。国有的和国有资产占控股地位或者主导地位的大、中型企业必须设置总会计师。

2. 会计人员的管理。《会计法》不仅对单位负责人的会计工作责任作了严格规定，而且对会计人员的管理也作了明确的规定。

（1）会计人员的专业管理。《会计法》第 38 条规定从事会计工作的人员，应当具备从事会计工作所需要的专业能力。担任单位会计机构负责人（会计主管人员）的，应当具备会计师以上专业技术职务资格或者从事会计工作 3 年以上经历。同时第 40 条还要求在从事会计工作中，因有提供虚假财务会计报告，做假账，隐匿或者故意销毁会计凭证、会计账簿、财务会计报告，贪污、挪用公款，职务侵占等与会计职务有关的违法行为而被依法追究刑事责任的人员，不得再从事会计工作。有以上行为但不构成犯罪的会计人员，5 年内不得从事会计工作。

（2）会计人员的调离任管理。《会计法》第 41 条规定会计人员调动工作或者离职，必须与接管人员办清交接手续。一般会计人员办理交接手续，由会计机构负责人（会计主管人员）监交；会计机构负责人（会计主管人员）办理交接手续，由单位负责人监交，必要时主管单位可以派人会同监交。

（六）违反会计法的法律责任

2017 年修正后的《会计法》在法律责任一章中较原《会计法》规定得更加具体、明确和严格，法律责任主要包括行政责任和刑事责任两种。

1. 违反会计管理制度的法律责任。《会计法》第 42 条规定，有下列行为之一的，由县级以上人民政府财政部门责令限期改正，可以对单位并处 3 千元以上 5 万元以下的罚款；对其直接负责的主管人员和其他直接责任人员，可处 2 千元以上 2 万元以下的罚款；属于国家工作人员的，还应当由其所在单位或者有关单位依法给予行政处分；构成犯罪的，依法追究刑事责任：①不依法设置会计账簿的；②私设会计账簿的；③未按照规定填制、取得原始凭证或者填制、取得原始凭证不符合规定的；④以未经审核的会计凭证为依据登记会计账簿或者登记会计账簿不符合规定的；⑤随意变更会计处理方法的；⑥向不同的会计资料使用者提供的财务会计报告编制依据不一致的；⑦未按照规定使用会计记录文字或者记账本位币的；⑧未按照规定保管会计资料，致使会计资料毁损、灭失的；⑨未按照规定建立并实施单位内部会计监督制度或者拒绝依法实施的监督或者不如实提供有关会计资料及有关情况的；⑩任用会计人员不符合《会计法》规定的。会计人员有前列行为之一，情节严重的，5 年内不得从事会计工作。

2. 伪造、变造、故意销毁会计资料的法律责任。《会计法》规定伪造、变造会计凭证、会计账簿、编制虚假财务会计报告的；隐匿或者故意销毁依法应当保存的会计凭证、会计账簿、财务会计报告；授意、指使、强令会计机构、会计人员及其他人员伪造、变造会计凭证、会计账簿，编制虚假财务会计报告或者隐匿、故意销毁依法应当保存的会计凭证、会计账簿、财务会计报告，构成犯罪的，依法追究刑事责任。尚不构成犯罪的，由县级以上人民政府财政部门予以行政处罚和行政处分。

3. 单位负责人的法律责任。《会计法》第 46 条规定单位负责人对依法履行职责、抵制违反《会计法》规定行为的会计人员以降级、撤职、调离工作岗位、解聘或者开除等方式实行打击报复，构成犯罪的，依法追究刑事责任；尚不构成犯罪的，由其所在单位或者有关单位依法给予行政处分。对受打击报复的会计人员，应当恢复其名誉和原有职务、级别。

4. 财政部门及有关机关工作人员的法律责任。《会计法》第 47 条规定财政部门及有关行政部门的工作人员在实施监督管理中滥用职权、玩忽职守、徇私舞弊或者泄露国家秘密、商业秘密，构成犯罪的，依法追究刑事责任；尚不构成犯罪的，依法给予行政处分。第 48 条规定，违反本法第 30 条，将检举人姓名和检举材料转给被检举单位和被检举人个人的，由所在单位或者有关单位依法给予行政处分。

三、有关审计法的主要规定

（一）审计与审计法

审计是由专职机构和专业人员，依法对被审单位的财政财务收支及有关经济活动的真实性、合法性、效益性进行审查监督，以维护财经纪律，加强宏观调控的独立性经济监督活动。它是我国政府一项重要经济监督手段和形式。

审计法是指调整审计关系的法律规范的总称。它具有区别其他财务法的监督性、广泛性、强制性等特点。改革开放后，为了加强国家机关和企业的财政财务收支监督，第八届全国人大常委会第九次会议于 1994 年 8 月 31 日通过了《审计法》，并于 2006 年 2 月 28 日修正。1997 年 10 月 21 日国务院颁布了《审计法实施条例》（2010 年修订），使我国审计制度逐步臻于完善。

（二）审计组织体系与管理体制

1. 审计组织体系。我国的审计体系是由国家审计、内部审计和社会审计三方面组成，其中国家审计居于主导地位，内部审计是基础，社会审计是整个审计组织体系中不可缺少的力量。

（1）国家审计机关。这是依照法律设立的，代表国家依法对本级人民政府各部门、下级人民政府、国家金融机构、全民所有制企业事业单位以及其他国有资产的单位的财政、财务收支的真实性、合法性和效益性进行审计的机关。国家审计机关包括国务院设立的国家审计署，县以上各级人民政府设立的审计厅（局）。根据实际需要，各级审计机关又可以在重点地区、部门设立派出机构。

（2）内部审计机构。《审计法》第 29 条规定对属于国家审计范围的，审计机关未设立派出机构的单位，可以根据需要设立内部审计机构或配备内部审计人员，实行内部审计制度。内部审计机构应当接受国家审计机关的业务指导和监督。

（3）社会审计组织。这是指由依法成立的审计事务所或会计师事务所接受委托并从事法律规定的范围的审计。社会审计工作的管理机关为各级审计机关。

2. 审计机关管理体制。根据《宪法》和《审计法》的规定，国务院设立国家审计署，在国务院总理领导下，主管全国审计工作。县以上各级审计机关分别在省长、自治区主席、市长、州长、县长、区长和上一级审计机关的领导下，组织领导本行政区域的审计工作。审计机关根据工作需要，经本级人民政府批准，可以在其审计管辖范围内设立派出机构，派出机构根据审计机关的授权，依法进行审计工作。我国审计机关实行双重领导体制，对本级人民政府和上级审计机关负责报告审计调查结果，审计业务以上级审计机关领导为主。审计机关根据被审计单位的财政、财务隶属关系或国有资产监督管理关系，确定审计管辖范围。审计机关之间对审计管辖范围有争议的，由其共同的上级审计机关确定。上级审计机关可以将其审计管辖范围内的法定审计事项，授权下级审计机关进行审计；上级审计机关对下级审计机关审计管辖范围内的重大审计事项，可以直接进行审计，但是应当防止进行不必要的重复审计。

3. 审计机关的主要任务。

（1）审计监督的范围。这是指依照法律规定，审计机关应对哪些单位的财政、财务收支及其经济活动进行审计监督。主要包括：①财政审计。是国家审计机关对各级人民政府预算收支所进行的审计。它的任务是要对中央和地方各级政府的预算收支的真实性、合法性和效益性进行监督和评价。其中包括预算收入审计、预算支出审计、收入决算审计、支出决算审计、财政综合审计及预算外资金审计等。②财务审计。是指国家审计机关对行政事业单位、国家金融机构、全民所有制企事业单位及其他国有资产的单位的财务收支所进行的审计。主要包括对货币资金、结算资金、材料、生产费用与生产成本、产成品、税金、固定资产以及专用基金等方面的审计。③经济效益审计。是指审计机构对被审计单位可能产生的经济效益、现有的经济效益和校正经济效益作出预测、评价和建议，试图以最小劳动的消耗来获取最大的经济效益的审计。主要包括综合经济效益审计、资产计划审计、建设工程审计以及经济合同审计。④在任审计。审计机关按照国家有关规定，对国家机关和依法属于审计机关审计监督对象范围内的其他单位的主要负责人在任职期间对本地区、本部门或者本单位的财政收支、财务收支以及有关经济活动应负的经济责任的履行情况，进行审计监督。这是国家考核、评价各级领导干部政绩的一个重要方面，也是加强廉政建设的一个重要措施。

（2）审计监督的对象。主要包括：①人民政府及其各部门。审计机关对各级人民政府各部门和下级人民政府的财政、财务收支进行审计时，各级政府及其各部门就成为审计监督的对象。②国有金融机构。在审计署对中央银行的财务收支，审计机关对国有金融机构的资产、负债、损益进行审计监督时，国有金融机构就成为审计监督对象。③国有企事业单位。审计机关对国有企业的资产、负债、损益及对国家的事业单位的财务收支进行审计监督时，国有企事业单位就成为审计监督的对象。④其他单位。依照《审计法》应当进行审计监督的其他单位，也是审计监督的对象之一。例如，国有资产占控股地位的企业，管理社会保险基金、社会捐赠资金以及其他基金、资金的组织，接受国际组织和外国政府援助、贷款的单位或组织。

（三）审计关系的权利和义务

1. 国家审计机关的职权。

（1）监督检查权。审计监督检查权是指国家法律赋予审计机关依法对财政、财务收支及其所反映的经济活动进行监察和督导的权利。包括：①有权要求被审计单位按照审计机关的规定提供预算或者财务收支计划、预算执行情况、决算、财务会计报告，运用电子计算机储存、处理的财政收支、财务收支电子数据和必要的电子计算机技术文档，在金融机构开立账户的情况，社会审计机构出具的审计报告，以及其他与财政收支或者财务收支有关的资料。②有权检查被审计单位的会计凭证、会计账簿、财务会计报告和运用电子计算机管理财政收支、财务收支电子数据的系统，以及其他与财政收支、财务收支有关的资料和资产。③有权就审计事项的有关问题向有关单位和个人进行调查，并取得有关证明材料。④审计机关经县级以上人民政府审计机关负责人批准，有权查询被审计单位在金融机构的账户；审计机关有证据证明被审计单位以个人名义存储公款的，经县级以上人民政府审计机关主要负责人批准，有权查询被审计单位以个人名义在金融机构的存款。⑤审计机关可以向政府有关部门通报或者向社会公布审计结果。⑥对被审计单位正在进行的违反国家规定的财政收支、财务收支行为，有权予以制止，制止无效的，经县级以上审计机关负责人批准，通过财政部门和有关部门暂停拨付有关款项，已拨付的，暂停使用。⑦有权制止被审计单位违法转移、篡改、毁弃有关审计资料的行为。⑧有权制止被审计单位转移、隐匿违法取得的资产的行为。

（2）审计处罚权和处理建议权。审计处罚权是指法律赋予审计机关对违反审计法律法规的行为进行行政和经济制裁的权利。包括：①通报批评、警告。②对违反国家财政收支的行为依法作出处理。③责令限期缴纳应当上缴的收入，限期退还违法所得，限期退还被侵占的国有资产，按有关规定给予处罚。④审计机关认为对负有直接责任的主管人员和其他直接责任人员依法应当给予行政处分的，应当提出给予行政处分的建议；构成犯罪的，由司法机关依法追究刑事责任。

2. 国家审计机关及其工作人员的义务。

（1）正确行使审计法赋予的职权，按《审计法》规定的职责、权限和程序进行审计活动。

（2）及时揭发弊端，如实反映财政、财务收支情况，以便于国家经济管理和监督。

（3）审计人员必须依法审计，应当客观公正、实事求是、廉洁奉公，依法保守国家秘密和被审计单位的商业秘密。

3. 被审计单位的权利和义务。被审计单位依法享有其职权范围内的权利，同时也应接受审计机关的审计监督，积极向审计机关提供财政预算、财务收支计划、决算、会计报表及有关资料，不得转移、隐匿、篡改和毁弃有关资料；不得转移、隐匿所持有的违反国家规定取得的财产；积极支持、协助审计机关工作，如实向审计机关反映情况；不得拒绝、阻碍审计人员执行职务，不得打击报复审计人员并负有认真执行审计机关所作的审计结论和决定等义务。

（四）审计工作程序

这是审计机关在审计监督过程中必须遵循的法定顺序、形式、期限等要求，是审计监督活动的基本工作规程。《审计法》对审计工作程序作出规定，目的是促使审计机关依法履行职责，提高审计质量，使被审计单位的合法权益得到保护，有利于实现审计工作的规范化。审计工作程序大体可分为准备阶段、实施阶段和终结阶段。

1. 准备阶段。审计机关根据国家政策及上级审计机关和本级政府的要求确定审计工作重点，编制审计项目计划；根据计划中的审计事项组成审计组，审计组人员应熟悉有关法律法规；制定审计方案，明确审计重点、范围、内容、时间、方式等。

2. 实施阶段。《审计法》第38条规定在实施审计3日前，应该向被审计单位送达审计通知书；遇有特殊情况，经本级人民政府批准，审计机关可以直接持审计通知书实施审计。第39条规定，审计人员通过审查会计凭证、会计账簿、财务会计报告，查阅与审计事项有关的文件、资料，检查现金、实物、有价证券，向有关单位和个人调查等方式进行审计，并取得证明材料。

3. 终结阶段。主要工作有：①提出审计报告。审计结束后，审计组要提出审计报告；审计机关审议审计报告，对审计事项作出评价，出具审计意见书；需作出处理的，在其法定职权范围内作出审计决定或向有关部门提出处理、处罚意见。②征求审计结论意见。审计报告送审计机关前，审计组应征求被审计单位的意见。被审计单位在接到审计报告10日内，将其书面意见送交审计组。审计组应当将被审计对象的书面意见一并报送审计机关。③送达。审计机关应当将审计机关的审计报告和审计决定送达被审计单位和有关主管机关、单位。审计决定自送达之日起生效。④行政终审。被审计单位对审计机关作出的审计具体行政行为不服，可以自审计决定送达之日起 60 日内，提请审计机关的本级人民政府裁决，本级人民政府的裁决为最终决定。

（五）内部审计与社会审计

1. 内部审计。是指对本单位及所属单位财政财务收支、经济活动、内部控制、风险管理实施独立、客观的监督、评价和建议，以促进单位完善治理、实现目标的活动。

2. 社会审计。社会审计也称注册会计师审计或独立审计，是指注册会计师依法接受委托、独立执业、有偿为社会提供专业服务的活动。社会审计的产生源于财产所有权和管理权的分离。社会审计制度的确立是中国实行改革开放政策，建立社会主义市场经济体制的必然要求，对促进改革开放和经济发展发挥了重要作用。

（六）违反审计法的法律责任

1. 被审计单位及其有关人员的法律责任。《审计法》规定被审计单位和有关人员有以下行为之一的，审计机关给予通报批评，并处以罚款；对应给予行政处分的人员，移送监察机关或者有关部门处理；对情节严重、构成犯罪的单位直接责任人员、单位负责人和其他有关人员，提请司法机关追究其刑事责任。这些行为包括：①拒绝或者拖延提供有关文件、账簿、凭证、会计报表资料和证明材料；②阻挠审计工作人员行使职权，抗拒、阻碍监督检查的；③弄虚作假、隐瞒事实真相的；④拒不执行审计结论和决定的；⑤打击报复审计工作人员和检举人的。

2. 审计工作人员的法律责任。《审计法》第 52 条规定审计工作人员有下列行为之一，审计机关可酌情处以罚款，并按干部管理的权限规定，给予行政处分或提出给予行政处分的建议；情节严重，构成犯罪的，提请司法部门依法追究刑事责任。这些行为包括：①滥用职权，谋取私利；②弄虚作假，徇私舞弊；③玩忽职守，给国家或被审计单位造成较大损失；④泄露所知悉的国家秘密、商业秘密。

【实战训练】

案例分析题

1. 国有企业董事长李某新上任后，在未报经国家主管单位同意的情况下，决定将原会计科科长赵某调到计划科任科长，提拔会计钱某任科长；并将战友的女儿任某调入该企业会计科任出纳，兼管会计档案保管工作，但任某没有会计证。

问题：这种行为是否符合《会计法》相关规定？

2. 某公司原会计科长与新上任的会计主管人员王某办理会计工作交接手续，由人事科长进行监交。档案科会同企管办对企业会计档案进行了清理，编造会计档案销毁清册，将保管期已满的会计档案按规定程序全部销毁，其中包括一些保管期满但尚未结清债权债务的原始凭证。

问题：能否这样进行处理？

3. 审计局对一小区车库改造工程进行审计。审计人员发现在该项目送审的结算材料中，基础二次灌浆模板的工程量比原先清单中的工程量增加了 10 倍之多。审计人员仔细核查了该工程的施工图纸及相应的设计变更等资料，经核查确认，该项目施工过程中并未发生重大变更。既然没有变更，那结算的工程量不应该有这么大的差异，究竟是什么原因让工程量发生变化呢？

审计人员进一步核查项目清单和结算的工程量计算式时发现，原清单中该项目工程量的计算单位为"立方米"，施工单位送审的结算材料中将单位改成了"平方米"，"立方米"与"平方米"的一字之别造成了所计算工程量的 10 倍之差。

对此，审计人员及时予以纠正，避免了因一字之别对财政资金造成的损失。

问题：假设已造成了实际损失，案例中应由谁为此承担何等法律责任？

第十七章 环境资源和生产安全管理法

【导入案例】省环保协会诉晨曦化学环境污染公益诉讼案

晨曦化学为化工龙头企业，主营各类工业塑料加工制造。林中市景田县属于西部贫困县，县内大多数面积为荒漠地带，景田县也是中国面积最大的县之一。2015年，晨曦化学向景田县投资30亿元并成立晨曦化工厂，试图将景田县打造成重要的工业塑料加工基地。晨曦化学之所以在景田县设厂，主要是看重景田县有大量荒漠地带，便于排放工业废水。自2016年晨曦化工厂投产以来，化工厂为了节省生产成本，在景田县荒漠地带中心挖巨型深坑，将大量未经处理的工业废水直接排入深坑之内，并由深坑逐渐渗入地下水网。由于晨曦化工厂的工业废水直接用管道输送到荒漠中心地带，景田县居民大多不了解晨曦化工厂违规排放工业废水的情况。

2018年10月，晨曦化工厂生产部副主任钱某，因为工资待遇和职务晋升问题，与晨曦化工厂发生不可调和的矛盾。一气之下，钱某将晨曦化工厂违规排放大量工业废水的情况，汇集成详细举报材料发送给景田县环保局。2018年12月，景田县环保局向晨曦化工厂作出行政处罚决定，责令晨曦化工厂停止向荒漠违规排污并决定对晨曦化工厂处以罚款3万元。晨曦化工厂及时缴纳罚款，但相关排污行为仍未停止。

2019年1月，钱某再次向景田县环保局举报晨曦化工厂违规排污问题。景田县环保局以针对举报事项的行政处罚已经作出为由，不再回复钱某的举报，也没有对晨曦化工厂采取进一步的执法行动。钱某转而向林中市环保局举报晨曦化工厂的违规排污问题，林中市环保局回复已经将举报材料转给景田县环保局处理。为了给有关部门施加压力，2019年2月1日，钱某手持横幅到景田县环保局门前抗议，当天被景田县公安局人民路派出所民警以"恢复环保局办公秩序"为由强制带离并关押在派出所，一直将钱某关押到2月4日。在此期间，钱某没有收到任何法律文书。钱某被释放后，认为派出所有人故意整他，是对其举报行为进行惩罚。

在钱某持续举报晨曦化工厂违规排污问题的过程中，晨曦化工厂违规向荒漠排放工业废水的情况逐渐进入公众视野，一些中央媒体报道了晨曦化工厂的违规排放问题。其他公民和组织开始介入调查相关违规排放问题。2019 年 3 月 1 日，北京律师张某到景田县，在景田县人民法院对景田县环保局提起行政诉讼，要求景田县环保局履行法定职责、制止晨曦化工厂违规排放。与此同时，张某向景田县检察院提出申请，要求景田县检察院介入此事并提起行政公益诉讼。2019 年 3 月 15 日，林中市所在省的省环保协会（以下简称"省环保协会"）也派员赴景田县提起相应的民事公益诉讼。

材料一：省环保协会是在省民政厅注册的、位于林中市的首家专门从事环境保护事业的省级社会组织。自 2000 年成立以来，省环保协会一直致力于从事环境保护公益活动。

2012 年 3 月 1 日，省环保协会因违规从事营利活动被民政部门处罚。此后，省环保协会没有违法记录。

材料二：晨曦化学总部在福建厦门，钱某为晨曦化学外派到景田县化工厂的中层管理人员。钱某户籍地为厦门市思明区。因为常年在景田晨曦化工厂工作，钱某将家人接到林中市临河区居住。钱某每天从景田往返林中市临河区。

材料三：《民事诉讼法》第 55 条规定，对污染环境、侵害众多消费者合法权益等损害社会公共利益的行为，法律规定的机关和有关组织可以向人民法院提起诉讼。人民检察院在履行职责中发现破坏生态环境和资源保护、食品药品安全领域侵害众多消费者合法权益等损害社会公共利益的行为，在没有前款规定的机关和组织或者前款规定的机关和组织不提起诉讼的情况下，可以向人民法院提起诉讼。前款规定的机关或者组织提起诉讼的，人民检察院可以支持起诉。

材料四：《行政诉讼法》第 25 条第 4 款规定，人民检察院在履行职责中发现生态环境和资源保护、食品药品安全、国有财产保护、国有土地使用权出让等领域负有监督管理职责的行政机关违法行使职权或者不作为，致使国家利益或者社会公共利益受到侵害的，应当向行政机关提出检察建议，督促其依法履行职责。行政机关不依法履行职责的，人民检察院依法向人民法院提起诉讼。

【问题思考】

1. 钱某在环保局门口抗议，景田县公安局人民路派出所民警将其强制带离并关押，属于行政拘留还是行政强制措施，为什么？

2. 钱某认为，景田县人民路派出所民警对其实施的关押没有法律依据，该行为属于滥用职权的情形，其应当针对谁提起行政诉讼？为什么？

3. 人民检察院能否直接就景田县环保局不履行法定职责致使晨曦化工厂长

期违规排放问题，向人民法院提起行政公益诉讼？为什么？

4. 省环保协会能否派人赴景田县，就晨曦化工厂违规排放问题提起民事公益诉讼？为什么？

5. 人民检察院能否直接就晨曦化工厂违规排放问题提起民事公益诉讼？为什么？

6. 北京律师张某能否在景田县人民法院对景田县环保局提起行政诉讼，要求景田县环保局履行法定职责，制止晨曦化工厂违规排放？为什么？

一、环境资源和生产安全管理法概述

环境资源和生产安全管理法是环境资源法、生产安全管理法和清洁生产法的总称。随着社会的进步，文明程度的提高，环境问题给人类不断敲响警钟。而且，解决环境污染与资源破坏的问题让社会付出了惨重的代价，在治理环境的过程中人类也开始认识到了解决环境问题的根本方法就是从源头抓起，这才是治本也治标的最佳方案。但是，生活领域的环境问题并没有在源头上得到解决，最终导致了许多社会问题的产生。时下举国正在进行和谐社会的建设，安全生产、清洁生产的问题也日益受到重视。不安全的生产方式会给社会带来大量的问题，而过去这些问题一直被留给政府解决，这就导致了社会财富的不公平分配，企业本应付出的生产成本反而让社会予以承担。而且不安全的生产方式所带来的问题极易导致社会秩序的动荡，进而影响到生产和生活的正常进行。

因此，企业管理法除了涉及劳动法与劳动合同法、税收法、金融法、财务管理法等国家宏观调控和管理的各项法律（本篇已专章一一作了介绍）外，还有本章将主要介绍的环境资源法、安全生产法、清洁生产法等法律。

二、有关环境资源法的主要规定

（一）环境与环境法

环境，是指影响人类生存和发展的周围境况，即物质生活条件，包括自然环境和社会环境两大类。由于环境是以人类为中心划定的，随着科技的进步，人类对自然和社会的认识越来越深入，因而环境的范围也就越来越扩大。按照现阶段人类的认识，可以把环境大体划分为星际环境、地理环境、地质环境及聚居环境四个部分。环境中的各种自然因素，本身就处于相互联系、相互制约的动态平衡之中，否则就会产生"第一环境问题"；如果人类在生产生活中的失误造成环境平衡的破坏，就会进一步造成环境生态危机，这是"第二环境问题"。当前，全球经济发展中引发的这两类环境问题已经引起人们极大关注。尤其是我国经济发展中产生的环境问题更是引起国家和全国人民高度的重视。这是因为，随着人口

的不断增加和经济的迅猛发展，我国的环境恶化问题十分严重，并且仍有恶化趋势，对社会构成了巨大威胁。其具体表现为：①城市大气环境的形势十分严峻，空气质量超过国家三级标准的城市占全国城市总数的43.5%，属于严重污染型城市，而且仍然有增无减；②号称"空中死神"的酸雨污染仍呈蔓延之势，我国成为继欧洲、北美洲之后世界第三大重酸雨区；③城市水污染仍呈发展趋势，严重影响着山川河湖海的生态安全；④城市垃圾污染状况惊人，全国有200多个城市陷入了垃圾的包围之中；⑤环境噪音污染是我国除大气污染、水污染之外的第三大环境公害。在城市中，环境噪音大有上升为第一大环境公害的趋势。

在我国环境状况不容乐观的同时，我国生态破坏情况也十分严重，而且其范围在不断扩大，程度在进一步加剧，危害在不断加重，突出表现为：①长江、黄河等大江大河源头的生态环境恶化，呈加速趋势；②沿江沿河的重要湖泊、湿地日趋萎缩，特别是北方地区的江河断流，湖泊干涸，地下水位下降严重，加剧了洪涝灾害的危害和植被恶化；③土地沙化，草原地区的超载放牧，过度的开发和樵采，以及许多林地、林区的乱砍滥伐，致使林草植被遭到破坏，生态功能衰退，水土流失加剧；④矿产资源的乱采滥挖，尤其是沿江、沿岸、沿坡地区的开发不当，导致崩塌、滑坡、泥石流、地面塌陷沉降、海水倒灌等地质灾害频繁发生；⑤全国野生动物的栖息地环境恶化，珍贵药用野生植物数量锐减，生物资源总量下降；⑥近岸海域污染严重，海洋渔业资源衰退，珊瑚礁、红树林遭到破坏，海岸侵蚀问题突出。生态环境的持续恶化，严重影响我国经济社会的可持续发展和国家生态环境安全。

环境法，全称为环境保护法，也称为环境资源保护法，是指调整因保护自然和改善环境所产生的各种生态社会关系的法律规范总称。其调整对象就是因保护和改善环境、保护自然资源和防止其他公害而产生的各种社会关系。这些社会关系多数都与企业生产经营管理活动有着密切关系，也是政府管理经济的重要法律依据，成为经济立法、行政立法的重点方向和内容。改革开放以来，随着经济的快速发展，我国也加强了环境资源立法。1989年12月26日第七届全国人大常委会第十一次会议通过了《环境保护法》，成为环境保护的基本法律。之后，全国人大常委会和国务院围绕着环境资源保护的目的，又先后制定了一系列有关环境保护的法律法规，如《水污染防治法》《大气污染防治法》《海洋环境保护法》《建设项目环境保护管理条例》《工业"三废"排放试行标准》《生活饮用水卫生标准》《征收排污费暂行办法》，初步形成我国环境保护的法律体系。同时加强了与环境法密切联系的资源立法，如《土地管理法》《矿产资源法》《水法》《农业法》《渔业法》《森林法》《草原法》《野生动物保护法》等，并成为资源开发、利用和保护的重要法律依据，也是环境保护法的特别法。2014 年 4 月 24 日，全国人大常委会对《环境保护法》进行了修订，自 2015 年 1 月 1 日起施行。修订内容包括：加强环境保护宣传，提高公民环保意识；提出对大气污染特别是雾霾的治理和应对办法；明确环境监察机构的法律地位；完善行政强制措施；完善排污许可管理制度；明确提起环境公益诉讼的主体；加大环境违法责任；等等。

（二）环境保护法律制度的主要规定

1. 环境影响评价制度。环境影响评价制度（以下简称"环评制度"），是指在从事工程建设、开发行为或国家制定规划、政策、法律时，应当于计划阶段或正式实施前，就其可能造成的环境影响进行分析、预测和评估，以提出相应的预防或者减轻不良环境影响的对策和措施，并采取跟踪监测的方法与制度。这是一项科学的社会性活动，但不是运用自然科学进行纯数字计算的活动，而是在法律框架内运用科学的方法并结合经济、政治等多种因素而进行的一项科学活动，是具有前瞻预测性、科学技术性和内容综合性的一项活动。显然，环评制度的建设是我国环境管理和环境立法的迫切任务。我国环评制度始于 1979 年颁布的《环境保护法（试行）》，该法第 6 条规定：一切企业、事业单位的选址、设计、建设和生产，都必须充分注意防止对环境的污染和破坏。在进行新建、改建和扩建工程时，必须提出对环境影响的报告书，经环境保护部门和其他有关部门审批后才能进行设计。这是中国环评制度的开端。1981 年 5 月，由国家计委、国家建委、国家经委和国务院环境保护领导小组联合发布的《基本建设项目环境保护管理办法》，1982 年颁布的《海洋环境保护法》，1984 年颁布的《水污染防治法》、1984 年国务院发布的国发（1984）135 号文件《国务院关于加强乡镇、街道企业环境管理的规定》，1987 年颁布的《大气污染防治法》，1988 年颁布的《水法》《野生动物保护法》和 1988 年国家环保总局发布的《国家环境保护总局关于建设项目环境管理问题的若干意见》，以及 1999 年国家环保总局修改和重新发表的《建设项目环境影响评价资格证书管理办法》，上述法律文件都先后对环评制度作出了进一步的规定。[1] 2002 年 10 月 28 日通过并于 2003 年 9 月 1 日施行的《环境影响评价法》（2016 年、2018 年两次修正），标志着我国环评制度法制化地位正式确立。根据我国《环境影响评价法》的有关规定，环评制度已形成完善的法律制度体系，其内容十分丰富，主要包括规划的环评和建设项目的环境影响评价两个方面制度。《环境保护法》第 19 条规定："编制有关开发利用规划，建设对环境有影响的项目，应当依法进行环境影响评价。未依法进行环境影

---

〔1〕　蔡守秋主编：《环境资源法学》，人民法院出版社 2003 年版，第 178 页。

响评价的开发利用规划，不得组织实施；未依法进行环境影响评价的建设项目，不得开工建设。"根据该法第61条的规定，建设单位未依法提交建设项目环境影响评价文件或者环境影响评价文件未经批准，擅自开工建设的，由负有环境保护监督管理职责的部门责令停止建设，处以罚款，并可以责令恢复原状。

2. "三同时"制度。"三同时"制度，是指对环境有影响的一切建设项目，其防治污染和生态破坏的设施必须与主体工程同时设计、同时施工、同时投产使用的法律制度。该制度是我国环保实践经验的总结，其与环评制度一同构成我国完整的建设项目环境保护管理制度，并对污染的预防起到了极其重要的作用，其确保了建设项目建成投产后能够达标排污或对项目周围环境质量不造成破坏。"三同时"制度是20世纪60年代国务院在防止矽尘危害的规定中首先提出来的。1972年国务院在《国家计委、国家建委关于官厅水库污染情况和解决意见的报告》中又提出"工厂建设和三废利用工程要同时设计、同时施工、同时投产"的要求。1973年，国务院在《关于保护和改善环境的若干规定（试行）》中进一步提出"一切新建、扩建和改建的企业，防治污染项目，必须和主体工程同时设计、同时施工、同时投产"。1979年《环境保护法（试行）》将其确定为一项主要的法律制度。1998年国务院发布的《建设项目环境保护管理条例》进一步完善了"三同时"制度。该制度主要适用于：①新建、改建、扩建项目；②技术改造项目；③一切可能对环境造成污染和破坏的开发建设项目；④确有经济效益的综合利用项目。国务院同时还对"三同时"制度在项目的设计阶段、施工阶段、竣工验收阶段提出了具体的要求，并规定了违反"三同时"制度的法律后果。而且同时规定了环保部门、建设项目主管部门、建设单位、施工单位在执行"三同时"制度过程中的具体职责。《环境保护法》第41条规定："建设项目中防治污染的设施，应当与主体工程同时设计、同时施工、同时投产使用。防治污染的设施应当符合经批准的环境影响评价文件的要求，不得擅自拆除或者闲置。"

3. 排污收费制度。排污收费制度，是指国家环境保护行政主管部门依法对排污单位和个人征收一定数额的费用的制度。我国排污收费制度首现于1978年《环境保护工作汇报要点》，1979年《环境保护法（试行）》正式对其作出规定。1982年国务院颁布了《征收排污费暂行办法》，开始对排污费的征收目的、标准、范围、加收和减收的条件、费用的管理和使用等作出明确规定。1984年《水污染防治法》又作了进一步的规定。而后，《污染源治理专项基金有偿使用暂行办法》《排污费征收使用管理条例》《征收超标准排污费财务管理和会计核算办法》等法规、规章对排污收费制度进行了不断的补充和完善。

4. 限期治理制度。限期治理制度，是指对长期超标准排放污染物且造成了严重环境污染的排污单位和超标准排污设施，在环境保护行政主管部门的监督下，限其在一定期限内进行治理并达到规定要求的一系列措施。在污染治理方面，近年来我国已发展到对某个行业与区域环境进行限期治理，而不再是原来的点源限期治理。这一制度经 1973 年全国第一次环保会议提出后，于 1978 年成为一项环境资源管理政策，1979 年被吸收进《环境保护法（试行）》从而成为我国的一项环境保护基本法律制度。

限期治理主要包括限期治理项目、目标和期限。目前，限期治理项目主要是产生重大污染源的项目和产生特别保护区域环境污染源的项目。治理的目标主要是浓度目标，但是对于实行总量控制的区域，则另有总量目标的要求。治理期限依据污染的具体情况而定，但最长不得超过 3 年时间。限期治理的决定由法律规定的市、县级以上人民政府依职权作出，对于逾期没有完成治理任务的单位，除依照国家规定征收超标准排污费外，还可以据其所造成的危害后果处以一定的罚款或责令其停业、关闭。

5. 环境污染事故强制应急制度。环境污染事故强制应急制度，是指当环境污染严重事故发生时，由于事故威胁人们的生命财产安全，必须立即采取应急措施以消除事故带来的危害的环境法律基本制度。《环境保护法》第 47 条规定："各级人民政府及其有关部门和企业事业单位，应当依照《中华人民共和国突发事件应对法》的规定，做好突发环境事件的风险控制、应急准备、应急处置和事后恢复等工作。县级以上人民政府应当建立环境污染公共监测预警机制，组织制定预警方案；环境受到污染，可能影响公众健康和环境安全时，依法及时公布预警信息，启动应急措施。企业事业单位应当按照国家有关规定制定突发环境事件应急预案，报环境保护主管部门和有关部门备案。在发生或者可能发生突发环境事件时，企业事业单位应当立即采取措施处理，及时通报可能受到危害的单位和居民，并向环境保护主管部门和有关部门报告。突发环境事件应急处置工作结束后，有关人民政府应当立即组织评估事件造成的环境影响和损失，并及时将评估结果向社会公布。"

6. 现场检查制度。现场检查制度，是指依法享有环境监督管理权的部门对其管辖范围内的排污单位及个人遵守环境保护法律法规的情况、执行环境行政处理决定情况及履行其相应的环境保护职责情况，进入现场进行直接检查的环境行政监督制度。这一制度执行的好坏，直接关系到其他环境保护制度的执行情况。换言之，这一监督制度是其他环境保护制度的保障，因为通过这一制度的执行，可以及时发现并制止环境行政相对人的环境违法行为，督促环境行政相对人严格遵守环境保护法律法规的规定。《环境保护法》第 24 条规定："县级以上人民政府环境保护主管部门及其委托的环境监察机构和其他负有环境保护监督管理职责的部门，有权对排放污染物的企业事业单位和其他生产经营者进行现场检查。被检查者应当如实反映情况，提供必要的资料。实施现场检查的部门、机构及其工作人员应当为被检查者保守商业秘密。"关于检查内容的规定，主要体现在各污染防治单行法的内容中。环境行政相对人对行政机关依法进行的现场检查有配合的义务，应当如实提供材料、反映情况。对于环境行政相对人弄虚作假和拒绝检查的，监察机关可以对其给予责令停止违法行为、限期改正、警告或罚款等处理。当然，执行现场检查的行政机关在检查时应当出示相应证件并保守被检查单位的技术及业务秘密。

（三）资源保护法律制度的主要规定

1. 自然资源权属制度。自然资源权属制度，是由自然资源法律法规规定的，关于自然资源的所有权、开发利用权等权利的主体、范围以及流转等法律规范的总称。自然资源权属制度在整个自然资源法律制度安排中具有基础性作用，决定着其他自然资源法律制度的设计、安排。

我国的自然资源权属制度主要包括两个方面的内容：自然资源所有权制度和自然资源开发利用权制度。有关自然资源权属制度的规定散见于我国《宪法》《民法通则》《环境保护法》、各单行自然资源法以及相关的法律之中。需要特别指出的是，2007 年 3 月 16 日通过、2007 年 10 月 1 日开始生效的《物权法》，对自然资源所有权和使用权制度作了一些总括性的规定，明确了自然资源所有权与自然资源开发利用权，从而完善了我国现有的自然资源物权制度。

2. 自然资源规划制度。自然资源规划是行政规划的一种，是指国家机关依照法律规定，根据一国或地区的自然资源状况和特点以及国民经济发展的要求，并考虑到本国或本地区的生态环境保护的需要，而制定的有关各类自然资源的开发利用、保护和管理的总体布局和安排。自然资源规划制度，是指对有关自然资源规划的主体、对象、内容、原则及其法律效力等方面进行规定的一系列法律规范的总和。我国各单行自然资源法基本上都规定了对相应的自然资源应当进行规划，并明确了规划的目的、依据、程序等问题。

3. 自然资源调查制度。自然资源调查，一般是指法定机构为了查清自然资源数量、质量、权属、分布和利用现状而采取的技术的、行政的法律措施。自然资源调查制度，是指有关自然资源调查的主体、对象、范围、内容、程序和调查结果的效力等问题的法律规范的总称。我国现行的各自然资源单行法大都对这一制度进行了规定。自然资源调查是人们开发利用自然资源、制定自然资源规划、建立自然资源档案以及管理和保护自然资源的基础。

4. 自然资源许可制度。自然资源许可制度，是指单位或个人在从事开发利用自然资源或者在从事某些特殊自然资源的进出口交易之前，必须按照法律规定向有关的管理机关提出申请，经审查批准，发给许可证之后，方可在许可的范围内进行该活动的一整套管理措施的总和。自然资源许可制度是国家为了保护自然资源免遭破坏和浪费，对人们开发和利用自然资源进行监督管理的重要行政手段。实施自然资源许可制度，可以使自然资源的开发利用行为得到宏观控制和规范，从而最大限度地实现人与自然、人与环境的协调发展。

5. 自然资源有偿使用制度。自然资源有偿使用制度，是指关于单位和个人按照法律规定支付一定费用，才能开发和利用自然资源的法律规范的总称。过去在计划经济时代，由于没有认识到资源的价值，国家对自然资源的使用都采取了无偿划拨的形式，导致了资源浪费、配置不合理、利用效率低的弊病，而现在自然资源法则普遍采取资源的有偿使用制度。

自然资源有偿使用的形式基本上有两种：①征收自然资源税；②收取自然资源费。自然资源税是国家对我国境内从事资源开发利用的单位或个人，就其资源生产和开发条件的差异而形成的差异征收的一种税。自然资源费是指对各种自然资源开发、利用和保护管理收费的统称。

三、有关安全生产法的主要规定

（一）安全生产与安全生产法

所谓安全生产，是指生产经营单位在从事生产经营活动中，遵守有关安全生产的法律、法规，坚持安全第一、预防为主的方针，加强安全生产管理，建立、健全安全生产责任制度，完善安全生产条件，确保安全生产、防止和减少生产安全事故，保障人民群众生命和财产安全，促进经济发展的一种生产制度。

随着社会生产的快速发展，生产中各种事故频频发生，严重危害着人们的生命、财产安全，极大地影响着社会的安定和稳定，引起了政府和社会各方面的极大关注。据有关统计表明：2009 年全国各类生产安全事故的死亡人数为 83 196 人，其中工矿商贸企业的死亡人数为 11 532 人，生产经营性道路交通的死亡人数为 30 014 人，火灾死亡人数为 1076 人，农业机械事故死亡人数为 262 人，重大事故 62 起，较大事故 1760 起。而这些生产事故主要发生在非公企业，对此，我国政府也曾采取多种措施力图防止和减少生产安全事故，保障人民群众生命和财产安全，促进经济发展，彻底改变非公企业安全生产过程中存在的"老板挣票子、百姓死孩子、政府当孝子、干部掉帽子"的不良状况，减少社会不稳定因素。为此，2002 年 6 月 29 日第九届全国人大常委会第二十八次会议通过了《安全生产法》，并于 2009 年 8 月 27 日第十一届全国人大常委会第十次会议、2014 年 8 月 31 日第十二届全国人民代表大会常务委员会第十次会议作了两次修正，使之成为调整和规范各类安全生产的基本法律，该法共 7 章 114 条，对各类生产安全问题作了全面、基本的规定。

由于《安全生产法》的贯彻实施，企业的安全生产有了法律保障，全国生产安全事故人数呈下降趋势。2014 年 8 月 31 日，全国人大常委会法工委社会法室主任滕炜称：2005 年至 2013 年期间，全国生产安全事故人数下降近一半。目前，企业和员工成为生产安全事故发生的两个最薄弱环节。他介绍说，2005 年，全国生产安全事故死亡人数是 12 万多人，到 2008 年降到 10 万人，2009 年是 9 万人以下，到 2010 年又降到 8 万人以下，2013 年是 6.9 万多人。尽管这样，为了完善《安全生产法》的规定，第十二届全国人大常委会于 2014 年 8 月 31 日表决通过了《关于修改〈中华人民共和国安全生产法〉的决定》。新《安全生产法》认真贯彻落实习近平总书记关于安全生产工作一系列重要指示精神，从强化安全生产工作的摆位、进一步落实生产经营单位主体责任、明确政府安全监管定位和加强基层执法力量、强化安全生产责任追究这四个方面入手，着眼于安全生产的现实问题和发展要求，增加完善了 15 项法律规定，创新建立了 10 项法律制度，强化了 10 项法律规定。这样，《安全生产法》加上其他有关安全生产单行法律、法规的具体规定，使我国安全生产法律制度体系日臻健全和完善。

（二）有关安全生产主要法律制度

1. 以人为本，推进安全发展。安全生产工作应当以人为本，充分体现了中央领导同志关于安全生产工作一系列重要指示精神，在坚守发展决不能以牺牲人的生命为代价这条红线，牢固树立以人为本、生命至上的理念，正确处理重大险情和事故应急救援中是"保财产"还是"保人命"的两难问题等方面，具有重大现实意义。为强化安全生产工作的重要地位，明确安全生产在国民经济和社会发展中的重要地位，推进安全生产形势持续稳定好转，2014 年的《安全生产法》将"坚持安全发展"写入了总则。

2. 安全生产方针和工作机制。"安全第一、预防为主、综合治理"是安全生产工作的"十二字方针"。"安全第一"要求从事生产经营活动必须把安全放在首位，不能以牺牲人的生命、健康为代价换取发展和效益。"预防为主"要求把安全生产工作的重心放在预防上，强化隐患排查治理。"综合治理"要求运用行政、经济、法治、科技等多种手段，充分发挥社会、职工、舆论监督各个方面的作用，抓好安全生产工作。坚持"十二字方针"，总结实践经验，建立生产经营单位负责、职工参与、政府监管、行业自律、社会监督的机制，进一步明确各方安全生产职责。做好安全生产工作，落实生产经营单位的主体责任是根本，职工参与是基础，政府监管是关键，行业自律是发展方向，社会监督是实现预防和减少生产安全事故目标的保障。

3. 安全监管部门的执法地位。按照"三个必须"（管行业必须管安全、管业务必须管安全、管生产经营必须管安全）的要求，应当做到：①《安全生产法》第8条第2款规定国务院和县级以上地方人民政府应当建立健全安全生产工作协调机制，及时协调、解决安全生产监督管理中存在的重大问题。②《安全生产法》第9条明确国务院和县级以上地方人民政府安全生产监督管理部门实施综合监督管理，有关部门在各自职责范围内对有关行业、领域的安全生产工作实施监督管理，并将其统称为负有安全生产监督管理职责的部门。③《安全生产法》第62条第1款明确各级安全生产监督管理部门和其他负有安全生产监督管理职责的部门依法开展安全生产行政执法工作，对生产经营单位执行法律、法规、国家标准或者行业标准的情况进行监督检查。

4. 乡镇人民政府以及街道办事处、开发区管理机构的安全生产职责。乡镇街道是安全生产工作的重要基础，有必要在立法层面明确其安全生产职责。同时，针对各地经济技术开发区、工业园区的安全监管体制不严、监管人员配备不足、事故隐患集中、事故多发等突出问题，《安全生产法》第8条第3款明确规定：乡、镇人民政府以及街道办事处、开发区管理机构等地方人民政府的派出机关应当按照职责，加强对本行政区域内生产经营单位安全生产状况的监督检查，协助上级人民政府有关部门依法履行安全生产监督管理职责。

5. 生产经营单位的安全生产主体责任。做好安全生产工作，落实生产经营单位主体责任是根本。《安全生产法》把明确安全责任、发挥生产经营单位安全生产管理机构和安全生产管理人员作用作为一项重要内容，作出三个方面的重要规定：①明确生产经营单位委托本法规定的机构提供安全生产技术、管理服务的，保证安全生产的责任仍然由本单位负责。②明确生产经营单位的安全生产责任制的内容，规定生产经营单位应当建立相应的机制，加强对安全生产责任制落实情况的监督考核。③明确生产经营单位的安全生产管理机构以及安全生产管理人员应履行的7项职责。

6. 预防安全生产事故的制度。《安全生产法》把加强事前预防、强化隐患排查治理作为一项重要内容：①生产经营单位必须建立生产安全事故隐患排查治理制度，采取技术、管理措施以及时发现并消除事故隐患，并向从业人员通报隐患排查治理情况的制度。②政府有关部门要建立健全重大事故隐患治理督办制度，督促生产经营单位消除重大事故隐患。③对未建立隐患排查治理制度、未采取有效措施消除事故隐患的行为，设定了严格的行政处罚。④赋予负有安全监管职责的部门对拒不执行执法决定、有发生生产安全事故现实危险的生产经营单位，能够依法采取停止供电、停供民用爆炸物品等措施，强制生产经营单位履行决定的权力。

7. 安全生产标准化制度。安全生产标准化是在传统的安全质量标准化基础上，根据当前安全生产工作的要求、企业生产工艺特点，借鉴国外现代先进安全管理思想，所形成的一套系统的、规范的、科学的安全管理体系。2010 年《国务院关于进一步加强企业安全生产工作的通知》（国发〔2010〕23 号）、2011 年《国务院关于坚持科学发展安全发展促进安全生产形势持续稳定好转的意见》（国发〔2011〕40 号）均对安全生产标准化工作提出了明确的要求。近年来，矿山、危险化学品等高危行业企业的安全生产标准化取得了显著成效，工贸行业领域的标准化工作正在全面推进，企业安全生产水平得到明显提高。结合多年的实践经验，《安全生产法》在总则部分明确提出"推进安全生产标准化建设"，这必将对强化安全生产基础建设，促进企业安全生产水平持续提升产生重大而深远的影响。

8. 注册安全工程师制度。为解决中小企业安全生产"无人管、不会管"问题，促进安全生产管理队伍朝着专业化、职业化方向发展，国家自 2004 年以来连续 10 年实施了全国注册安全工程师执业资格统一考试，21.8 万人取得了资格证书。截至 2013 年 12 月，已有近 15 万人注册并在生产经营单位和安全生产中介服务机构执业。《安全生产法》第 24 条确立了注册安全工程师制度，并从两个方面加以推进：①危险物品的生产、储存单位以及矿山、金属冶炼单位应当有注册安全工程师从事安全生产管理工作，鼓励其他生产经营单位聘用注册安全工程师从事安全生产管理工作。②建立注册安全工程师按专业分类管理制度，授权国务院有关部门制定具体实施办法。

9. 安全生产责任保险制度。《安全生产法》总结近年来的试点经验，通过引入保险机制，促进安全生产，规定国家鼓励生产经营单位投保安全生产责任保险。安全生产责任保险具有其他保险所不具备的特殊功能和优势：①增加事故救援费用和第三人（事故单位从业人员以外的事故受害人）赔付的资金来源，有助于减轻政府负担，维护社会稳定。目前有的地区还提供资金，专门用于对事故死亡人员家属的补偿。②有利于现行安全生产经济政策的完善和发展。2005 年起实施的高危行业风险抵押金制度，存在缴存标准高、占用资金量大、缺乏激励作用等不足。目前，湖南、上海等省、直辖市已经通过地方立法允许企业自愿选择责任保险或者风险抵押金，此做法受到了企业的广泛欢迎。③通过保险费率浮动、引进保险公司参与企业安全管理，有效促进企业加强安全生产工作。

10. 安全生产违法行为的责任追究制度。《安全生产法》加大了对安全生产违法行为的责任追究力度：

（1）明确了事故行政处罚和终身行业禁入。①将行政法规的规定上升为法律条文，按照两个责任主体、四个事故等级，设立了对生产经营单位及其主要负责人的8项罚款处罚规定。②大幅提高对事故责任单位的罚款金额：一般事故罚款 20 万元~50 万元，较大事故 50 万元~100 万元，重大事故 100 万元~500 万元，特别重大事故 500 万元~1000 万元；特别重大事故，且情节特别严重的，罚款 1000 万元~2000 万元。③进一步明确主要负责人对重大、特别重大事故负有责任的，终身不得担任本行业生产经营单位的主要负责人。

（2）加大罚款处罚力度。结合各地区经济发展水平、企业规模等实际情况，《安全生产法》维持罚款下限基本不变、将罚款上限提高了 2~5 倍，并且大多数罚则不再将限期整改作为前置条件，反映了"打非治违""重典治乱"的现实需要，强化了对安全生产违法行为的震慑力，也有利于降低执法成本、提高执法效能。

（3）建立了严重违法行为公告和通报制度。《安全生产法》第 75 条要求负有安全生产监督管理职责的部门建立安全生产违法行为信息库，如实记录生产经营单位的安全生产违法行为信息；对违法行为情节严重的生产经营单位，应当向社会公告，并通报行业主管部门、投资主管部门、国土资源主管部门、证券监督管理机构和有关金融机构。

四、有关清洁生产法的主要规定

（一）清洁生产与清洁生产法

清洁生产是一种有别于传统的污染控制末端治理的一种新型生产模式，被称为现代社会"从摇篮到坟墓（CTOG 原则）"的生产全过程控制。我国《清洁生产促进法》第 2 条明确规定，本法所称清洁生产，是指不断采取改进设计、使用清洁的能源和原料、采用先进的工艺技术和设备、改善管理、综合利用等措施，从源头削减污染，提高资源利用效率，减少或者避免生产、服务和产品使用过程中污染物的产生和排放，以减轻或者消除对人类健康和环境的危害的一种先进的生产模式和方法。

清洁生产方法的产生和发展，是现代科技经济发展的产物。20 世纪 90 年代以后，发展知识经济和循环经济成为国际社会的两大趋势。我国从 20 世纪 90 年代起引入了关于循环经济的思想。1998 年，学术界、企业界接受德国的循环经济概念、理论，确定"3R 原则"的中心地位。1999 年，我国从可持续发展生产的角度对循环经济发展模式进行整合；2002 年，从新兴工业化的角度认识循环经济的发展意义；2003 年，将循环经济纳入科学发展观，确定物质减量化的发展战略；2004 年，提出从不同的空间规模：从城市、区域、国家层面大力发展循环经济。中国环境与发展国际合作委员会在第二届期间（1997~2001 年）成立了清洁生产工作组，在第三届期间（2002~2006 年）成立了循环经济课题组。2002 年 6 月 29 日第九届全国人大常委会第二十八次会议通过了《清洁生产促进法》，并于 2012 年 2 月 29 日作了修正。该法共设置 6 章 40 条，确立了以促进清洁生产、提高资源利用效率、减少和避免污染物的产生、保护和改善环境、保障人体健康、促进经济与社会可持续发展为立法宗旨，对清洁生产有关的基本原则、全面推行和具体实施的鼓励措施以及法律责任等制度都作了全面而具体的规定，是我国第一部以发展循环经济为目标的循环经济法律，这部法律标志着我国建立循环社会的开始，为促进企业全面开展清洁生产提供了基本法律依据。

（二）政府及其主管部门促进清洁生产的管理体制及相关职责

1. 政府全面组织领导及其职责。国家鼓励和促进清洁生产。国务院和县级以上地方人民政府，应当将清洁生产纳入国民经济和社会发展计划以及环境保护、资源利用、产业发展、区域开发等规划。县级以上地方人民政府负责领导本行政区域内的清洁生产促进工作。其具体职责包括：

（1）制定有利于实施清洁生产的产业政策、技术开发和推广政策。

（2）制定有利于实施清洁生产的财政税收政策。

（3）各级人民政府应当优先采购节能、节水、废物再生利用等有利于环境与资源保护的产品；并通过宣传、教育等措施，鼓励公众购买和使用节能、节水、废物再生利用等有利于环境与资源保护的产品。

2. 政府各部门促进清洁生产的职责。国务院清洁生产综合协调部门负责组织、协调全国的清洁生产促进工作。国务院环境保护、工业、科学技术、财政部门和其他有关部门，按照各自的职责，负责有关的清洁生产促进工作。县级以上地方人民政府负责领导本行政区域内的清洁生产促进工作。县级以上地方人民政府确定的清洁生产综合协调部门负责组织、协调本行政区域内的清洁生产促进工作。县级以上地方人民政府其他有关部门，按照各自的职责，负责有关的清洁生产促进工作。其具体职责包括：

（1）制定有利于实施清洁生产的产业政策、技术开发和推广政策。

（2）制定清洁生产的推行规划。

（3）组织和支持建立清洁生产信息系统和技术咨询服务体系，向社会提供有关清洁生产方法和技术、可再生利用的废物供求以及清洁生产政策等方面的信息和服务。

（4）定期发布清洁生产技术、工艺、设备和产品导向目录。组织编制重点行业或者地区的清洁生产指南，指导实施清洁生产。

（5）实行限期淘汰制度。制定并发布限期淘汰的生产技术、工艺、设备以及产品的名录。

（6）根据需要批准设立节能、节水、废物再生利用等环境与资源保护方面的产品标志，并按照国家规定制定相应标准。

（7）指导和支持清洁生产技术和有利于环境与资源保护的产品的研究、开发以及清洁生产技术的示范和推广工作。

（8）国务院教育部门应当将清洁生产技术和管理课程纳入有关高等教育、职业教育和技术培训体系。组织开展清洁生产的宣传和培训，提高国家工作人员、企业经营管理者和社会公众的清洁生产意识，培养清洁生产管理和技术人员。

（9）新闻出版、广播影视、文化等单位和有关社会团体，应当发挥各自优势做好清洁生产宣传工作。

（10）各级人民政府负责清洁生产综合协调的部门、环境保护部门，根据促进清洁生产工作的需要，在本地区主要媒体上公布未达到能源消耗控制指标、重点污染物排放控制指标的企业的名单，为公众监督企业实施清洁生产提供依据。

3. 社会团体的促进和监督作用。国家鼓励开展有关清洁生产的科学研究、技术开发和国际合作，组织宣传、普及清洁生产知识，推广清洁生产技术。国家鼓励社会团体和公众参与清洁生产的宣传、教育、推广、实施及监督。

（三）企业对清洁生产具体实施的规定

1. 新建、改建和扩建项目应当进行环境影响评价，对原料使用、资源消耗、资源综合利用以及污染物产生与处置等进行分析论证，优先采用资源利用率高以及污染物产生量少的清洁生产技术、工艺和设备。

2. 企业在进行技术改造过程中，应当采取以下清洁生产措施：①采用无毒、无害或者低毒、低害的原料，来替代毒性大、危害严重的原料；②采用资源利用率高、污染物产生量少的工艺和设备，来替代资源利用率低、污染物产生量多的工艺和设备；③对生产过程中产生的废物、废水和余热等进行综合利用或者循环使用；④采用能够达到国家或者地方规定的污染物排放标准和污染物排放总量控制指标的污染防治技术。

3. 产品和包装物的设计，应当考虑其在生命周期中对人类健康和环境的影响，优先选择无毒、无害、易于降解或者便于回收利用的方案。企业对产品的包装应当合理，包装的材质、结构和成本应当与内装产品的质量、规格和成本相适应、减少包装性废物的产生，不得进行过度包装。

4. 生产大型机电设备、机动运输工具以及国务院工业部门指定的其他产品的企业，应当按照国务院标准化部门或者其授权机构制定的技术规范，在产品的主体构件上注明材料成分的标准牌号。

5. 农业生产者应当科学地使用化肥、农药、农用薄膜和饲料添加剂，改进种植和养殖技术，实现农产品的优质、无害和农业生产废物的资源化，防止农业环境污染。禁止将有毒、有害废物用作肥料或者用于造田。

6. 餐饮、娱乐、宾馆等服务性企业，应当采用节能、节水和其他有利于环境保护的技术和设备，减少使用或者不使用浪费资源、污染环境的消费品。

7. 建筑工程应当采用节能、节水等有利于环境与资源保护的建筑设计方案、建筑和装修材料、建筑构配件及设备。建筑和装修材料必须符合国家标准。禁止生产、销售和使用有毒、有害物质超过国家标准的建筑和装修材料。

8. 矿产资源的勘查、开采，应当采用有利于合理利用资源、保护环境和防止污染的勘查、开采方法和工艺技术，提高资源利用水平。

9. 企业应当在经济技术可行的条件下对生产和服务过程中产生的废物、余热等自行回收利用或者转让给有条件的其他企业和个人利用。

10. 企业应当对生产和服务过程中的资源消耗以及废物的产生情况进行监测，并根据需要对生产和服务实施清洁生产审核。有下列情形之一的企业，应当实施强制性清洁生产审核：①污染物排放超过国家或者地方规定的排放标准，或者虽未超过国家或者地方规定的排放标准，但超过重点污染物排放总量控制指标的；②超过单位产品能源消耗限额标准构成高耗能的；③使用有毒、有害原料进行生产或者在生产中排放有毒、有害物质的。污染物排放超过国家或者地方规定的排放标准的企业，应当按照环境保护相关法律的规定治理。实施强制性清洁生产审核的企业，应当将审核结果向所在地县级以上地方人民政府负责清洁生产综合协调的部门、环境保护部门报告，并在本地区主要媒体上公布，接受公众监督，但涉及商业秘密的除外。县级以上地方人民政府有关部门应当对企业实施强制性清洁生产审核的情况进行监督，必要时可以组织对企业实施清洁生产的效果进行评估验收，所需费用纳入同级政府预算。承担评估验收工作的部门或者单位不得向被评估验收企业收取费用。实施清洁生产审核的具体办法，由国务院清洁生产综合协调部门、环境保护部门会同国务院有关部门制定。

11. 根据《清洁生产促进法》不需要实施强制性清洁生产审核的企业，可以自愿与清洁生产综合协调部门和环境保护部门签订进一步节约资源、削减污染物排放量的协议。该清洁生产综合协调部门和环境保护部门应当在本地区主要媒体上公布该企业的名称以及节约资源、防治污染的成果。

12. 企业可以根据自愿原则，按照国家有关环境管理体系等认证的规定，委托经国务院认证认可监督管理部门认可的认证机构进行认证，提高清洁生产水平。

（四）对清洁生产鼓励措施的规定

1. 国家建立清洁生产表彰奖励制度。对在清洁生产工作中做出显著成绩的单位和个人，由人民政府给予表彰和奖励。

2. 对从事清洁生产研究、示范和培训，实施国家清洁生产重点技术改造项目和《清洁生产促进法》第28条规定的自愿节约资源、削减污染物排放量协议中载明的技术改造项目，由县级以上人民政府给予资金支持。

3. 在依照国家规定设立的中小企业发展基金中，应当根据需要安排适当数额的基金用于支持中小企业实施清洁生产。

4. 依法利用废物和从废物中回收原料生产产品的，按照国家规定享受税收优惠。

5. 企业用于清洁生产审核和培训的费用，可以列入企业经营成本。

此外，《清洁生产促进法》对于违反该法的法律责任也作了明确规定，以确保《清洁生产促进法》得到全面实施。

【实战训练】

不定项选择题

1. 某采石场扩建项目的环境影响报告书获批后，采用的爆破技术发生重大变动，所生粉尘将导致周边居民的农作物受损。关于此事，下列哪一说法是正确的？

A. 建设单位应重新报批该采石场的环境影响报告书

B. 建设单位应组织环境影响的后评价，并报原审批部门批准

C. 该采石场的环境影响评价，应当与规划的环境影响评价完全相同

D. 居民将来主张该采石场承担停止侵害的侵权责任，受3年诉讼时效的限制

2. 国务院环保检查组至某市巡查时，发现该市频发重大环境污染案件，请问责任主体是？

A. 该市政府　　　　　　　　B. 该市生态环境局

C. 该市市长　　　　　　　　D. 该市生态环境局局长

3. 某省天洋市滨海区一石油企业位于海边的油库爆炸，泄漏的石油严重污

染了近海生态环境。下列哪一主体有权提起公益诉讼（其中所列组织均专门从事环境保护公益活动连续 5 年以上且无违法记录)?

A. 受损海产养殖户推选的代表赵某

B. 依法在滨海区民政局登记的"海蓝志愿者"组织

C. 依法在邻省的省民政厅登记的环境保护基金会

D. 在国外设立但未在我国民政部门登记的"海洋之友"团体

4. 某市政府接到省环境保护主管部门的通知：暂停审批该市新增重点污染物排放总量的建设项目环境影响评价文件。下列哪些情况可导致此次暂停审批?

A. 未完成国家确定的环境质量目标

B. 超过国家重点污染物排放总量控制指标

C. 当地环境保护主管部门对重点污染物监管不力

D. 当地重点排污单位未按照国家有关规定和监测规范安装使用监测设备

5. 某化工厂排放的污水会影响鱼类生长，但其串通某环境影响评价机构获得虚假环评文件从而得以建设。该厂后来又串通某污水处理设施维护机构，使其污水处理设施显示虚假数据从而逃避监管。该厂长期排污致使周边水域的养殖鱼类大量死亡。面对养殖户的投诉，当地环境保护主管部门一直未采取任何查处措施。对于养殖户的赔偿请求，下列哪些单位应承担连带责任?

A. 化工厂   B. 环境影响评价机构

C. 污水处理设施维护机构   D. 当地环境保护主管部门

第六编　企业救济法

第十八章　企业民事纠纷救济

【导入案例】甲公司请求确认乙公司与丙公司买卖合同无效案

住所地位于上海市黄浦区的乙公司曾向位于北京市海淀区的甲公司购买钢材，尚欠付钢材款1000万元。2017年6月1日，乙公司与位于杭州市余杭区的丙公司达成买卖合同，将乙公司持有的一座位于北京市海淀区的商业用房所有权（市值约1500万元），作价1000万元卖与丙公司，合同中订立仲裁条款，约定"与该买卖合同有关的一切争议（包括但不限于合同的效力、履行、解除和违约赔偿）均由北京仲裁委员会处理"。6月5日，乙、丙公司完成了房屋所有权的变更登记。6月6日，丙公司向乙公司汇款1000万元后，乙公司当天将该笔款项转至丁公司账下，冲抵其欠丁公司的工程款。至此，乙公司名下没有任何有价值的财产。

甲公司知悉该笔交易详情后，很快查明乙公司的法定代表人与丙司的法定代表人系舅甥关系。8月1日，甲公司向北京市海淀区法院起诉乙公司与丙公司，以乙公司和丙公司恶意串通订立合同，损害自己利益为由，请求确认乙公司与丙公司的买卖合同无效，并要求变更登记，将房屋所有权复归至乙公司名下。

【问题思考】

1. 假如甲公司在起诉前，先向北京仲裁委员会申请仲裁，请求确认乙公司与丙公司的合同无效。北京仲裁委员会是否应当受理该案？

2. 海淀法院对本案是否具有管辖权？

3. 甲公司请求将涉案房屋复归至乙公司名下，是否违反了处分原则？

4. 假如诉讼中三公司私下达成和解协议，约定由丙公司直接向甲公司支付1000万元货款。现三公司申请法院根据和解协议制作调解书，法院应当如何处理，为什么？

5. 假如法院作出生效判决，驳回甲公司的全部诉讼请求后，甲公司是否还可以乙公司以明显不合理的低价转让财产，对其造成损害，且丙公司知情为由，请求撤销乙丙公司的买卖合同？

一、企业民事纠纷救济概述

（一）企业民事纠纷的概念和特征

企业民事纠纷，是指企业与其他平等主体之间发生的、以民事权利义务为内容并由法律加以调整的社会纠纷。其特征表现为：

1. 企业民事纠纷主体间的法律地位平等。

2. 企业民事纠纷的内容是对民事权利义务的争议。

3. 企业民事纠纷形成的原因是违反了民事实体法的规定。

4. 企业民事纠纷具有可处分性。

5. 企业民事纠纷类型包括财产性的民事纠纷和人身性的民事纠纷。

（二）企业民事纠纷解决途径及救济方法

解决企业民事纠纷的途径和方法，主要有以下几种：

1. 协商解决。这是指企业民事纠纷发生后，当事人双方在自愿互谅的基础上，作出一定的让步，在彼此都可以接受的条件下，达成和解协议，并自行协商解决所发生争议的一种解决方法。协商解决是解决企业民事纠纷的一个重要途径和方法。

2. 调解解决。这是指企业民事纠纷发生时，当事人双方经协商不成，由第三人主持并从中调停排解，在双方互谅互让的基础上解决经济纠纷的一种解决方法。

3. 仲裁解决。仲裁也称为"公断"，是指双方当事人自愿达成仲裁协议，将其所发生的企业经济纠纷提交仲裁机构，由仲裁机构依法居中裁决的一种解决方法。仲裁虽属民间性质，但其裁决却具有法律强制效力，当事人必须自觉执行。

4. 诉讼解决。这是指发生企业民事纠纷的当事人双方没有达成仲裁协议，而将纠纷提请人民法院依照诉讼程序作出对当事人具有法律效力的判决的一种解决方法。

二、有关仲裁法的主要规定

（一）经济仲裁与仲裁法

经济仲裁，是指企业与其他企业、组织之间在经济争议发生之前或者争议发生后，达成仲裁协议并自愿将争议交由仲裁机构作出具有法律效力的裁决，争议双方有义务执行该裁决，从而解决经济纠纷的法律制度。可见，经济仲裁作为解决经济争议的一种重要方式，具有不同于其他解决方式的特征：

1. 方式的灵活性。经济仲裁是一种灵活便捷的争议解决方式。在经济仲裁中，当事人有权选择仲裁员、有权协议约定仲裁程序、选择仲裁审理的形式，这样可以避免繁琐的程序，有利于及时处理争议，节省费用。

2. 性质的民间性。经济仲裁是当事人把经济纠纷提交第三人居中作出裁决的方式。国际上通常把这种仲裁定性为民间仲裁，过去我国的仲裁多为行政仲裁。在建立社会主义市场经济体制的基础上，我国《仲裁法》明确规定，仲裁机构独立于行政机关，与行政机关没有隶属关系，仲裁机构相互之间也没有隶属关系。

3. 发生的自愿性。经济仲裁须以双方当事人自愿为前提，具体表现在仲裁协议上，无论当事人在发生争议前合同中已约定有仲裁条款，还是在争议发生后双方达成仲裁协议，这些都是当事人直接表明自愿将经济纠纷提交仲裁的意愿。

4. 程序的选择性。《仲裁法》对仲裁的申请和答辩、庭审方式、调查取证及司法协助等一般性程序都作有原则性的规定，而对其他方面内容未作有详细的规定，其目的是留由当事人自由决定。

5. 范围的法定性。经济仲裁的客体是当事人之间发生的一定范围的经济争议。但可申请仲裁的争议范围，不仅取决于当事人的意愿，而且还取决于法律的规定。我国《仲裁法》明确规定可申请仲裁的有合同纠纷和其他财产权益纠纷，而婚姻、收养、监护、扶养、继承纠纷以及依法应当由行政机关处理的行政争议不得仲裁；涉外仲裁适用于涉外经济贸易、运输和海事中发生的纠纷；劳动争议仲裁适用于劳动争议。

6. 效力的强制性。当事人一旦选择了仲裁方式来解决经济纠纷，仲裁机构依法所作的仲裁裁决就具有法律的约束力和强制力，要求双方当事人都应自觉履行，否则，权利人有权申请法院强制执行。仲裁的这一特征显示了其"准司法性"的特点。

我国于1994年8月31日由第八届全国人大常务委员会第九次会议通过了《中华人民共和国仲裁法》（以下简称《仲裁法》，2017年修正），该法共设8章80条，全面规定了我国仲裁活动的适用范围与原则、仲裁协议、仲裁组织、仲裁程序、仲裁裁决及执行等内容，成为确立我国仲裁法律制度的基本依据。

（二）仲裁法的基本原则

1. 仲裁适用原则。《仲裁法》第2条和第3条规定平等主体的公民、法人和其他组织之间的合同纠纷和其他财产权益纠纷，可以仲裁；但婚姻、收养、监护、扶养、继承等身份权有关纠纷和依法应当由行政机关处理的行政争议案件不能仲裁，应当采取其他解决方式处理。

2. 自愿原则。《仲裁法》第 4 条规定当事人采用仲裁方式解决纠纷，应当由双方自愿达成仲裁协议；没有仲裁协议，一方申请仲裁的，仲裁机构不予受理。因此，当事人双方自愿达成的仲裁协议便成为仲裁发生的前提条件，并且起着排除法院管辖的重要作用。

3. 合法公平原则。《仲裁法》第 7 条规定仲裁应当以事实为根据，符合法律规定，公平合理地解决纠纷。

4. 依法独立仲裁原则。《仲裁法》第 8 条规定仲裁依法独立进行，不受行政机关、社会团体和个人干涉。但该法又规定，人民法院可以依法对仲裁进行必要的监督。

5. 一裁终局原则。仲裁实行一裁终局的制度。裁决作出后，当事人就同一纠纷再申请仲裁或者向人民法院起诉的，仲裁委员会或者人民法院不予受理。

（三）仲裁机构和仲裁员

1. 仲裁机构。根据《仲裁法》规定，我国的仲裁机构是仲裁委员会。

（1）仲裁委员会的设立范围和审批程序。仲裁委员会可以在直辖市和省、自治区人民政府所在地的市设立，也可以根据需要在其他设区的市设立，但不按行政区划层层设立。仲裁委员会在设立时，由市级人民政府组织有关部门和商会统一组建，然后经省、自治区、直辖市司法行政部门登记。仲裁委员会不划分级别管辖和地域管辖。

（2）仲裁委员会设立的条件。设立仲裁委员会的条件如下：①应当具备自己的名称、住所和章程；②有必要的财产；③有仲裁委员会的组成人员；④有聘任的仲裁员。

（3）仲裁委员会的组成。仲裁委员会由主任 1 人，副主任 2~4 人和委员 7~11 人组成。主任、副主任（其中 1 人兼任秘书）和委员由法律、经济贸易专家和有实际工作经验的人担任。在仲裁委员会的组成人员中，法律、经济贸易专家的人数不得少于 2/3。仲裁委员会独立于行政机关，与行政机关没有隶属关系。仲裁委员会之间也没有隶属关系。

（4）仲裁协会。中国仲裁协会是社会团体法人，是仲裁委员会的自律性组织，全国的各个仲裁委员会均为中国仲裁协会的会员。中国仲裁协会由全国会员大会制定中国仲裁协会章程；依照《仲裁法》和《民事诉讼法》的有关规定制定仲裁规则，并根据章程对全国仲裁委员会及其组成人员和仲裁员的违纪行为进行监督。

2. 仲裁员。仲裁委员会根据仲裁工作情况，聘任和组织仲裁队伍，并按照不同专业的要求设立仲裁员名册。仲裁委员会聘任的仲裁员应当是公道正派的各专业人员。《仲裁法》第 13 条规定，仲裁员符合下列条件之一，经仲裁委员会聘任即可担任仲裁员：①通过国家统一法律职业资格考试取得法律职业资格，从事仲裁工作满 8 年的；②从事律师工作满 8 年的；③曾任法官满 8 年的；④从事法律研究、教学工作并具有高级职称的；⑤具有法律知识、从事经济贸易等专业工作并具有高级职称或者具有同等专业水平的。

（四）仲裁协议

1. 仲裁协议的性质。仲裁协议是指双方当事人达成协议，将已发生或可能发生的一定法律关系的争议提交仲裁，并服从裁决约束的一种契约。仲裁协议包括合同中订立的仲裁条款和以其他书面方式在纠纷发生前或者纠纷发生后所达成的请求仲裁的协议。它是建立仲裁制度的基础。

2. 仲裁协议的订立。仲裁协议是双方民事法律行为，因此应符合民事法律行为有效条件的规定。《仲裁法》第 16 条第 2 款规定仲裁协议订立应具有下列内容：①请求仲裁的双方意思表示；②仲裁事项；③选定的仲裁委员会。同时，第 17 条还规定发生有下列情形之一的，仲裁协议无效：①约定的仲裁事项超出法律规定的仲裁范围的；②无民事行为能力人或者限制民事行为能力人订立的仲裁协议；③一方采取胁迫手段，迫使对方订立仲裁协议的。根据第 18 条的规定，仲裁协议对仲裁事项或者仲裁委员会没有约定或约定不明确的，当事人可以补充协议；达不成补充协议的，仲裁协议无效。第 19 条规定，仲裁协议具有一定的独立性，合同的变更、解除、终止或者无效，不影响仲裁协议的效力。仲裁委员会的仲裁庭有权确认合同或者仲裁协议的效力。

3. 仲裁协议的效力。①仲裁协议一经双方当事人签字即依法成立，并产生法律约束力。一是为当事人设定了权利义务，当事人根据协议将争议提交仲裁，而不能任意变更、撤销仲裁协议；二是对当事人诉权加以限制，当事人对争议只能提交仲裁，而不能向法院起诉。②仲裁协议具有独立性，即使是附在合同上的仲裁条款，也具有相对独立性。《仲裁法》第 19 条规定，合同的变更、解除、终止或者无效，不影响仲裁协议的效力。③当事人对仲裁协议的效力有异议的，应当在仲裁庭首次开庭前提出，可以请求仲裁委员会作出决定或者请求人民法院作出裁定。一方请求仲裁委员会作出决定，而另一方请求法院作出裁定的，由人民法院作出裁定。

（五）仲裁程序

1. 申请和受理。

（1）申请。当事人申请仲裁，必须符合以下条件：①有仲裁协议；②有具体的仲裁请求和事实、理由；③属于仲裁委员会的受理范围。当事人申请仲裁，应当向仲裁委员会递交仲裁协议、仲裁申请书及副本。

（2）受理。仲裁委员会从收到仲裁申请书之日起 5 日内，认为符合受理条件的，应当受理，并通知当事人；认为不符合受理条件的，应当书面通知当事人不予受理，并说明理由。仲裁委员会受理仲裁申请后，应当在仲裁规则规定的期限内将仲裁规则和仲裁员名册送达申请人，并将仲裁申请书副本和仲裁规则、仲裁员名册送达被申请人。被申请人收到仲裁申请书副本后，应当在仲裁规则规定的期限内向仲裁委员会提交答辩书。仲裁委员会收到答辩书后，应当在仲裁规则规定的期限内将答辩书副本送达申请人。被申请人未提交答辩书的，不影响仲裁程序的进行。

2. 仲裁庭的组成。仲裁庭可以由 3 名仲裁员或者 1 名仲裁员组成。由 3 名仲裁员组成仲裁庭的，设首席仲裁员。当事人约定由 3 名仲裁员组成仲裁庭的，应当各自选定或者各自委托仲裁委员会主任指定 1 名仲裁员，第 3 名仲裁员由当事人共同选定或者共同委托仲裁委员会主任指定，第 3 名仲裁员是首席仲裁员。当事人约定由 1 名仲裁员成立仲裁庭的，应当由当事人共同选定或者共同委托仲裁委员会主任指定仲裁员。仲裁员有下列情形之一的，必须回避，当事人也有权提出回避申请：①是本案当事人或者当事人、代理人的近亲属；②与本案有利害关系；③与本案当事人、代理人有其他关系，可能影响公正仲裁的；④私自会见当事人、代理人，或者接受当事人、代理人请客送礼的。当事人提出回避申请，应当说明理由，在首次开庭前提出。回避事由在首次开庭后知道的，可以在最后一次开庭终结前提出。仲裁员是否回避，由仲裁委员会主任决定；仲裁委员会主任担任仲裁员时，由仲裁委员会集体决定。

3. 开庭和裁决。

（1）开庭。仲裁应当开庭进行。当事人协议不开庭的。仲裁庭可以根据仲裁申请书、答辩书以及其他材料作出裁决。一般情况下，仲裁不公开进行；当事人协议公开的，可以公开进行，但涉及国家秘密的除外。申请人经书面通知，无正当理由不到庭或者未经仲裁庭许可中途退庭的，可以视为撤回仲裁申请。被申请人经书面通知，无正当理由不到庭或者未经仲裁庭许可中途退庭的，可以缺席裁决。

（2）证据。仲裁庭开庭仲裁期间，当事人应当对自己的主张提供证据，仲裁庭认为有必要收集的证据，可以自行收集。仲裁庭对专门性问题认为需要鉴定的，可以交由当事人约定的鉴定部门鉴定，也可以由仲裁庭指定的鉴定部门鉴定。根据当事人的请求或者仲裁庭的要求，鉴定部门应当派鉴定人参加开庭。当事人经仲裁庭许可，可以向鉴定人提问。证据应当在开庭时出示，当事人可以质证。在证据可能灭失或者以后难以取得的情况下，当事人可以申请证据保全。当事人申请证据保全的，仲裁委员会应当将当事人的申请提交证据所在地的基层人民法院。

（3）辩论。当事人在仲裁过程中有权进行辩论。辩论终结时，首席仲裁员或者独任仲裁员应当征询当事人的最后意见。

（4）和解。当事人申请仲裁后，可以自行和解。达成和解协议的，可以请求仲裁庭根据和解协议作出裁决书，也可以撤回仲裁申请。当事人达成和解协议，撤回仲裁申请后反悔的，可以根据仲裁协议申请仲裁。

（5）调解。仲裁庭在作出裁决前，可以先行调解。当事人自愿调解的，仲裁庭应当调解。调解不成的，应及时作出裁决。调解达成协议的，仲裁庭应当制作调解书或者根据协议的结果制作裁决书。调解书与裁决书具有同等法律效力。

（6）裁决。裁决应当按照多数仲裁员的意见作出，少数仲裁员的不同意见可以记入笔录，仲裁庭不能形成多数意见的，裁决应当按照首席仲裁员的意见作出。裁决书自作出之日起发生法律效力。仲裁庭应当将开庭情况记入笔录。当事人和其他仲裁参与人认为对自己陈述的记录有遗漏或者差错的，有权申请补正。如果不予补正，应当记录该申请。笔录由仲裁员、记录人员、当事人和其他仲裁参与人签名或者盖章。

（六）仲裁裁决的执行及仲裁监督

1. 仲裁裁决的执行。《仲裁法》规定实行非讼即裁、非裁即讼以及一裁终局的制度，裁决书自作出之日起发生法律效力。因此，当事人应当履行裁决。一方当事人不履行的，另一方当事人可以依照《民事诉讼法》的有关规定向人民法院申请执行，受申请的人民法院应当执行。但是，人民法院对仲裁裁决仍然存在着一定的制约关系。

2. 人民法院对仲裁的支持和监督。根据《仲裁法》的立法精神，人民法院对仲裁并不进行干涉，而是依法给予积极支持和必要监督。其支持主要表现在依法进行财产保全、证据保全及对裁决的强制执行方面；其监督主要表现在以下几个方面：

（1）撤销裁决。当事人提出证据证明裁决有下列情形之一的，可以向仲裁委员会所在地的中级人民法院申请撤销裁决：①没有仲裁协议的；②裁决的事项不属于仲裁协议的范围或者仲裁委员会无权仲裁的；③仲裁庭的组成或者仲裁的程序违反法定程序的；④裁决所根据的证据是伪造的；⑤对方当事人隐瞒了足以影响公正裁决的证据的；⑥仲裁员在仲裁该案时有索贿受贿，徇私舞弊，枉法裁决行为的。当事人申请撤销裁决，应当自收到裁决书之日起6个月内提出。人民法院受理撤销裁决申请后，应当组成合议庭进行审查。经审查核实有上述 6 种情形之一的，应当从受理日起 2 个月内作出裁定撤销裁决；经审查不符合事实的，亦应从受理日起 2 个月内作出裁定驳回申请。在审查中，人民法院认定该裁决违背社会公共利益的，亦应当裁定撤销。

（2）裁定不予执行。被申请人提出证据证明仲裁裁决有《民事诉讼法》第237 条第 2 款规定的以下情形之一的，经人民法院组成合议庭审查核实，裁定不予执行：①当事人在合同中没有订有仲裁条款或者事后没有达成书面仲裁协议的；②裁决的事项不属于仲裁协议的范围或者仲裁机构无权仲裁的；③仲裁庭的组成或者仲裁的程序违反法定程序的；④裁决所根据的证据是伪造的；⑤对方当事人向仲裁机构隐瞒了足以影响公正裁决的证据的；⑥仲裁员在仲裁该案时有贪污受贿，徇私舞弊，枉法裁决行为的。

（3）裁定中止执行。一方当事人申请执行裁决，另一方当事人申请撤销裁决的，人民法院应当裁定中止执行。

（4）裁定终结执行或恢复执行。人民法院裁定撤销裁决的，应当裁定终结执行。撤销裁决的申请被裁定驳回的，人民法院应当裁定恢复执行。

三、有关民事诉讼法的主要规定

企业经济诉讼程序适用于《民事诉讼法》有关规定，即我国于 1991 年 4 月9 日由第七届全国人大第四次会议通过、于 2007 年 10 月 28 日由第十届全国人大常委会第三十次会议第一次修正、于 2012 年 8 月 31 日由第十一届全国人大常委会第二十八次会议第二次修正、于 2017 年 6 月 27 日由第十二届全国人民代表大会常务委员会第二十八次会议第三次修正的《中华人民共和国民事诉讼法》（以下简称《民事诉讼法》）。

（一）经济诉讼的基本原则和经济审判的基本制度

我国《民事诉讼法》规定进行民事诉讼活动应遵循的基本原则，除与其他诉讼法规定相同的，如审判权由法院行使，法院依法独立审判，以事实为依据、以法律为准绳，合议，诉讼当事人在法律上一律平等，辩论，公开审判，两审终审，回避，使用本民族语言、文字进行诉讼等共同原则外，《民事诉讼法》还规定了特有的原则：①当事人诉讼权利平等原则；②诉讼权利义务同等原则；③对等原则；④调解原则；⑤处分原则；⑥人民检察院对民事诉讼实行法律监督原则；⑦支持起诉原则；⑧诚实信用原则等。同时，《民事诉讼法》还具体规定了经济审判应实行合议、回避、公开审判、两审终审等四大制度。企业进行经济诉讼应严格遵守以上原则和制度。

（二）管辖

企业参加经济诉讼活动，应首先解决管辖问题。根据我国《民事诉讼法》的规定，管辖分为三类：

1. 级别管辖。基层人民法院管辖的第一审民事案件，除法律规定由中级人民法院、高级人民法院和最高人民法院管辖的第一审民事案件外，其余民事案件均由基层人民法院管辖；中级人民法院管辖的第一审民事案件为重大的涉外案件，在本辖区内有重大影响的案件以及最高人民法院确定由中级人民法院管辖的案件；高级人民法院管辖本辖区内有重大影响的第一审民事案件；最高人民法院管辖在全国有重大影响的案件以及认为应当由本院审理的第一审案件。

2. 地域管辖。

（1）一般实行"原告就被告"原则，即原告向被告住所地的法院起诉，但对不在我国领域内居住的人及对下落不明或宣告失踪的人提起有关身份关系的诉讼，或对被采取强制性教育措施或被监禁的人提起的诉讼，由原告住所地法院管辖。

（2）特别管辖。因合同纠纷提起诉讼，由被告住所地或合同履行地法院管辖。因保险合同纠纷提起的诉讼，由被告住所地或保险标的物所在地法院管辖。因票据纠纷提起诉讼，由票据支付地或被告住所地法院管辖。因铁路、公路、水上、航空运输和联合运输合同纠纷提起诉讼，由运输始发地、目的地或被告住所地法院管辖。因侵权行为提起诉讼，由侵权行为地或被告住所地法院管辖。因铁路、公路、水上和航空事故请求损害赔偿提起诉讼，由事故发生地或车辆、船舶最先达到地、航空器最先降落地或被告住所地法院管辖。因船舶碰撞或其他海事损害事故请求损害赔偿提起诉讼，由碰撞发生地、碰撞船舶最先到达地、加害船舶被扣留地或被告住所地法院管辖。因海难救助费用提起诉讼，由救助地或被救助船舶最先到达地的法院管辖。因共同海损提起诉讼，由船舶最先到达地、共同海损理算地或航程终止地法院管辖。

（3）协议管辖。合同或其他财产权益纠纷的双方当事人可以书面协议选择被告住所地、合同履行地、合同签订地、原告住所地、标的物所在地等与争议有实际联系的地点的人民法院管辖，但不得违反《民事诉讼法》对级别管辖和专属管辖的规定。

（4）专属管辖。因不动产纠纷提起的诉讼，由不动产所在地法院管辖；因港口作业中发生纠纷提起的诉讼，由港口所在地法院管辖；因继承遗产纠纷提起的诉讼，由被继承人死亡时住所地或主要遗产所在地法院管辖。

（5）共同管辖。两个以上法院都有管辖权的诉讼，原告可以向其中一个法院起诉；原告向两个以上有管辖权的法院起诉的，由最先立案的法院管辖。

3. 指定管辖和移送管辖。法院受理的案件不属于本院管辖的，应当移送有管辖权的法院，受移送的法院应当受理。受移送的法院认为受移送的案件依照规定不属于本院管辖的，应当报请上级法院指定管辖，不得再自行移送。有管辖权的法院由于特殊原因，不能行使管辖权的，由上级法院指定管辖。法院之间因管辖权发生争议，由争议双方协商解决；协商解决不了的，报请它们的共同上级法院指定管辖。

（三）审判程序

1. 第一审程序。第一审程序包括普通程序、简易程序和特别程序。

（1）普通程序是民事诉讼审判活动最重要的程序。根据《民事诉讼法》的规定，普通程序应包括有三个阶段：①起诉和受理。起诉是原告为维护自身的民事权益从而向法院提起诉讼的行为。《民事诉讼法》第119条规定了起诉须具备4个条件，即原告须是与本案有直接利害关系的公民、法人和其他组织，有明确的被告，有具体的诉讼请求、事实和理由，属于法院受理和管辖范围，并按规定要求递交起诉状。受理是法院收到起诉状后，经审查认为符合条件的，应当在7日内立案并通知当事人；认为不符合条件的，作出不予受理的裁定，当事人不服裁定可以依法上诉。②审理前准备。主要是指法院要按规定时限发送起诉状副本和答辩状副本，审阅诉讼材料，调查收集证据，如发现起诉人或应诉人不合格，应更换当事人；而作为当事人，应做好出庭应诉的各项准备工作，特别是举证准备。③开庭审理和裁判。主要有准备开庭、法庭调查、法庭辩论、法庭调解、合议庭评议、宣判6个环节，这些都是法院要做的工作，而企业作为当事人要根据这些程序，遵循以事实为根据、以法律为准绳的司法原则，做好陈述、辩论、举证、质证等各项工作，为维护自身的合法权益，进行有理、有利、有节的庭审活动。

（2）简易程序是基层法院及其派出法庭审理的事实清楚、权利义务关系明确、争议不大的简单民事案件所适用的程序。

（3）特别程序是人民法院审理选民资格案件、非讼案件等特殊类型案件的一种审判程序。

2. 第二审程序。又称上诉审程序，这是第二审法院审理上诉案件所适用的程序。《民事诉讼法》第164条规定，当事人不服一审法院判决或裁定的，有权在判决书或裁定书送达之日起15日内或10日内向上一级法院提起上诉。二审程序最主要的特点是：①一律采取合议制。②二审判决、裁定均为终审制。③二审案件经审理，分情况作出处理：原判决、裁定认定事实清楚，适用法律正确的，以判决、裁定方式驳回上诉，维持原判决、裁定；原判决、裁定认定事实错误或者适用法律错误的，以判决、裁定方式依法改判、撤销或者变更；原判决认定基本事实不清的，裁定撤销原判决，发回原审人民法院重审，或者查清事实后改判；原判决遗漏当事人或者违法缺席判决等严重违反法定程序的，裁定撤销原判决，发回原审人民法院重审。④二审案件对判决的审限规定为3个月，有特殊情况的，经本院院长批准可以延长。对裁定的上诉案件，应在二审立案之日起30日内作出终审裁定。

3. 审判监督程序。又称再审程序，这是指由有审判监督权的法定机关和人员提起或因当事人申诉，由法院对发生法律效力的判决、裁定、调解进行再次审理的程序。当事人对已经发生法律效力的判决、裁定，除解除婚姻关系的判决外，认为有错误的，可以在判决、裁定发生法律效力后6个月内向原审法院或者上一级法院申请再审。当事人的申请符合下列情形之一的，人民法院应当再审：①有新的证据，足以推翻原判决、裁定的；②原判决、裁定认定的基本事实缺乏证据证明的；③原判决、裁定认定事实的主要证据是伪造的；④原判决、裁定认定事实的主要证据未经质证的；⑤对审理案件需要的主要证据，当事人因客观原因不能自行收集，书面申请人民法院调查收集，人民法院未调查收集的；⑥原判决、裁定适用法律确有错误的；⑦审判组织的组成不合法或者依法应当回避的审判人员没有回避的；⑧无诉讼行为能力人未经法定代理人代为诉讼或者应当参加诉讼的当事人，因不能归责于本人或者其诉讼代理人的事由，未参加诉讼的；⑨违反法律规定，剥夺当事人辩论权利的；⑩未经传票传唤，缺席判决的；⑪原判决、裁定遗漏或者超出诉讼请求的；⑫据以作出原判决、裁定的法律文书被撤销或者变更的；⑬审判人员审理该案件时有贪污受贿，徇私舞弊，枉法裁判行为的。当事人对已经发生法律效力的调解书，提出证据证明调解违反自愿原则或者调解协议的内容违反法律的，也可以申请再审。经法院审查属实的，应当再审。法院对不符合上列情况的申请，予以驳回。

4. 执行程序。当事人拒绝履行发生法律效力的民事判决、裁定的，可以由对方当事人向法院申请执行，也可以由审判员移送执行员执行。当事人拒绝履行调解书和其他应当由法院执行的法律文书的，则只能由对方当事人向法院申请执行。受申请的人民法院应当执行。申请执行的期间为2年。申请执行时效的中止、中断，适用《民事诉讼法》有关诉讼时效中止、中断的规定。

【实战训练】

案例分析题

1. 太阳公司经营房地产开发业务，在有偿取得某幅土地的使用权之后，由于资金周转困难，其与月亮公司签订了合作开发合同，约定由双方共同投资并分享该开发项目的利润。但是，双方未实际履行该合同。此后，环球公司就同一幅土地以更优惠的条件与太阳公司签订了一份合作开发合同，并开始实际履行。三方之间由此发生纠纷。环球公司根据其与太阳公司签订的合同中的仲裁条款申请仲裁，请求裁决确认其与太阳公司签订的合同有效，并请求裁决太阳公司继续履行。双方在仲裁委员会受理仲裁申请后自行达成了继续履行合同的和解协议，请求仲裁委员会根据和解协议制作裁决书。仲裁庭的3名仲裁员中的1名认为应当否定和解协议，1名认为应当制作调解书，首席仲裁员认为应当制作裁决书，最后按仲裁庭首席仲裁员的意见作出决定，根据和解协议的内容作出了裁决书并送达了双方当事人。此后月亮公司向法院起诉，请求确认本公司与太阳公司签订的合同有效并履行该合同。

（1）月亮公司在得知环球公司申请仲裁后，能否申请参加太阳公司与环球公司正在进行的仲裁程序？为什么？

（2）环球公司在仲裁裁决书生效后，能否在太阳公司与月亮公司的民事诉讼中成为当事人？为什么？

（3）仲裁委员会制作裁决书的行为在程序上是否合法，为什么？

（4）在仲裁裁决已确认太阳公司与环球公司的合同有效的情况下，法院能否判决太阳公司与月亮公司之间的合同有效？为什么？

（5）月亮公司是否有权以仲裁的程序违反法定程序为由申请法院撤销仲裁裁决？为什么？

（6）对仲裁裁决中已经认定的事实，太阳公司在诉讼中能否免除举证责任？为什么？

2. 甲公司中标了某地块的开发权，与乙公司签订合同，由乙公司负责建筑施工，但甲公司未支付工程款项。于是，甲公司和乙公司协商又重新达成协议，将甲公司之前的欠款本金8500万元作为向乙公司的借款，乙公司同意以未完成的工程作抵押向银行贷款2亿元，在甲公司偿还借款5000万元后，剩余的1.5亿元作为资本继续开发。但甲公司的公章要交由乙公司保管，甲公司对外签订合同要经过乙公司同意。甲乙两公司约定若发生争议，由a省b市仲裁委管辖。

乙公司拿到甲公司公章后，私自重新做了补充协议，并加盖了甲公司公章，并且将仲裁委改成g省c市仲裁委。后来乙公司以甲公司的名义与丁公司签订购货合同，并加盖了甲公司公章。

后甲、乙公司发生争议，乙公司向g省c市提出仲裁申请，仲裁委受理，甲公司提出管辖异议，g省c市仲裁委认为仲裁协议有效，继续审理，并作出了裁决。甲公司向法院申请撤销仲裁裁决。

后甲、乙公司与丙公司的韩某签订房屋销售委托合同，经乙公司同意，加盖了甲公司公章，由丙公司负责销售甲公司的楼房。丙公司刚换了法定代表人，但未办理变更登记，韩某是被替换的法定代表人（甲乙公司派律师打听了该消息，并获知实情）。后丙公司销售不力，甲公司向法院起诉请求解除委托合同，一审判决丙公司败诉。后来甲公司和戊签订了借款合同，同时签订了房屋买卖合同，约定戊借款2亿元给甲公司，若甲公司到期无法清偿，则房屋归戊所有。

甲公司没钱向乙公司支付工程款，乙公司遂罢工，导致甲公司想建成房屋进行出售后营利的计划无法实现，遂提出解除合同。

后甲公司负债累累，有债权人向a省b市法院提出破产申请，a省b市法院受理了申请。之前与甲公司有购货合同的丁公司向甲公司发货，在丁公司已经发货后，收到了甲公司的破产通知，遂通知卡车返回。丙公司申报破产债权，被乙公司拒绝。丙公司遂向法院提起诉讼。

问题：

（1）若甲公司能证明仲裁协议是乙公司私自用甲公司公章盖的，约定管辖仲裁委为g省c市的仲裁决议是否有效？为什么？

（2）若甲公司要撤销仲裁裁决应向哪个法院提出？

（3）甲公司在上诉中能否变更诉讼请求？为什么？

（4）若甲公司被受理破产后，a省b市法院能否将债权人诉讼交由其他法院管辖？

（5）有仲裁协议的合同，一方破产，另一方提起财产纠纷的，应由仲裁委管辖还是法院管辖？

（6）若乙公司将本金和利息分两次提起诉讼，是否属于重复起诉？

3.2015年2月13日，在北京市东城区经营的大力养生会所（大力公司的分公司）与陈某某签订《大力养生会所股份制合作协议书》，该协议书中约定，"因本合同引起的或与本合同有关的任何争议，均提请北京市仲裁委员会按照其仲裁规则进行仲裁。仲裁裁决是终局的，对双方均有约束力"。后陈某某因与大力公司在会所的经营战略上产生分歧，遂依照仲裁协议交由北京仲裁委员会进行仲裁。在陈某某预交了仲裁费用之后，北京仲裁委员会于2017年3月22日受理此争议，并依照仲裁规则确定了3名仲裁员组成仲裁庭。在庭审过程中，大力公司并未提出管辖权异议，且参加了仲裁庭审理的全部过程。

2017年6月29日，仲裁庭就仲裁费以外的事项，作出如下裁决：①解除陈某某与大力公司于2015年2月13日签订的《大力养生会所股份制合作协议书》；

②大力公司向陈某某返还投资款 20 万元；③大力公司向陈某某支付自 2015 年 3 月 2 日至投资款全部给付之日止，以 20 万元投资款为基数，按中国人民银行同期贷款利率计算的利息，暂计算至 2017 年 3 月 22 日为 20 679.17 元。

　　大力公司对仲裁结果表示不满，于 2017 年 7 月 2 日向北京市第三中级人民法院申请撤销仲裁裁决，并提出下列主要事实和理由：首先，大力公司与陈某某之间不存在仲裁协议。其分公司同陈某某签订的仲裁协议不能约束大力公司，同时协议书中约定的"北京市仲裁委员会"指向不明，不能指向确定的仲裁机构；其次，仲裁程序违法。仲裁庭不允许其复印开庭笔录，亦不允许其调取庭审录像，违反了《民事诉讼法》的相关规定，属于程序违法；最后，仲裁员有枉法裁决的行为。仲裁员故意错误地认定本案法律关系的性质，在法律适用上存在错误。

　　北京市第三中级人民法院于 2017 年 8 月 15 日作出裁定，驳回大力公司提出的撤销仲裁裁决的申请。

　　问题：

　　（1）本案双方当事人约定的仲裁机构为"北京市仲裁委员会"，而不是在国内享有盛誉的"北京仲裁委员会"，法院在认定仲裁机构时应当如何理解？请说明理由。

　　（2）大力公司在申请撤销仲裁裁决时认为，其与陈某某之间不存在仲裁协议。从本案程序经过的角度考虑，法院是否会支持他的主张？请说明理由。

　　（3）大力公司在申请撤销仲裁裁决时认为，仲裁庭的行为违反了《民事诉讼法》的相关规定，构成程序违法。法院会如何理解程序违法？请说明理由。

　　（4）大力公司在申请撤销仲裁裁决时，认为仲裁员在案件的法律适用上有枉法裁决的行为。根据现行有效的法律和司法解释，法院应如何认定枉法裁决？请说明理由。

　　（5）在仲裁裁决的执行过程中，大力公司能否申请不予执行仲裁裁决？请说明理由。

第十九章　企业行政纠纷救济

【导入案例】某盐业公司未办理工业盐准运证从省外购进工业盐是否违法案

某省盐业公司从外省盐厂购进 300 吨工业盐运回本地，当地市盐务管理局认为其购进工业盐的行为涉嫌违法，遂对该批工业盐予以先行登记保存，并将《先行登记保存通知书》送达该公司。其后，市盐务管理局经听证、集体讨论后，认定该公司未办理工业盐准运证从省外购进工业盐，违反了省政府制定的《盐业管理办法》第 20 条，决定没收该公司违法购进的工业盐，并处罚款 15 万元。公司不服处罚决定，向市政府申请行政复议。市政府维持市盐务管理局的处罚决定。公司不服向法院起诉。

材料一：

1.《盐业管理条例》（国务院 1990 年 3 月 2 日第 51 号令发布，自发布之日起施行，已失效）

第 24 条　运输部门应当将盐列为重要运输物资，对食用盐和指令性计划的纯碱、烧碱用盐的运输应当重点保证。

2.《盐业管理办法》（2003 年 6 月 29 日省人民政府发布，2009 年 3 月 20 日修正）

第 20 条　盐的运销站发运盐产品实行准运证制度。在途及运输期间必须货、单、证同行。无单、无证的，运输部门不得承运，购盐单位不得入库。

材料二：2016 年 4 月 22 日，国务院发布的《盐业体制改革方案》指出，要推进盐业体制改革，实现盐业资源有效配置，进一步释放市场活力，取消食盐产销区域限制。要改革食盐生产批发区域限制，取消食盐定点生产企业只能销售给指定批发企业的规定，允许生产企业进入流通和销售领域，自主确定生产销售数量并建立销售渠道，以自有品牌开展跨区域经营，实现产销一体，或者委托有食盐批发资质的企业代理销售。要改革工业盐运销管理，取消各地自行设立的两碱工业盐备案制和准运证制度，取消对小工业盐及盐产品进入市场的各类限制，放开小工业盐及盐产品市场和价格。

材料三：2017 年 6 月 13 日，李克强总理在全国深化简政放权放管结合优化服务改革电视电话会议上的讲话强调，我们推动的"放管服"改革、转变政府职能是一个系统的整体，首先要在"放"上下更大功夫，进一步做好简政放权的"减法"，又要在创新政府管理上破难题，善于做加强监管的"加法"和优化服务的"乘法"。如果说做好简化行政审批、减税降费等"减法"是革自己的命，是壮士断腕，那么做好强监管"加法"和优服务"乘法"，也是啃政府职能转变的"硬骨头"。放宽市场准入，可以促进公平竞争、防止垄断，也能为更好的"管"和更优的"服"创造条件。

【问题思考】

1. 请简答行政机关适用先行登记保存的条件和程序。

2. 《行政处罚法》对市盐务管理局举行听证的主持人的要求是什么？

3. 市盐务管理局以某公司未办理工业盐准运证从省外购进工业盐构成违法的理由是否成立？为什么？

4. 如何确定本案的被告？为什么？

5. 请基于案情，结合材料二、材料三和相关法律作答（要求观点明确，说理充分，文字通畅，字数不少于 400 字）：谈谈深化简政放权放管结合优质服务改革，对推进政府职能转变，建设法治政府的意义。

一、企业行政纠纷救济概述

（一）企业行政纠纷救济含义与特征

企业行政纠纷救济是指企业作为行政相对人因受某一国家行政机关或法律、法规授权组织的违法或不当行政行为，而使其合法权益遭受损害时，依据法律的规定向有关国家机关提出救济的程序。它主要有以下特征：①以行政争议的存在为前提；②其产生是因为企业认为其合法权益受到了行政行为的侵害；③实行不告不理原则，只能依企业的申请而进行，企业是救济程序的发动者；④目的是保护企业的合法权益，实质在于通过矫正违法或不当的行政行为，对企业受损害的合法权益进行补救，为企业的合法权益提供法律保护。

（二）企业行政纠纷救济途径

1. 诉讼救济。企业认为行政主体的具体行政行为侵犯其合法权益，向人民法院提起诉讼，由人民法院依法对具体行政行为的合法性进行审查并作出裁判的一种制度。

2. 诉讼外救济。主要包括：①行政监察。这是指国家行政监察机关检查、督促行政机关公务员遵守法纪、履行法定职责并实行惩戒的一种监督制度。②行政复议。根据企业的申请，由该行政主体的上级机关或者法律规定的机关对引起争议的具体行政行为进行复查的一种制度。③行政申诉。是指企业认为行政机关的行为侵犯了其合法权益，不受管辖等级和期限的限制，向国家有关行政机关请求救济的一种制度。行政复议和行政诉讼都有管辖的限制，而行政申诉并没有管辖的限制，只要向有关行政机关申请，该机关就要注意相关问题的处理。④立法救济。是指企业认为行政主体的行政行为侵犯了自己的合法权益，向各级权力机关或者通过人大代表向各级权力机关提出申诉，请求救济的一种途径。

二、行政复议法的主要规定

（一）行政复议的概念、特征

1. 行政复议的概念。行政复议是指公民、法人和其他组织认为行政机关或其他行政主体的具体行政行为侵犯其合法权益，依法向上级行政机关或法律法规规定的特定机关提出申请，由受理申请的行政机关对原行政行为再次进行审查并作出裁决的制度。

2. 行政复议的特征。行政复议主要具有以下特征：

（1）行政复议主要解决的是行政争议。这种争议是由于行政机关作出行政行为而引起的，因而必然发生在行政机关与公民、法人或者其他组织之间。

（2）行政复议的审理和决定机关是行政机关。

（3）行政复议必须由不服行政行为的利害关系人依法提出申请才能启动，非利害关系人不能申请行政复议。

（4）行政复议既审查行政行为的合法性，又审查行政行为的合理性；既审查具体行政行为，又审查规章以下的抽象行政行为。

（5）行政复议必须依照法定程序进行，必须保证整个复议活动合法、公开、公平、公正。

（二）行政复议的范围

行政复议范围是指行政复议机关受理行政争议案件的范围。

1. 具体行政行为的行政复议范围。《行政复议法》第6条规定，公民、法人或者其他组织对下列具体行政行为不服可以申请行政复议：①对行政机关作出的警告、罚款、没收违法所得、没收非法财物、责令停产停业、暂扣或者吊销许可证、暂扣或者吊销执照、行政拘留等行政处罚决定不服的；②对行政机关作出的限制人身自由或者查封、扣押、冻结财产等行政强制措施决定不服的；③对行政机关作出的有关许可证、执照、资质证、资格证等证书变更、中止、撤销的决定不服的；④对行政机关作出的关于确认土地、矿藏、水流、森林、山岭、草原、荒地、滩涂、海域等自然资源的所有权或者使用权的决定不服的；⑤认为行政机关侵犯合法的经营自主权的；⑥认为行政机关变更或者废止农业承包合同，侵犯其合法权益的；⑦认为行政机关违法集资、征收财物、摊派费用或者违法要求履行其他义务的；⑧认为符合法定条件，申请行政机关颁发许可证、执照、资质证、资格证等证书，或者申请行政机关审批、登记有关事项，行政机关没有依法办理的；⑨申请行政机关履行保护人身权利、财产权利、受教育权利的法定职责，行政机关没有依法履行的；⑩申请行政机关依法发放抚恤金、社会保险金或者最低生活保障费，行政机关没有依法发放的；⑪认为行政机关的其他具体行政行为侵犯其合法权益的。

2. 抽象行政行为的行政复议范围。抽象行政行为是指行政机关制定行政法规、规章或其他针对不特定对象发布、能反复适用的具有普遍约束力的规范性文件的行为。根据《行政复议法》第7条的规定，我国对抽象行政行为进行复议具有以下两个特点：

（1）纳入行政复议范围的抽象行政行为包括国务院各部门、县级以上地方各级人民政府及其工作部门和乡镇人民政府的规定，但不包括国务院部、委员会规章和地方人民政府规章。

（2）行政相对人对规章以下的规定不服申请行政复议，只能在对具体行政行为不服申请复议时一并提出，而且该规定必须是该具体行政行为作出的依据。

3. 行政复议的排除范围。根据《行政复议法》第8条的规定，下列两类事项不属于行政复议的范围：

（1）不服行政机关作出的行政处分或者其他人事处理决定的。对此类行为不服，可依照有关法律、行政法规的规定提出申诉。

（2）不服行政机关对民事纠纷作出的调解或者其他处理。对此类行为不服，可依法申请仲裁或者向人民法院提起诉讼。

（三）行政复议的申请

行政复议申请是指公民、法人或者其他组织依法向行政复议机关提出请求，要求撤销或改变原具体行政行为，以保护其合法权益的行为。

1. 申请的条件。行政复议的申请应当具备以下条件：①申请人是认为具体行政行为直接侵犯其合法权益的公民、法人或者其他组织。②有明确的被申请人。申请人申请行政复议，要明确是谁侵犯了其合法权益。③有具体的复议请求和事实根据。④属于复议范围和受理复议机关管辖。申请人申请复议的案件必须是属于行政复议机关有权主管和管辖的行政复议案件。⑤法律、法规规定的其他条件。例如，在法定的期限内提出申请，不属于人民法院已经受理的行政案件等。

2. 申请的期限。《行政复议法》第 9 条规定："公民、法人或者其他组织认为具体行政行为侵犯其合法权益的，可以自知道该具体行政行为之日起 60 日内提出行政复议申请；但是法律规定的申请期限超过 60 日的除外。因不可抗力或者其他正当理由耽误法定申请期限的，申请期限自障碍消除之日起继续计算。"

3. 申请的管辖。所谓复议申请的管辖，是指行政复议机关受理复议申请的权限和分工。

（1）一般管辖。行政复议申请的一般管辖，是指在通常情况下不服行政机关具体行政行为的复议申请管辖。它主要包括以下 3 种：①不服县级以上各级人民政府工作部门的具体行政行为的复议申请管辖。《行政复议法》第 12 条第 1 款规定："对县级以上地方各级人民政府工作部门的具体行政行为不服的，由申请人选择，可以向该部门的本级人民政府申请行政复议，也可以向上一级主管部门申请行政复议。"《行政复议法》的这一规定，更多地体现了公正性和便于申请人申请复议的原则，但"对海关、金融、国税、外汇管理等实行垂直领导的行政机关和国家安全机关的具体行政行为不服的，向上一级主管部门申请行政复议"。对国务院部门的具体行政行为不服的，向作出该具体行政行为的国务院部门申请行政复议；对行政复议决定不服的，可以向人民法院提起行政诉讼，也可以向国务院申请作出最终裁决。②不服地方各级人民政府的具体行政行为的复议申请管辖。《行政复议法》第 13 条第 1 款规定："对地方各级人民政府的具体行政行为不服的，向上一级地方人民政府申请行政复议。"《行政复议法》第 14 条对省、自治区、直辖市人民政府具体行政行为的复议申请管辖作出了例外规定，即对其行为不服的，向作出该具体行政行为的省、自治区、直辖市人民政府申请行政复议；对复议决定不服的，可以向人民法院提起行政诉讼或申请国务院作出最终裁决。③不服省、自治区人民政府依法设立的派出机关所属的县级人民政府具体行政行为的复议申请管辖。《行政复议法》第 13 条第 2 款规定："对省、自治区人民政府依法设立的派出机关所属的县级地方人民政府的具体行政行为不服的，向该派出机关申请行政复议。"《行政复议法》之所以规定这一新的管辖条款，是由于县级地方人民政府实际作出的具体行政行为越来越多，如果对其不服均向省、自治区人民政府申请复议，则省、自治区人民政府会不堪重负，申请人和被申请人也十分不便；同时，地区行署作为省、自治区人民政府的派出机关，拥有代表其管理县级地方人民政府的权力和职责，理应作为上一级复议机关。

（2）特殊管辖。行政复议申请的特殊管辖，是指除一般管辖之外的特殊管辖情形。根据《行政复议法》第 15 条的规定，特殊管辖主要有以下 5 种：

第一，不服地方人民政府依法设立的派出机关的具体行政行为的复议申请管辖。《行政复议法》第 15 条第 1 款第 1 项规定："对县级以上地方人民政府依法设立的派出机关的具体行政行为不服的，向设立该派出机关的人民政府申请行政复议。"

第二，不服政府工作部门设立的派出机构依法以自己名义作出的具体行政行为的复议申请管辖。《行政复议法》第 15 条第 1 款第 2 项规定："对政府工作部门依法设立的派出机构依照法律、法规或者规章规定，以自己的名义作出的具体行政行为不服的，向设立该派出机构的部门或者该部门的本级地方人民政府申请行政复议。"

第三，不服法律、法规授权组织的具体行政行为的复议申请管辖。《行政复议法》第 15 条第 1 款第 3 项规定："对法律、法规授权的组织的具体行政行为不服的，分别向直接管理该组织的地方人民政府、地方人民政府工作部门或者国务院部门申请行政复议。"

第四，不服两个或两个以上行政机关以共同名义作出的具体行政行为的复议申请管辖。《行政复议法》第 15 条第 1 款第 4 项规定："对两个或者两个以上行政机关以共同的名义作出的具体行政行为不服的，向其共同上一级行政机关申请行政复议。"

第五，不服被撤销的行政机关在撤销前作出的具体行政行为复议申请管辖。《行政复议法》第 15 条第 1 款第 5 项规定："对被撤销的行政机关在撤销前所作出的具体行政行为不服的，向继续行使其职权的行政机关的上一级行政机关申请行政复议。"

（四）行政复议受理

行政复议的受理，是指复议申请人在法定期限内提出复议申请后，经有管辖权的行政复议机关审查，认为符合申请条件的，决定立案审理的活动。行政复议机关接到行政复议申请后，应当在 5 日内进行审查。对不符合《行政复议法》规定的复议申请，决定不予受理，并书面告知申请人；对符合《行政复议法》规定，但是不属于本机关受理的行政复议申请，应当告知申请人向有关行政复议机关提出。

（五）行政复议决定

行政复议决定，是指行政复议机关对案件进行审查，就有关具体行政行为是否合法、适当，或是否依申请人的请求来责令被申请人作出某种具体行政行为的书面裁决。

行政复议原则上采取书面审理。行政复议机关通过对复议案件进行审理，应当根据不同情况分别作出如下复议决定：

1. **维持决定。**对被申请复议的具体行政行为，复议机关认为事实清楚，证据确凿，适用法律、法规、规章和具有普遍约束力的决定、命令正确，符合法定程序和内容适当的，应当依法作出维持该具体行政行为的复议决定。

2. **履行决定。**有如下两种情况之一的，行政复议机关责令被申请的行政主体在一定期限内履行法定职责：①被申请的行政主体拒不履行法定职责；②被申请人拖延履行法定职责。

3. **撤销、变更和确认违法决定。**具有如下情形之一的，依法作出撤销、变更或者确认该行为违法的决定，必要时，可以附带责令被申请人在一定期限内重新作出具体行政行为的决定：①主要事实不清，证据不足的；②适用依据错误的；③违反法定程序的；④超越职权或者滥用职权的；⑤具体行政行为明显不当的。

为了防止行政复议机关受理案件后迟迟不作出复议决定，损害复议申请人的合法权益，《行政复议法》第31条第1款规定："行政复议机关应当自受理申请之日起60日内作出行政复议决定；但是法律规定的行政复议期限少于60日的除外。情况复杂，不能在规定期限内作出行政复议决定的，经行政复议机关的负责人批准，可以适当延长，并告知申请人和被申请人；但是延长期限最多不超过30日。"按此规定，复议机关在受理复议申请后到作出复议决定，一般不超过60天；特殊情况可延长30天；但法律规定的复议期限少于60天的，从其规定。

三、有关行政诉讼法的主要规定

企业行政诉讼程序适用于《行政诉讼法》有关规定，我国于1989年4月4日由第七届全国人大第二次会议通过，并经2014年11月1日第十二届全国人大常委会第十一次会议、2017年6月27日第十二届全国人大常委会第二十八次会议通过修改了《中华人民共和国行政诉讼法》（以下简称《行政诉讼法》）。

（一）行政诉讼的基本原则

行政诉讼是我国三大诉讼制度之一，因而具有同其他诉讼制度相同的一般原则，也具有行政诉讼所独具的，专为行政诉讼确立的特有原则。

1. **复议前置原则。**依照法律、行政法规规定，某些行政争议必须先经过行政机关复议后，始向法院提起诉讼。

2. **人民法院特定主管原则。**《行政诉讼法》规定对行政处罚决定、行政强制措施、认为行政机关侵犯经营自主权等12项行政行为不服的，可以起诉。但对国防、外交等国家行为，行政法规、规章或者行政机关制定、发布的具有普遍约束力的决定、命令等抽象行政行为，行政机关对行政机关工作人员的奖惩、任免等决定，法律规定由行政机关最终裁决的行政行为等4项事项提起诉讼的，法院不予受理。

3. 以合法性审查为主原则。人民法院在审理行政案件时，对具体行政行为是否合法进行审查，确立了人民法院对具体行政行为的司法审查权限和范围。《行政诉讼法》第53条第1款规定："公民、法人或者其他组织认为行政行为所依据的国务院部门和地方人民政府及其部门制定的规范性文件不合法，在对行政行为提起诉讼时，可以一并请求对该规范性文件进行审查。"

4. 在诉讼期间，行政决定不停止执行的原则。这是由国家行政管理的特殊性所决定的，为保证行政管理的效率和连续性要求，实行不停止执行原则是必要的。但是，法律明文规定因被告同意或法院认为需要停止执行的，可作停止执行处理。

5. 行政机关负举证责任的原则。在行政诉讼过程中，被告对作出的具体行政行为负有举证责任，应该提供作出该具体行政行为的证据和其所依据的规范性文件，以保证行政诉讼活动正常进行。

6. 不适用调解和反诉的原则。人民法院审理行政案件，不适用调解原则，是由国家行政机关的特殊法律地位，即国家行政机关依法行使权力和管理、被管理关系所决定，行政诉讼案件不适用调解，也不允许行政机关提出反诉。但是，对于行政主体行使自由裁量权的行为，《行政诉讼法》规定可以适用调解作为例外规定。《行政诉讼法》第60条第1款规定："人民法院审理行政案件，不适用调解。但是，行政赔偿、补偿以及行政机关行使法律、法规规定的自由裁量权的案件可以调解。"

7. 有限司法变更权原则。在行政诉讼中，法院对行政机关的具体行政行为，一般只能裁决维持或撤销，只有对行政处罚显失公正的，才判决变更。这样既有利于防止行政机关自由裁量权受司法的过多干预，也赋予法院一定的权限，以维护行政相对人的合法权益。

（二）有关行政案件受案的范围和管辖的规定

1. 行政案件的受理范围。我国《行政诉讼法》从保障行政相对人合法权益及处理好审判权与行政权的关系出发，规定人民法院对公民、法人及其他组织不服具体行政行为提起诉讼的受理范围主要有以下12类：

（1）对行政拘留、暂扣或者吊销许可证和执照、责令停产停业、没收违法所得、没收非法财物、罚款、警告等行政处罚不服的。

（2）对限制人身自由或者对财产的查封、扣押、冻结等行政强制措施和行政强制执行不服的。

（3）申请行政许可，行政机关拒绝或者在法定期限内不予答复，或者对行政机关作出的有关行政许可的其他决定不服的。

（4）对行政机关作出的关于确认土地、矿藏、水流、森林、山岭、草原、荒地、滩涂、海域等自然资源的所有权或者使用权的决定不服的。

（5）对征收、征用决定及其补偿决定不服的。

（6）申请行政机关履行保护人身权、财产权等合法权益的法定职责，行政机关拒绝履行或者不予答复的。

（7）认为行政机关侵犯其经营自主权或者农村土地承包经营权、农村土地经营权的。

（8）认为行政机关滥用行政权力排除或者限制竞争的。

（9）认为行政机关违法集资、摊派费用或者违法要求履行其他义务的。

（10）认为行政机关没有依法支付抚恤金、最低生活保障待遇或者社会保险待遇的。

（11）认为行政机关不依法履行、未按照约定履行或者违法变更、解除政府特许经营协议、土地房屋征收补偿协议等协议的。

（12）认为行政机关侵犯其他人身权、财产权等合法权益的。

2. 行政诉讼管辖。《行政诉讼法》遵循便利、公正、执行的原则，规定了以下管辖要求：

（1）级别管辖。基层人民法院管辖第一审行政案件。中级人民法院管辖的第一审行政案件包括：①对国务院部门或者县级以上地方人民政府所作的行政行为提起诉讼的案件；②海关处理的案件；③本辖区内重大、复杂的案件；④其他法律规定由中级人民法院管辖的案件。高级人民法院管辖其辖区内重大、复杂的第一审案件。最高人民法院管辖全国范围内重大、复杂的第一审案件。

（2）地域管辖。①一般地域管辖。行政案件由最初作出行政行为的行政机关所在地人民法院管辖；经复议的案件，复议机关改变原具体行政行为的，也可以由复议机关所在地人民法院管辖。②特别地域管辖。对限制人身自由的行政强制措施不服而提起的行政诉讼，被告所在地人民法院和原告所在地人民法院都有管辖权；因不动产提起的行政诉讼，由不动产所在地人民法院管辖。③选择管辖。两个以上人民法院都有管辖权的案件，原告可以选择其中一个人民法院提起诉讼；原告向两个以上有管辖权的人民法院提起诉讼的，由最先立案的人民法院管辖。

（3）指定管辖。这是指在某种特殊情况下，由人民法院作出指定而确定的管辖。我国《行政诉讼法》规定有 3 类：①移送管辖。人民法院发现受理的案件不属于自己管辖时，应当移送有管辖权的人民法院。受移送的人民法院不得再自行移送。②指定管辖。有管辖权的人民法院由于特殊原因不能行使管辖权的，由上级人民法院指定管辖。人民法院对管辖权发生争议，由争议双方协商解决；协商不成的，报其共同上级人民法院指定管辖。③管辖权的转移。上级人民法院有权审判下级人民法院管辖的第一审行政案件；下级人民法院对其管辖的第一审行政案件，认为需要由上级人民法院审理或者指定管辖的，可以报请上级人民法院决定。

（三）有关行政诉讼被告的规定

行政诉讼被告是指原告认为侵犯其合法权益，并由人民法院通知应诉的行政机关。因此，作为行政诉讼的被告不是所有行政机关，也不能是其他人或者行政机关内的工作人员，而只能是作出行政行为的行政机关。根据我国《行政诉讼法》第 26 条规定，行政机关作为行政诉讼的被告有以下 6 种情况：

1. 公民、法人或其他组织直接向人民法院提出诉讼的，作出行政行为的行政机关是被告。

2. 经复议的案件，复议机关决定维持原行政行为的，作出原行政行为的行政机关和复议机关是共同被告；复议机关改变原行政行为的，复议机关是被告。

3. 复议机关在法定期限内未作出复议决定，公民、法人或者其他组织起诉原行政行为的，作出原行政行为的行政机关是被告；起诉复议机关不作为的，复议机关是被告。

4. 两个以上行政机关作出同一行政行为的，共同作出行政行为的行政机关是共同被告。

5. 行政机关委托的组织所作的行政行为，委托的行政机关是被告。

6. 行政机关被撤销或职权变更的，继续行使其职权的行政机关是被告。

（四）有关行政诉讼程序的规定

行政诉讼程序是由法律规定的人民法院处理行政案件的活动过程，自然也应成为作为行政诉讼原告的企业应当遵循的法定程序。根据《行政诉讼法》规定，行政诉讼程序包括起诉和受理、审理和判决、执行三个基本阶段。

1. 起诉和受理。

（1）起诉。当事人起诉的程序，可分为两种情况：①先向行政机关申请复议然后再予以起诉；②不经申请复议而直接起诉。对于以上两种程序，当事人可选择其一。根据《行政诉讼法》第 49 条规定，当事人提起行政诉讼，应当符合下列 4 个条件：①原告是认为具体行政行为侵犯其合法权益的公民、法人或者其他组织；②有明确的被告；③有具体的诉讼请求和事实根据；④属于人民法院受案范围和受诉人民法院管辖。

（2）受理。《行政诉讼法》第51条规定："人民法院在接到起诉状时对符合本法规定的起诉条件的，应当登记立案。对当场不能判定是否符合本法规定的起诉条件的，应当接收起诉状，出具注明收到日期的书面凭证，并在7日内决定是否立案。不符合起诉条件的，作出不予立案的裁定。裁定书应当载明不予立案的理由。原告对裁定不服的，可以提起上诉。起诉状内容欠缺或者有其他错误的，应当给予指导和释明，并一次性告知当事人需要补正的内容。不得未经指导和释明即以起诉不符合条件为由不接收起诉状。对于不接收起诉状、接收起诉状后不出具书面凭证，以及不一次性告知当事人需要补正的起诉状内容的，当事人可以向上级人民法院投诉，上级人民法院应当责令改正，并对直接负责的主管人员和其他直接责任人员依法给予处分。"

2. 审理和判决。审理和判决，合称为审判。我国《行政诉讼法》分别就第一审程序、第二审程序和审判监督程序作了规定。

（1）第一审程序。行政诉讼的第一审程序与民事诉讼的第一审普通程序大体上是相同的，主要包括：

第一，审理前的准备。《行政诉讼法》第67条第1款规定：人民法院应当在立案之日起5日内，将起诉状副本发送被告。被告应当在收到起诉状副本之日起15日内向人民法院提交作出行政行为的证据和所依据的规范性文件，并提出答辩状。人民法院应当在收到答辩状之日起5日内将答辩状副本发送原告。

第二，审理行政案件的法律依据。《行政诉讼法》第63条规定：人民法院审理行政案件，以法律和行政法规、地方性法规为依据。地方性法规适用于本行政区域内发生的行政案件。人民法院审理民族自治地方的行政案件，并以该民族自治地方的自治条例和单行条例为依据。人民法院审理行政案件，参照规章。

第三，审理期限。《行政诉讼法》第81条规定：人民法院应当在立案之日起6个月内作出第一审判决。有特殊情况需要延长的，由高级人民法院批准，高级人民法院审理第一审案件需要延长的，由最高人民法院批准。

第四，撤诉和缺席判决。经人民法院合法传唤，原告无正当理由拒不到庭的，或者未经法庭许可中途退庭的，可以按照撤诉处理；被告无正当理由拒不到庭的，或者未经法庭许可中途退庭的，可以缺席判决。人民法院对行政案件宣告判决或者裁定前，原告申请撤诉的，或者被告改变其所作的具体行政行为，原告同意并申请撤诉的，是否准许，由人民法院裁定。

第五，人民法院对第一审行政案件进行审理后，根据不同情况，分别作出以下判决：①行政行为证据确凿，适用法律、法规正确，符合法定程序的，或者原告申请被告履行法定职责或者给付义务理由不成立的，人民法院判决驳回原告的诉讼请求。②行政行为有下列情形之一的，人民法院判决撤销或者部分撤销，并可以判决被告重新作出行政行为：主要证据不足的；适用法律、法规错误的；违反法定程序的；超越职权的；滥用职权的；明显不当的。③人民法院经过审理，查明被告不履行法定职责的，判决被告在一定期限内履行。④行政处罚明显不当，或者其他行政行为涉及对款额的确定、认定确有错误的，人民法院可以判决变更。人民法院判决变更，不得加重原告的义务或者减损原告的权益。但利害关系人同为原告，且诉讼请求相反的除外。⑤行政行为有下列情形之一的，人民法院判决确认违法，但不撤销行政行为：行政行为依法应当撤销，但撤销会给国家利益、社会公共利益造成重大损害的；行政行为程序轻微违法，但对原告权利不产生实际影响的。行政行为有下列情形之一，不需要撤销或者判决履行的，人民法院判决确认违法：行政行为违法，但不具有可撤销内容的；被告改变原违法行政行为，原告仍要求确认原行政行为违法的；被告不履行或者拖延履行法定职责，判决履行没有意义的。⑥行政行为存在实施主体不具有行政主体资格或者没有依据等重大且明显违法情形，原告申请确认行政行为无效的，人民法院判决确认无效。

（2）第二审程序。《行政诉讼法》第 88 条规定，人民法院审理上诉案件，应当在收到上诉状之日起 3 个月内作出终审判决。有特殊情况需要延长的，由高级人民法院批准，高级人民法院审理上诉案件需要延长的，由最高人民法院批准。

人民法院审理上诉案件，按照下列情形，分别处理：①原判决、裁定认定事实清楚，适用法律、法规正确的，判决或者裁定驳回上诉，维持原判决、裁定；②原判决、裁定认定事实错误或者适用法律、法规错误的，依法改判、撤销或者变更；③原判决认定基本事实不清、证据不足的，发回原审人民法院重审，或者查清事实后改判；④原判决遗漏当事人或者违法缺席判决等严重违反法定程序的，裁定撤销原判决，发回原审人民法院重审。当事人对重审案件的判决、裁定，可以上诉。

（3）审判监督程序。各级人民法院院长对本院已经发生法律效力的判决、裁定，发现违反法律、法规规定，认为需要再审的，应当提交审判委员会决定是否再审。最高人民法院对地方各级人民法院已经发生法律效力的判决、裁定，上级人民法院对下级人民法院已经发生法律效力的判决、裁定，发现违反法律、法规规定的，有权提审或者指令下级人民法院再审。人民检察院对人民法院已经发生法律效力的判决、裁定，发现违反法律、法规规定的，有权按照审判监督程序提出抗诉。当事人对已经发生法律效力的判决、裁定，认为确有错误的，可以向上一级人民法院申请再审，但判决、裁定不停止执行。

3. 执行。当事人必须履行人民法院已经发生法律效力的判决、裁定、调解书。公民、法人或者其他组织拒绝履行人民法院发生法律效力的判决、裁定、调解书的，行政机关或者第三人可以向第一审人民法院申请强制执行，或者由行政机关依法强制执行。

行政机关拒绝履行人民法院发生法律效力的判决、裁定的，第一审人民法院可以依法行使司法执行权。《行政诉讼法》第 96 条规定，行政机关拒绝履行判决、裁定、调解书的，第一审人民法院可以采取下列措施：①对应当归还的罚款或者应当给付的款额，通知银行从该行政机关的账户内划拨；②在规定期限内不履行的，从期满之日起，对该行政机关负责人按日处 50 元~100 元的罚款；③将行政机关拒绝履行的情况予以公告；④向监察机关或者该行政机关的上一级行政机关提出司法建议。接受司法建议的机关，根据有关规定进行处理，并将处理情况告知人民法院；⑤拒不履行判决、裁定、调解书，社会影响恶劣的，可以对该行政机关直接负责的主管人员和其他直接责任人员予以拘留；情节严重，构成犯罪的，依法追究刑事责任。

【实战训练】

案例一：

高某系 A 省甲县的个体工商户，其所持有的工商营业执照载明其经营范围是林产品加工，经营方式是加工、收购、销售。高某在向甲县工商局缴纳了松香运销管理费后，将自己加工的松香运往 A 省乙县出售。当高某进入乙县时，被乙县林业局执法人员予以拦截。乙县林业局以高某未办理运输证为由，依据 A 省地方性法规《林业行政处罚条例》以及授权省林业厅所制定的《林产品目录》（该目录规定松香为林产品，应当办理运输证）的规定，将高某无证运输的松香认定为"非法财物"，予以没收。高某就此提起行政诉讼，要求撤销乙县林业局的没收决定，法院予以受理。

问题：

（1）法院在审理本案时应如何适用法律、法规？理由是什么？

（2）依照《行政处罚法》，法律、行政法规对违法行为已经作出行政处罚规定，地方性法规需要作出具体规定的，应当符合什么要求？本案《林业行政处罚条例》关于没收的规定是否符合该要求？

案例二：

1. 当事人：

原告：某市冠生园食品有限公司（以下简称"冠生园公司"）

被告：某市工商行政管理局某分局（以下简称"某工商分局"）

第三人：某省新一佳商业投资有限公司某店（以下简称"新一佳某店"）

2. 案情简介

2015年4月12日，某工商分局接到消费者举报称，其在新一佳某店所购买的"金禾"沙琪玛在配料栏标注了"TBHQ"，违反了《食品安全法》的规定。

后某工商分局立即对此举报进行现场检查取证，确认新一佳某店经销的由江西某有限公司授权某公司生产的"金禾"沙琪玛和由冠生园公司生产的"苦荞金品福"沙琪玛的配料栏分别标有"TBHQ"和抗氧化剂（TBHQ）。某工商分局认为，上述食品含有的法律允许的、加工过程中带入的抗氧化剂"TBHQ"，不能在标签上具体标注，上述食品标签在食品添加剂项下标注"TBHQ"不符合《食品安全国家标准预包装食品标签通则》的相关规定。

2015年6月6日，某工商分局向新一佳某店送达了行政处罚听证通知书，而新一佳某店在法定期限内并未提出陈述、申辩意见以及听证申请。2015年6月13日，某工商分局对新一佳某店作出行政处罚决定书。

3. 被诉行政行为的主要内容

当事人所售食品的标签未按国家强制标准《食品安全国家标准预包装食品标签通则》（GB7718—2011）第4.1.3.1.4条规定标明食品添加剂，属于《食品安全法》第71条第3款"食品和食品添加剂与其标签、说明书的内容不符的，不得上市销售"的情形。因此，对本案当事人的违法行为实施如下处罚：①没收违法所得711.5元；②处罚款29 288.5元。

4. 原告起诉状

（1）诉讼请求

原告请求撤销某工商分局所作的处罚决定书中对"苦荞金品福"沙琪玛违规标注的认定。

（2）主要事实和理由

第一，本案中的"苦荞金品福"沙琪玛为合格产品。

第二，在生产过程中，原告虽然没有直接添加抗氧化剂"TBHQ"，但因生产工艺有油炸工序，生产使用的植物油含有抗氧化剂，且符合《国家食品添加剂使用标准》（GB2760—2011）规定的带入原则。《食品安全国家标准预包装食品标签通则》第4.1.3.1.4条规定，"若符合GB2760规定的带入原则且在最终产品中不起工艺作用的，不需要标示"。而"若符合GB2760规定的带入原则且在最终产品中不起工艺作用的，不需要标示"的实际意义，应该是法律对该类食品加工工序中存在食品添加剂的一种宽容原则，规定中的"不需要标示"并不说明原告的产品进行了标示就属违法。由于生产工艺中的带入原则因素，"苦荞金品福"沙琪玛存在"TBHQ"，原告在食品添加剂项下明确予以标注，是对消费者和社会负责，也是对相关规定的严格遵守。

第三，原告公司生产的"苦荞金品福"沙琪玛上的食品标签，是严格按照国家强制标准《食品安全国家标准预包装食品标签通则》的规定，没有违反《食品安全法》的规定。

第四，被告没有听取原告冠生园公司的意见，剥夺了法律赋予产品当事人的听证、举证权利。

第五，在调查阶段，被告责令第三人新一佳某店放弃听证、复议权利，迫使第三人撤销复议申请。

第六，第三人新一佳某店实际进购原告公司生产的"苦荞金品福"沙琪玛仅 23 包，总价值 310.25 元；实际销售 3 包，销售价格为 27.50 元/包，销售金额仅 82.50 元。

第七，因被告作出的行政处罚决定给原告的某经销商造成了 2 万元以上的直接经济损失，同时使原告公司品牌形象受到极大损害。

5. 被告答辩状

（1）被告作出的行政处罚所认定的事实清楚，证据确凿，程序合法。因本案食品没有直接添加抗氧化剂"TBHQ"，而标签上在食品添加剂项下却标注了"TBHQ"，故被告认定上述两家公司生产的食品不符合《食品安全国家标准预包装食品标签通则》的规定。

2015 年 6 月 6 日，被告向第三人新一佳某店送达了行政处罚听证通知书，而第三人新一佳某店在法定期限内并未提出陈述、申辩意见以及听证申请。2015 年 6 月 13 日，被告依法作出了行政处罚决定书。

（2）被告作出的行政处罚于法有据、理由充分。"苦荞金品福"沙琪玛中的抗氧化剂由生产使用的植物油带入，属非直接使用的添加剂，依《食品安全国家标准预包装食品标签通则》（GB7718—2011）第 4.1.3.1.4 条规定，直接使用的食品添加剂应选择附录 B 中的一种形式标示，非直接使用的食品添加剂不在食品添加剂中标注。"苦荞金品福"沙琪玛在配料栏中标注"TBHQ"的行为违反了此食品安全国家标准。

（3）被告在查清事实的基础上，严格依照法律履行职责，依法进行处罚，没有对原告进行非法侵害。因此被告不承担原告的经济损失和品牌形象、声誉受损的赔偿责任。

问题：

1. 结合本案，谈谈行政诉讼中如何围绕被诉行政行为的合法性进行审查？

2. 结合本案，谈谈如何理解与适用"法不禁止即自由"原则？

3. 冠生园公司是否具有原告资格？

4. 本案如何选择适用全部撤销或部分撤销判决？

案例三

2007 年，省安监局提出"扶持重点、强化基础"和"工厂规模化、生产机械化、管理安全化，产品多样和高档化"的目标，省政府提出希望各烟花爆竹生产企业做大做强为地方经济作出贡献。为响应号召，全省烟花爆竹生产企业普遍增加了投入，加强升级改造，年产值基本都在千万以上。据悉，这些企业也是当地人才的重要就业渠道。

2013 年年底，省政府出台《省人民政府办公厅转发省安全监管局等部门关于烟花爆竹生产企业整体退出意见的通知》（以下简称"45 号通知"），要求 2014 年年底前，全省 75 家烟花爆竹生产企业无论规模大小，必须全部关闭。省政府按每家企业 80 万元的标准安排专项补助，其余部分，由各市、县根据关停企业资产状况等给予适当补助。

2014 年 6 月 24 日，24 家烟花爆竹生产企业共同向省政府提交行政复议申请书。他们认为，其企业一直符合烟花爆竹生产的各项法定要求，45 号通知作出的责令停产停业和吊销企业证照的行政决定没有法律依据，请求省政府确认该通知不成立。一周后，省政府即作出《不予受理行政复议申请决定书》，称 45 号通知是省政府转发给各市、县政府和省政府各部门、各直属机构的文件，属于内部行为，不是对外行政管理行为，不对申请人的权益产生直接影响，不属于行政复议的受理范围，因此不予受理。企业不服该行政复议决定，于是向法院起诉。

1. 原告起诉理由及诉讼请求

原告认为，被告作出 45 号通知的行为违法。理由是：其一，45 号通知是对原告作出的责令停产停业、吊销证照的具体行政行为。其二，45 号通知因告知了相对人，并影响了相对人的权益而具备了外部效果，属于行政诉讼受案范围。其三，45 号通知缺乏事实和法律依据，严重违反法律规定。其四，45 号通知程序违法。其五，45 号通知中的限期清理、销毁和移交财物的决定，以及确立的补偿标准，严重侵犯了原告的财产权益。

基于上述理由，原告请求撤销被告在 45 号通知中作出的责令企业整体退出和吊销注销企业证照的行政决定，并确认被告作出 45 号通知的行为违法或无效。

2. 被告抗辩理由

被告辩称：其一，45 号通知属于产业政策调整范畴，符合有关法律法规的规定。其二，45 号通知不是具体行政行为，不属于行政诉讼的受案范围。45 号通知的发文对象是各市、县人民政府和省政府各部门、各直属机构，只对上述部门、机构有约束力，对外不发生法律效力。有关部门、机构按通知要求实施的具体行政行为才会影响原告的权益。其三，原告的诉讼理由不能成立。因此请求驳回原告的起诉。

3. 判决理由与结果

法院认为，45 号通知发出的对象虽然是各市、县人民政府、省政府各部门、各直属机构，其性质属于内部指令，但部分地方政府、政府部门和机构已直接依据该通知实施了与企业退出相关的具体行政行为，对原告的利益产生了实际影响。同时，原告已获知了通知的内容，复议机关作出复议决定时亦告知了诉权，因此，45 号通知的行为已被外化并对外发生了法律效力。此外，45 号通知针对的对象是特定的，通知中不仅明确了具体的 75 家烟花爆竹生产企业，还明确了第一批退出和第二批退出的企业名称和具体时间。故被告辩称 45 号通知不属于行政诉讼的受案范围，本院不予支持。烟花爆竹生产企业的整体退出虽然属于产业政策调整范畴，但调整应当符合法律法规的规定，不能因此损害相对人的合法权益。对 45 号通知应当依法予以撤销。

但法院又指出，鉴于 45 号通知决定烟花爆竹生产企业整体退出，有利于国家、社会的公共利益，如直接撤销会给国家利益或社会公共利益造成重大损失，故作出如下判决：其一，确认 45 号通知违法；其二，省政府于本判决生效后 60 日内采取相应的补救措施；其三，驳回原告 24 家烟花爆竹生产企业的其他诉讼请求。

问题：

1. 45 号通知是否属于内部行政行为？
2. 结合本案，谈谈如何理解信赖保护原则的基本内容。
3. 结合本案，谈谈如何适用信赖保护原则。
4. 评价本案中的行政补偿制度。